ACCESO GRATIS *a la Lectura en la Nube*

Para visualizar el libro electrónico en la nube de lectura envíe junto a su nombre y apellidos una fotografía del código de barras situado en la contraportada del libro y otra del ticket de compra a la dirección:

ebooktirant@tirant.com

En un máximo de 72 horas laborables le enviaremos el código de acceso con sus instrucciones.

MIGRACIONES Y DERECHOS DE LAS PERSONAS MIGRANTES EN LAS GRANDES CIUDADES LATINOAMERICANAS

Un análisis a propósito de la expansión del capitalismo y la movilidad de la fuerza de trabajo

MIGRACIONES Y DERECHOS DE LAS PERSONAS MIGRANTES EN LAS GRANDES CIUDADES LATINOAMERICANAS

Un análisis a propósito de la expansión del capitalismo y la movilidad de la fuerza de trabajo

BRUNO ASTE LEIVA

tirant lo blanch
Valencia, 2024

EDITA: TIRANT LO BLANCH
C/ Artes Gráficas, 14 - 46010 - Valencia
TELFS.: 96/361 00 48 - 50
FAX: 96/369 41 51
Email: tlb@tirant.com
www.tirant.com
Librería virtual: www.tirant.es
DEPÓSITO LEGAL: V-2084-2024
ISBN: 978-84-1197-009-9
MAQUETA: Tink Factoría de Color

Si tiene alguna queja o sugerencia, envíenos un mail a: *atencioncliente@tirant.com*. En caso de no ser atendida su sugerencia, por favor, lea en *www.tirant.net/ index.php/empresa/politicas-de-empresa* nuestro procedimiento de quejas.

Responsabilidad Social Corporativa: http://www.tirant.net/Docs/RSCTirant.pdf

Índice

Capítulo III

REGULACIÓN JURÍDICA DE LA MIGRACIÓN EN CHILE, ARGENTINA Y BRASIL

Capítulo IV
LINEAMIENTOS Y DIRECTRICES PARA EL RESGUARDO Y PROTECCIÓN DE LOS DERECHOS DE LAS PERSONAS MIGRANTES

Resumen

El presente libro pretende demostrar que, las transformaciones socioeconómicas que han tenido lugar en virtud del contexto de expansión capitalista en Latinoamérica y la deficiente regulación normativa de la migración en algunos países de la región, han provocado cambios importantes en el desarrollo de los flujos migratorios, siendo necesario proponer lineamientos y directrices que contribuyan a resguardar y proteger el ejercicio de los derechos de las personas migrantes.

En efecto, desde final del siglo XX la mayoría de los países de América Latina se insertaron en el proceso de globalización socioeconómica, el que ha contado con un fuerte predominio del valor capitalista, en un contexto de crisis del capital iniciada a mediados de los años 70 y la búsqueda por configurar alternativas para superarla, destacando entre ellas, la explotación de la variante financiera y la relocalización periférica del capital productivo. Tal reestructuración ha dado lugar a una nueva división del trabajo, marcada por la movilidad de la fuerza de trabajo en Latinoamérica. Aquel elemento permite explicar (estructuralmente) el desarrollo de la migración en la región, fenómeno que en los últimos veinte años se ha intensificado, concentrándose en Sudamérica a través de los denominados flujos migratorios intrarregionales, especialmente en ciudades en las que el desarrollo de rubros en los que el capital tiende a fortalecerse es más intenso, factor que explicaría la concentración de fuerza de trabajo migrante en ellas y el correlativo aumento de la densidad poblacional. De esta forma, la productividad y la influencia del capital en la ciudad constituye un factor de captación de migrantes que da paso a habitar la misma en un contexto en donde la fragmentación entre lo urbano y lo rural se acentúa en virtud de la expansión capitalista.

Por su parte, los países sudamericanos con mayor *stock* de migrantes cuentan con diseños institucionales y regulaciones jurídicas que tienden a tensionar con el respeto y protección de los derechos de las personas migrantes, al privilegiar el establecimiento de mecanismos de control y de categorizaciones que fragmentan y problematizan las posibilidades de integración de los sujetos que conforman el fenómeno.

Ante tal panorama, el objetivo general del presente libro consiste en proponer lineamientos y directrices que contribuyan a resguardar y proteger el ejercicio de los derechos de las personas migrantes en Latinoamérica. Lo anterior, a partir de un análisis crítico acerca de las transformaciones socioeconómicas que han tenido lugar en virtud de la expansión capitalista en la región, de su influencia en el desarrollo de las migraciones y de la regulación jurídica que estas reciben en Chile, Argentina y Brasil, países que en los últimos años han experimentado importantes cambios en su estructura socioeconómica y en el flujo de migrantes.

Para cumplir con dicho objetivo el libro se estructura en cuatro capítulos, cuyo contenido pretende dar respuesta a tres preguntas a partir de las cuales se articula el problema científico: ¿Existe alguna correspondencia entre el desarrollo de las migraciones y el ejercicio de las condiciones estructurales marcadas por la expansión del capitalismo?¿La regulación normativa e institucional que hacen del fenómeno los países latinoamericanos con alto flujo de migrantes, son tensionales con el ejercicio de los derechos de los sujetos que la conforman? ¿Qué lineamientos y directrices se pueden formular para efecto de contribuir a resguardar los derechos de las personas migrantes?

Así, en el primer capítulo desarrollo la relación histórica entre migración y capitalismo, para evidenciar la forma en cómo los desplazamientos de las personas han respondido a los requerimientos de aquel modelo en cada una de sus fases de acumulación. En el segundo capítulo reviso críticamente las principales transformaciones socioeconómicas y las características de la migración en Chile, Argentina y Brasil desde final del siglo XX, dando cuenta de sus relaciones para efecto de comprender la realidad migratoria de los últimas décadas en aquellos países y, particularmente, en las ciudades que constituyen los lugares de destino de los migrantes, a la luz de su organización y participación en el desarrollo económico vinculado a la expansión y relocalización geográfica del sistema capitalista. En el tercer capítulo analizo la regulación jurídica de las migraciones en Chile, Argentina y Brasil, destacando sus debilidades e insuficiencias en lo relativo al respeto y protección de los derechos de las personas migrantes. En el cuarto capítulo propongo lineamientos y directrices que contribuyan a resguardar los derechos de los personas migrantes. Lo anterior, proyectado en tres sentidos, esto es, el replanteamiento de las condiciones estructurales socioeconómicas en las que se desenvuelven las migraciones analizadas, además de una dimensión teórica acerca de la integración de los migrantes a través del enfoque de derechos y el desarrollo de elementos sobre los que deben estar focalizados los contenidos de las políticas migratorias.

En consecuencia, el presente libro contiene un análisis crítico que no se centra en lo estrictamente jurídico-regulatorio, sino que amplía su enfoque hacia la consideración de las condiciones estructurales socioeconómicas que desde final del siglo XX han sido determinantes en el desarrollo de las migraciones.

Introducción

No está en discusión que, la mayoría de los países de América Latina se encuentran insertos en el proceso de globalización que, desde final del siglo XX ha contado con un fuerte predominio del valor capitalista. Tal incorporación se ha realizado cumpliendo ciertos roles que han sido funcionales a los requerimientos de aquel modelo socioeconómico, lo que ha permitido acrecentar el carácter dependiente y desigual entre los países y economías del centro y la periferia.

Lo anterior se ha desarrollado en el marco de la crisis capitalista iniciada a mediados de los años 70, la que estuvo determinada por la sobreacumulación del capital y su incapacidad para generar ganancia y valor[1]. Dicha circunstancia ha significado configurar alternativas de salida a la crisis, lo que se ha manifestado en el establecimiento de nuevas formas de operación del capital, como la explotación de la variante financiera, el endeudamiento, la manipulación del crédito y la consecuente relocalización geográfica del capital productivo, el que preferentemente se ha dirigido hacia las periferias, asociando a este último elemento la disminución de los costos de producción, cuya expresión concreta se ha verificado respecto al pago de la fuerza de trabajo por debajo de su valor[2].

En dicha situación se encuentran algunos países latinoamericanos en los que actualmente actúan los centros capitalistas, los que han sido influenciados en lo relativo a la fijación de estructuras, diseños institucionales y políticos, además de la necesaria movilidad de fuer-

---

1 Al respecto, como sostiene Piqueras, tal circunstancia "estaría asociada a la sobreacumulación del capital, cuya valoración termina por generar la caída de la masa de ganancia al existir mayor prospección del trabajo excedente frente al necesario", en PIQUERAS, Andrés, "Contradicciones y desafíos en el capitalismo del siglo XXI. La segunda crisis de larga duración", *Política y Sociedad*, 51(3), 2014, p. 695.

2 KORNBLIHTT, Juan, SEIFFER, Tamara y MUSSI, Emiliano, "Las alternativas al neoliberalismo como forma de reproducir la particularidad del capital en América del Sur", *Pensamiento al margen*, N° 4, 2016, p. 112.

za de trabajo y su gestión, representando lo anterior, lo que Piqueras denomina como un "permanente ejercicio de violencia para ampliar, disciplinar y reproducir al proletariado"[3]. En este sentido, la reestructuración del patrón de acumulación capitalista y de los procesos productivos, han dado paso a una nueva división internacional del trabajo, repercutiendo en la generación de la movilidad de fuerza de trabajo frente a la cual se explica (estructuralmente) el desarrollo de las migraciones. En tal contexto se insertan las migraciones que han tenido lugar en América Latina, fenómeno que en los últimos veinte años ha alcanzado un acelerado y significativo aumento, verificándose un cambio en el comportamiento migratorio, manifestado en una desaceleración y disminución del desplazamiento de personas hacia Estados Unidos y España, respectivamente (países que históricamente han sido receptores de migrantes latinoamericanos)[4], y un aumento considerable de la migración en países dentro de la región, específicamente respecto de aquellos ubicados en América del Sur, subregión que al 2020 concentra el 82.58% del *stock* de migrantes

---

3 PIQUERAS, Andrés, *La opción reformista: entre el despotismo y la revolución. Una explicación del capitalismo histórico a través de las luchas de clases*, Anthropos, Barcelona, 2014, p. 43.

4 Así respecto a la migración latinoamericana en España, entre el año 2008 y 2021 se evidenció una variación significativa que estuvo determinada por la disminución en el número de migrantes provenientes desde América del Sur, subregión que concentra la migración latinoamericana en España. Como se verá más adelante, al año 2008 se contaban 1.563.040 de migrantes provenientes desde Sudamérica, cifra que al año 2021, disminuyó a 1.137.165 de personas (información disponible en https://www.ine.es/jaxi/Datos.htm?path=/t20/e245/p08/l0/&file=02005.px consultado el 30.01.2022). Por su parte, respecto al *stock* de migrantes latinoamericanos en Estados Unidos, hay que precisar que, a partir del año 2000, se evidencia una desaceleración progresiva en el aumento que se registra desde 1990. De esta forma, entre 1990 al 2009, el *stock* de migrantes llegó al final de ese último año a 6.307.648, a diferencia de aquella comprendida entre el año 2010 y 2017, correspondiente a 3.694.399 (información disponible en Informe Center for Immigration Studies, disponible en https://cis.org/sites/default/files/2018-09/camarota-imm-pop-sept-18_1.pdf consultado el 05.09.2019).

en América Latina[5], el que en los últimos veinte años creció en un 159%[6].

---

5 Así, al año señalado, el *stock* de migrantes en la región fue de 13.200.000, de los cuales 10.900.000 corresponden a aquellos registrados en Sudamérica. Información de la División de Población del Departamento de Asuntos Económicos y Sociales de Naciones Unidas, disponible en https://www.migrationdataportal.org/es/international-data?i=stock_abs_&t=2020
En relación con la disminución del flujo migratorio de latinoamericanos en Europa y su aumento en países de América del Sur, consultar STEFONI, Carolina, *Panorama de la migración internacional en América del Sur*, CEPAL, Santiago, 2017, pp. 13-15. Dicho informe agrega que, a partir del año 2009, los países de la OCDE y europeos, habrían experimentado una caída del 17% en la migración proveniente de América Latina, como consecuencia de la crisis presupuestaria en Europa.

6 En efecto, en dicho periodo, la cifra pasó de 4.200.000 a 10.900.000 migrantes. Información de la División de Población del Departamento de Asuntos Económicos y Sociales de Naciones Unidas, disponible en https://www.migrationdataportal.org/es/international-data?i=stock_abs_&t=2010&m=2&sm49=5. Cabe señalar que, de acuerdo con la caracterización de la situación económica y geográfica de los Estados, la Organización Internacional de las Migraciones clasifica a las migraciones en Norte-Sur; Sur-Norte y Sur-Sur. Los países sudamericanos que registran un alto flujo de migrantes son Chile, Argentina y Brasil, En efecto, entre el año 2000 y 2020, los tres países mencionados registraron un aumento en el *stock* total de migrantes. Así, en Chile la cifra pasó de 184.464 a 1.482.390 personas. En Argentina, el número pasó de 1.527.320 a 2.300.000 personas, mientras que en Brasil la cantidad de migrantes pasó de 510.067 a 1.100.000 personas. Dichos países serán los considerados para el análisis, no solo porque concentran un alto flujo de migrantes sino que además, como se demostrará, poseen similitudes respecto a los patrones migratorios que recientemente se han configurado en la región, en torno a la disminución en estos países de la histórica y tradicional migración europea y un aumento significativo de la migración sudamericana. Para revisar las cifras citadas de Chile, ver censo nacional de población y vivienda chileno del año 2002, disponible en https://www.ine.cl/docs/default-source/censo-de-poblacion-y-vivienda/publicaciones-y-anuarios/2002/sintesiscensal-2002.pdf (consultado el 01.06.2020) y datos registrados por la División de Población del Departamento de Asuntos Económicos y Sociales de Naciones Unidas, disponible en https://www.migrationdataportal.org/international-data?t=2020&i=stock_abs_&cm49=152 (consultado el 30.01.2022). Las cifras de Argentina se encuentran se pueden consultar en censo nacional de población, hogares y vivienda argentino del año 2001, disponible en https://www.indec.gob.ar/indec/web/Nivel4-Tema-2-18-78 (consultado el 01.06.2020) y datos registrados por la División de Población del Departamento de Asuntos Económicos y Sociales de Naciones Unidas, disponible en https://www.migrationdataportal.org/international-data?t=2020&i=stock_abs_&cm49=32 (consultado el 30.01.2022). Las cifras de Brasil se pueden ver

Paralelamente, en los países receptores sudamericanos con alto flujo de migrantes se advierte el establecimiento de una institucionalidad y política migratoria que tensiona con el respeto al ejercicio de los derechos de las personas migrantes, atendido a la forma en cómo se regula el fenómeno. En este sentido, a nivel subregional sudamericano, se observa una regulación muy propia y separada de cada Estado, en circunstancias que, el flujo migratorio se da entre nacionales y ciudadanos de la misma región[7]. Como consecuencia

---

en censo nacional de demografía del año 2001, disponible en https://www.ibge.gov.br/estatisticas/sociais/populacao/9663-censo-demografico-2000.html?edicao=10192&t=downloads (consultado el 01.06.2020) y datos registrados por la División de Población del Departamento de Asuntos Económicos y Sociales de Naciones Unidas, disponible en https://www.migrationdataportal.org/international-data?t=2020&i=stock_abs_&cm49=76 (consultado el 30.01.2022).

7 Al respeto, como indica GARCIA, Rodolfo y GAINZA, Patricia, en relación con la falta de homogeneidad de las políticas migratorias de los países de América del Sur, se evidencian dos características relevantes: "...al momento de discusión y sus principios rectores. La referencia al momento de la discusión habla de políticas migratorias revisadas y actualizadas o que siguen respondiendo a viejas legislaciones; y los principios rectores responden, cuando menos, a dos vicios antagónicas; una estructura basada en la seguridad nacional y otra basada en la perspectiva de los derechos humanos", en GARCIA, Rodolfo y GAINZA, Patricia, "Economía, migración y políticas migratorias en Sudamérica: Avances y desafíos", *Migración y desarrollo*, N° 23, 2014, p. 78. Paralelamente, respecto a la relación leyes nacionales e instrumentos internacionales, como señala GOSH, Bimal, "...los migrantes no pueden beneficiarse de la protección que proporcionan los instrumentos internacionales a menos que estos se ratifiquen, se incorporen en las leyes nacionales y se pongan en práctica", en GOSH, Bimal, "Derechos humanos y migración: El eslabón perdido", *Migración y desarrollo*, N° 10, 2008, p. 41. En efecto, la sola ratificación de tratados internacionales no es suficiente para resguardar el ejercicio de los derechos de las personas migrantes, pues se hace necesario que los Estados incorporen dichos desafíos en sus legislaciones internas, y posteriormente en sus políticas públicas, de tal forma que los compromisos adquiridos se vean materializados en las condiciones de las personas migrantes. Es importante rescatar la importancia de la diferenciación entre reconocimiento de ejercicio de los derechos, ya que pareciera verificarse que los países han optado por llegar solamente al primer nivel señalado, sin embargo, existe una deuda y desafíos en torno a velar por el cumplimiento del segundo tipo de acciones, es decir, aquellas que se enmarcan en garantizar el ejercicio de los derechos de los sujetos migrantes. Por su parte, en lo relativo a las regulaciones separatistas que hacen los Estados acerca de las migraciones, como destacan Caicedo et al., "...el análisis de las disposiciones concretas que

de lo anterior, es posible identificar Estados que carecen de una institucionalidad protectora de los derechos de las personas migrantes, mientras que otros si bien incorporan un discurso que es propio de derechos, mantienen contradicciones y problemas en la implementación y ejecución de sus políticas migratorias.

De esta forma, el modelo de gestión de las migraciones ha acrecentado la vulnerabilidad de los migrantes, situación que desde el punto de vista normativo se genera por el establecimiento de políticas migratorias que no privilegian el enfoque de derechos y que tienden a consolidar categorizaciones y fragmentaciones basadas en estatus jurídicos determinados, relegando a la clandestinidad a aquellos que no los posean o que no cumplan con los requisitos establecidos por los Estados. Así, las normas se han convertido en instrumentos de control y de precarización de los sujetos a los que se les aplican, circunstancia que ha sido aprovechada por el capital para imponerles condiciones de sobreexplotación.

Se trata de una estructura compleja aplicada a la movilidad de la fuerza de trabajo, situación que ha significado el desplazamiento de los flujos migratorios hacia las periferias y la funcionalidad de los Estados para que a través de formas jurídicas puedan adoptar determinadas regulaciones del fenómeno, capaces de influir en su direccionamiento y desarrollo[8]. Lo anterior, en el intento de cumplir con aquello que destaca Hardt y Negri, en el sentido que, "La proletarización progresiva del entorno no capitalista reabre continuamente los

regulan el régimen de residencia y trabajo en los distintos Estados resulta hoy todavía extraordinariamente heterogéneo, al menos a nivel administrativo", en CAICEDO, Natalia, CASTILLA, Karlos, MOYA, David y ALONSO, Alba, "Evolución, rasgos comunes y tendencias de las políticas y reformas migratorias en América Latina", en CAICEDO, Natalia (Coord.), *Tendencias y retos de las políticas y reformas migratorias en América Latina. Un estudio comparado*, Fondo Editorial, Universidad del Pacífico, Lima, 2020, p. 29.

8 En este sentido, como destaca Abad, "El capital ha necesitado siempre y sigue necesitando, un ejército de mano de obra de reserva, pero a diferencia de etapas pasadas, este *stock* de reserva no necesita ya concentrarse en los grandes núcleos industriales del Norte", en ABAD, Luis, "Economía en red y políticas migratorias: ¿Hacia un mercado global de trabajo?", *Migraciones*, N°14, 2003, p. 326.

procesos de acumulación primitiva y, por tanto, la capitalización del ámbito no capitalista"[9].

Paralelamente, la proyección de inversión de capital extranjero, como parte de su expansión y relocalización geográfica, ha generado una reestructuración económica y social de los procesos productivos presentes en las ciudades. En efecto, el direccionamiento de las personas migrantes también ha estado vinculado con el grado de participación de las ciudades en el desarrollo económico y la forma en cómo estas se han reestructurado a lo largo del tiempo. Al respecto, como sostiene Noguera, "Las ciudades pasan a jugar un importante papel en el desarrollo de la industria y el capitalismo a la vez que estos ejercen, en paralelo, un importante papel en el desarrollo de las ciudades"[10].

Como se verá, lo anterior permite explicar que, la migración analizada tenga como ciudades de destino a aquellas económicamente activas, dedicadas mayormente al desarrollo de los rubros en los que se intensifica y fortalece el capital, esto es, el comercio, la industria y la minería. En tal sentido, se trata de ciudades consolidadas en lo que a planificación laboral se refiere, constituyendo lo anterior, un factor de captación de fuerza de trabajo.

De esta forma, migraciones y concentración de la actividad económica son factores fundamentales que servirán para comprender el aumento de la densidad poblacional en las grandes ciudades y la consecuente restructuración de su organización interna. Por su parte, la planificación de las ciudades se ha visto influenciada por la reconfiguración territorial de los migrantes en los lugares de destino. Así, el fenómeno que será analizado ha dado lugar a la conformación de nuevos barrios que rompen el esquema de la ciudad tradicional, al

---

9 HARDT, Michael y NEGRI, Antonio, *Imperio*, Editorial Paidós, Barcelona, 2002, p. 213. En efecto, los cambios asociados al periodo de crisis capitalista iniciada en la década del 70, supuso un proceso que dio paso al sector de los servicios, desplazando a la industria. Esto se generó principalmente en los países con mayor desarrollo capitalista, sin embargo, producto de tal restructuración, la producción industrial se trasladó a países económicamente subdesarrollados y dependientes.

10 NOGUERA, Albert, *El asalto a las fronteras del derecho. Revolución y Poder constituyente en la era de la ciudad global*, Editorial Trotta, Madrid, 2023.

generarse una expansión que pretende satisfacer necesidades vinculadas con el acceso a la vivienda, en un contexto de desarrollo capitalista que acentúa la distinción entre lo urbano y lo rural, para efecto de establecer los puntos de atracción de personas que necesitan ser insertadas como fuerza de trabajo. Al respecto, como indica Harvey, "La urbanización ha desempeñado un papel crucial en la absorción de excedentes de capital"[11].

Por tanto, el análisis de las migraciones y el intento de responder a las motivaciones de los desplazamientos de sujetos hacia economías periféricas no puede prescindir del contexto en el que se configura el fenómeno comentado, cual es, la disputa por el poder económico, la rápida expansión del capitalismo globalizado y la funcionalidad que cumplen los desplazamientos de las personas para lograr la incesante acumulación del capital mediante la extracción sobre el trabajo[12]. En esas dinámicas se enmarcan aquellos elementos fácticos que caracterizan y acompañan al fenómeno que será analizado, el que ha estado marcado por la precariedad estructural a la que se ven sometidos los sujetos que lo componen, políticas migratorias configuradas sin enfoque de derechos y una regulación jurídica determinada en función de las necesidades del capital.

En tal perspectiva, ante el contexto estructural que determina el desarrollo de las migraciones de los últimos años en América Latina, cabe preguntarse: ¿Existe alguna correspondencia entre el desarrollo de las migraciones y el ejercicio de las condiciones estructurales marcadas por la expansión del capitalismo? ¿La regulación normativa e institucional que hacen del fenómeno los países latinoamericanos con alto flujo de migrantes, son tensionales con el ejercicio de los derechos de los sujetos que la conforman? ¿Qué lineamientos y directrices se pueden formular para efecto de contribuir a resguardar los derechos de las personas migrantes? Se trata de interrogantes que pretenderán ser respondidas en este libro a partir de la premisa consistente en en que las transformaciones socioeconómicas que han tenido lugar en virtud del contexto de expansión capitalista en

---

11 HARVEY, David, "El derecho a la ciudad", *New Left Review*, 53, 2006, p. 36.

12 WALLERSTEIN, Immanuel, *Análisis de sistemas-mundo. Una introducción*, segunda edición, Editorial Siglo XXI, México, 2005, p, 13.

Latinoamérica y la deficiente regulación normativa de la migración en algunos países de la región, han provocado cambios importantes en el desarrollo de los flujos migratorios[13]. Lo anterior para efecto de proponer lineamientos y directrices que contribuyan a resguardar y proteger el ejercicio de los derechos de las personas migrantes en Latinoamérica, a partir de un análisis crítico acerca de las transformaciones socioeconómicas impulsadas en virtud de la expansión capitalista en la región, de su influencia en el desarrollo de las migraciones y de la regulación jurídica que estas reciben en Chile, Argentina y Brasil, países que en los últimos años han experimentado importantes cambios en su estructura socioeconómica y en el flujo de migrantes.

---

13 Con la finalidad de limitar el objeto de la presente investigación, entenderé por migrantes a aquellas personas que deciden desplazarse de un Estado a otro, con la intención de residir y establecerse en un lugar distinto al de su país de origen. En consecuencia, no incorporo a personas que se encuentren en categorías tales como la de refugiado y solicitante de asilo, a quienes (en los tres países analizados) se les aplican estatutos jurídicos especiales, representados a través de fuentes normativas internas (leyes particulares) e internacionales (Convención de 1951 sobre el Estatuto de los Refugiados y su Protocolo Adicional de 1967 y Declaración de Cartagena sobre Refugiados). Al respecto, la Agencia de la ONU para los Refugiados entiende que la categoría de migrante y la de refugiado deben ser diferenciadas y no confundidas. Lo anterior, tomando en consideración la distinción reconocida por la Asamblea General de las Naciones Unidas en la Declaración de Nueva York para los Refugiados y los Migrantes. Sobre este último punto, ver https://www.acnur.org/asilo-y-migracion.html. Por su parte, por transformaciones económicas entenderé aquellos cambios capaces de proyectarse en una dimensión económica, social y política.

Capítulo I

Condicionantes estructurales en el desarrollo de la migración ante la expansión del capitalismo

1. LA PERSPECTIVA HISTÓRICO-ESTRUCTURAL COMO DIMENSIÓN DE ANÁLISIS

En términos generales, las migraciones pueden ser analizadas desde una perspectiva individualista o histórico-estructural. En relación con la primera, y en el marco de las teorías que toman dicha dimensión, se parte del supuesto de que las migraciones son manifestación del ejercicio de la libertad que tienen las personas para desplazarse de un lugar a otro, en el que generalmente el lugar de destino les ofrecerá mayores ventajas que el lugar del que provienen. Entonces, las motivaciones para migrar estarían radicadas en la búsqueda de "optimizar el bienestar individual o familiar"[14]. Se trata de una perspectiva de análisis que considera un elemento subjetivo, consistente en el motivo personal o familiar que tendría una persona para migrar, no poniendo atención en el contexto en el cual dichos movimientos se desarrolla[15].

---

14 ACTIS, Walter, DE PRADA, Miguel Ángel y PEREDA, Carlos, "¿Cómo estudiar las migraciones internacionales?", *Colectivo IOE*, N° 0, 1996, p. 9.

15 Algunas teorías que tributan a dicha dimensión, son las siguientes: a) Teoría de los factores push-pull (RAVENSTEIN, Ernst, "The Laws of Migration", *Journal of the Statistical Society of London*, Vol. 48, N°2, 1885, pp. 167-235; LEE, Everett, "A theory of migration", *Demography*, Vol. 3, N°1, 1966, pp. 47-57); b) Teoría neoclásica (LEWIS, Arthur, *Crecimiento y fluctuaciones: 1870-1913*, Fondo de Cultura Económica, México, 1983; LEWIS, Arthur, *Teoría del desarrollo económico*, Fondo de la Cultura Económica, México, 1955; TODARO, Michael, El desarrollo del tercer mundo, Alianza, Madrid, 1988; TODARO, Michael, "A model of labor migration and Urban Unemployment", *American Economic Review*, Vo. 59, N°1, 1969, pp. 138-148; HARRIS, John y TODARO, Michael, Migration, unemployment and development: a two-sector analysis, *American Economic Review*, Vol. 60, 1970, pp. 126-142); c) Teoría de la nueva economía de las migraciones (STARK,

Por su parte, la perspectiva histórico-estructural plantea que la unidad de análisis ya no estaría centrada en el individuo, sino que en el sistema en el que se desarrollan las migraciones. Como plantea Actis, De la Prada y Pereda, en el marco de aquella perspectiva, "el sistema migratorio sería caracterizado como un conjunto dinámico integrado por veinte o más puntos vinculados por flujos humanos"[16]. En razón de aquella perspectiva de análisis, las migraciones se desarrollarían en un contexto relacional entre Estados, los que interactúan bajo un sistema mundo marcado por la globalización, la dependencia entre unos y otros, las desigualdades en sus niveles de desarrollo y en la conformación de la fuerza de trabajo.

Lo anterior nos invita no solo a centrarnos en el acontecer actual relativo al volumen de los flujos migratorios o las características y/o motivos que tuvieron las personas para emigrar, ya que dicha opción metodológica tiende a neutralizar las opciones políticas que se puedan incluir en el análisis del fenómeno, en el entendido que la consideración de las estructuras en las que este se desarrolla, necesariamente supondrá realizar una crítica y formulación de objeciones, incluso políticas, en torno a los instrumentos que utiliza el sistema para facilitar la dominación. En efecto, sin perjuicio de las motivaciones individuales que podrían explicar el desplazamiento de

---

Oded, *The migration of labour*, Basil Blackwell, Oxford, 1991, 406 pp); d) Teoría de las redes migratorias. En lo relativo a la perspectiva histórico-estructural, algunas teorías que tributan a su desarrollo son las siguientes: a) Teoría de la dependencia (GUNDER FRANK, André, *Lumpenburguesía: lumpendesarrollo. Dependencia, clase y política en Latinoamérica*, Editorial Oveja Negra, Bogotá, 1970; DOS SANTOS, Theotonio, *El nuevo carácter de la dependencia*, Editorial Ceso, Santiago, 1968; MARINI, Ruy, *Dialéctica de la dependencia*, Ediciones Era, México, 1973 y CARDOSO, Fernando y FALETTO, Enzo, *Dependencia y desarrollo en América Latina*, Siglo XXI, México. ARGHIRI, Emmanuel, *El intercambio desigual. Ensayo sobre los antagonismos en las relaciones económicas internacionales*, Siglo XXI, Madrid, 1973. MARINI, Ruy, "La acumulación capitalista mundial y el subimperialismo", *Cuadernos Políticos*, N°12, 1977); b) Teoría del sistema-mundo (WALLERSTEIN, Immanuel, *Análisis de sistemas-mundo. Una introducción*, segunda edición, Editorial Siglo XXI, México, 2005); c) Teoría de la regulación (BOYER, Robert, *Teoría de la regulación*, Alfons el Magnànim, Valencia, 1992); d) Teoría del mercado del trabajo dual (PIORE, Michael, *Birds of passage: migrant labor industrial societies*, Cambridge University Press, Cambridge, 1979).

16 Ibíd., p. 12.

personas, lo cierto es que las migraciones actuales son al resultado de una serie de cambios que se han producido con intensidad desde los años setenta del s. XX. Así, se torna necesario tomar en consideración las estructuras socioeconómicas que rigen a nivel mundial y que se encuentran inmersas en las sociedades emisoras y receptoras de migrantes, las que serán consideradas para el presente análisis.

De esta forma, un estudio completo debiera considerar las estructuras y el contexto social en el que este se desarrolla, más aún si partimos de la base que, desde los años que siguieron a la postguerra, se empezaron a producir una serie de intensas transformaciones sociales, políticas y económicas, configuradas en razón de un sistema-mundo que se desarrolla en base a la expansión del capitalismo, modo de producción que activa una serie de aditivos extraeconómicos para lograr su principal cometido, cual es, perseguir la incesante acumulación.

Al respecto, resulta importante destacar los elementos de dos teorías, cuyos postulados tributan a la concretización de la perspectiva histórico-estructural de análisis, con ocasión de la expansión del capitalismo desde final del siglo XX. Se trata de la teoría de la dependencia y la teoría del sistema mundo. En relación con la primera, comparte en sus postulados la idea en torno a que existen economías cuyo desarrollo y relaciones vienen determinadas por la desigualdad, con ocasión de la penetración del capitalismo. En la misma línea, pero refiriéndose al desarrollo de las migraciones, tal teoría sostiene que "los movimientos poblacionales son originados por los desequilibrios económicos que se producen en los países y zonas de la periferia, al penetrar en ellos la economía de mercado"[17]. En efecto, la teoría de la dependencia propone que los países del centro se benefician de los periféricos a partir de la relación de intercambio desigual que entre ellos se desarrolla, y cuya estructura se configura a partir del diseño e implementación de diferentes mecanismos, tales como el de focalizar las economías periféricas al rol de exportadoras de materias primas, las que posteriormente son adquiridas a bajo costo por

---

17 GARCÍA, Alberto, "Una revisión crítica de las principales teorías que tratan de explicar las migraciones", *Revista Internacional de estudios migratorios*, Vol. 7, N° 4, 2017, p. 215.

el centro, mientras estos venden sus productos industrializados a un costo mucho mayor a los países con economías subdesarrolladas[18].

Cabe señalar que, en lo relativo al análisis y conceptualización del intercambio desigual, unidad de análisis que constituye la base para el desarrollo de la teoría de la dependencia, uno de sus principales impulsores fue Emmanuel Arghiri quien consideraba que este se construye a partir de la transferencia y diferencias que existen respecto de las tasas de plusvalía entre países desarrollados y subdesarrollados, conceptualizando al intercambio desigual como "…la relación de los precios de equilibrio que se establece en virtud de la perecuación de las ganancias entre regiones con tasas de plusvalía "institucionalmente" diferentes, dando al término "institucionalmente", el significado de que esas tasas, por la razón que sea, son restadas de la perecuación concurrencial en el mercado de los factores, e independientes de los precios relativos"[19]. De esta forma, para Arghiri, las desigualdades no vendrían determinadas por las diferencias que se verifican en torno a la composición orgánica del capital, sino que estas estarían generadas por diferencias "institucionales" que existirían entre las tasas de plusvalía[20].

Para Ruy Mariano Marini, la dependencia formaría parte de las condiciones estructurales del desarrollo capitalista en un contexto de incorporación de las economías periféricas a este último y sobre el marco de un intercambio desigual, el que se determina en razón del hecho de que, "…unas produzcan bienes que las demás no producen, o no lo puedan hacer con la misma facilidad, permite que las prime-

---

18 En el mismo sentido MARINI, Ruy, "La acumulación capitalista mundial y el subimperialismo", *Cuadernos Políticos*, N°12, 1977.

19 ARGHIRI, Emmanuel, *El intercambio desigual. Ensayo sobre los antagonismos en las relaciones económicas internacionales*, Siglo XXI, Madrid, 1973, p. 104.

20 Ibíd., p. 102. Cabe señalar que, las diferencias de las tasas de plusvalía fue algo que no consideró Marx en el esquema del intercambio desigual. Así se constata en el libro III de su obra El Capital, al señalar que "…la diferencia entre las cuotas de plusvalía en distintos países y, por tanto, la diferencia en cuanto al grado nacional de explotación del trabajo es de todo punto indiferente respecto a la investigación que aquí nos ocupa. De lo que se trata, en esta sección, es de exponer, concretamente, de qué modo se establece una cuota general de ganancia dentro de un país", en MARX, Karl, *El Capital*, Libro III, Fondo de Cultura Económica, México, 1959, p. 151.

ras eludan la ley del valor, es decir, vendan sus productos a precios superiores a su valor, configurando así un intercambio desigual"[21]. Así, para Marini la superexplotación y la fuerza de trabajo juegan un rol muy importante para alcanzar la dependencia[22]. En este sentido, la dependencia se refuerza a través de la superexplotación, al pagar a la fuerza de trabajo por debajo de su valor. Lo anterior, a partir de un intercambio desigual que restringe el desarrollo del mercado interno de las economías periféricas. En efecto, haciendo una relación entre plusvalía, súper explotación y productividad, Marini entendió que "el progreso técnico hizo posible al capitalismo interferir el sistema de trabajo obrero, elevando su productividad y, al mismo tiempo, mantener la tendencia a remunerarlo en proporción inferior a su valor real"[23]. Por su parte, como singulariza Sotelo, "para asegurar la máxima explotación de la fuerza de trabajo, además de aumentar las horas de trabajo, la intensidad y la productividad laboral, el sistema capitalista también expropia parte del fondo de consumo de los trabajadores con el fin de convertirlo en una fuente adicional de capital que se adicione al fondo de acumulación"[24]. En lo relativo a los momentos y formas que adopta la dependencia desde América Latina, Theotonio Dos Santos entiende que existen tres fases históricas de la dependencia. La dependencia colonial, marcada por la injerencia de los Estados colonialistas y la extracción que hacen de las materias primas. La dependencia financiera, de final del siglo XIX, reflejada por el control del capital industrial de la periferia y cuya producción se justifica en relación con las necesidades de los países del centro. La

---

21 MARINI, Ruy, "Dialéctica de la dependencia", *Sociedad y desarrollo*, N°1, 1972, p. 43. Para el autor citado, la dependencia sería entendida como "una relación de subordinación entre naciones formalmente independientes, en cuyo marco de relaciones de producción de las naciones subordinadas son modificadas o recreadas para asegurar la reproducción ampliada de la dependencia", en: MARINI, Ruy, *América Latina, dependencia y globalización*, Clacso y siglo del hombre editores, Bogotá, 2008, p. 111.

22 Para el autor, la explotación se daría a través de "la intensificación del trabajo, la prolongación de la jornada de trabajo y la expropiación de parte del trabajo necesario para que el obrero reponga su fuerza de trabajo", en MARINI, Ruy, *América Latina, dependencia y globalización*, Ob. Cit., p. 126.

23 MARINI, Ruy, *Dialéctica de la dependencia*, Ediciones Era, México, 1973, pp. 71-72.

24 SOTELO, Adrián, "El capitalismo contemporáneo en el horizonte de la teoría de la dependencia", *Argumentos*, Año 26, N°72, 2013, p. 83.

tercera fase, sería aquella que se desarrolla a mediados del siglo XX, caracterizada por la presencia de las multinacionales en las economías periféricas y la alteración que estas producirían en la estructura industrial local[25].

En el mismo sentido, Paul Singer identifica tres momentos importantes de la dependencia, sintetizados a continuación[26]:

- Durante el siglo XIX hasta la primera guerra mundial, se oberva la "dependencia consentida"[27] hacia Inglaterra, momento en el cual la región será la encargada de ser exportadora de materias primeas, proceso de comercialización que será controlado por parte del capital inglés.
- "Dependencia tolerada"[28], fase que va desde después de la primera guerra mundial hasta 1980, periodo que estará marcado por la influencia de Estados Unidos, momento en el cual, se produce una baja considerable de las exportaciones hacia Europa. Lo anterior, producto de las consecuencias de las guerras mundiales.
- "Dependencia deseada"[29], fase que se inicia a partir de 1980 y que estará caracterizada por la presencia de las empresas multinacionales norteamericanas, europeas y japonesas, las que, aprovechando menores costos de producción, se deslocalizan, al instalarse en los países de la periferia. Por su parte, a lo anterior, se sumará la configuración e implementación de políticas neoliberales, proceso que se inicia junto con el desarrollo de la globalización.

Así, la dependencia a la que se encuentra sujeta América Latina, se ha ido configurando en un contexto de expansión del capitalismo, y que, a partir de los años de postguerra, tiene como exponentes a

---

25 DOS SANTOS, Theotonio, *El nuevo carácter de la dependencia*, Editorial Ceso, Santiago, 1968.

26 Singularizado y explicado con mayor detalle en GARRETÓN, Manuel Antonio (Comp.), *Dimensiones sociales, políticas y culturales del desarrollo, Enzo Faletto*, Siglo del Hombre y CLACSO Ediciones, Bogotá, 2009, pp. 60-62.

27 Ibíd., p. 61.

28 Ibíd.

29 Ibíd., p. 62

los centros capitalistas, etapa en la que las economías periféricas empiezan a ser insertadas al comercio internacional, pero a partir de un intercambio desigual.

Por su parte, la teoría del sistema-mundo, desarrollada a partir de 1970[30], siendo Immanuel Wallerstein su principal impulsor, considera que la principal unidad de análisis debe ser el sistema-mundo, entendido como "una zona de espacio temporal que atraviesa múltiples unidades políticas y culturales, una que representa una zona integrada de actividad e instituciones que obedecen ciertas reglas sistémicas"[31]. Así, a partir de la abstracción y universalidad, Wallerstein intenta establecer un único nivel de análisis para explicar la realidad social. Se trata de un sistema-mundo que se encuentra determinado por una economía-mundo, entendida esta como "una zona geográfica dentro de la cual existe una división internacional del trabajo y, por lo tanto, un intercambio significativo de bienes básicos o esenciales, así como un flujo de capital y trabajo"[32].

Dicho sistema estaría integrado por las economías del centro, que serían aquellas industrialmente desarrolladas y en las que se concentraría el capital, y las periféricas, caracterizadas por encontrarse en vías de desarrollo, con un alto nivel de endeudamiento y cuyo modelo productor estaría radicado por la venta de materias primas. Entre ambas economías, se verificaría una relación de intercambio desigual y de dependencia[33], la que vendría determinada desde los

---

30 Si bien Wallerstein atribuye el origen de dicha teoría a los años 70, lo cierto es que vinculado a la economía mundo capitalista, señala que su generación se remonta a mediados del siglo XVIII, en WALLERSTEIN, Immanuel, *Análisis de sistemas-mundo. Una introducción*, segunda edición, Editorial Siglo XXI, México, 2005, p. 13.

31 Ibíd., p. 32.

32 Ibíd., p. 40.

33 Como mencionaba a propósito de los postulados de la teoría de la dependencia, en Arghiri, el "intercambio desigual", toma como base la diferencia institucional de plusvalía. Para mayor detalle, consultar las siguientes obras ARGHIRI, Emmanuel, *El intercambio desigual. Ensayo sobre los antagonismos en las relaciones económicas internacionales*, Ob. Cit., p. 104 y ARGHIRI, Emmanuel, BETTELHEIM, Charles, AMIN, Samir y PALLOIX, Christian, *Imperialismo y comercio internacional (el intercambio desigual)*, Siglo XXI, Madrid, 1973, p. 52. En esta última obra y página, el intercambio desigual lo conceptualiza como "la relación de los precios que se establece en virtud de la ley de la nivelación, de la cuota de ganancia

tiempos de la colonia, siendo perpetuada a través del condicionamiento económico, específicamente, el endeudamiento y la instalación de empresas multinacionales, capaces de concentrar capital, y cuya consecuencia más importante, radica en la transferencia de plusvalía desde la periferia hacia el centro[34]. Por lo tanto, a partir de tal estructura relacional, y entendiendo que el intercambio desigual se trata de una relación de procesos productivos, la idea consistente en que los Estados periféricos tengan como modelo a los del centro, para efecto de conseguir el desarrollo, se ve neutralizado, ya que los primeros requerirán de una periferia para lograr tal acumulación, cuestión que no es posible y permitido por parte de los Estados que históricamente han detentado el poder económico.

Por su parte, la economía mundo a la cual se adhieren la mayoría de los Estados, ya sea en términos pacíficos y/o violentos, es de tipo capitalista, al perseguir la incesante acumulación del capital. Lo anterior, articulado sobre la base de mecanismos estructurales que son gobernados en sus acciones por tal motivación. Así, la economía-mundo capitalista, es capaz de configurar una estructura política que se torna fundamental para el ejercicio del libre mercado, elemento de radical importancia para lograr la acumulación del capital, estruc-

---

entre regiones de plusvalía institucionalmente diferentes, significando el término "institucionalmente" que esas cuotas de plusvalía son, por alguna razón, sustraídas a la igualación competitiva".

34 WALLERSTEIN, Immanuel, "La estructura interestatal del sistema mundo moderno", *Secuencia. Revista de historia y Ciencias Sociales*, N° 32, 1995, p. 145. Cabe señalar que para Wallerstein la periferia sería "aquel sector geográfico en el cual la producción es primariamente de bienes de baja categoría (esto es, de bienes cuya mano de obra es peor remunerada), pero que es parte integrante del sistema global de la división del trabajo, dado que las mercancías implicadas son esenciales para su uso diario", en WALLERSTEIN, Immanuel, *El moderno sistema mundial. La agricultura capitalista y los orígenes de la economía-mundo capitalista en el siglo XVI*, 11 edición, Editorial Siglo XXI, México, 2005. Por su parte, si bien la distinción centro-periferia ha sido utilizada por varios autores, lo cierto es que tal conceptualización fue desarrollada por la CEPAL, específicamente de la mano de Raúl Prebisch. Al respecto, se puede consultar PREBISCH, Raúl, *Capitalismo periferico: crisis y transformaciones*, Fondo de Cultura Económica, México, 1981; PÉREZ, Esteban y VERNEGRO, Matías, "Raúl Prebisch y la dinámica económica: crecimiento cíclico e interacciones entre el centro y la periferia", *Revista CEPAL*, N° 118, 2018, pp. 9-25.

tura que tiene como participes al mercado, a las empresas multinacionales, al Estado, a los trabajadores y a los consumidores.

En efecto, para esta teoría, la unidad de análisis será la economía-mundo capitalista, cuyo objetivo radicaría en la búsqueda de la acumulación y en el cual, las estructuras en las que esta se desenvuelven responden a aquel objetivo. De esta forma, los postulados de dicha teoría, se desarrollan en un contexto de expansión del capitalismo, el que ha logrado penetrar a las economías de los países de la periferia, a través de la búsqueda y extracción de materias primas y mano de obra, situación que obedece a una dominación que se arrastra desde los tiempos de la colonia, pasando por el neocolonialismo y que actualmente se ejerce por medio de la globalización y la instalación de empresas multinacionales, alterando de esta forma, la organización social y la economía de la periferia, al afectar las condiciones de trabajo, la calidad y seguridad en el empleo, los ingresos salariales, el aumento del consumo, del endeudamiento y de generación de relaciones basadas en el individualismo.

En lo relativo a la explicación de las migraciones, se parte de la premisa en que estas son parte del proceso de movilidad de la fuerza de trabajo, atendido que, la capitalización en las periferias ha requerido que estas cuenten con mano de obra, impulsando el factor migratorio. En efecto, el desarrollo de las migraciones vendría determinado por las estructuras del sistema capitalista, insertado en la lógica de relaciones desiguales entre las economías del centro y de la periferia. Los países del centro extraerían fuerza de trabajo proveniente de la periferia, en la medida en que el capital lo requiera. Se trata de una periferia cuyas materias primas, economía y mano de obra, son controladas producto de la dominación proveniente desde el centro, siendo la migración, "...una consecuencia natural de los trastornos y dislocaciones que irresistiblemente acontecen en el proceso de desarrollo del capitalismo"[35].

De esta forma, el estudio del fenómeno no puede prescindir de las consideraciones del contexto global en el que estas se desarrollan,

---

35 MASSEY, Douglas (et al.), "Teorías de migración internacional: una revisión y aproximación", *ReDCE*, N° 10, 2008, p. 453 y 454.

determinadas por el proceso de globalización y la rápida expansión del capitalismo, pues será a partir de la fijación de dichos elementos que se podrá responder a la pregunta en torno a qué factores son los que determinan los movimientos de las personas de un lugar a otro, y bajo qué condiciones estructurales (incluso relativa a derechos) estas se articulan, elementos al que la perspectiva individualista les resta valor, ya que como indican Actis, De la Prada y Pereda, "se trata de un enfoque que es coherente con una visión de mundo que concibe lo social como un agregado de acciones individuales, sin prestar atención suficiente a las formas en que los contextos sociales condicionan y limitan las decisiones de las personas"[36]. Así, las migraciones responden ante ciertas estructuras que obedecen a la expansión del sistema capitalista y al desarrollo desigual entre las economías del centro y de la periferia. Se trata de un modo de producción que se proyecta a través de todo un aparataje, entre los que cabe la movilidad de la fuerza de trabajo y en el cual, la migración se incorpora como un factor productivo en el proceso de acumulación del capital en un contexto de reducción de costos de aquel proceso.

Llevados estos elementos teóricos de análisis a la realidad latinoamericana, la movilidad de la fuerza de trabajo desde o hacia América Latina, tiene como antecedente de verificación, aquel desarrollo de relaciones desiguales que se han materializado a través de distintas formas de dominación institucionales, las cuales legitiman y ampara el actuar de aquellos que controlan el capital. Se trata de una realidad que se arrastra desde los tiempos de la colonia y ante la cual es posible evidenciar una súper explotación desde el centro hacia la periferia, lo que, reducido a la fuerza de trabajo, implica, como indica Marini, "pagarle a la mano de obra por debajo de su valor. Lo anterior, como una forma que adopta la burguesía para contrarrestar la pérdida en el comercio internacional"[37]. En efecto, lo anterior es posible llevarlo a cabo en un contexto de dominación, de dependencia y de control del sistema productivo, siendo fundamental, como

---

36 ACTIS, Walter, DE PRADA, Miguel Ángel y PEREDA, Carlos, "¿Cómo estudiar las migraciones internacionales?", Ob. Cit., p. 9.

37 MARINI, Ruy, *Dialéctica de la dependencia*, Editorial Era, México, 1991, pp. 19-32, singularizado en este punto por SOLORZA, Marcis y CETRÉ, Moisés, "La teoría de la dependencia", Ob. Cit., p. 32.

señalaba más arriba, la apropiación y manipulación en torno al direccionamiento de donde debe estar la mano de obra periférica, cuestión que en los tiempos de la colonia se realizó a través del traslado de esclavos, y que ahora se desarrolla por medio de las migraciones internacionales.

2. LA MIGRACIÓN COMO MANIFESTACIÓN DE LA MOVILIDAD DE LA FUERZA DE TRABAJO

La consideración de la perspectiva histórico-estructural nos invita a reflexionar en torno a que la explicación de los desplazamientos de sujetos migrantes se debe contextualizar en atención a las estructuras socioeconómicas actuales, las que están determinadas por el desarrollo de la globalización económica y la expansión del capitalismo mundial. Ante tales intenciones y objetivos, los países de la periferia y las migraciones han venido a cumplir un rol, cual es, el de servir de fábricas y territorios de descentralización de las multinacionales para que el costo de producción sea más bajo. Es decir, ante las instalaciones de las empresas transnacionales, se torna necesario contar con un ejército de reserva que en gran medida se logra gracias a las migraciones. Lo anterior, derivado de aquellas imposiciones establecidas por el poder hegemónico, con todo lo que dicho concepto significa, esto es, una construcción social vinculada a la capacidad de generar consensos que se determinan sobre la base de un sistema cultural reproductor de las dominaciones de un sistema cultural, y que, llevado al dominio capitalista, como indica Noguera, tendría su fundamento "en un proceso histórico de construcción-deconstrucción de lo social, de creación de un sistema de relaciones sociales, legitimado y reproductor de dominación burguesa, que aparece entre nosotros como neutral y necesario, cuando en realidad no es más que cultural y artificial"[38].

---

38 NOGUERA, Albert, "La teoría del Estado y del poder en Antonio Gramsci: claves para descifrar la dicotomía dominación-liberación", *Nómadas. Revista Crítica de Ciencias Sociales y Jurídicas*, Vol. 29, N°1, 2011, p. 8.

Al respecto, como indica Harvey, estamos en presencia de lo que él denomina "acumulación por desposesión", el que tendría por objeto "posibilitar la liberación de un conjunto de activos (incluida la fuerza de trabajo) a un costo muy bajo (y en algunos casos, nulo)"[39]. Se trata de un proceso que requiere de la fijación de ciertas estructuras, de reformas, del apoyo estatal, siendo fundamental para lograr dicho cometido, el reclutamiento o reducción del volumen de mano de obra, dependiendo de los requerimientos del modo de producción en cada momento histórico determinado.

En tal sentido, el capital genera las condiciones de un mercado mundial de trabajo, favoreciendo la circulación de personas en busca de movilidad absoluta y/o relativa, siendo el desarrollo de las migraciones, un fenómeno mediado por aquello que requiere el modo de producción, específicamente, en torno a la posibilidad de integrar fuerza de trabajo que es calificada como mercancía y respecto de la cual se extrae plusvalía. Así, para el capitalismo, la fuerza de trabajo constituye una mercancía movible, cuya razón de ser, como indica Piqueras, la constituye "la de producción de productores desligados de medios de producción, sin sujeción estructural o económica a procesos productivos ni a lugares concretos de producción"[40]. Se trata del constante afán de acaparamiento de los medios de producción, para extraer plusvalía, lo que ha significado efectuar un mayor control sobre aspectos propios de la vida de la fuerza de trabajo, tales como su tiempo y la determinación en torno hacia dónde se deben desplazar, ya sea favoreciendo o limitando la movilidad de las personas. Así, al ser la fuerza de trabajo una mercancía, en momentos determinados, el capitalismo se esmerará por controlar la importación o exportación de esta.

En efecto, en la búsqueda de acumulación del capital, el sistema intenta consolidar nuevas formas de producción, permitiendo contar con una reserva desvalorizada de fuerza de trabajo que, en

39 HARVEY, David, *El nuevo imperialismo*, Akal, Madrid, 2007, p. 119.

40 PIQUERAS, Andrés, "Significado de las migraciones internacionales de fuerza de trabajo en el capitalismo histórico. Una perspectiva marxista", en PIQUERAS, Andrés y DIERCKXSENS, Wim (eds.), *El colapso de la globalización*, Editorial El Viejo Topo, Barcelona, 2011. p. 282.

ocasiones, puede tener como destino al centro, o a las mismas periferias, insertándose las migraciones como parte de la reestructuración de los procesos productivos y de los mercados laborales. En relación con dicha necesidad, en momentos históricos determinados, el capital ha requerido aumentar el trabajo excedente de tal forma de poder llegar a contar con un ejército de reserva disponible para ser explotado. En tal proceso de constitución de reserva, es posible evidenciar a las migraciones, las que constituirían un tipo de movilidad relativa que puede hacer las veces de movilidad absoluta. Lo anterior, considerando la forma en como estas se pueden presentar, esto es, con la dinámica de "sujetos que pasan del vínculo no capitalista al capitalista (movilidad absoluta), o como sujetos que ya se encuentran incorporados al nexo capitalista, pero que se desplazan a otra formación socio-estatal"[41]. Por tanto, tratándose de las migraciones, la movilidad de la fuerza de trabajo se explica como un tipo de movilidad relativa, específicamente de desplazamiento espacial que gira en torno a los requerimientos de los procesos productivos fijados por la economía-mundo, sin perjuicio de la posibilidad de que estas signifiquen, también, un tipo de movilidad absoluta para sujetos que pasan a unirse al nexo capitalista.

La posibilidad de contar con un mayor ejército de reserva representará un mecanismo de dominación, ya que mientras mayor sea este, menor será la posibilidad de negociación, ampliándose el margen para que el trabajador sea explotado, y ampliándose, además, la tasa de reemplazo. Consecuentemente, como sostiene Noguera, "la limitación de la capacidad de reemplazo de la fuerza de trabajo por el capital aumenta significativamente las posibilidades de negociación y presión de las organizaciones obreras"[42].

---

41 Así, el inmigrante se inserta en la relación trabajo/capital, verificándose un tipo de movilidad absoluta y relativa, entendiendo a la primera como la "conversión de los seres humanos en mercancía fuerza de trabajo que se explota a través del proceso capitalista de extracción de plusvalía", la que se diferencia de la segunda, que en lo respecto a las migraciones se expresaría en la "subordinación de la fuerza de trabajo a la movilidad espacial del capital", en PIQUERAS, Andrés, *La Opción reformista. Entre el despotismo y la revolución. Entre el despotismo y la revolución. Entre el despotismo y la revolución. Una explicación del capitalismo histórico a través de la lucha de clases.* Ob. Cit., p. 18.

42 NOGUERA, Albert, "El bienestar económico y social en la sociedad del siglo XXI: hacia una redefinición de las prácticas de garantía de los derechos socia-

En síntesis, la idea ha consistido en ir generando un tipo de relaciones de trabajo, basadas en la misma estructura que plantea el capitalismo, en lo que a distribución geográfica se refiere, y con todo lo que esto implica para llevarlo a cabo, como es la desregulación de la economía y de las condiciones laborales, el proceso de privatización de importantes sectores de la economía y de servicios sociales, además del reclutamiento de mano de obra en los casos en que el capital así lo requiera, lo que implicará que la fuerza de trabajo se reproduzca y se movilice, siendo este último, el punto de partida de las migraciones, cuestión que como sostiene Pereda y Prada, significa entender que las migraciones están determinadas por la "coyuntura del capitalismo global y la matriz de relaciones sociales configuradas a partir de la división capitalista del trabajo"[43].

3. DIRECCIONAMIENTO DE LOS FLUJOS MIGRATORIOS Y LAS FASES DE ACUMULACIÓN CAPITALISTA

Como he venido señalando, el desplazamiento de las personas en el espacio ha respondido al desarrollo de las fases de acumulación del capitalismo. Lo anterior, en consideración de aquello que se propuso dicho modo de producción y que culminó siendo uno de sus grandes triunfos de dominación, esto es, el de ampliar y reproducir la fuerza de trabajo bajo una relación de asalarización y proletarización a nivel mundial, cuestión que, gracias a la globalización, se logró.

De esta forma, los desplazamientos de las personas se han desarrollado en atención al contexto del avance y mundialización del sistema capitalista, como también a la desigualdad entre las economías de los países del centro y de la periferia.

---

les", *Lex Social*, Vol. 7, N°1, 2017, p. 256.

43 PEREDA, Carlos y DE PRADA, Miguel Ángel, *Migraciones internacionales: entre el capitalismo global y la jerarquización de los Estados*, p. 2, disponible en https://www.fes-ecuador.org/fileadmin/user_upload/pdf/177%20MIGINT2003_0396.pdf (consultado el 16/08/2019).

En efecto, en reiteradas ocasiones, el capital ha requerido de la asistencia de sujetos migrantes para conformar ejércitos de reserva, dispuestos a ocupar puestos de trabajo de baja calificación, en un contexto de limitadas opciones de negociación entre el capital y el trabajo. Así, las migraciones se enmarcan en una serie de factores estructurales que se hace necesario analizar para efecto de responder a las motivaciones de los desplazamientos de las personas.

En la presente sección, demostraré cómo en hitos históricos determinados, los desplazamientos de sujetos migrantes han respondido a los requerimientos de los procesos productivos en miras a lograr la acumulación capitalista en cada una de sus fases.

En cuanto a los hitos históricos a partir del cual se desarrolla la internacionalización del capital y cómo se vincula dicho proceso con las migraciones, autores como Aragonés[44] consideran tres etapas importantes, sin contar la fase colonial (s. XVI-XVII), determinada por las migraciones colonizadoras y el tráfico de esclavos[45]:

---

44 ARAGONÉS, Ana María, "El fenómeno migratorio en el marco de la globalización", Ob. Cit., p. 728 y ss. Cabe señalar que, para la revisión de esta parte, se considerarán las etapas planteadas por la autora referenciada. Sin embargo, para revisar las fases del capitalismo, se considerará la sistematización realizada en la obra ya citada de PIQUERAS, Andrés, *La Opción reformista. Entre el despotismo y la revolución. Entre el despotismo y la revolución. Una explicación del capitalismo histórico a través de la lucha de clases.* Ob. Cit., pp. 45-173. En efecto, el autor identifica cuatro fases del modelo de acumulación-regulación capitalista: el Capitalismo de Libre Competencia (desde final del siglo XVIII hasta años noventa del siglo XIX), pp. 45 y 59, Capitalismo Monopolista Corporativo (desde mediado de los años noventa del siglo XIX hasta la Segunda Guerra Mundial), p. 75, Capitalismo Monopolista del Estado (Segunda Postguerra hasta la década del ochenta del siglo XX), p. 87, y Capitalismo Monopolista Transnacional (segunda mitad de los años setenta del siglo XX hasta antes de la actualidad), p. 109.

45 En este sentido, como revisa Castles, entre el siglo XVII y XIX, la relocalización de la fuerza de trabajo desde las colonias inglesas en África hacia América se hizo a través de la esclavitud. Posteriormente, una vez abolida la esclavitud, a mediados del siglo XIX, la movilidad de trabajadores se efectuó a través de la figura de trabajadores bajo contrato en condiciones de explotación laboral, en CASTLES, Stephen, "Migración, trabajo y derechos precarios: perspectiva histórica y actual", *Migraciones y Desarrollo,* Vol. II, N°20, pp. 9 a 13.

3.1. Migraciones transoceánicas en el capitalismo de los años 50 a 90 del s. XIX y del capitalismo monopolista (desde la última década del s. XIX hasta la Segunda Guerra Mundial)

El contexto en el que se desarrollaron los desplazamientos migratorios durante la presente etapa fue en el marco de lo que Piqueras considera como la segunda etapa del capitalismo de la libre competencia[46] (años 50 a 90 del siglo XIX) y la primera etapa del capitalismo monopolista (desde mediados de la última década del siglo XIX hasta la Segunda Guerra Mundial)[47]. Así, durante el primer modelo, tendrá lugar un periodo que estuvo marcado por la segunda revolución industrial, la organización de la fuerza de trabajo para enfrentar la sobreexplotación, y la gestación de las formas corporativistas del sistema capitalista. Lo anterior, en presencia de un capitalismo competitivo que posteriormente se abrió para dar paso al segundo modelo, esto es, al capitalismo monopolista, caracterizado por los acuerdos entre capitalistas en torno a los precios y valores de producción[48].

De esta forma, entre la última década del siglo XIX hasta la segunda guerra mundial, tendrá lugar el capitalismo monopolista corporativo, caracterizado por el control del capital sobre los procesos y tiempos de producción, cuya finalidad radicó en alcanzar una organización científica del trabajo[49]. Lo anterior, tuvo como consecuencia el fortalecimiento de la empresa capitalista, reemplazando la libertad por la capacidad de organización, para lo cual el apoyo del Estado fue fundamental.

Desde el punto de vista de las migraciones, no está en discusión que las revoluciones industriales dieron paso a la proletarización de abundante mano de obra, lo que significó contar con un ejército industrial de reserva y un amplio porcentaje de movilidad absoluta,

---

46 PIQUERAS, Andrés, *La Opción reformista. Entre el despotismo y la revolución. Entre el despotismo y la revolución. Una explicación del capitalismo histórico a través de la lucha de clases.* Ob. Cit., p. 59.

47 Ibíd., p. 75.

48 PIQUERAS, Andrés, *La Opción reformista. Entre el despotismo y la revolución. Entre el despotismo y la revolución. Una explicación del capitalismo histórico a través de la lucha de clases.* Ob. Cit., p. 70.

49 Ibíd., p. 79.

compuesto por fuerza de trabajo que se insertó al nexo capitalista. Se trató de campesinos convertidos en proletarios que sirvieron a la industria en condiciones de explotación[50]. En efecto, en un inicio fue posible evidenciar el desplazamiento o migración campo-ciudad y desde el este al oeste de Europa, debido a la posición de Inglaterra como cuna de aquel proceso de industrialización. Así, durante dicha etapa, en Inglaterra, la población rural fue descendiendo. De contar con veintiséis millones de trabajadores en el año 1846, a pasar a tener veinticuatro millones en 1876, veintitrés millones en 1901, y veintidós millones en 1911[51]. Dicha migración, como sostiene Aragonés, "fue fundamental para la configuración del Estado nación y del tránsito hacia el capitalismo"[52].

Por su parte, no obstante que al año 1875, gran parte de la población ya se encontraba inserta en el capitalismo, como explica Piqueras, la primera revolución industrial dejó un gran excedente de trabajadores, lo que impulsó el desarrollo de las emigraciones internacionales de la fuerza de trabajo, disminuyendo el ejército de reserva, lo que sumado al inicio de la segunda revolución industrial y de la mano de la consolidación del desarrollo de la tecnología y de los medios de comunicación, significó fomentar la flexibilidad de las leyes que dificultaban la movilidad de la fuerza de trabajo. Lo anterior, "frente a la ingente proletarización de las poblaciones europeas, fue-

---

50 Al respecto, Piqueras sostiene que, "la fuerza de trabajo es la única mercancía cuya compra no garantiza su posesión efectiva, sino que implica un ejercicio constante de vigilancia y dominación para que realice la plusvalía requerida en el tiempo contratado". Así, durante la primera etapa del capitalismo de la libre competencia (final del siglo XVIII hasta los años 50 del siglo XIX), se evidenciarán diversas formas de dominación desde el capital hacia el trabajador, lo que no solamente se llevó a cabo a través del salario injusto, sino que también por medio de la servidumbre y las migraciones bajo contrato. Ambos en PIQUERAS, Andrés, *La Opción reformista. Entre el despotismo y la revolución. Entre el despotismo y la revolución. Una explicación del capitalismo histórico a través de la lucha de clases.* Ob. Cit., pp. 47-48.

51 En ARAGONÉS, Ana María, *Migración internacional de trabajadores. Una perspectiva histórica,* Plaza y Valdes editores, México, 2000, p. 43.

52 Ibíd., p. 33.

ron siendo abolidas las leyes que dificultan la movilidad de la fuerza de trabajo, así como las que prohibían la emigración"[53].

En efecto, ante el leve deceso de la desocupación en Inglaterra, el ejército de reserva se redujo, aumentando el poder de negociación de los trabajadores e impidiendo la caída de los salarios, situación que resultó poco rentable para los capitalistas, lo que derivó en un cambio en el patrón de acumulación, al verse caída la tasa de ganancia.

Vinculado con la idea de aumentar el ejército de reserva, en Europa se verificó el desplazamiento hacia zonas más industrializadas, esto es, Este-Oeste, en donde Francia, Inglaterra y Alemania se convirtieron en receptores de poblaciones provenientes de países menos desarrollados, tales como Irlanda, Rumania y Polonia. Un panorama que se proyectó hasta el inicio de la primera guerra mundial[54]. Durante dicho periodo, los controles fronterizos fueron flexibles, favoreciendo el desplazamiento de trabajadores migrantes.

Por su parte, a final del siglo XIX, se produjeron importantes movimientos migratorios transoceánicos, caracterizados por los desplazamientos desde Europa a las regiones de ultramar, instalándose en países que contaban con importantes recursos agrícolas y minerales. Tal fue el caso en Argentina, Estados Unidos, Nueva Zelanda y Sudáfrica. Así, en aquellas regiones, la migración permitió abrir nuevos mercados en un contexto de expansión del capitalismo hacia las mismas. De esta forma, entre 1840 y 1930, se produjo un gran desplazamiento de europeos que decidieron cruzar el atlántico para habitar ultramar, estimándose en 65 millones la cantidad de personas que salieron del continente[55], las que se concentraron, principalmente, en Estados Unidos (61.4%), Canadá (11.5%), Argentina (10.1%), Brasil (7.3%), Australia (4.5%), Nueva Zelanda (3.0%) y Sudáfrica

---

53 PIQUERAS, Andrés, *La Opción reformista. Entre el despotismo y la revolución. Entre el despotismo y la revolución. Una explicación del capitalismo histórico a través de la lucha de clases*. Ob. Cit., p. 64.

54 Ibíd.

55 DOLLOT, Louis, *Les migrantes humanies*, sexta edición, Press Universitaries de France, París, 1976, p. 186. Referenciado en ARAGONÉS, Ana María, *Migración internacional de trabajadores. Una perspectiva histórica*, Ob. Cit., p. 45.

(2.2%)[56]. Se trató de países que, hasta ese momento, eran importantes productores de materias primas. En relación con la emigración hacia las periféricas de América, Noguera explica que la emigración de la fuerza de trabajo desde Europa hacia las excolonias americanas, tuvieron lugar en un contexto de transformación del colonialismo, pasando desde las intenciones de expansión militar y territorial, a la ocupación de las periferias como parte del proceso productivo de las industrias europeas[57].

En efecto, dicha etapa estuvo determinada por la expansión de la industria agrícola desde Europa a países que contaban con importantes recursos minerales y agrícolas, flujos que se desarrollaron en el marco de la apertura de los nuevos mercados impulsados desde Europa hacia esas zonas periféricas.

En el caso de Sudáfrica, con ocasión del descubrimiento de importantes recursos minerales, a inicios del siglo XX, se inició un periodo de industrialización, el que se desarrolló en excolonias británicas, situación que produjo un desplazamiento de africanos desde dichos territorios a las regiones mineras. Lo anterior se llevó a cabo a partir de la promulgación del *Native Lands Act* 27 de 1913. Al respecto, como sostiene Sánchez, dicha legislación contemplaba que "solo el 8% del territorio sudafricano sería destinado a las poblaciones nativas, prohibiéndose la venta a población europea o la posibilidad de adquirir nuevas tierras sin autorización gubernamental"[58].

En el caso de Gran Bretaña, durante el periodo analizado, y atendido al avance del transporte, se logró la exportación de capitales, evidenciándose que, mientras mayor fue la salida de capitales, mayor fue el número de emigrantes. Así, como sistematiza Caincross,

---

56 ASHWORTH, William, *Breve historia de la economía internacional*, Fondo Cultural Económica, Madrid, 1977, p. 227. Singularizado en ARAGONÉS, Ana María, *Migración internacional de trabajadores. Una perspectiva histórica*, Ob. Cit., p. 48. Complementa la revisión de las cifras, el trabajo de CACHÓN, Lorenzo, "La formación de la España inmigrante: mercado y ciudadanía", *Revista Española de Investigaciones Sociológicas*, N° 97, 2002.

57 NOGUERA, Albert, *La igualdad ante el fin del Estado Social. Propuestas constitucionales para construir una nueva igualdad*, Sequitur, Madrid, 2014, p. 55.

58 SÁNCHEZ, Raúl, *Cruzar fronteras en tiempos de globalización Estudios migratorios en antropología*, Ob. Cit., p. 73.

singularizado por Aragonés, entre el año 1871 a 1880, la salida de capitales alcanzó los 266 millones de libras, mientras que el número de emigrantes llegó a los 275.000. Entre 1881 y 1890, la salida de capitales aumentó a 561 millones de libras, como también lo fue con la emigración, la que ascendió a 819.000. Posteriormente, entre 1897 y 1900, el número de emigrantes descendió a 123.000, al igual que el capital de salida, este último a 286 millones de libras. Finalmente, entre 1901 y 1910, la salida de capital aumentó a 721 millones de libras, y la de emigrantes a 756.000[59].

Por su parte, en el caso de Estados Unidos, con el objeto de favorecer la migración de mexicanos y limitar la de asiáticos, se dictó la *Chinese Exclusion Act* de 1882, norma que prohibió el ingreso de migrantes chinos, normativa a la que se sumó la *Inmigration Act* de 1917 que prohibió el ingreso de grupos de migrantes asiáticos. También ocurrió con la *Inmigration Act* de 1924 que restringió la migración, mediante la imposición de cuotas y estableciendo un límite anual de migrantes europeos[60].

En efecto, la relación entre el desplazamiento de trabajadores y el capital oculta relaciones de poder, en donde este último logra imponerse fijando las condiciones que determinan hacia dónde se deben dirigir las personas en momentos históricos determinados, dominación que se agudiza aún más cuando intervienen los Estados funcionando en favor del capital. Lo anterior, mediante la regulación de la migración, lo que hará contar con políticas flexibles o rígidas, según los intereses y demandas del modo de producción en cuestión.

---

59 CAINCROSS, Alexander, "Home and foreign investment 1870-1913", en MEIER, Gerald y BALDWIN, Robert, *Desarrollo económico*, Aguilar, Madrid, 1968, p. 219. Singularizado en ARAGONÉS, Ana María, *Migración internacional de trabajadores. Una perspectiva histórica*, Ob. Cit., p. 47.

60 Sistematización disponible en SÁNCHEZ, Raúl, *Cruzar fronteras en tiempos de globalización Estudios migratorios en antropología*, Ob. Cit., p. 33.

3.2. Migraciones durante la segunda posguerra (años 1945-1980)

Durante dicho periodo tuvo lugar el capitalismo monopolista del Estado[61], modelo de acumulación que estuvo caracterizado por la revolución tecnológica, la que fue incorporada a los procesos productivos, pero con un Estado intervencionista, en cuanto a regulación se refiere. En esta etapa, el capitalismo estuvo influenciado por el paradigma Keynesiano, lo que implicó como sostiene Piqueras, "el velar por aumentar en calidad la reproducción de la fuerza de trabajo, un Estado capaz de proporcionarle a su población, una seguridad en los aspectos básicos de esa reproducción y seguridad social"[62]. Se trató de un periodo marcado por la intervención del Estado en la economía y su rol para satisfacer demandas sociales, siendo el Estado benefactor, la figura representativa de la posguerra, cuestión que permitió que los trabajadores tuviesen acceso a bienes y servicios básicos.

Sin perjuicio de lo anterior, en atención a la internacionalización del capitalismo, se verificó un importante desarrollo de la tecnología, lo que significó un aumento de la mano de obra en los países desarrollados, produciéndose desplazamientos sur-norte.

En fin, se trató de una etapa que estuvo marcada por la búsqueda de productividad, lo que se hizo notar con el "fordismo", siendo necesario contar con fuerza de trabajo externa, en el intento de reconstruir el ejército de reserva. En relación con las migraciones, los desplazamientos que caracterizaron a dicho periodo fue la intercontinental europea, evidenciándose desplazamientos hacia el occidente y norte de Europa. Se trató de migraciones de tipo laboral desde las zonas menos desarrolladas a las industrializadas, fenómeno que supuso la realización de medidas para regular y fomentar el recluta-

---

61 Al respecto, ver ARAGONÉS, Ana María, *Migración internacional de trabajadores. Una perspectiva histórica*, Ob. Cit, p. 71 y PIQUERAS, Andrés, *La Opción reformista. Entre el despotismo y la revolución. Entre el despotismo y la revolución. Una explicación del capitalismo histórico a través de la lucha de clases.* Ob. Cit., p. 87.

62 PIQUERAS, Andrés, *La Opción reformista. Entre el despotismo y la revolución. Entre el despotismo y la revolución. Una explicación del capitalismo histórico a través de la lucha de clases.* Ob. Cit., p. 91.

miento de trabajadores. Al respecto, como destaca Piqueras[63], en el caso de Alemania y Holanda, se implementó el programa "obrero invitado", consistente en una acción estatal que pretendía captar mano de obra mediante la facilitación de traslado, estancia y alojamiento. El *Gastarbeiter*, al ser un acuerdo que pretendía favorecer el desplazamiento de personas que se insertaran como fuerza de trabajo de manera temporal, permitió que, entre 1955 y 1973, catorce millones de trabajadores extranjeros llegaran a Alemania[64]. En otros países del centro de Europa, se admitió al inmigrante a partir de un simple permiso de trabajo.

Por su parte, con la creación de la Comunidad Europea, en 1950 se desarrollaron intensos desplazamientos migratorios hacia Alemania, Francia e Inglaterra, países que necesitaban mano de obra. Lo mismo ocurrió en Estados Unidos, en donde se flexibilizaron las políticas migratorias para favorecer el incremento de mano de obra, razón por la cual, ingresaron millones de inmigrantes mexicanos[65].

Así, como precisa Cachón, a contar de mediados del siglo XX, entre 1955 y 1974, millones de personas emigraron desde la Europa mediterránea hasta el centro y norte. La cifra se estima en más de cuatro millones de europeos, dos de españoles, uno de portugueses, uno de yugoslavos y uno de griegos[66]. Al respecto, en ocasiones, fueron los propios Estados los que organizaron dichos desplazamientos de trabajadores migrantes, flujos que en ese momento el mercado necesitaba[67].

---

63 PIQUERAS, Andrés, "Significado de las migraciones internacionales de fuerza de trabajo en el capitalismo histórico. Una perspectiva marxista", Ob. Cit., p. 305.

64 Al respecto, según Thomas Faist, entre 1945 y 1989, al menos 18 millones de trabajadores reclutados permanecían viviendo en la ex república de Alemania federal, en FAIST, Thomas, "¿How define a foreigner? The symbolic politics of immigration in German partisan discurse, 1978-1992", en BALDWIN, Martin (eds.), *The Politics of immigration in western Europe*, Routledge, Londres, 1994, pp. 50-71.

65 MUÑOZ JUMILLA, Alma Rosa, "Efectos de la globalización en las migraciones internacionales", *Papeles de población*, N°33, 2002, pp. 9-45.

66 CACHÓN, Lorenzo, "La formación de la España inmigrante: mercado y ciudadanía", Ob. Cit., p. 98.

67 Ibíd., p. 98.

En Estados Unidos, Australia y Canadá, se llevó a cabo una revisión de las leyes migratorias para fomentar la incorporación de población migrante a la fuerza de trabajo. En efecto, después de la segunda guerra mundial, el aumento de la productividad se estableció como un eje fundamental, de tal forma que no era suficiente contar solamente con la mano de obra nacional para cumplir con tal anhelo, haciéndose necesario incorporar a trabajadores migrantes, razón que explica que entre 1940 y 1970, se hayan producido importantes desplazamientos migratorios provenientes de África, América Latina, Asia hacia Europa occidental, Norteamérica y Australia.

En lo relativo al establecimiento de políticas migratorias, como indica Sánchez, éstas estuvieron caracterizadas por la concentración de migrantes que se insertaron en un mercado "poco cualificado, étnicamente segmentado y en el que prevalecía la idea de retorno"[68]. Por su parte, Estados Unidos recibió a trabajadores temporales, principalmente a través del programa Braceros que acordó con México en 1942, y que estuvo vigente hasta 1964[69]. Sin perjuicio de lo anterior, en ambos casos, la captación de mano de obra obedeció a factores económicos, situación que como indica Sánchez, "estuvo lejos de considerar a la migración como un proceso social, capaz de generar sus propias dinámicas, ignorando necesidades sociales básicas de los migrantes, y, sobre todo, su potencial impacto sociocultural en las sociedades donde se asentaron"[70].

Posteriormente, con la entrada de la crisis del fordismo a final de los años sesenta, se siguió impulsando el desarrollo de la migración, pero en un contexto que como indica Aragonés, estuvo marcado por la asociación entre internacionalización y la depresión, acompaña-

---

68 SÁNCHEZ, Raúl, *Cruzar fronteras en tiempos de globalización Estudios migratorios en antropología,* Ob. Cit., p. 120.

69 Como sostiene SÁNCHEZ, Raúl, a través de dicho programa, muchos mexicanos pudieron insertarse en los trabajos agrícolas, lo que empezó con una contratación de 4.200 trabajadores y que aumentó considerablemente al año 1956 a 445.000. Ibíd., p. 34.

70 Ibíd., p. 121.

dos, además, con el surgimiento del racismo, la xenofobia y nacionalismo[71].

De esta forma, en miras a consolidar la internacionalización del capital, privilegiando el libre intercambio de bienes y la movilidad del mismo, se confeccionó un sistema multilateral de cooperación que vino determinado por la creación de instituciones como el Banco Mundial (BM), la Organización Mundial de Comercio (OMC), el Fondo Monetario Internacional (FMI), organizaciones que se crearon en el marco de los acuerdos de *Bretton Woods* y que permitieron establecer las bases para la configuración de una economía mundial que posicionara al capitalismo como la gran economía-mundo.

En fin, lo anterior significará el contexto en el cual se desarrollaron las migraciones desde el Sur al Norte, desde países industrial y económicamente subdesarrollados a desarrollados, panorama que se mantuvo hasta la crisis económica registrada en la década del setenta, periodo durante el cual, todas las variables fueron negativas, esto es, la tasa de ganancia (-4,7%), fuerza de trabajo (-2,6%) y condiciones de realización y composición organizacional del capital (-0,9%)[72].

Producto de dicha crisis, se tomaron algunas medidas, tales como la imposición de las restricciones a la migración, eliminación de beneficios sociales, además de producirse un debilitamiento de las organizaciones de trabajadores al interior de las industrias. En relación con la regulación de la migración durante dicha etapa de crisis, como plantea Aragonés "a partir de ese momento, cesaron los acuerdos laborales, configurándose de manera unilateral, políticas de repatriación y de deportación de migrantes"[73]. Lo anterior, significó un descenso en el número de migrantes desde países industrializados. Tal fue el caso de Alemania, en donde el número disminuyó de 2.4 millones en 1973 a 1.7 millones de personas en 1977[74]. Parale-

---

71 ARAGONÉS, Ana María, "El fenómeno migratorio en el marco de la globalización", Ob. Cit., p. 732.

72 ARAGONÉS, Ana María, *Migración internacional de trabajadores. Una perspectiva histórica*, Ob. Cit., p. 90.

73 Ibíd., p. 116.

74 FREEMAN, Christopher, *Desempleo e innovación tecnológica. Un estudio de las ondas largas y el desarrollo económico*, Frances Printer, Londres, 1982, p. 24.

lamente, aquel periodo estuvo determinado por el posicionamiento de Estados Unidos como gran potencia acreedora y dominadora de los procesos productivos y como principal fuente de préstamos internacionales, posición que ya había empezado a asumir después de la primera guerra mundial, desplazando a Gran Bretaña.

Posteriormente, tendrá lugar la globalización, el avance de la tecnología, y la consolidación de la internacionalización del capital, cuyo eje principal será la creación de un ejército mundial de reserva, capaz de fortalecer al capital y de debilitar al trabajo.

4. EL DESARROLLO DE LA DIMENSIÓN TRANSNACIONAL DEL CAPITAL: EL CONTEXTO DEL DESPLAZAMIENTO DE LA FUERZA DE TRABAJO DESDE FINAL DEL SIGLO XX HASTA LA ACTUALIDAD

4.1. El capitalismo globalizado

Como he señalado anteriormente, desde el inicio de la segunda mitad de los años setenta, nos encontramos en presencia de una de las fases avanzadas del capitalismo, específicamente, en aquella que Piqueras denomina como "Capitalismo Monopolista Transnacional"[75], periodo en el que se alcanza una globalización total con un fuerte predominio del valor capitalista. Es esa relación funcional entre globalización y capitalismo lo que finalmente determina que hoy en día las sociedades hayan sido configuradas al amparo de aquel modo de producción, y de la mano de Estados Unidos como su principal director. Como sostiene Amin "todas las formaciones (centrales y periféricas) están ordenadas bajo un mismo sistema organizado y jerarquizado, cual es el capitalismo"[76]. Lo anterior ha generado una estructura de la sociedad que hace que existan sujetos que son los dueños de los medios de producción, mientras otros sujetos participan en el pro-

---

75 PIQUERAS, Andrés, *La Opción reformista. Entre el despotismo y la revolución. Entre el despotismo y la revolución. Una explicación del capitalismo histórico a través de la lucha de clases.* Ob. Cit., p. 109.

76 AMIN, Samir, *El desarrollo desigual*, Editorial Fontanella, Barcelona, 1986, p. 16.

ceso de producción, pero solo a cambio de un salario, situación que refuerza las jerarquías y la relación desigual que entre ambos existe y que se proyecta al plano internacional, en donde las economías están configuradas sobre la base de la dominación de unas hacia otras. Se trata de un intercambio desigual caracterizado por la reproducción del subdesarrollo, y que se manifiesta en los bajos niveles de remuneraciones en un polo, y la concentración de capital, en otro, además del tipo de producción, ya que mientras unos producen productos manufacturados, los otros se dedican a comercializar (exportar) materias primas[77], siendo estos últimos, meros proveedores de materias primas y de mano de obra barata y no especializada.

En efecto, a partir de la segunda guerra mundial, la economía-mundo capitalista ha definido un orden social y político para cada Estado, generando reestructuraciones desiguales, dependiendo de la región en la que estas se ejecuten. Para explicar aquel tránsito, Amin divide lo ocurrido en tres momentos[78]:

a) Aquello que transcurre entre 1945 a 1955[79], caracterizado por la proyección hegemónica de Estados Unidos. Lo anterior, frente a una Europa y Japón debilitados y con una posición defensiva por parte de la URSS.

b) La era del Bandúng (1955-1975)[80], la que representa el triunfo de la ideología del desarrollo, caracterizada por una organización mundial que se despliega hacia el Tercer Mundo (Asía, África y América Latina).

c) La crisis de los sistemas (1975-1992)[81], causados por el desplome de proyectos políticos radicales y socialistas, y que dio paso a una ofensiva neoliberal. Lo anterior, sin descartar las consecuencias que genera la crisis de 1973, en cuanto a la reconfiguración de las formas de operación del capital, siendo uno

---

77 Ibíd., p. 165.

78 AMIN, Samir y GONZÁLEZ, Pablo, *La nueva organización capitalista mundial vista desde el Sur. I. Mundialización y acumulación*, Anthropos, Barcelona, 1995, p. 13 a 18.

79 Ibíd., p. 13.

80 Ibíd., p. 16.

81 Ibíd., p. 17.

de sus mecanismos, el recurrir a la financiarización del mismo, caracterizado por el hecho de que este ya no necesitaría trabajo para generar ganancias, proceso que según Noguera se llevó a cabo por medio de la necesidad de contar con dinero para especular, lo que vendría determinado por la plusvalía que resultaría de la explotación del trabajo, y que a la vez, se apropiaría del capital financiero, convirtiéndose a través de la especulación, en capital o ganancias ficticias adicionales[82].

A partir de dicho momento, es posible verificar la industrialización del tercer mundo, pero que no es otra cosa que la imagen representativa de la expansión geográfica del capitalismo hacia la periferia.

Por su parte, lo anterior se logra gracias a la globalización, proceso que ha operado como un instrumento para poner en ejercicio la expansión del capitalismo y del neoliberalismo, tributando a la producción del libre intercambio de bienes, a la instalación de empresas transnacionales, además de promover la privatización de importantes recursos naturales, generando así, la construcción de un mercado mundial que manipula el direccionamiento del desplazamiento de las personas, ya sea favoreciendo o limitando flujos internacionales, según los requerimientos y necesidades del mercado.

De esta forma, la globalización es parte integrante del funcionamiento de la economía-mundo capitalista[83], siendo fundamental

---

82 NOGUERA, Albert, *Utopía y poder constituyente. Los ciudadanos ante los tres monismos del Estado neoliberal*, Sequitur, Madrid, 2012, p. 38.

83 Para James Petras, la globalización se refiere a "flujos de mercancía, inversiones, producción y tecnología entre las naciones", termino que se diferenciaría de imperialismo, el que "intentaría contextualizar los flujos de mercancías, ubicándolos en un escenario de poder desigual, entre Estados, clases y mercados en conflicto", en SAXE-FERNÁNDEZ, John y PETRAS, James, *Globalización, imperialismo y clase social*, Editorial Lumen, Buenos Aires, 2001, p. 33. En la relación entre ambos términos, se entiende que el primero vendría ser el proceso mediante el cual configura el contexto para que tenga lugar el segundo, en el sentido de establecer las condiciones para favorecer el intercambio de bienes en favor de ciertos sujetos, dando lugar a la dominación y explotación de estos hacia los Estados menos desarrollados y hacia la clase trabajadora. Respecto del poder ejercido sobre América Latina, se trata de un imperialismo se ha verificado a través de distintas formas. En primera instancia, por medio de la conquista; luego, por

para que el modo de producción se haya podido expandir a lo largo de casi todo el mundo, insertando a las economías periféricas, en función de sus necesidades, y ubicando al capital a nivel planetario. Aquel proceso se ha convertido en la condición material para el ejercicio de las libertades económicas a nivel internacional, sin necesidad de cambio alguno al interior de los Estados que se adhieren a ella. Como sostiene Beck "a nadie se le oculta que se ha producido una especie de toma de los centros materiales vitales de las sociedades modernas, y ello, sin resolución, sin cambio de leyes ni de Constitución"[84].

Al respecto, como sostiene el teórico marxista David Harvey, es el capitalismo globalizado (a final de los años ochenta) el que se impone como un régimen de acumulación que proyecta una ofensiva generalizada de las clases dominantes sobre el trabajo, en la búsqueda de recomponer la tasa de ganancia a nivel global. Se trata de lo que dicho autor denomina como "acumulación por desposesión" y que se manifiesta a través de la privatización y mercantilización, financiarización, además de la gestión y manipulación de la crisis, esta última, marcada por el endeudamiento y a la distribución de riesgos desde las economías del centro a las periféricas[85]. Sin perjuicio de lo anterior, el discurso globalizador, en reiteradas ocasiones tiende a ser tensional. Tal es el caso con aquello que predican muchos gobiernos que se muestran a favor de la globalización, pero en contra de la migración, dando la impresión de que los espacios transnacionales solamente estarían referidos para favorecer el libre intercambio de

---

medio de la inversión de los países capitalistas, y, en tercer lugar, por medio de intercambios desiguales entre las economías del centro y de la periferia. En este sentido, Noguera sostiene que el imperialismo no solo se identificaría y operaría a través de leyes económicas, sino que se extendería hacia lo extraeconómico, como es la dominación política y militar, en NOGUERA, Albert, *La igualdad ante el fin del Estado Social. Propuestas constitucionales para construir una nueva igualdad*, Sequitur, Madrid, 2014, p. 88.

84 El autor denomina a dicha práctica como el "desenvolvimiento simple y normal de la vida cotidiana", en BECK, Ulrich, *¿Qué es la globalización? Falacias del globalismo, respuestas a la globalización*, Paidós, Barcelona, 1998, p. 18.

85 Como sigue David Harvey, término acumulación por desposesión, "implica un conjunto muy distinto de prácticas que van desde la acumulación hasta la expansión del trabajo asalariado en la industria y en la agricultura", en HARVEY, David, *Breve historia del neoliberalismo*, Ob. Cit., p. 140.

bienes y la instalación de empresas multinacionales en la periferia, no así, respecto de lo que ocurre con la configuración de políticas vinculadas con el capital humano, específicamente de la situación de los migrantes y de la regulación de dicho fenómeno.

Debido a aquel proceso, se ha generado una estructura de poder que ha favorecido la instalación y la expansión de los dueños del capital, tributando al ejercicio de libertades de las clases dominantes, al excluir las posibilidades de control por parte de los Estados. Asistimos a una dimensión de aquel proceso de naturaleza principalmente económica, pero con consecuencias sociales y culturales que terminan siendo parte de este. En relación con dicha dimensión, Beck sostiene que "está surgiendo un solo mundo, pero no con reconocimiento de la multiplicidad y de una imagen pluralista y cosmopolita, sino, por el contrario, como un solo mundo mercantil. En ese mundo, las culturas y las identidades locales se desarraigan y sustituyen por vínculos mercantiles, procedente del diseño publicitario y de los íconos de las empresas transnacionales"[86].

En la misma línea, es posible advertir la relación que existe entre globalización y estratificación. Se trata de dos conceptos que producirían un efecto similar, en el sentido de evidenciar en la población mundial, la generación de dos grupos, los ricos globalizados y los pobres localizados[87]. Así, los primeros serían aquellos que dominan el espacio, dueños del capital, mientras que los segundos serian quienes tendrían que moverse en el mismo, en busca de mejorar sus posiciones y condiciones básicas.

Para referirse a las contradicciones que genera la globalización, Beck utiliza el término glocalización. Lo anterior para graficar que se trataría de una medalla con dos caras contradictorias entre sí, (glocalización y localización), "cuyo contenido radicaría incorporar

---

86 BECK, Ulrich, *¿Qué es la globalización? Falacias del globalismo, respuestas a la globalización*, Ob. Cit., p. 72.

87 Categoría desarrollada en la obra de BAUMAN, Zygmunt, *La globalización. Consecuencias humanas*, Fondo de Cultura Económica de España, España, 2017.

privilegios/ausencia de derechos, riqueza/pobreza, posibilidades de triunfo/falta de libertades, libertad/falta de libertad, entre otros"[88].

A lo anterior, se suma la etapa actual por la que transita el capitalismo, esto es, su crisis, derivada de sus propias contradicciones, la que en palabras de Piqueras, "estaría asociada a la sobreacumulación del capital, cuya valoración termina por generar la caída de la masa de ganancia al existir mayor prospección de trabajo excedente frente al necesario"[89].

Los cambios derivados de la crisis, expresados en la localización geográfica de acumulación o de sus formas, han permitido, como sostiene Piqueras, la reconfiguración de la división internacional del trabajo. Lo anterior, en un contexto de financiarización, en donde uno de sus anclajes radica en la idea de exportar capitales hacia economías periféricas emergentes que se consideran nuevos centros de acumulación capitalista[90].

---

88 Al respecto, Beck sostiene que la glocalización representaría al proceso lleno de contradicciones, tanto por lo que respecta a su contenido, como por la multiplicidad de sus consecuencias, en BECK, Ulrich, *¿Qué es la globalización? Falacias del globalismo, respuestas a la globalización*, Ob. Cit., pp. 88 y 56, respectivamente.

89 PIQUERAS, Andrés, "Contradicciones y desafíos en el capitalismo del siglo XXI. La segunda crisis de larga duración", Ob. Cit., p. 695. Al respecto Piqueras sostiene que el trabajo necesario es aquel que se le paga al trabajador para reproducir su fuerza de trabajo, mientras que el excedente es aquel que trabajan los productores para la ganancia de quien compra fuerza de trabajo. Por su parte, el autor entiende que, la crisis se manifiesta en la pérdida de capacidad para impulsar y mantener el crédito, la dificultad para encontrar un nuevo motor de acumulación, decreciente capacidad de conversión del dinero en capital, decreciente capacidad de asalarización y agudización de la contradicción entre la valorización y la realización capitalista, en PIQUERAS, Andrés, *La Opción reformista. Entre el despotismo y la revolución. Entre el despotismo y la revolución. Una explicación del capitalismo histórico a través de la lucha de clases*. Ob. Cit., pp. 142-150. Al respecto, Samir Amin considera que la mayor contradicción del capitalismo se produciría entre "las aspiraciones liberadoras que el sistema alienta y su incapacidad de satisfacer dichas aspiraciones en la escala de su propia creación, la sociedad mundial", en AMIN, Samir, *El capitalismo en la era de la globalización*, Editorial Paidós, Barcelona, 1999, p. 162.

90 PIQUERAS, Andrés, "Contradicciones y desafíos en el capitalismo del siglo XXI. La segunda crisis de larga duración", Ob. Cit., p. 714.

De esta forma, los procesos productivos se han desplazado hacia nuevos sectores estratégicos propios de las economías periféricas, siendo necesario centrar la fuerza de trabajo al interior de estas mismas, en condiciones de explotación, desigualdad y desamparo, lo que ha sido legitimado por medio de su integración a los procesos de internacionalización del capital, pero en un contexto de roles que son determinados por las estructuras que definen las relaciones entre estas y las del centro, esto es, la permanente e histórica dominación, explotación, y el control sobre sus procesos de industrialización. Se trata de una realidad que se articula a partir de una impronta neoliberal, que según indica Ubasart y Minteguiaga ha generado "...el aumento de la desigualdad y la pobreza, una (re) distribución más regresiva del ingreso, así como la reproducción de una estructura productiva ociosa y rentista, enfocada más en los beneficios del comercio exterior de materias primas que en la satisfacción de las necesidades del país"[91].

En efecto, asistimos a tiempos en los que diversos fenómenos, tales como la migración, se rigen por un sistema que busca la acumulación, mediante la extracción descomunal sobre el trabajo. En esas dinámicas se enmarcan las "irracionalidades del capitalismo neoliberal"[92] y de las cuales se desprenden sus contradicciones, las tensiones vinculadas a su desarrollo, su crisis, y el afán de expansión hacia las economías periféricas.

---

91 UBASART, Gemma y MINTEGUIAGA, Analía, "Esping-Anderson en América Latina. El estudio de los regímenes de bienestar", *Política y Gobierno*, Vol. XXIV, N°1, 2017, p. 229

92 Caracterizado por la "generación de desigualdad, condiciones desastrosas de empleo, mercantilización de todas las expresiones de la vida, y en lo político, ausencia de legitimidad de un sistema institucional y constitucional, que se encarga por debilitar la participación popular y las formas para el ejercicio de la democracia, entendiendo que existe una política del shock que ha sido utilizada y destinada para transformar las fronteras establecidas entre el poder político, el Estado y el campo económico", en GAUDICHAUD, Franck, *Las fisuras del neoliberalismo moderno chileno: trabajo, "democracia protegida" y conflicto de clases*, Informe CLACSO, Buenos Aires, 2015, pp. 5-6.

4.2. Externalización y relocalización periférica del capital

Como enuncié anteriormente, la actual crisis del capitalismo, iniciada en los años 70 del siglo XX, se encuentra asociada a la sobreacumulación del capital y a la caída de la tasa de ganancia. En efecto, respecto al primero, este se genera cuando "el capital productivo no es capaz de crecer en un nuevo ciclo en medida correspondiente al nivel adquirido previamente, y por tanto no puede completar su ciclo de valorización"[93].

Tal crisis ha generado transformaciones del capitalismo, entre las que destacan el establecimiento de políticas neoliberales, el desarrollo de la financiarización y la relocalización del capital en el espacio. Así, en relación con el primero, este ha estado caracterizado por la configuración de políticas de liberalización de la economía, flexibilización laboral, privatizaciones y ajustes del gasto público, principalmente. Por su parte, con la financiarización, la inversión se ha centrado en la actividad bursátil, en donde el mercado de divisas y el endeudamiento a través del crédito asumen formas para perseguir la acumulación, dando lugar al surgimiento de un capital especulativo parasitario que devenga interés. Como señala Carcanholo y Nakatani, "...es la lógica especulativa del capital sobre su circulación y reproducción en el espacio internacional lo que define esta nueva etapa"[94]. En relación con la dimensión trasnacional del capital y su relocalización en el espacio, a través de la globalización, se han internacionalizado las leyes del mercado, facilitando la inversión de capitales en economías periféricas, más frágiles y dependientes. Lo anterior con el objeto de mejorar las condiciones de inversión, expresada en el pago de la fuerza de trabajo por debajo de su valor, la explotación de recursos naturales y el aprovechamiento de materias primas.

Así, al periodo de crisis, se asocia una etapa de transnacionalización del capital que da lugar a la reconfiguración de la división

---

93 PIQUERAS, Andrés, *Las sociedades de las personas sin valor. Cuarta revolución industrial, des-substanciación del capital, desvalorización generalizada*, El viejo topo, España, 2018, p. 18.

94 CARCANHOLO, Reinaldo y NAKATANI, Paulo, "Capital especulativo parasitario versus capital financiero", *Problemas del desarrollo*, Vol. 33, N° 124, 2001, p. 12.

internacional del trabajo. Al respecto, como sostiene Piqueras, "la reestructuración de las relaciones centro-periferia y la nueva división internacional del trabajo en la que cambian las relaciones de producción en la economía mundo, hace que la producción de manufacturas se redirija en cada vez mayor proporción hacia las periferias del sistema"[95]. Sin perjuicio de lo anterior, la relocalización periférica del capital productivo se genera en un contexto en el cual las formas para lograr la acumulación ya no dependen, exclusivamente, del desarrollo productivo, sino que de la especulación financiera y del desarrollo del capital inmaterial, especialmente en las formaciones centrales. De esta forma, el capitalismo productivo es relocalizado en dichas economías, dando mayor margen al desarrollo del capitalismo financiero en las economías centrales. En efecto, a partir de los años 90, el capital financiero ha priorizado las inversiones en el mercado bursátil y la externalización de las funciones productivas hacia las periferias[96]. En dichas circunstancias, a partir de la década del 70, se evidencia la integración de los países de América Latina a la economía internacional. Lo anterior, en un contexto de dictaduras latinoamericanas y de intervencionismo por parte de Estados Unidos para romper el modelo productivo que tensionaba con el capitalismo, factores que contribuyeron a desplegar todo un aparataje militar e institucional que tuviese por objeto, imponer en aquellos países la economía-mundo señalada[97]. Como sostiene Pizarro, para que el capital en crisis se pudiera recomponer, era necesaria la articulación de la periferia, radicando en esto, un rol fundamental de la región latinoamericana en orden a generar una nueva división internacional del trabajo[98]. Se trató de un proceso de integración al sistema, siendo

---

95 PIQUERAS, Andrés, "¿Globalización como nuevo imperialismo? Los intersticios de intervención de los sujetos antagónicos", Ob. Cit., p. 50.

96 ÁLVAREZ, Ignacio y LUENGO, Fernando, "Financiarización, acumulación de capital y crecimiento salarial en la UE-15", *Investigación económica*, Vol. LXX, N°276, 2011, p. 142.

97 Al respecto, cabe destacar las reformas que se hicieron bajo el régimen del dictador Augusto Pinochet en Chile, de Hugo Banzer y de Víctor Paz Estensoro en Bolivia, con Carlos Salinas de Gortari en México, de Carlos Menem en Argentina, de Carlos Andrés Pérez en Venezuela, de Alberto Fujimori en Perú y de Cesar Gaviria en Colombia.

98 PIZARRO, Roberto, "América Latina, la nueva etapa del capitalismo y la crisis económica mundial", *Comercio Exterior*, Vol. 31, N°4, 1981, pp. 391-410.

dominados por las instituciones del capitalismo central, tales como el FMI, BM, OCDE, OMC y ONU[99].

Aquel proceso de inserción y alineamiento hacia el modo que busca la acumulación, se produjo por medio de la implementación de políticas neoliberales, cuestión que se verificó a partir de los programas de estabilización y de ajustes estructurales establecidos por el FMI, los que contenían una serie de políticas propias del modelo neoliberal, tales como la apertura de las economías de la región al mercado internacional, el apego a la expansión de la globalización y del capitalismo, la reducción del gasto público y la austeridad fiscal en la prestación de servicios sociales, privatización de importantes sectores de la economía, la repactación de la deuda externa, la firma de acuerdos comerciales para consolidar el poder hegemónico de los Estados Unidos sobre las economías subalternas, y un Estado que constituye el sujeto por medio del cual se legitiman y se ejecutan tales acciones[100]. En efecto, el contexto de deuda externa y la implementación de los ajustes estructurales impulsados por el FMI sirvieron como instrumentos para que varios Estados adoptaran tales políticas neoliberales. Al respecto, Harvey sostiene que, Estados Unidos llevó a cabo diferentes políticas que durante la década del 90 propiciaron un periodo de prosperidad económica, siendo uno de ellos, el acceso preferencial a su mercado de consumo[101]. De esta forma, la integración económica de América Latina fue funcional a los fines de la economía-mundo, insertándose como sostiene Márquez, "como esclavos de las redes globales del capital monopolista, transfiriendo

---

99 Al respecto, cabe señalar que el FMI fue fundado por Estados unidos e Inglaterra durante la segunda guerra mundial. La capacidad de voto se determinó en proporción a la contribución de capitales de los países. Para mayor detalle, ver SAXE-FERNÁNDEZ, John, "Ciclos industrializadores y desindustrializadores: una lectura desde Hamilton", *Nueva Sociedad*, N° 158, 1998, p. 249.

100 Al respecto, como indica Cárdenas, a propósito del rol del Estado, el proyecto neoliberal supone "apostar por la economía irrestricta del mercado y un Estado que intervenga, no para enfrentar las desigualdades sociales y económicas, sino que para salvaguardar y extender la presencia del mercado, garantizando su buen funcionamiento y enfrentar los impedimentos regulatorios a la libre competencia", en CÁRDENAS, Jaime, "Las características jurídicas del neoliberalismo", *Cuestiones constitucionales*, N° 32, 2015, p. 6.

101 HARVEY, David, *Breve historia del neoliberalismo*, Ob. Cit., p. 102.

sistemáticamente grandes porciones del excedente económico hacia el centro"[102]. Lo anterior determinó que los procesos de neoliberalización en la región, se realizaran en el marco de la movilidad geográfica del capital, articulado sobre acuerdos comerciales entre los Estados, cuyo principal efecto fue el eliminar las fronteras que afectaran la circulación de este.

A partir de esos años, se dio lugar a una nueva configuración del poder al interior de la región latinoamericana, de manos de dictadores que estaban alineados con el objetivo de hacer del capitalismo, el gran sistema mundial, consolidación que en lo político, requirió de un discurso ideológico que se configuró en el marco de la calificación de los gobiernos democráticos de izquierda como populistas, y la idea de que estos se encontraban en crisis, siendo necesario cambiarlos, ante lo cual, la solución vendría determinada por la apertura a la modernización, a la competitividad y al mercado mundial. A lo anterior se sumaron los ajustes en temas de naturaleza social, lo que se encasillaba en la idea de austeridad fiscal, y que al largo plazo derivó en la privatización de esos sectores[103].

Así, las estructuras económicas y sociales de América Latina se han tenido que adaptar a las exigencias impuestas en cada fase del proceso de acumulación, pasando en un inicio desde el modelo latifundista, luego por el exportador primario, y posteriormente por el capitalista y monopolista. Al respecto, como indica Silva "se establecieron las reglas del juego que debían presidir la distribución del excedente entre clases dominantes locales y metrópolis capitalistas del centro. Se aseguró la permanencia y la legitimación de aquel sistema de relaciones económicas para la organización, el desarrollo y el mantenimiento de un conjunto integrado de instituciones políticas y jurídicas"[104].

---

102 MÁRQUEZ, Humberto y DELGADO, Raúl, "Signos vitales del capitalismo neoliberal: imperialismo, crisis y transformación social", *Estudios Críticos del Desarrollo*, Vol. 1, N°1, 2011, p. 18.

103 PETRAS, James y VELTMEYER, Henry, "América Latina: capitalismo a fines de milenio", *Estudios Críticos del Desarrollo*, Vol. V, N°8, 2015, pp. 215-216.

104 SILVA, Héctor y CÓRDOVA, Armando, "América Latina: el largo ciclo de la transnacionalización", en AMIN, Samir y GONZÁLEZ, Pablo, *La nueva organiza-*

De esta forma, no está en discusión que, desde hace algunos años, el capitalismo atraviesa un momento de crisis, situación que ha significado cambiar la localización geográfica hacia las periferias para que estas pasen a convertirse en nuevos centros de acumulación, llevando a ellas los procesos de industrialización, pero que siguen siendo controlados por las potencias y economías hegemónicas. Lo anterior, en un intento de distribuir los riesgos asociados a la producción, sumado a la búsqueda de abaratamiento de los mismos y en los cuales se incluye a la fuerza de trabajo, con todo lo que esto significa, como es la necesidad de su desplazamiento y movilidad, y el búsqueda de la recomposición de la división internacional del trabajo, lo que en palabras de Piqueras, ha implicado "reestructurar las relaciones centro-periferia, cambiando las relaciones de producción en cada vez mayor proporción hacia las periferias del sistema"[105].

Lo anterior ha venido a significar el contexto en el que se han desarrollado las migraciones de los últimos años en la región latinoamericana. En momentos, su fuerza de trabajo se ha visto impulsada a desplazarse hacia las economías en las cuales se centraba el capital, y así ocurrió durante muchos años con las migraciones extraterritoriales, dirigidas hacia Europa y Estados Unidos, comportamiento migratorio que estuvo marcado por el intento de reestructuración productiva y la conformación de una nueva división internacional del trabajo. Lo anterior, partir de la configuración de un mercado dual, en donde existía un sector de trabajos bien calificados y otro precario, producto de lo cual, desde los países del tercer mundo, se

---

ción capitalista mundial vista desde el Sur. I. Mundialización y acumulación, Ob. Cit., p. 67.

105 PIQUERAS, Andrés, "¿Globalización como nuevo imperialismo? Los intersticios de intervención de los sujetos antagónicos", *Revista Theomai*, N°17, 2008, p. 50. Respecto al aprovechamiento de las economías de países periféricos y el desarrollo desigual en relación con las del centro, Piqueras sostiene que, "las formaciones centrales consiguen sacar ventaja de la plusvalía físicamente producida en las periferias, a través del aprovechamiento de la brecha en el costo de producción proveniente de fuerza de trabajo más barata, permitiendo al capital transferido a las periferias, vender más barato y al tiempo, extraer alta plusvalía…", en PIQUERAS, Andrés, *La Opción reformista. Entre el despotismo y la revolución. Entre el despotismo y la revolución. Una explicación del capitalismo histórico a través de la lucha de clases.* Ob. Cit., p. 114.

extraía mano de obra barata que servía a los países industrializados. A raíz de lo anterior, durante muchos años Estados Unidos sirvió como uno de los principales destinos de inmigrantes[106], en donde la población migrante proveniente desde la periferia paso de un 20% entre 1970-1974 a un 60% entre 1990 y 1994[107]. Algo similar ocurrió desde el 2000 en España, país en donde se configuraron nuevas ramas que generaron puestos de trabajo que se hizo necesario llenar, y que fueron ocupados por inmigrantes atendida la falta de trabajadores españoles, evidenciándose un aumento progresivo de fuerza de trabajo migrante, lo que una vez ya constituida e incorporada al mercado, fue expuesta a abusos y explotación. Sin embargo, se trata de un panorama migratorio que cambia en los últimos años (según se revisó en el primer capítulo), ya que, en la actualidad, las migraciones necesitan estar centradas en la misma región, al trasladarse los centros de acumulación desde el centro hacia la periferia, siendo determinante para esto, la consolidación del proceso de proletarización en aquella zona en donde se relocaliza el capital, al requerir mayor fuerza de trabajo.

La globalización y la internacionalización de los procesos productivos ha generado una proletarización y un aumento de la fuerza de trabajo móvil que Piqueras denomina "fuerza de trabajo migrante global, utilizada como inagotable ejército de reserva"[108], lo que ha permitido evidenciar un ejercicio de movilidad absoluta, proveniente desde las periferias. En efecto, las personas se movilizan debido a los desplazamientos de capital, en un contexto de dominaciones estructurales y de desarrollo desigual entre las economías del centro y las periféricas.

---

106 En el periodo 1975-1994, pasó de 2.3 a 3.8 millones de inmigrantes, cifra que, durante la década del 90, aumentó en un 33%, en United Nations, World Population Monitoring, 1997, N.Y, 1998. Disponible en https://digitallibrary.un.org/record/263094 (consultado el 05/09/2019).

107 Organización Internacional para las Migraciones, *World Migration. Cost and benefits of international migration*, 2005, disponible en: https://publications.iom.int/es/books/world-migration-report-2005-costs-and-benefits-international-migration (consultado el 20/08/2019).

108 PIQUERAS, Andrés, *La opción reformista. Entre el despotismo y la revolución. Una explicación del capitalismo histórico a través de la lucha de clases*, Ob. Cit., p. 119.

De esta forma, lo revisado precedentemente, permite demostrar que las migraciones han servido al capital, ya que como sostiene Márquez "estas configuran una modalidad significativa de transferencia de recursos económicos y humanos en beneficio del gran capital, dinámica que se asocia a la acumulación por despojo y a la emergencia de formas de súper explotación de trabajo inmediato"[109]. La movilidad de la fuerza de trabajo es manifestación de la transferencia de valor que en un primer momento tuvo lugar desde la periferia hacia el centro, pero que hoy se está quedando en la misma periferia, al servir como nuevos centros de acumulación capitalista. Ante dichas transformaciones, las migraciones han tenido lugar como una manifestación de la movilidad de la fuerza de trabajo que requiere el proceso productivo y de las cuales se extrae plusvalía.

En efecto, el desarrollo de la globalización e internacionalización ha significado el uso de la periferia latinoamericana como filial de las economías del centro. Lo anterior, mediante la instalación de transnacionales en países periféricos y la generación de una nueva división internacional del trabajo con similares niveles de preparación y relativamente homogénea. Dicho panorama constituye el marco referencial en el cual se verifican las migraciones, en un primer momento, desde la región latinoamericana hacia el centro, y posteriormente al interior de estas, situación que es la que tiene lugar actualmente. Así, en las últimas décadas, el capitalismo mundial se hace valer de nuevas periferias las que como indica Sotelo, "desplazan y presionan a los antiguos territorios geográficos y estratégicos de inversión, de acumulación del capital y crea una plataforma de exportación para aumentar la competitividad internacional de las grandes empresas transnacionales…"[110].

En síntesis, las migraciones analizadas constituyen el resultado de transformaciones estructurales impulsadas por el desarrollo del sistema económico globalizado, en la búsqueda de ampliar o disminuir el

---

109 MÁRQUEZ, Humberto y DELGADO, Raúl, "Una perspectiva del sur sobre el capital global, migración forzada y desarrollo alternativo", *Migración y Desarrollo*, Vol. 9, N° 16, 2011, p. 5.

110 SOTELO, Adrián, "El capitalismo contemporáneo en el horizonte de la teoría de la dependencia", p. 89.

ejército industrial de reserva, fenómeno que en su análisis, no puede prescindir de las consideraciones y del contexto macro-estructural en el que este se desarrolla, y que está determinado por los patrones de la economía-mundo capitalista, la globalización y las relaciones desiguales entre los formaciones centrales y periféricas.

En efecto, sin perjuicio de las motivaciones individuales que podrían explicar el desplazamiento de las personas, lo cierto es que las migraciones actuales son al resultado de una serie de cambios que se han producido con intensidad desde los años setenta del siglo XX, razón por la cual, al momento de estudiarlas, se torna necesario tomar en consideración las estructuras socioeconómicas que rigen a nivel mundial, y que se encuentran inmersas en las sociedades emisoras y receptoras de migrantes. En dicho contexto, se ha evidenciado que, en momentos históricos determinados, los desplazamientos de las personas se han desarrollado en razón del avance y mundialización del sistema capitalista, como también a la desigualdad entre las economías de los países del centro y de la periferia. Lo anterior, debido a que, en ocasiones, el capital ha requerido de la asistencia de sujetos migrantes para conformar el ejército de reserva, capaces de ocupar puestos de trabajo de baja calificación, en un contexto de limitadas opciones de negociación entre el capital y el trabajo, siendo las migraciones una manifestación de la movilidad de la fuerza de trabajo.

De esta forma, los desplazamientos de los flujos migratorios de los últimos años en América Latina se han desarrollado en un contexto de crisis capitalista, panorama frente al cual, en la búsqueda de encontrar nuevos espacios de valorización, se ha recurrido a la relocalización del capital para compensar como indica Piqueras "la caída de la tasa de ganancia en las economías centrales"[111]. En este sentido, las migraciones han estado unidas a la recomposición de una división internacional del trabajo, lo que se genera con ocasión de la demanda de fuerza de trabajo, en el marco de la expansión del capitalismo hacia economías emergentes ubicadas en a periferia del sistema. Se trata de un proceso que es impulsado por la transnacionalización de la producción y de la globalización neoliberal, lo que, a

---

111 PIQUERAS, Andrés, *Las sociedades de las personas sin valor. Cuarta revolución industrial, des-substanciación del capital, desvalorización generalizada*, Ob. Cit., p. 25.

su vez, propone la liberalización de los mercados, otorgándole mayor preeminencia al movimiento especulativo y al desarrollo del capital financiero.

Capítulo II

Evolución de la estructura socioeconómica y desarrollo de la migración en América del Sur: el caso de Santiago de Chile, Buenos Aires y Sao Paulo

1. INSERCIÓN CAPITALISTA Y DESPLAZAMIENTOS MIGRATORIOS EN EL CONO SUR: CUESTIONES PRELIMINARES

Desde mediados del siglo XX, en varios países del cono sur se configuraron proyectos socialistas impulsados por gobernantes de izquierda que intentaron hacer una apuesta en torno a generar transformaciones de las bases y estructuras socioeconómicas al interior de sus países[112]. Aquellos procesos fueron frenados por el desarrollo de las dictaduras latinoamericanas, las que, haciendo uso de la violencia, definieron las estrategias económicas de los próximos años, impulsando la configuración de una agenda neoliberal y la inserción de las economías periféricas al mercado mundial, esta última, en el

---

112 En efecto, entre los años 1950 y 1980, se evidenció el intento de abordar en varios países sudamericanos, un modelo socialista de desarrollo, el que se vio superado por las dictaduras latinoamericanas, la interferencia de Estados Unidos, intervenciones que significaron el triunfo e imposición del modelo capitalista. Chile fue uno de los países pioneros que, en la periferia vino a servir como laboratorio del neoliberalismo. Así ocurrió con ocasión de la dictadura de Pinochet, iniciada en 1973. En Brasil, el modelo liberal fue instaurado entre los años 70 y 80, mientras que, en Argentina, el neoliberalismo llegó durante los años 70. Así, estos países comparten experiencias similares, en el sentido que, a través de regímenes militares se intentaron frenar proyectos socialistas que se habían empezado a desarrollar a mediados del siglo XX. En efecto, se impulsaron una serie de reestructuraciones socio políticas y económicas, las que significaron importantes cambios en la organización de actividades del país, al generar fragmentación y desintegración de la economía nacional en favor de lo transnacional.

marco de una relación funcional de dependencia, con respecto a las economías centrales capitalistas. Tal fue el caso de Chile, Argentina, Brasil y Uruguay.

A los acontecimientos que configuran el contexto internacional de los años 70, se sumó la crisis del patrón de acumulación vigente hasta ese momento, relacionado con el paradigma keynesiano-fordista, el que estuvo marcado por la caída de la tasa de ganancia. Así, con la idea de disminuir el costo de los procesos productivos, se llevaron a cabo diversas estrategias, como fue la relocalización geográfica de capitales, la generación de una nueva división internacional del trabajo, ubicada en la periferia del sistema, el favorecimiento del desarrollo del libre mercado, además de la desregulación y financiarización de la economía. En efecto, como sostiene Belloni, "a partir de la década del 70, los cambios vinculados a la globalización financiera, los procesos de liberalización del comercio se articularon en las economías suramericanas con la reconfiguración del bloque de clases dominantes en favor del capital financiero transnacional y de los capitales ligados al mercado externo"[113].

Desde ese momento, varios países de la región sudamericana han sido insertados en la economía mundial, pero bajo ciertos roles, funcionales a lo requerido por las economías centrales desarrolladas. Así, habiendo transcurrido más de cuarenta años desde el inicio de aquellas trasformaciones comerciales, aún se verifica un desarrollo de carácter dependiente desde la periferia respecto del centro, cuya máxima expresión de provecho, se evidencia en la ejecución de proyectos de inversión de capitales extranjeros, ya sea para servir al desarrollo del capital financiero, como del productivo. Tratándose de este último, desde hace varios años, se ha procedido a la instalación de empresas transnacionales en las economías periféricas, las que han sido perpetuadas a servir como proveedoras de materias primas y de fuerza de trabajo, ambas, pagadas a bajo costo, favoreciendo la libre circulación e intercambio desigual de bienes, además de la explotación de recursos naturales con generación de daños medioam-

---

113 BELLONI, Paula, "Inserción externa, capitales transnacionales e intercambio ecológicamente desigual en América del Sur posneoliberal", *Revista Sociedad y Economía*, N° 25, 2013, p. 17.

bientales. En efecto, América del Sur, aún se encuentra vinculada a los centros capitalistas, pero bajo una histórica subordinación y dependencia. En esos términos lo plantea Belloni, entendiendo que, la integración de la región al mercado mundial ha supuesto la "incorporación en el ciclo global del capital a través de la provisión de alimentos y materias primas, bajo un rol particular, esto es, el de asegurar el abastecimiento de la fuerza de trabajo"[114].

Tales transformaciones en las economías sudamericanas, se han visto formalizadas en razón de la implementación de políticas de modernización, planificadas, en un inicio, en el marco del Consenso de Washington, las que han configurado los ejes de actuación para los países de la región, en miras a mantener una determinada estructura productiva, condicionada por el modelo capitalista y neoliberal, proyectado directrices claves, tales como la liberalización de la producción, del mercado, del consumo y la desregulación de la industria[115].

Los periodos post dictatoriales, estuvieron marcados por transiciones a la democracia, debiendo sus economías, soportar la deuda externa, importante mecanismo para lograr la sumisión hacia órganos internacionales controlados por los dueños del capital. Como sostiene Klein:

> "...Washington insistió en que el nuevo gobierno accediese a hacerse cargo de las deudas amasadas por los generales de la dictadura. Durante el gobierno de la junta, la deuda externa de Argentina se había disparado de los 7.900 millones de dólares del año previo al golpe de Estado a los 45.000 millones al momento del traspaso de poder al nuevo gobierno democrático (los acreedores principales eran el FMI, Banco Mundial, el *Export-Import Bank* de Estados Unidos y diversos bancos privados con sede en suelo norteamericano). Ese mismo panorama se fue repitiendo en otros países de la región. En Uruguay, la junta militar convirtió la deuda de 500 millones de dólares a 5.000 millones de dólares. En Brasil, los generales que habían usurpado el

---

114 Ibíd.

115 Se trató de medidas de ajuste consistentes en implementar un modelo neoliberal, para lo cual se llevaron a cabo políticas de privatización y desregulación de la economía. Sin perjuicio de lo anterior, gobiernos de países como Bolivia, Ecuador y Venezuela, se han esforzado por ejecutar proyectos políticos alternativos, más apegados al socialismo, sin embargo, estos se han visto entorpecidos por la injerencia del poder hegemónico de potencias extranjeras, direccionadas y manipuladas por Estados Unidos.

> gobierno en 1964 consiguieron transformar una deuda de 3.000 millones de dólares en 103.000 millones acumulados hasta 1985"[116].

En efecto, los países estuvieron presionados en asumir ajustes estructurales que se establecieron como condición para renegociar sus deudas externas y para acceder a créditos internacionales, los que se concedían a cambio de la implementación de políticas que tuviesen por objeto liberalizar sus economías y configurar una agenda neoliberal, lo que se evidenció intensamente entre los años 1980 y 2000, en varios países del cono sur. Desde ese momento, el capitalismo ha alcanzado un importante ritmo de desarrollo, cuya inserción en la región, lo caracteriza el servir como un modelo aplicado en economías periféricas que contribuye a fortalecer la ley del desarrollo desigual, factor que como indicaba anteriormente, se encuentra determinado por la dependencia y subordinación de estas economías a las fuerzas imperialistas que dominan el mercado mundial, convirtiéndolos en esclavos débiles de la cadena capitalista[117]. Se trata de una acelerada integración que como sostiene De Mattos, ha tenido por objeto "actualizar y adecuar las respectiva estructuras nacionales"[118].

Por su parte, históricamente, América del Sur se ha caracterizado por contener economías basadas en la exportación de materias primas, en donde la tasa de ganancia es mucho menor que aquella asociada a la venta de mercancías que son comercializadas en economías que concentran el capital, siendo vendidas a economías periféricas o hacia aquellas que mantienen un modelo primario exportador, caracterizado por la inyección de capitales extranjeros en países de la región[119]. Tal situación se verificó durante los años 80 con las inversiones mineras que se hicieron en varios países de la región, las

---

116 KLEIN, Naomi, *La doctrina del shock. El auge del capitalismo del desastre*, Paidós, España, 2018, p. 212.

117 CUEVA, Agustín, "El desarrollo del capitalismo en América Latina y la cuestión del Estado", *Problemas del desarrollo*, Vol. 11, N° 42, 1980, p. 32.

118 DE MATTOS, Carlos, "Reestructuración social, grupos económicos y desterritorialización del capital", *Revista EURE*, Vol. XVI, N° 47, 1989, p. 63.

119 Al respecto, cabe señalar que, la mayoría de los países basan sus economías en modelos exportadores primarios, tal es el caso de Venezuela con un modelo mono exportador de petróleo, Ecuador con una economía dependiente del petróleo, Bolivia con la venta de gas natural y explotación de la minería, Colom-

que se desarrollaron en un contexto de reformas neoliberales que facilitaban la explotación y el extractivismo de recursos en manos de empresas extranjeras. Al respecto, como indica Sacher, tales medidas se llevaron a cabo, en el marco de los siguientes patrones: a) Facilidades estatales de transferencia de títulos mineros; b) Privatización de empresas estratégicas en el rubro de la minería; c) Reducción de la carga tributaria; d) Flexibilización de medidas para resguardar el medio ambiente[120].

Se trató de un proceso que es manifestación de la acumulación por desposesión en donde la acumulación, que, en los términos planteados por Harvey, se determina debido a la:

> "mercantilización y privatización de las tierras y la expulsión de la fuerza de trabajo de las poblaciones campesinas; la conversión de la propiedad colectiva en propiedad privada; la supresión del acceso a bienes comunes; la mercantilización de la fuerza de trabajo y la supresión de formas alternativas (indígenas) de producción y consumo; la apropiación de bienes (recursos naturales); la monetarización del intercambio y de los impuestos, en particular sobre la tierra; la trata de esclavos, la usura, la deuda nacional y más recientemente el sistema de crédito"[121].

Así, se ha dado paso a una extracción y explotación que han sido cultivadas en manos de la industria capitalista, desplazando al campesinado y afectando al desarrollo de la minería artesanal. Se ha tratado de procesos de desposesión y cesión que han tenido al Estado como principal promotor e intermediario[122].

Paralelamente, la forma en cómo se han insertaron los países de la región al mercado mundial, ha generado que durante las últimas décadas, los desplazamientos de las personas, como fuerza de trabajo

---

bia, con la exportación de petróleo y café, y Chile con la extracción y comercialización de minerales y concentrado de cobre.

120 SACHER, William, "Megaminería y depresión en el Sur: un análisis comparativo", *Iconos*, N° 51, 2015, p. 101.

121 HARVEY, David, *The New Imperialism*, Oxford University Press, Oxford, 2003, p. 116.

122 SACHER, William, "Megaminería y depresión en el Sur: un análisis comparativo", Ob. Cit., p. 108. También se puede consultar a BORRAS, Saturnino (et al.), "Land grabbing in Latin América and the Caribbean", *The Journal of Peasant Studies*, Vol. 3-4, N° 39, 2012, pp. 845-872.

móvil, tomaran un lugar central en el análisis de la economía mundo capitalista, al desarrollarse en función de las necesidades de tal acumulación, y constituyéndose (la migración) como consecuencia de la reestructuración del capitalismo global, lo que en un momento histórico determinado, ha hecho necesario contar con mano de obra proveniente desde la periferia hacia esas economías. En este caso se trató de un panorama que se mantuvo durante varios años hasta el momento en que se logró integrar a las formaciones periféricas al mercado mundial, relocalizando procesos productivos, situación que hizo necesario concentrar la fuerza de trabajo en aquellos países. Sobre tal contexto, se han articulado las variaciones y el progresivo aumento del volumen migratorio en América del Sur. En efecto, entre el año 1990 y 2010, el *stock* de migrantes pasó de 4.300.000 a 5.200.000 personas, cifra que al año 2020, alcanzó las 10.900.000 personas[123].

Al respecto, Villarreal sistematiza la migración en América Latina en tres momentos[124]:

a) El primero se desarrolla desde los tiempos de expansión colonial. Se trató de un periodo marcado por la inmigración europea, la que tuvo lugar durante los tiempos de la colonia y que confluyó con las declaraciones de independencia. Tal fenómeno, tuvo por objeto favorecer la producción de lo conquistado. Lo anterior, requirió, incluso, el traslado de africanos para que pudieran trabajar en las plantaciones de azúcares, cacao, café, proceso que se desarrolló en el marco de la esclavitud.

---

123 Datos de la División de Población del Departamento de Asuntos Económicos y Sociales de Naciones Unidas, disponibles en https://www.migrationdataportal.org/international-data?t=2020&i=stock_abs_&m=2&sm49=5 (consultado el 30.01.2022).

124 Sistematización efectuada por VILLARREAL, María del Carmen, "Pensamiento y metodologías cualitativas sobre migraciones en América Latina", *Argumentos*, Vol. 15, N° 1, 2008, pp. 6-8. También, en idéntico sentido, consultar PELLEGRINO, Adela, *Migrantes latinoamericanos y caribeños. Síntesis histórica y tendencias recientes*, Cepal-Celade, Santiago, 2000, ARUJ, Roberto, Causas, consecuencias, efectos e impactos de las migraciones en Latinoamérica, *Papeles de población*, N° 55, 2008, pp. 95-116. MARTÍNEZ, Jorge y ORREGO, Cristian, "Nuevas tendencias y dinámicas migratorias en América Latina y el Caribe", Ob. Cit.

b) El segundo momento va desde finales del siglo XIX a inicios de XX, el que estuvo marcado por la inmigración de ultramar, proveniente desde Europa y que obedecía a los procesos de transformación económica y política de la región, siendo sus principales destinos, países de América del Sur, tales como Argentina, Brasil y Venezuela.

c) El tercer momento se desarrolló entre 1930 y 1970, el cual fue reaccionario a la crisis económica de 1929 y al desarrollo de los procesos de industrialización. Durante dicho periodo, coexistió una migración intrarregional con una extraregional, cuyos destinos principales fueron países de Europa, tales como España, Italia y Alemania, además de Estados Unidos.

A los tres momentos enunciados y sistematizados por Villarreal, y en virtud del tiempo transcurrido desde la última fase considerada, se pueden agregar dos nuevas fases:

a) Migraciones producidas entre el año 1970 al 2000, dirigidas desde el sur hacia el norte, proceso marcado por la necesidad de favorecer la productividad de las economías de Europa y de Norteamérica, elemento que impulsó la movilidad de latinoamericanos a dichos territorios. No obstante, contribuyó a eso, el clima de inseguridad política en países del sur, con ocasión del desarrollo de las dictaduras militares. Sin embargo, la migración sur-norte que tuvo lugar durante el decenio 1990, fue, principalmente, de tipo laboral, las que se mantuvieron intensamente hasta antes de la crisis económica global del año 2008[125]. Así, a contar de la segunda mitad del siglo XX hasta inicios del siglo XXI, los números indican que la migración se concentró, principalmente, hacia países con economías desarrolladas, esto es, migración sur-norte. Como destaca Martínez, entre 1980 y 2000 el número de migrantes que se dirigió

125 YEPEZ DEL CASTILLO, Isabel, "Escenarios de la migración latinoamericana: la vida familiar transnacional entre Europa y América Latina", *Papeles del CEIC*, N° 2, 2014, p. 19. Por su parte, en el caso de España, como indica Yepez, "entre 1998 y el 2009, el número de inmigrantes sudamericanos se multiplicó por diez, lo que llevó a que los latinoamericanos se consagraran como el primer colectivo migrante en dicho país", Ibíd., p. 7.

hacia dichos países fue de 36,4 millones de personas, mientras que 12,5 millones lo hicieron hacia países con economías en vías de desarrollo[126]. Por su parte, entre 1990 y 2005, 33 millones migraron hacia países con economías desarrolladas, mientras 2.8 millones lo hicieron hacia los segundos[127]. Es decir, en dicho periodo, la brecha entre ambos aumentó considerablemente, siendo el patrón extraregional el que dominó con fuerza desde la década del 70 hasta inicios del siglo XXI[128].

b) La fase migratoria en la región latinoamericana, desde el año 2000, la que ha estado marcada por la maduración del proceso de relocalización periférica del capital que se inició a final del siglo XX, el que sumado a la crisis económica global del 2008 ha dado lugar a un patrón consistente en la disminución de la migración hacia Europa y Estados Unidos, y un aumento de la migración intrarregional (sur-sur).

En síntesis, las variaciones del desarrollo de las migraciones deben tener presente las transformaciones económicas que experimentaron varios países de la región a partir de los años 70 del siglo XX, las que desde el inicio de las dictaduras militares y en tiempos de transición democrática, se fueron adaptando a los patrones del modo de producción capitalista. Así, en momentos históricos determinados, la mayoría de los países sudamericanos fueron expulsores de migrantes, los que se dirigieron a países con economías desarrolladas, debido a la alta demanda de mano de obra, sin embargo, a los años de haberse insertado las economías periféricas en el mercado mundial, tal panorama cambió. Así ha ocurrido con los países que a continuación se analizarán, esto es, Chile, Argentina y Brasil, los que durante las últimas décadas han registrado realidades similares en torno al modelo socioeconómico con el que se alinean, las dinámicas

---

126 MARTÍNEZ, Jorge, *América Latina y el Caribe: migración internacional, derechos humanos y desarrollo*, Cepal, Santiago, 2008, p. 83.

127 Ibíd.

128 Como indica Martínez, "en 1970, 1.2 millones de latinoamericanos residía en un país distinto al de su nacimiento, cifra que aumentó a 2.2 millones durante el decenio de 1990", en MARTÍNEZ, Jorge, "Reflexiones sobre la gobernabilidad de la migración internacional en América Latina", *Migraciones internacionales*, Vol. 1, N°1, 2001, p. 93.

migratorias que en ellos se han desarrollado y el modelo de gestión impulsado en este ámbito.

2. TRANSFORMACIONES ESTRUCTURALES Y CARACTERÍSTICAS DE LA MIGRACIÓN EN CHILE[129]

El actual modelo político institucional y socioeconómico chileno, es el resultado de una serie de sucesos históricos desarrollados durante las últimas cuatro décadas. Así, desde mediados del siglo XX hasta antes de la dictadura militar de 1973, en Chile tuvo lugar la configuración de un proyecto impulsado por el gobierno de la Unidad Popular, representada en la presidencia del país por Salvador Allende, cuyo objetivo consistió en configurar un sistema de redistribución equitativa de la riqueza. Lo anterior fue interrumpido por el golpe de Estado perpetrado el 11 de septiembre de 1973 por las fuerzas armadas, lideradas por el comandante en jefe del ejército de ese tiempo, Augusto Pinochet. Las acciones desarrolladas durante los años que siguieron a aquel hito, políticamente constituyeron el contexto en el que se configuraron las bases del modelo neoliberal, condicionando aspectos como el relativo al rol del Estado en la sociedad, el reconocimiento y tutela de los derechos, además de cuestiones sociales y demográficas relacionadas con la regulación de la movilidad de la población, específicamente, aquella referida a los sujetos migrantes, como fuerza de trabajo, influyendo lo anterior, en la densidad y comportamiento del fenómeno migratorio.

Sobre este último punto, los procesos de reestructuración económica desarrollados en Chile han supuesto una importante incidencia en el desplazamiento de las personas, constituyendo la migración, una manifestación de la movilidad de la fuerza de trabajo. De esta forma, el fenómeno migratorio que se desarrolla en Chile forma parte de la incorporación que, desde hace algunas décadas, se ha hecho

---

[129] Algunos de los contenidos tratados en esta sección fueron desarrollados en el artículo ASTE, Bruno, "Estallido social en Chile: la persistencia de la Constitución neoliberal como problema", *DPCE online*, Vol. 42, N° 1, pp. 3-19.

de los migrantes al espacio económico configurado en las periferias, en miras a mantener y ampliar el ejército de reserva.

En efecto, respecto a las fases de la migración en Chile, Stefoni plantea que estas se explican en tres corrientes: La primera estaría conformada por una política de atracción que se desarrolló en el marco de los procesos de colonización en América Latina, proveniente desde Europa, cuestión que se mantuvo desde el año 1850 hasta inicio del siglo XX. La segunda corriente, va desde la década del 70 hasta finalizar los años 80 del siglo XX, periodo que se caracterizó por la emigración de chilenos y la disminución de la inmigración. Lo anterior, debido a la represión política ocasionada por la dictadura militar iniciada el año 1973 y la percepción que existía acerca del fenómeno migratorio, esto fue, desde la óptica de la seguridad nacional. La tercera corriente se inició el año 1990, una vez retornada la democracia, años a partir de los cuales, se evidencia un persistente aumento de migrantes provenientes de otros países latinoamericanos (argentinos, peruanos, bolivianos y ecuatorianos), panorama que se proyecta hasta la actualidad, constituyendo el comportamiento migratorio de las últimas décadas[130].

Para explicar la migración desarrollada en Chile, desde mediados del siglo XX, empezaré por analizar el contexto político y socioeconómico en el que estas se desenvuelven, para lo cual revisaré el tránsito histórico respecto de la configuración del modelo económico capitalista, recurriendo a la clara y bien desarrollada sistematización que realiza Manuel Gárate, para efecto de analizar la instalación de aquel modo de producción[131].

---

130 STEFONI, Carolina, *Representaciones culturales y estereotipos de la migración peruana en Chile*, Consejo Latinoamericano de Ciencias Sociales, Buenos Aires, 2001, p. 8-9.

131 GÁRATE, Manuel, *La revolución capitalista de Chile (1973-2003)*, Ediciones Universidad Alberto Hurtado, Santiago, 2012. Por su parte, para el análisis de la densidad y del tipo de migraciones, se utilizarán, principalmente, los datos contenidos en los censos nacionales de 1960, 1970, 1982, 1992, 2002 y 2017. El censo constituye la principal fuente estadística del país, la que caracteriza a la población según demografía, densidad, esperanza de vida, natalidad, migración, fecundidad, sexo, genero, nivel educacional, entre otros aspectos.

2.1. Primer periodo (1950-1973)

En esta sección analizaré el contexto político y socioeconómico configurado en Chile, entre los años 1950 y 1973, evidenciando las principales transformaciones estructurales experimentadas en esos ámbitos y los patrones que caracterizaron a la migración desarrollada durante los años 1950 y 1970[132].

2.1.1. El Estado de compromiso y la vía democrática al socialismo chileno

Los años 50 del siglo XX, estuvieron determinados por la vigencia de un modelo que se articuló sobre la base del Estado de compromiso. Desde el gobierno de Arturo Alessandri Palma en 1938 hasta el de Carlos Ibáñez del Campo en 1958, dicho modelo fue el que rigió en Chile, el que, en palabras de Gárate, se caracterizó por "una fuerte intervención del Estado en términos de control del comercio internacional, regulación de salarios, la emisión monetaria, la protección de la industria nacional y la propiedad estatal de diversas empresas consideradas como estratégicas"[133]. A partir de los años 60, los siguientes dos gobiernos democráticos se encargaron por configurar e implementar proyectos políticos y económicos que dieran curso al modelo industrial de sustitución por importaciones, lo que implicó contar con la actuación de un Estado empresario que, a través de la Corporación Nacional de Fomento (CORFO), incentivó el desarrollo de la industria nacional.

Uno de los aspectos claves para la generación de aquel proceso, lo constituyó las acciones desarrolladas por los gobiernos de Eduardo Frei Montalva (1964-1970) y Salvador Allende Gossens (1970-1973), los que fueron claves para consolidar el rol del Estado en el ámbito

---

132 Cabe señalar que, el análisis de la inmigración del periodo se encuentra condicionado a un factor temporal, determinado por las fuentes consultadas. Así, los datos demográficos registrados por los censos nacionales recopilan la información de los últimos diez años. Debido a lo anterior, analizaré los patrones migratorios desarrollados entre los años 1950 y 1970.

133 GÁRATE, Manuel, *La revolución capitalista de Chile (1973-2003)*, Ob. Cit., p. 116.

político, social y económico. En efecto, desde el año 1964 se inició un modelo que tuvo por objeto privilegiar las demandas de grupos históricamente marginados, como los campesinos y profesores, cuestión que se manifestó en la generación de una serie de políticas, tales como la reforma agraria, el aumento de la inversión en infraestructura y el aumento del gasto social. Se trató de un proceso que, posteriormente, fue consolidado durante el gobierno del presidente Allende, a través de la implementación y ejecución de un proyecto socialista, cuyo principal eje estuvo anclado en el desarrollo de una política redistributiva de la riqueza y el fomento de la industria nacional, lo que dio paso a la nacionalización de sectores claves de la economía, como ocurrió con el cobre, los bancos, la consolidación de las organizaciones sindicales de trabajadores y la radicalización de la reforma agraria.

Sobre este último punto, hay que señalar que, el desarrollo de la reforma agraria implicó un cambio en la estructura de la economía chilena, al poner fin al latifundio, proceso que se justificó en el intento de lograr una equitativa redistribución social de la tierra y el fomento de la sindicalización campesina[134]. La reforma consistía en expropiar a aquellos que tuviesen la propiedad sobre predios con más de 80 hectáreas y de predios mal explotados. De esta forma, entre 1965 y 1970, el gobierno de la democracia cristiana expropió 1.480 predios[135]. Durante el gobierno de la Unidad Popular, en un plazo de dos años, dicha cifra aumentó a 3.282[136]. Además, mejoró el ingresó del sector agrícola, igualándolo al no agrícola y se fortaleció la participación campesina en los procesos de reorientación y de cambio de la estructura productiva, en miras a lograr el autoabastecimiento

---

134 Así se hizo el año 1967 por medio de la Ley N°16.625 sobre sindicalización campesina y la Ley N°16.640 sobre reforma agraria. Producto de tal reforma, se expropiaron propiedades agrícolas, cuyo número entre 1965 y 1970 llegó a las 5.809 tierras que beneficiaron a 21.290 campesinos, y que posteriormente, durante el gobierno de Salvador Allende aumentó a 39.869, en ALMEYRA, Guillermo, CONCHEIRO, Luciana, MENDES, Joao y WALTER, Carlos, *Capitalismo: tierra y poder en América Latina (1982-2012)*, Ediciones Continente, México, 2014, p. 141.

135 SAAVEDRA, Alejandro, *Capitalismo y lucha de clases en el campo (Chile 1970-72)*, Ediciones Alberto Corazón, Madrid, 1975, p. 9.

136 Ibíd.

y la exportación de productos agropecuarios. También se propuso superar la segregación de los pueblos indígenas[137].

Las propuestas y reformas impulsadas por el gobierno socialista generaron un conflicto de clases, liderado por la elite empresarial representada por la derecha, quienes defendieron el ejercicio del derecho a la propiedad privada y la libertad de empresa, para lo cual, alegaron la ilegalidad de las acciones del gobierno de la época. Así, se inició un proceso que como precisa Saavedra, pretendió obstruir y hacer fracasar al gobierno de la Unidad Popular. Lo anterior, mediante el boicot sobre la producción y el mercado, situación que generó un ambiente de caos, desorden y desprestigio hacia la fuerza social gobernante[138], llevando al enfrentamiento entre sectores de izquierda y derecha, de trabajadores y empresarios, y a la inestabilidad social, política y económica, esta última, marcada por los altos niveles de inflación y desequilibrio fiscal, elementos en los cuales la derecha fundamentó el uso de la fuerza militar para derrocar al gobierno socialista.

Producto de lo anterior, aquel proyecto socialista implementado en democracia fue violentamente interrumpido por el golpe de Estado protagonizado por las fuerzas armadas y el ejército. Sin perjuicio de lo anterior, una de las primeras medidas adoptadas por el régimen consistió en devolver las tierras expropiadas a sus antiguos propietarios, siendo los campesinos, víctimas de una fuerte represión, al considerárseles como participes y actores que incentivaron las reformas y los proyectos implementados por el gobierno de la Unidad Popular. Además, se hicieron reformas legales para prohibir la sindicalización campesina. A lo anterior, se sumó las reformas en la organización de la producción agraria, lo que significó contar con autoridades que representaban los intereses del empresariado, elemento que contribuyó a la privatización de varias empresas que estaban en propiedad y dominio del Estado.

De esta forma, el periodo estuvo marcado por el intento de avanzar en un Estado de compromiso, pero que fue frenado, producto

---

137 Ibíd., pp. 119-124.

138 Ibíd., p.222.

de la intervención militar que terminó derrocando al gobierno democrático de Salvador Allende, evidenciándose la resistencia a la implementación de un modelo socioeconómico que fue tensional a las nuevas formas del capitalismo que a nivel global se empezaron a proyectar a partir de los años 70.

2.1.2. El predominio de la inmigración europea

Respecto a la migración registrada durante aquel periodo, específicamente entre los años 1950 y1960, según se desprende de la información contenida en el censo de población y vivienda de ese último año[139], se destaca que el número de inmigrantes llegaba a las 104.853 personas, las que equivalían al 1,4% del total de habitantes del país (7.374.115). Se trató de un número muy menor, en comparación al de otros países sudamericanos, tales como Argentina (2.565.267) Brasil (1.214.184) y Venezuela (556.875)[140].

De esa cantidad, la mayoría de los inmigrantes eran europeos (63.735), seguida con mucha diferencia por los de América del Sur (27.353). Respecto al lugar de nacimiento, destacaron españoles (21.777), argentinos (11.968), alemanes (11.899) e italianos (11.459)[141].

Durante ese periodo, la mayoría se concentró en la zona centro y norte del país. Así, 58.005 se empadronaron en Santiago, 11.204 en Valparaíso, 6.118 en Tarapacá y 5.378 en Antofagasta. Se trata de regiones económicamente activas, debido al desarrollo del comercio y de la minería. Por su parte, en cuanto a la edad, el 46% tenía 50 años o más. Respecto al sexo o género, el 56% correspondió a personas de sexo masculino (58.749) y 44% de sexo femenino (45.938)[142].

---

139 Las diversas cifras que se mencionan en torno al análisis de la migración durante el periodo 1950-1960, fueron obtenidas del Censo nacional de población y vivienda chileno del año 1960, disponible en https://www.ine.cl/docs/default-source/censo-de-poblacion-y-vivienda/publicaciones-y-anuarios/anteriores/censo-de-poblaci%C3%B3n-y-vivienda-1960.pdf?sfvrsn=38205f0d_2 (consultado el 01.06.2020)

140 Ibíd., p. 55.

141 Ibíd., p. 57.

142 Ibíd., p. 56.

De esta forma, la inmigración registrada entre los años 50 y 60 del siglo XX, fue principalmente de tipo europea, con inmigrantes que en su mayoría superaron los 35 años, resultando ser equitativa en cuanto al sexo o género, sin perjuicio de que se observara una leve cantidad mayor de hombres.

Entre los años 60 y 70 del siglo XX, según lo registra el censo de población y vivienda de ese último año[143], la cantidad de migrantes residentes en Chile disminuyó a 90.441 personas. La mayoría correspondían a europeos (48.232) seguida con mucha diferencia por los originarios de América del Sur (29.641). Respecto al lugar de nacimiento, destacaban los españoles (16.628), argentinos (13.674), italianos (8.225), alemanes (7.905) y brasileños (7.666). Por su parte, en cuanto a la edad, la mayoría pertenecía al tramo que iba desde los 35 a 70 años (53.305), siendo el número de hombres mayor al de mujeres. Así, en el caso de los primeros, la cifra llegó a 48.098, y la de mujeres a 42.343[144].

Como se puede observar, la inmigración registrada durante los años 50 a 70 del siglo XX, fue, principalmente, de tipo europea y adulta, resultando ser equitativa en cuanto al sexo o género, sin perjuicio de que se observara una leve cantidad mayor de hombres. Por su parte, durante dicho periodo, la mayoría de los migrantes se concentró en la zona centro y norte del país. Así, 13.460 personas se empadronaron en Santiago, 1.936 en Valparaíso, 1.338 en Tarapacá y 1.109 en Antofagasta[145]. La localización se entiende debido a que, en el caso de las dos primeras regiones se ubican en la zona centro del país, ciudades históricamente prosperas para el desarrollo del comercio y de la industria. En el caso de las otras dos regiones, ubicadas en el norte de Chile, tomó mucha incidencia el desarrollo que se hizo de la minería desde mediados del siglo XX. Al respecto, como

---

143 Las diversas cifras que se mencionan en torno al análisis de la migración durante el periodo 1960-1970, fueron obtenidas del censo nacional de población y vivienda chileno del año 1970, disponible en https://www.ine.cl/docs/default-source/censo-de-poblacion-y-vivienda/publicaciones-y-anuarios/anteriores/censo-de-poblaci%C3%B3n-y-vivienda-1970.pdf?sfvrsn=9d5571f8_2 (consultado el 01.06.2020).

144 Ibíd., p. 22.

145 Ibíd., p. 31.

sostiene Bahr, los procesos migratorios desarrollados entre 1960 y 1975 estaban caracterizados por personas que se trasladaban a trabajar al norte del país para ser insertados como mano de obra en la salitreras y mineras que explotaban el cobre. Así, en las ciudades en las que estas funcionaban, llegaron grandes contingentes de personas provenientes de otras localidades del país[146].

La baja cantidad de inmigrantes, los que en su mayoría provenían de países europeos, es algo que se desarrolló en un momento en el que las acciones estatales estuvieron dirigidas a fortalecer la industria nacional sobre la base de la implementación de los ejes de un Estado de compromiso, no siendo imprescindible el reclutamiento de fuerza de trabajo extranjera, sin perjuicio de la presencia de inmigrantes europeos, los que decidieron dedicarse al comercio, en la zona central del país, principalmente.

Finalmente, en lo relativo a la emigración, durante ese periodo es difícil obtener datos concretos que permitan construir un perfil determinado de las personas que decidieron salir del país para residir en otro. En este sentido, como indican Cano y Soffia, los estudios cuantitativos son limitados y escasos. Sin perjuicio de lo anterior, es posible identificar un patrón generalizado de la emigración, en torno a desplazarse hacia Argentina para dedicarse al desarrollo de actividades económicas agrícolas[147].

2.2. *Segundo periodo (1973-1989)*

En esta sección analizaré el contexto político y socioeconómico configurado en Chile, entre los años 1973 y 1989, evidenciando las principales transformaciones estructurales experimentadas en esos

---

146 BAHR, Jurge, "Migraciones en el norte grande de Chile", *Revista de Geografía Norte Grande*, N° 7, 1980, p. 9.

147 CANO, Verónica y SOFFIA, Magdalena, "Los estudios sobre migración internacional en Chile: apuntes y comentarios para una agenda de investigación actualizada", *Papeles de Población*, N°61, 2009, p. 141-144.

ámbitos y los patrones que caracterizaron a la migración desarrollada durante los años 1970 y 1992[148].

2.2.1. La génesis del proyecto neoliberal

El desarrollo del golpe militar de 1973 significó poner término al gobierno democrático de la Unidad Popular y consecuentemente, a su proyecto socialista y al Estado de compromiso que se había configurado desde la década de 1930[149]. En los hechos, la junta militar se constituyó a partir del Decreto Ley N°1/1973[150], señalándose que serían las fuerzas de orden y seguridad, es decir, el ejército, las fuerzas armadas, aérea y carabineros, los que asumirían el mando supremo de la nación. De esta forma, la junta se atribuyó el ejercicio del poder político, sin embargo, el contar con un proyecto político-institucional y económico, fue algo que vino después, ya que, en un inicio, este no existía como tal, limitando su margen de acción a la sola idea de derrocar al marxismo e iniciar un plan de normalización económica que tuviese por objeto superar la inflación y el desabastecimiento.

Para lograr lo anterior, se conformó un grupo que se denominó "los Chicago *Boys*", integrado por economistas de la Pontificia Universidad Católica y postgraduados de la de la Universidad de Chicago, los que se encargaron de asesorar técnicamente a la junta militar para efecto de estabilizar la economía nacional, sin embargo, su trabajo "...terminó siendo un plan que fijó el modelo económico del país durante los próximos cuarenta años"[151]. Así, se configuró un proyecto de matriz neoliberal que supuso dar paso a un proceso de

---

148 Cabe señalar que, el análisis de la inmigración del periodo se encuentra condicionado a un factor temporal, determinado por las fuentes consultadas. Así, los datos demográficos registrados por los censos nacionales recopilan la información de los últimos diez años. Debido a lo anterior, analizaré los patrones migratorios desarrollados entre los años 1970 y 1992.

149 ASTE, Bruno, "Estallido social en Chile: la persistencia de la Constitución neoliberal como problema", Ob. Cit., p. 4-5.

150 DL N°1 de 18 de septiembre de 1973, Acta de constitución de la Junta de Gobierno, Diario Oficial, Chile.

151 ASTE, Bruno, "Estallido social en Chile: la persistencia de la Constitución neoliberal como problema", Ob. Cit., p. 5.

privatizaciones, auto regulación de la economía, un nuevo diseño de la estructura socioeconómica chilena y la promoción de la inversión de capitales extranjeros, principalmente[152].

Los estudios de postgrado de aquel grupo de profesionales se articularon a partir de la ejecución de la cooperación que durante esos años hubo entre la Pontificia Universidad Católica de Chile y la Universidad de Chicago, instancia que a la vez sirvió de mecanismo para la inserción en el país de las ideas liberales provenientes desde Estados Unidos[153]. Al respecto, como indica Klein, dicho convenio "permitió que cien alumnos chilenos cursaran estudios de postgrado en la Universidad de Chicago entre 1957 y 1970, con la matriculación y los gastos a cargo de los contribuyentes y de fundaciones estadounidenses"[154]. Aquel adoctrinamiento a cargo de la casa de estudios norteamericana, también se verificó con estudiantes de otros países de Latinoamérica, tales como Argentina, Brasil y México. En efecto, las acciones de cooperación universitaria fueron fundamentales para la superación del orden económico desarrollado en el marco del Estado de compromiso, por medio de la configuración de ideas que propugnaban una economía de libre mercado. En relación con el rol de la academia en la configuración de las políticas económicas del país, Gárate sostiene que, "la reintroducción del libre mercado en Chile por la vía académica fue una clara oportunidad de revalorizar sus ideas, al mismo tiempo de preparar el terreno para enfrentar el modelo desarrollista del Estado empresario, por medio de un lenguaje científico"[155].

De esta forma, los Chicago *Boys* justificaron sus propuestas en base a un diagnóstico que hicieron de la economía chilena de los últimos treinta años. A su juicio, elementos tales como la baja tasa de crecimiento, el estatismo exagerado, escases de empleos productivos, inflación y atraso agrícola, los consideraron problemas generadores de efectos no deseados, tales como mala asignación de recursos pro-

---

152 Ibíd.

153 Ibíd.

154 KLEIN, Naomi, *La doctrina del shock. El auge del capitalismo del desastre,* Ob. Cit., p. 92.

155 GÁRATE, Manuel, *La revolución capitalista de Chile (1973-2003),* Ob. Cit., p. 127.

ductivos, limitación al desarrollo externo, déficit fiscal y de abastecimiento alimenticio y mal uso del poder político[156]. Para superar los problemas diagnosticados, se propuso una serie de políticas económicas en materia de descentralización, comercio exterior, política monetaria, fiscal y tributaria, mercado de capitales, previsión y seguridad social, redistribución del ingreso, entre otros.

En tal perspectiva, a partir del año 1975, los esfuerzos no solo se centraron en la normalización de la economía, sino que se optó por la apertura a un modelo económico de tipo liberal, significando lo anterior, un cambio de la estrategia económica nacional, al pasar de un modelo de industrialización de sustitución por importaciones a uno que incentivó la absoluta libertad de mercado, favorecedor del proceso de exportación de materias primas, la privatización de lo público y social y el fomento de la inversión extranjera. Al respecto, como indica Espinoza, "en los hechos, el ajuste estructural desplazó el centro de gravedad de la economía desde el Estado hacia el mercado, cerrando así el proceso de movilidad social estructural que produjo la industrialización impulsada por el sector público desde los años 1930"[157]. En efecto, el golpe militar y el desarrollo de la extensa dictadura encabezada por Pinochet marcaron una importante transformación de las estructuras en el ámbito de lo político y de lo económico institucional.

Las reformas estructurales ejecutadas por el régimen militar resultaron insertarse en la línea de aquello que proponía el neoliberalismo, modelo que fue adoptado en esos años, en el marco de la reorganización de la economía mundial capitalista[158]. Así, la aplicación de las directrices neoliberales en el país se realizó mediante la elaboración de planes de recuperación económica, pero también a

---

156 DE CASTRO, Sergio, *El ladrillo. Bases de la política económica del gobierno militar chileno*, Centro de Estudios Públicos, Santiago, 1992, pp. 27-28.

157 ESPINOZA, Vicente, BAROZET, Emmanuelle y MÉNDEZ, María Luisa, "Estratificación y movilidad social bajo un modelo neoliberal: el caso de Chile", *Revista Lauboratorio*, Año 14, N° 25, 2013, p. 171.

158 ASTE, Bruno, "Estallido social en Chile: la persistencia de la Constitución neoliberal como problema", Ob. Cit., p. 5.

partir de la implementación de la doctrina del *shock*[159]. De esta forma, la reestructuración política, económica y social del país, tuvo como fuente a la dictadura militar, siendo clave para alcanzar la privatización de servicios, además de la auto regulación de la economía, la promoción de la inversión de capitales extranjeros, la disminución del gasto público en temas sociales y la transferencia de funciones desde el Estado hacia el mundo privado, mercantilizando el acceso a los derechos sociales[160].

Respecto a la política exterior del periodo, como indica Gárate, "...el aumento, sobre todo, de bienes de consumo no productivos, debió cubrirse finalmente con crecientes ingresos de capital extranjero por la vía del crédito internacional"[161]. Así, el financiamiento del mercado crediticio que se había desarrollado durante esos años dio lugar al endeudamiento exterior, lo que, sumado a la flexibilidad para permitir la inversión de capitales extranjeros y la compleja competitividad ante este, terminó afectando a los mercados nacionales.

Posteriormente, a partir del año 1980, los ajustes mencionados fueron consolidados debido al desarrollo de importantes reformas que se hicieron en esos ámbitos[162]. Así, en salud, la inversión privada generó un mercado de clínicas y de seguros privados, mediante la creación de las instituciones de salud previsional. En la esfera laboral, se ejecutó un plan de modernización laboral que limitó el ejercicio de algunos derechos colectivos de los trabajadores, tales como el derecho a huelga y la libertad sindical, al centrar la negociación colectiva en la empresa y no en los trabajadores. En cuanto a la seguridad social, el sistema solidario de reparto fue reemplazado por uno de capitalización individual, vigente hasta la actualidad, cuya esencia consiste en que los trabajadores ahorran parte de sus ingresos que se

---

159 ASTE, Bruno, "Estallido social en Chile: la persistencia de la Constitución neoliberal como problema", Ob. Cit., p. 6. Para mayor detalle acerca de la doctrina del *shock*, ver KLEIN, Naomi, *La doctrina del shock. El auge del capitalismo del desastre*, Paidós, España, 2018.

160 GÁRATE, Manuel, *La revolución capitalista de Chile (1973-2003)*, Ob. Cit., p. 215.

161 Ibíd. Autor singularizado y citado en ASTE, Bruno, "Estallido social en Chile: la persistencia de la Constitución neoliberal como problema", Ob. Cit., p. 6.

162 Reformas comentadas y desarrolladas en ASTE, Bruno, "Estallido social en Chile: la persistencia de la Constitución neoliberal como problema", Ob. Cit., p. 8.

deducen de su remuneración para que sean administrados bajo criterios de rentabilidad por sociedades anónimas. En educación, se asumió una concepción libertaria al anteponer la libertad de enseñanza y de elección, debilitando el contenido y las garantías del derecho a la educación. Además, se observaron cambios significativos en torno a la estructura del sistema educacional, ya que "el nivel escolar de enseñanza quedó entregado a los municipios y la educación secundaria quedó condicionada a la capacidad económica"[163]. A lo anterior, se sumó el desarrollo del capitalismo extractivo, caracterizado por la explotación y comercialización de recursos naturales, tales como el agua y la minería, lo que se dio en un contexto de privatizaciones que abarcaron importantes sectores de la economía, destacando el de la electricidad, el transporte aéreo, telecomunicaciones y el sistema bancario.

De esta forma, en la línea de resguardar el ejercicio de las libertades principalmente económicas, el rol estatal fue disminuido a labores de fiscalización, lo que supuso dar paso a una crisis económica que se desarrolló a inicio de la década del 80, la que como he indicado en otro trabajo "...una crisis económica marcada por el aumento del desempleo, la disminución del PIB y de las importaciones"[164]. Lo anterior implicó solicitar créditos ante organismos internacionales, elevando el nivel de deuda externa, configurándose la oportunidad para que estos (Banco Mundial y Fondo Monetario Internacional) incidieran en la configuración de las políticas económicas de carácter neoliberal que se proyectaron a nivel interno[165].

Por su parte, ante el establecimiento de las transformaciones comentadas, se consideró necesario contar con un orden jurídico que

---

163 ASTE, Bruno, "Estallido social en Chile: la persistencia de la Constitución neoliberal como problema", Ob. Cit., p. 8.

164 ASTE, Bruno, "Estallido social en Chile: la persistencia de la Constitución neoliberal como problema", Ob. Cit., p. 8. En este punto, como destaca Bravo, al año 1982 se registró el quiebre de 800 empresas, mientras que otras registraron saldos negativos cercanos al 20% en sus tasas de crecimiento, sumado a la caída de un 14% del producto geográfico bruto, en BRAVO, Viviana, "Neoliberalismo, protesta popular y transición en Chile 1973-1989", *Política y cultura*, N° 37, 2012, p. 100.

165 GÁRATE, Manuel, *La revolución capitalista de Chile (1973-2003)*, Ob. Cit., p. 310.

institucionalizara y normativizara al nuevo modelo. En este sentido, se conformó una comisión de estudios encargada de la redacción de la Constitución de 1980[166], siendo esta el resultado de un trabajo que se desarrolló entre cuatro paredes y que posteriormente fue ratificado mediante un plebiscito, democráticamente objetable, al haberse desarrollado en el marco de un estado de excepción constitucional, sin respetar condiciones mínimas de legitimidad[167]. Así, la llamada Constitución de Pinochet "...vino a constituir el marco jurídico en el cual se validaron las reformas estructurales configuradas durante la dictadura, y consolidadas desde el año 1990, contribuyendo a resguardar las condiciones para favorecer de que el Estado estuviese al servicio del mercado y no de las personas"[168].

En síntesis, la instalación de las nuevas formas de capitalismo y de neoliberalismo, requirieron derrocar al proyecto socialista del gobierno de la Unidad Popular, representado por el presidente Salvador Allende. Ese cambio se hizo a través del uso de la fuerza, el que se ejerció medio de una larga y violenta dictadura militar encabezada por el general Augusto Pinochet, iniciando una serie de transforma-

---

166 DS Nº 1064/1974, designa comisión para que estudie, elabore y proponga un anteproyecto de una nueva Constitución Política del Estado, Diario Oficial, Chile, el 12 de noviembre de 1973.

167 Al respecto, como rescato en ASTE, Bruno, "Estallido social en Chile: la persistencia de la Constitución neoliberal como problema", Ob. Cit., p. 10, singularizando a Viera, "el anteproyecto de Constitución fue elaborado por la Comisión de estudios de la nueva Constitución, el que posteriormente fue enviado al Consejo de Estado para que este lo remitiera a la junta de gobierno, cuya aprobación fue comunicada por el general Augusto Pinochet el 10 de agosto de 1980 y que convocaba a la ciudadanía a un plebiscito ratificatorio para el día 11 de septiembre de 1980. El resultado de aquel plebiscito fue la ratificación de la Constitución, la que fue promulgada el 21 de octubre de 1980 y entró en vigor el 11 de marzo de 1981. Sin perjuicio de que a través de ese plebiscito se haya intentado otorgar legitimidad popular y democrática al proyecto de Constitución aprobado por la junta de gobierno, lo cierto es que no es posible darle tal dimensión o carácter, ya que este se llevó a cabo en tiempos de anormalidad institucional, al estar vigente un estado de excepción constitucional con profunda represión militar y violaciones a los derechos humanos", Consultar VIERA, Christian, "Análisis crítico de la génesis de la Constitución vigente", *Revista de derechos fundamentales*, Nº *5, 2011,* p. 163.

168 ASTE, Bruno, "Estallido social en Chile: la persistencia de la Constitución neoliberal como problema", Ob. Cit., p. 11.

ciones estructurales de naturaleza económica, institucionalizadas por un sistema jurídico constitucional que las resguardó.

Trascurrido los años, las acciones del régimen militar llegarían a su fin. Lo anterior, con ocasión del referéndum del día 5 de octubre de 1988, mediante el cual, se consultó a la ciudadanía su aprobación o rechazo para la continuidad y permanencia del régimen militar, triunfando la segunda opción, el rechazo.

2.2.2. Migración en tiempos de dictadura

Para analizar la migración desarrollada entre los años 1970 a 1992, haré una separación de aquello que transcurre entre 1970 y 1982, por un lado, y entre 1982 y 1992, por el otro. Lo anterior, en atención al carácter cambiante que tuvo la dictadura durante esos años. Así, lo que caracteriza a los primeros siete años desde que se inicia el régimen militar, fue la violenta atribución de poder y el diseño de mecanismos para cambiar el modelo y la institucionalidad del país, sin embargo, el periodo que va desde el año 1980 hasta el término de esta (1989), correspondió a una etapa de reformas, cuyos cambios alcanzaron a ser implementados en la marcha del país. Tales dinámicas influyeron en la densidad y tipo de migraciones, producto de lo cual, se justifica la fragmentación del periodo dictatorial para desarrollar el análisis de la migración a partir de los censos del año 1982 y 1992.

A) El bajo flujo de migrantes (1970-1982)

De acuerdo con lo contenido en el censo de población y vivienda del año 1982[169], el número de inmigrantes registró la baja más signifi-

---

169 Las diversas cifras que se mencionan en torno al análisis de la migración durante el periodo 1970-1982, fueron obtenidas del censo nacional de población y vivienda chileno del año 1982, disponible en https://www.ine.cl/docs/default-source/censo-de-poblacion-y-vivienda/publicaciones-y-anuarios/anteriores/censo_1982_volumen_i.pdf?sfvrsn=9becbd80_4 (consultado el 01.06.2020)

cativa desde mediados del siglo XX, al llegar a las 80.479 personas[170]. Se trató de una baja considerable, en relación con la del censo de los años anteriores. Esto encuentra su fundamento debido al momento político que vivió Chile desde el inicio de la dictadura militar del año 1973, lo que no solamente supuso contar con una nueva legislación migratoria de carácter autoritaria, sino que, además, con un alto número de exiliados políticos. Este último factor si bien no influyó directamente en el número de inmigrantes puesto que se trató (en su mayoría) de chilenos expulsados del territorio nacional, sí constituyó un elemento que desincentivó la inmigración hacia Chile. De esta forma, la lapidaria situación social del país se tradujo en la desactivación de los factores de atracción para los inmigrantes.

En cuanto al origen de los inmigrantes, se verificó un cambio significativo, ya que durante los años anteriores a los 70, los colectivos de inmigrantes estaban conformados por personas de nacionalidades de países europeos, principalmente. Así quedó demostrado en el censo de 1960 y 1970, sin embargo, al año 1980, una leve mayoría de inmigrantes provenían de países sudamericanos (35.221), especialmente Argentina (18.937), Bolivia (6.112), Perú (4.101) y Brasil (1.795). Por su parte, la cantidad de inmigrantes europeos continuó siendo alta, pero experimentó una baja en relación con los años anteriores, al llegar a las 34.215 personas, dentro de los cuales, destacaron la gran cantidad de inmigrantes que llegaron desde España (12.075), Alemania Occidental (5.893) e Italia (5.609)[171].

De los inmigrantes sudamericanos, el mayor grupo etario se encontraba bajo los 15 años (12.176), seguido de aquellos que pertenecían a aquel que iba desde los 35 y 54 años (6.644). En cuanto a los inmigrantes europeos, el grupo etario más numeroso fue aquel que se encontraba entre los 55 y 74 años (12.501), seguido de aquellos pertenecientes al tramo etario que iba desde los 35 a 54 años (9.258) y 75 años y más (6.774)[172].

---

170 Censo nacional de población y vivienda chileno del año 1982, p. 174, disponible en https://www.ine.cl/docs/default-source/censo-de-poblacion-y-vivienda/publicaciones-y-anuarios/anteriores/censo_1982_volumen_i.pdf?sfvrsn=9becbd80_4 (consultado el 01.06.2020).

171 Ibíd., pp. 175-179.

172 Ibíd., p. 179.

Respecto al sexo de los inmigrantes, la cifra fue pareja, pero con una leve diferencia a favor de los hombres, la que llegó a los 40.655, de los cuales 10.224 se encontraban en el tramo etario que va desde los 55 a 74 años, seguido de aquellos que se pertenecían al tramo 35 a 54 años (9.602). En el caso de las mujeres, la cifra llegó a los 39.824, de las cuales 9.391 se encontraba en el tramo etario que va desde los 55 a 74 años, seguido por aquellas que tenían menos de 15 años (8.938)[173].

En relación con el lugar en el que residían, el censo de este año unió la inmigración internacional con la interna, por lo cual no fue posible evidenciar ese dato a partir de las cifras extractadas por la fuente señalada.

De esta forma, como se puede observar, la inmigración registrada entre los años 70 y 82 del siglo XX, se conformó por una mezcla entre inmigración europea y sudamericana. En ambas, la cantidad de hombres fue levemente mayor al de mujeres, siendo en el caso de estos, personas adultas. Por su parte, la baja cantidad de inmigrantes y el contexto en el cual dicho fenómeno se desarrolló, permiten presumir que la misma se explica debido al momento político que vivía Chile, lo que, desde el punto de vista de la movilidad de las personas, llevó a que se impusicra un carácter expulsor, marcado por el exilio político, cuestión que, una vez retomada la democracia, cambió.

B) El aumento del volumen de migrantes en un contexto de implementación de reformas estructurales (1982-1992)

De acuerdo con el censo de población y vivienda del año 1992[174], el número de inmigrantes aumentó significativamente en comparación con la cantidad registrada en el decenio anterior. En efecto, en diez años, la cifra pasó de 80.479 a 114.597 personas, en donde el 64% de los inmigrantes correspondió a personas con nacionalidades

---

173 Ibíd., pp. 180-189.

174 Censo nacional de población y vivienda chileno del año 1992, disponible en https://www.ine.cl/docs/default-source/censo-de-poblacion-y-vivienda/publicaciones-y-anuarios/anteriores/censo1992.pdf?sfvrsn=1f42f2c4_4 (consultado el 01.06.2020).

de otros países americanos, de los cuales el 55% eran sudamericanos[175].

Sin perjuicio de lo anterior, destacó el aumento en el número de inmigrantes y la gran cantidad de personas con nacionalidad de países sudamericanos, lo cual, como se demostrará, constituyó una tendencia desde los años 1970 en adelante. Cabe agregar que, respecto al sexo de los inmigrantes, al igual que los años anteriores, esta se mantuvo sin mayores variaciones. En efecto, la cifra de hombres inmigrantes llegó a los 58.204, mientras que la de mujeres alcanzó las 56.397[176]. A lo anterior, cabe agregar que, durante el periodo analizado, se verificaron migraciones desde zonas rurales a las urbanas, cuestión que como explica Martínez, estuvo determinada por la industrialización agrícola, los que eran considerados como parte de la modernización de los procesos productivos[177].

Así, la inmigración desarrollada durante la dictadura estuvo determinada por el momento político que se desarrolló en el país. Sin perjuicio de que, en dicho periodo se haya evidenciado el establecimiento de las bases de las nuevas formas de organización del capitalismo, específicamente del neoliberalismo, lo cierto es que, el contexto dictatorial y la consideración negativa acerca de la inmigración, analizada desde la dimensión de la seguridad nacional y del resguardo a la soberanía nacional, fueron factores que contribuyeron a desincentivar su desarrollo durante aquel periodo.

---

175 Ibíd., p. 59.
Cabe señalar que, tal información se obtuvo de una síntesis censal del año 2002, ya que el censo del año 1992, en algunos casos no contiene o no presenta con la misma claridad que los censos anteriores, información relativa al origen, sexo o género, edades y lugar de nacimiento de los inmigrantes que llegaron al país durante dicho periodo. Información disponible en Síntesis censal año 2002, p.18, disponible en https://www.ine.cl/docs/default-source/censo-de-poblacion-y-vivienda/publicaciones-y-anuarios/2002/sintesiscensal-2002.pdf (consultado el 01.06.2020).

176 Ibíd.

177 Así, lo explica Martínez, señalando que, entre 1982 y 1992, la tasa anual de crecimiento en ciudades urbanas fue de 1,90%, mientras que en las zonas rurales fue de -0,4%, en MARTÍNEZ, Jorge, "Ciudades de Chile, migración interna y redistribución de la población: algunas evidencias del periodo 1987-1992", *Revista de geografía Norte Grande*, N° 29, 2002, p. 22.

Por su parte, durante el periodo 1970-1990, la salida de chilenos desde el país, estuvo marcada por el contexto político dictatorial, que supuso el exilio de doscientas mil personas, aproximadamente[178].

2.3. Tercer periodo (1990-2002)

En esta sección analizaré el contexto político y socioeconómico configurado en Chile, entre los años 1990 y 2001, evidenciando las principales transformaciones estructurales experimentadas en esos ámbitos y los patrones que caracterizaron a la migración desarrollada durante los años 1992 y 2002[179].

2.3.1. El retorno a la democracia y la consolidación del modelo

En los años que siguieron al retornar la democracia, las bases de la estructura económica del país se mantuvieron. Es más, el modelo fue bien valorado atendido a los resultados que éste generaba en relación con los índices generales de crecimiento macroeconómicos, lo que sin embargo era contradictorio si se comparaba con los niveles de pobreza, desigualdad social, precarización laboral y concentración de la riqueza[180]. Lo anterior, sin perjuicio de las acciones impulsadas durante los años 90, consistente en la ejecución de proyectos dirigidos a disminuir aquellos índices. No obstante, las estructuras institucionales que constituyeron el legado del régimen hicieron que

---

178 En este sentido, Del Pozo explica que al final del periodo, los países con alta cantidad de residentes chilenos fue Argentina (207.000), Estados Unidos (55.000), Venezuela (24.000) y Canadá (22.000). Sin perjuicio de lo anterior, advierte que los cálculos incluyen a personas que se encontraban en esos países hasta antes del inicio de la dictadura militar. Datos comentados en DEL POZO, José, "Los chilenos en el exterior: ¿De la emigración y el exilio a la diáspora? El caso de Montreál", *Reve Européenne des Migration Internationales,* Vol. 20 N°1, 2004, p. 78.

179 Cabe señalar que, el análisis de la inmigración del periodo se encuentra condicionado a un factor temporal, determinado por las fuentes consultadas. Así, los datos demográficos registrados por los censos nacionales recopilan la información de los últimos diez años. Debido a lo anterior, analizaré los patrones migratorios desarrollados entre los años 1992 y 2002.

180 Elementos mencionados en ASTE, Bruno, "Estallido social en Chile: la persistencia de la Constitución neoliberal como problema", Ob. Cit., p. 8-9.

todo cambio socialmente relevante tuviese que ser aprobado por la derecha, cuestión que significó establecer bases de acuerdos en distintas materias estratégicas que estaban amparadas a través de dispositivos jurídicos que fueron diseñados para generar la permanencia y legitimación del modelo, resguardándolo de inmunidad a los tiempos democráticos. Por tanto, los gobiernos de la época no fueron capaces de alterar el modelo, lo que implicó mantener sus contradicciones y problemas, tales como los altos niveles de desigualdad, precariedad laboral e inestabilidad social. Al respecto, como sostiene Contreras, a partir de los años 90 se consolidó la idea consistente en que "el proyecto ideológico que define al mercado como el mejor espacio donde se pueden diagnosticar los intereses y necesidades de las personas, así como el único mecanismo para solucionarlo. La acción social se piensa como la conducta de ciudadanos individualizados que operan como consumidores, siendo así la forma en cómo las personas se validan como ciudadanos"[181]. Lo anterior se sumó al reemplazo de los actores sociales, mutando desde los trabajadores hacia la elite empresarial.

Por su parte, las opciones orientadas en mantener una economía de libre mercado, también supuso proyectarlo hacia el exterior, lo que se concretizó a través de la firma y ratificación de tratados internacionales de libre comercio[182]. De esta forma, "...el país fue muy atractivo para inversionistas extranjeros, al verificarse un aumento en el crecimiento económico, destacando la estabilidad de su planificación fiscal y de sus instituciones, además de la capacidad de negociación económica con potencias extranjeras"[183]. Aquellos elementos determinaron la continuidad y permanencia de un modelo que supuso la realización de medidas conducentes a "...favorecer la libre circulación del capital y la privatización de empresas en manos

---

181 CONTRERAS, Rodrigo, "Neoliberalismo y gobernabilidad en América Latina durante los años 90", *Nueva sociedad*, N° 186, 2013, p. 51.

182 En este sentido, el primer país de América Latina en firmar un Acuerdo de Libre Comercio con China, fue Chile.

183 ASTE, Bruno, "Estallido social en Chile: la persistencia de la Constitución neoliberal como problema", Ob. Cit., p. 9.

de capitales extranjeros para la concesión de obras públicas, además de la explotación y comercialización de recursos naturales"[184].

En efecto, durante las primeras tres décadas desde el inicio del retorno a la democracia, se legitimaron las bases del modelo neoliberal, cuya ejecución fue compensada con mayor presupuesto para cubrir el gasto social. Al respecto, y haciendo una comparación con el caso de Argentina, Undurraga considera que estamos ante países en los que durante los últimos treinta años se han experimentado transformaciones capitalistas[185]. Sin perjuicio de lo anterior, la forma de concebir el capitalismo ha sido diferente ya que, en el caso de Argentina, a partir del 2001 se reforzó la intervención estatal, mientras que, en el caso de Chile, una vez retomada la democracia, tuvo lugar un neoliberalismo muy cercano a los procesos de modernización capitalista, lo que con el paso del tiempo logró ser naturalizado y neutralizado[186]. En efecto, una vez retornada la democracia, los sucesivos gobiernos de centroizquierda encarnaron lo que Manuel Garretón, denomina "neoliberalismo corregido y progresismo limitado"[187].

En tal perspectiva, el periodo analizado difícilmente puede ser considerado como una época posneoliberal ya que, durante su desarrollo, la permanencia del modelo neoliberal alcanzó legitimidad, validación y consolidación. Así, los ejes sobre los cuales se articuló la organización estatal y la configuración de las estructuras socioeconómicas lo constituyeron aquellos dispositivos que han permitido el funcionamiento del sistema, esto es, la desregulación de la economía, privatizaciones, fomento de la inversión extranjera y flexibilización laboral, los que han terminado por definir un determinado tipo de Estado a partir del cual se explica su rol social y como se verá en

---

184 Ibíd.

185 UNDURRAGA, Tomás, *Divergencias. Trayectoria del neoliberalismo en Argentina y Chile*, Ediciones Universidad Diego Portales, Santiago, 2014, p. 15.

186 Ibíd.

187 Así, el autor indica que "...se intentó superar varios efectos del neoliberalismo de la dictadura, pero que finalmente terminaron siendo un "neoliberalismo corregido" al predominar el mercado como forma de organización social", en GARRETÓN, Manuel, *Neoliberalismo corregido y progresismo limitado. Los gobiernos de la concertación en Chile 1990-2010*, Editorial Arcis-Clacso-Prospal, Santiago, 2012, p. 190.

el próximo capítulo, las formas de regulación de ciertos fenómenos que han tenido lugar en el país: tal es el caso de la inmigración.

2.3.2. La migración en la década del 90

Durante el periodo analizado y considerando el registro de cifras registradas por el censo de población y vivienda del año 2002[188], la migración hacia Chile experimentó un leve aumento, al pasar de 114.597 a 184.464 personas[189]. En cuanto al lugar de nacimiento de los migrantes, se destacó un cambio significativo en este punto, ya que la cantidad de europeos (31.780) pasó a ser muy inferior en comparación con la de nacidos en otros países de América. Así, el 77.1% de los migrantes, es decir, 142.238 personas, nacieron en países de este último continente, de los cuales, el 67,9%, esto es, 125.161 personas de América del Sur, específicamente Argentina (48.176), Perú (37.860), Bolivia (10.919) y Ecuador (9.393), mientras que, el 17.2% declaró haber nacido en Europa, destacando la gran cantidad de personas originarias de España (9.084), Alemania (5.473), Italia (3.927) y Francia (3.043)[190].

En lo relativo a la edad de los inmigrantes sudamericanos, el mayor grupo etario lo constituyó personas que se encontraban entre los 15 y 29 años (46.428), mientras que, de los provenientes desde Europa, el grupo etario más numeroso fue aquel comprendido entre los 60 a 74 años (6.219), seguido de aquellos que se encontraban en el tramo que va desde los 15 a 29 años (6.187). En efecto, en términos generales, el mayor grupo etario fue el que se encontraba entre los 15 a 29 años (61.399), seguido de aquellos que se encontraban entre los 30 a 44 años (44.819)[191].

---

188 Censo nacional de población y vivienda chileno del año 2002, disponible en https://www.ine.cl/docs/default-source/censo-de-poblacion-y-vivienda/publicaciones-y-anuarios/2002/censo_2002_volumen_i.pdf?sfvrsn=e4988530_6 (consultado el 01.06.2020).

189 Ibíd., pp. 111-112.

190 Ibíd.

191 Ibíd.

Respecto al sexo o género de los inmigrantes, al igual que en los censos anteriores, la cifra fue pareja, pero con una leve diferencia en favor de las mujeres. Así, la cantidad de hombres inmigrantes llegó a los 88.124, de los cuales 49.642 pertenecían al tramo etario que va desde los 15 a 44 años. En el caso de las mujeres, la cifra llegó a las 96.340 personas, de las cuales 56.576 pertenecían al tramo etario que iba desde los 15 a 44 años[192]. Cabe señalar que, respecto a la feminización de la inmigración, desde principio del siglo XXI, tal fenómeno ha constituido una tendencia, convirtiendo a la mujer como nuevo sujeto en la agenda global de las migraciones internacionales. Para algunas académicas[193], esto se explicaría en atención a que la mujer autóctona se ha incorporado al desarrollo de funciones económicas productivas, requiriendo de los servicios domésticos que serían desempeñados por la mujer migrante como mano de obra complementaria.

En síntesis, los datos registrados entre los años 1992 a 2002, evidencian un predominio significativo de la inmigración sudamericana, con una importante feminización del fenómeno, primera vez vista desde mediados del siglo XX, perteneciendo en ambos casos al grupo etario de adultos.

Tales desplazamientos se desarrollaron en un contexto de indicadores estables de la economía chilena, principalmente en lo relativo al PIB, el que durante aquel periodo experimentó una insignificante baja, al pasar de un 3.334% a un 3.303%, a diferencia de lo ocurrido en los países de los cuales provenían los inmigrantes. Así, durante

---

192 Ibíd., pp. 113-116.

193 Al respecto, se puede consultar STEFONI, Carolina (ed.), *Mujeres inmigrantes en Chile ¿mano de obra o trabajadoras con derechos?*, Universidad Alberto Hurtado, Santiago, 2011. En aquel libro, se pude consultar los trabajos de las siguientes académicas: ACOSTA, Elaine, "Valorar los cuidados al estudiar las migraciones: la crisis del trabajo de cuidado y la feminización de la inmigración en Chile" y ARRIAGADA, Irma y MORENO, Marcela, "La constitución de las cadenas globales de cuidado y las condiciones laborales de las trabajadoras peruanas en Chile". En el mismo sentido, TIJOUX, María Elena, "Peruanas migrantes en Santiago. Un arte cotidiano de la lucha por la vida", *Revista Polis*, N° 18, 2007. LUBE, Menara y GUERRERO, Bernardo, "El desborde de las alteridades: las migraciones internacionales en el panorama del capitalismo actual", *Revista Ciencias Sociales*, N° 28, 2012, pp. 7-18.

dicha etapa, en Argentina el PIB bajó de un 7.9% a -10.8%, mientras que, en Bolivia, logró remontar el año 2002, pasando de 1.6% a 2.4%, sin perjuicio que este último aumento se haya registrado en el último año señalado, ya que al 2001, se mantenía en 1.6%[194].

Por su parte, la inmigración tuvo lugar en el marco de un proceso de desconcentración de las actividades económicas, cuestión que al año 2002, llevó a que Santiago tuviese saldo negativo en cuanto al número de inmigrantes nacionales[195]. Como explica Rodríguez, así ocurrió en la segunda región, a propósito del desarrollo de la minería en la décima región, a propósito de la comercialización salmonera y agrícola, y en la cuarta y sexta región, con ocasión del desarrollo de la construcción[196]. De esta forma, los cambios generados por la inversión de capitales en la industria nacional, generó una reestructuración económica de los procesos productivos en varias ciudades del país. Tal ha sido el caso en el norte de Chile, en donde se ha requerido contar con mayor mano de obra, o lo que ocurre con la tecnificación de la producción en ciudades del sur del país, a propósito de la comercialización agrícola y forestal.

Finalmente, en lo relativo a la emigración, durante dicho periodo se observó un leve aumento, al pasar desde las 493.026 a las 512.014 personas[197]. De esta última cifra, el 48.22% (246.879) correspondió a hombres, mientras que el 51.78% (265.135) estuvo conformado por mujeres[198].

---

194 Información del Banco Mundial, disponible en https://datos.bancomundial.org/indicador/NY.GDP.MKTP.KD.ZG?end=2018&most_recent_year_desc=true&start=1961&view=chart (consultado el 01.06.2020).

195 MARTÍNEZ, Jorge, "Ciudades de Chile, migración interna y redistribución de la población: algunas evidencias del periodo 1987-1992", Ob. Cit., p. 16.

196 RODRÍGUEZ, Jorge y GONZÁLEZ, Daniela, "Redistribución de la población y migración interna en Chile: continuidad y cambio según los últimos cuatro censos nacionales de población y vivienda", *Revista de Geografía Norte Grande*, N° 35, 2005, p. 16.

197 Información del Centro de Análisis de Datos de Migración Global de la OIM, disponible en https://www.migrationdataportal.org/international-data?i=stock_abs_origin&t=2000&cm49=152 (consultado el 21.10.2021).

198 Información disponible en https://datosmacro.expansion.com/demografia/migracion/emigracion/chile#:~:text=Chile%20tiene%2C%20seg%C3%BAn%20los%20%C3%BAltimos,de%20la%20poblaci%C3%B3n%20de%20Chile.&text=La%20emigraci%C3%B3n%20femenina%2C%2-

2.4. Cuarto periodo (2002-2020)

En esta sección analizaré el contexto político y socioeconómico configurado en Chile, entre los años 2002 a 2020, evidenciando las principales transformaciones estructurales experimentadas en esos ámbitos y los patrones que caracterizaron a la migración desarrollada durante ese periodo[199].

2.4.1. La alternancia en el poder y la lucha popular

La instalación del neoliberalismo en Chile no es algo que exclusivamente deba asociarse a la dictadura de Pinochet. Como se ha venido señalando, el sistema logró ser legitimado y consolidado en tiempos democráticos y con gobiernos de centroizquierda, entre los que destaca la figura de Patricio Aylwin, Eduardo Frei y Ricardo Lagos. El siglo XXI se inicia con la presidencia de este último, quien no obstante haber impulsado una de las reformas constitucionales más importantes[200], mantuvo políticas que, dentro del diseño neoliberal, contribuyeron a fomentar las privatizaciones, la vigencia del Estado subsidiario y el carácter vulnerable de los derechos sociales. Así ocurrió con la seguridad social, sistema que fue perfeccionado por medio de la creación de los multifondos de pensión y, en educación, la creación del crédito con aval del Estado, el que ha generado un

---

0344.329%20mujeres,%2C%20que%20son%20el%2047.03%25. (consultado el 21.10.2021).

199 Cabe señalar que, el análisis de la inmigración del periodo se encuentra condicionado a un factor temporal, determinado por las fuentes consultadas. Así, los datos demográficos registrados por los censos nacionales recopilan la información de los últimos diez años. Por su parte, es importante destacar que, el año 2012 se realizó un censo nacional, sin embargo, sus resultados tuvieron que ser retirados, debido a la manipulación y problemas relacionados con la obtención de los datos. En efecto, el gobierno de la época y el Centro Latinoamericano y Caribeño de Demografía, recomendaron no utilizar los resultados publicados, al estimar que el censo no cumplía con los estándares requeridos para ser validado como tal. De esta forma, el siguiente y último censo que se realizó en Chile, corresponde al del año 2017.

200 Ley N°20.050, reforma constitucional que introduce diversas modificaciones a la Constitución Política de la República, Diario Oficial, Chile, 20 de agosto de 2005.

endeudamiento masivo y duradero de los estudiantes al ser una de las limitadas alternativas para acceder a la educación, situación que ha beneficiado a la banca privada, cuyo rol ha consistido en otorgar dichos créditos, cobrando altas tasas de interés, asimilables (hasta el año 2012) a las de un crédito de consumo.

Posterior a su mandato, el periodo 2006 a 2018, estuvo marcado por la alternancia en el poder entre Michelle Bachelet y el actual presidente Sebastián Piñera, ambos elegidos en dos periodos no sucesivos. Respecto a la primera, sus gestiones se desarrollaron dentro del esquema neoliberal que ya se encontraba más que fortalecido. Sin embargo, durante su gobierno se ejecutaron una serie de políticas que contribuyeron a disminuir la desigualdad, entre las que destacaron aquellas conducentes a lograr la igualdad de género, la despenalización del aborto, el acuerdo de unión civil para personas del mismo o de distinto sexo, el aumento de la gratuidad en educación, reformas tributarias y el inicio de un proceso constituyente ciudadano, el que como he sostenido "…no logró materializar la participación ciudadana con la misma intensidad en cómo se había solicitado y vivido durante los años anteriores. Se trató de un proyecto que difícilmente podía lograr lo contrario, ya que este se hizo al alero de las normas del ordenamiento jurídico constitucional vigente y tramposo"[201].

Entre los años 2011-2014 y 2018-2022, la presidencia del país fue asumida por un gobierno de centroderecha. Durante el mandato de Sebastián Piñera, han tenido lugar los estallidos sociales más significativos desde el retorno a la democracia[202], los que han exigido un rol activo del Estado en lo relativo al ejercicio de los derechos sociales, la crítica persistente al modelo socioeconómico neoliberal, las objeciones hacia el Estado subsidiario y el planteamiento de la necesidad de contar con una nueva Constitución, ya que aún se mantienen las bases y el modelo de sociedad formulada durante la dictadura militar

201 ASTE, Bruno, "Estallido social en Chile: la persistencia de la Constitución neoliberal como problema", Ob. Cit., p. 16.

202 Entre los que destacan el del año 2011, liderado por estudiantes secundarios y el del año 2019, marcado por la represión policial y las graves vulneraciones a los derechos humanos de manifestantes.

de 1973. En este sentido, como he indicado anteriormente, la actual Constitución "...no solamente constituye el legado de su régimen, sino que se entiende como el instrumento jurídico que ha permitido mantener la institucionalidad actual, ya que todo cambio socialmente relevante y de eventual alteración al modelo neoliberal y a la forma en cómo se organiza el poder, ha tenido que ser aprobado por aquel sector que apoya aquello que se diseñó en dictadura"[203].

De esta forma, los años que siguieron al primer estallido social del año 2011 fueron muy significativos, ya que, desde las calles, se pidió un cambio, una nueva forma de hacer política que fuese más allá de la reforma a la Constitución. Se trató de una transformación social marcada por movilizaciones estudiantiles los que, finalmente, efectuaron un replanteamiento de las estructuras ya existentes, responsables de no haber brindado estabilidad social, momento a partir del cual se dio paso al desarrollo de un momento constitucional, marcado por la postura crítica y reflexiva del pueblo en torno a la continuidad del sistema y de la norma común.

Tales movimientos sociales, reaparecieron el año 2019, cuyas demandas fueron contestatarias al orden constitucional y al modelo socioeconómico vigente. Así, los estallidos sociales que han tenido lugar durante los últimos años en Chile han significado resistencia y oposición hacia la actual institucionalidad protectora del modelo neoliberal, permitiendo conducir al país al desarrollo de un proceso constituyente el que se presenta como una esperanza para cambiar las bases estructurales establecidas en la Constitución vigente creada en dictadura.

2.4.2. Migraciones en el Chile globalizado

Respecto a la migración desarrollada entre el año 2002 y 2020, según lo registra el censo de población y vivienda del año 2017[204], el 66.7%, es decir, 497.898 personas declararon haber llegado a Chile

---

203 ASTE, Bruno, "Estallido social en Chile: la persistencia de la Constitución neoliberal como problema", Ob. Cit., p. 9.

204 Censo nacional de población y vivienda chileno del año 2017, disponible en https://www.ine.cl/docs/default-source/censo-de-poblacion-y-vivienda/publi-

entre el año 2010 y 2017[205]. Por su parte, según lo registra el Instituto Nacional de Estadísticas, al 31 de diciembre del año 2021, el *stock* de migrantes aumentó considerablemente, al llegar a los 1.482.390[206].

En lo relativo a la emigración, entre el año 2005 y 2020, esta experimentó un aumento equivalente al 18.85%, al pasar desde las 541.000 a las 643.000 personas[207]. De este total, el 51.98% (334.235) correspondió a mujeres, mientras que el 46.27% (297.597) estuvo conformado por hombres[208]. En cuanto a los principales destinos de la emigración desde Chile, al año 2020, el 33.35% reside en Argentina, el 17.73% en Estados Unidos y el 8.72% en España[209].

Sin perjuicio de lo analizado en el presente apartado, es importante destacar dos aspectos relevantes en torno al actual patrón migratorio:

a) La migración combina nuevos desplazamientos, compuesto por personas con nacionalidades de otros países sudamericanos.

Según las cifras presentadas por el Instituto Nacional de Estadísticas, del total de 1.482.390 personas migrantes en Chile al 2021, el 30% es de Venezuela, el 16.6% de Perú, el 12.2% de Haití, el 11.7%

---

caciones-y-anuarios/2017/publicaci%C3%B3n-de-resultados/sintesis-de-resultados-censo2017.pdf?sfvrsn=1b2dfb06_6 (consultado el 01.06.2020).

205 Ibíd., p. 21.

206 Informe de resultados de la estimación de personas extranjeras residentes en Chile al 31 de diciembre de 2021, Instituto Nacional de Estadísticas, p.4, disponible en https://www.ine.gob.cl/docs/default-source/demografia-y-migracion/publicaciones-y-anuarios/migraci%C3%B3n-internacional/estimaci%C3%B3n-poblaci%C3%B3n-extranjera-en-chile-2018/estimaci%C3%B3n-poblaci%C3%B3n-extranjera-en-chile-2021-resultados.pdf?sfvrsn=d4fd5706_6 (consultado el 15.04.2023).

207 Información del Centro de Análisis de Datos de Migración Global de la OIM, disponible en https://www.migrationdataportal.org/international-data?i=stock_abs_origin&t=2000&cm49=152

208 Información disponible en https://datosmacro.expansion.com/demografia/migracion/emigracion/chile#:~:text=Chile%20tiene%2C%20seg%C3%BAn%20los%20%C3%BAltimos,de%20la%20poblaci%C3%B3n%20de%20Chile.&text=La%20emigraci%C3%B3n%20femenina%2C%20344.329%20mujeres,%2C%20que%20son%20el%2047.03%25. (consultado el 21.10.2021).

209 Ibíd.

de Colombia y el 8.9% de Bolivia. Así, al menos 1.185.912 de inmigrantes proviene de algún otro país sudamericano[210].

b) La migración es principalmente de tipo laboral y se concentra en las grandes ciudades. Lo anterior, en consideración a los siguientes factores:

b.1) Las regiones con mayor cantidad de inmigrantes, es la Metropolitana, con 909.414 personas, la de Antofagasta (106.274) y la región de Valparaíso (97.058)[211]. Por su parte, en cuanto al *stock* de migrantes por comuna, la ciudad que con más migrantes es Santiago con 226.103 personas, seguida de Antofagasta con 64.043[212]. Se trata de regiones que concentran su actividad en el sector terciario, lo que nos permite concluir que, las regiones en donde existe mayor cantidad de inmigrantes son aquellas que tienen mayor cantidad de personas dedicadas al sector terciario. En efecto, en la región metropolitana, la dedicación es de un 87%, en Valparaíso es del 85%, mientras que en la región de Antofagasta alcanza el 78%[213].

b.2) En lo relativo a las edades de los inmigrantes, la mayoría se encuentran en edades activas para trabajar. Así, a nivel nacional, el 47.6% pertenece al grupo etario compuesto por personas que se ubican entre los 25 y 39 años. Se trata de un grupo etario que se repite al interior de las regiones con mayor cantidad de migrantes. En efecto, en la Región Metropolitana, el 58.3% tiene entre 25 y 44 años. En

---

210 Informe de resultados de la estimación de personas extranjeras residentes en Chile al 31 de diciembre de 2021, Instituto Nacional de Estadísticas, p.4, disponible en https://www.ine.gob.cl/docs/default-source/demografia-y-migracion/publicaciones-y-anuarios/migraci%C3%B3n-internacional/estimaci%C3%B3n-poblaci%C3%B3n-extranjera-en-chile-2018/estimaci%C3%B3n-poblaci%C3%B3n-extranjera-en-chile-2021-resultados.pdf?sfvrsn=d4fd5706_6 (consultado el 15.04.2023).

211 Ibíd., p. 16, 19 y 20.

212 Ibíd., p. 5.

213 Censo nacional de población y vivienda chileno del año 2017, pp. 25-41, disponible en https://www.ine.cl/docs/default-source/censo-de-poblacion-y-vivienda/publicaciones-y-anuarios/2017/publicaci%C3%B3n-de-resultados/sintesis-de-resultados-censo2017.pdf?sfvrsn=1b2dfb06_6 (consultado el 01.06.2020).

Antofagasta el 53.2%, mientras que, en Valparaíso, el 60.1% se pertenece a dicho grupo etario[214].

b.3) En cuanto a los tipos de visados otorgados, según información disponible hasta el año 2014, la mayoría corresponden a visas sujetas a contrato. Así, al dicho año, el número de este tipo de visas, llegaron a 66.609, de las cuales un 53.8% fueron otorgadas a hombres y un 46.2% a mujeres, situación distinta a la verificada en años anteriores, ya que el año 2010, el 51.1% se otorgó a mujeres y el 49% a hombres. Asimismo, ocurrió el año 2005, periodo en el cual el 56% fueron otorgadas a mujeres y el 44% a hombres[215]. Tales visados se concentraron en migrantes con nacionalidades correspondiente a los países con las más altas tasas de emigración hacia Chile, es decir, Perú (44.6%) y Colombia (32%)[216]. De la misma forma, las visas fueron otorgadas en su mayoría, en las regiones en donde se concentran los inmigrantes en Chile. El 70% de visas sujetas a contrato, se otorgaron a personas que tenían entre 20 y 25 años, y que, a la vez, residían en la región metropolitana (el 70%) y en Antofagasta (12,8%)[217].

En cuanto al sexo o género, hasta el año 2014, el porcentaje de mujeres era más alto que el de los hombres. En efecto, al año 2005, el 51,6% estaba conformada por mujeres, mientras que el 48,4% por hombres. Al año 2010, esa diferencia aumentó, llegando en el caso de las mujeres a un 52.2%, y un 47.8% de hombres. Lo mismo se verifica al año 2014, en donde la cantidad de mujeres inmigrantes llegó

---

214 Informe de resultados de la estimación de personas extranjeras residentes en Chile al 31 de diciembre de 2021, Instituto Nacional de Estadísticas, p.16, 19 y 20, disponible en https://www.ine.gob.cl/docs/default-source/demografia-y-migracion/publicaciones-y-anuarios/migraci%C3%B3n-internacional/estimaci%C3%B3n-poblaci%C3%B3n-extranjera-en-chile-2018/estimaci%C3%B3n-poblaci%C3%B3n-extranjera-en-chile-2021-resultados.pdf?sfvrsn=d4fd5706_6 (consultado el 15.04.2023).

215 Ibíd., p. 32-34. Departamento de Extranjería y Migración del Ministerio del Interior y Seguridad Pública, *Anuario Estadístico, Migración en Chile 2005-2014*, Sección estudios del departamento de Extranjería y Migración del Ministerio del Interior y Seguridad Pública, Chile, 2016, p. 32-34, disponible en https://www.extranjeria.gob.cl/media/2019/04/Anuario.pdf (consultado el 01.06.2020).

216 Ibíd.

217 Ibíd.

al 52,6%, mientras que la de los hombres se registró en 47,4%[218]. En efecto, durante el periodo analizado, es posible evidenciar que, a partir de los años 90, Chile se perfiló como un país propicio y atractivo para los migrantes.

Por su parte, según datos recientes informados por el Instituto Nacional de Estadísticas, del total de inmigrantes registrados al 31 d diciembre de 2021, el 50.2% corresponde a hombres, mientras que el 49.8% a mujeres[219].

Así, de lo analizado en la presente sección, corresponde concluir que, durante los últimos veinte años, la migración proveniente desde países sudamericanos hacia Chile ha aumentado considerablemente, la que puede ser calificada, principalmente, de tipo laboral, según lo demuestran las edades de los sujetos migrantes, el tipo de visas otorgadas y el porcentaje de desempleados. En efecto, al año 2016, solo el 1.8% de los migrantes se encontraba desempleado[220], mientras que al año 2018 los ocupados, se concentraron en el comercio (18.1%), actividades de hogares (14%) y manufacturas (9.3%). De la misma forma, el 33.6% estaba dedicado a trabajos no calificados y el 19.8% en servicios de comercio y mercados[221].

Tales desplazamientos se desarrollaron en un contexto de indicadores estables de la economía chilena, principalmente en lo relativo

---

218 Departamento de Extranjería y Migración del Ministerio del Interior y Seguridad Pública, *Anuario Estadístico, Migración en Chile 2005-2014*, Ob. Cit., p. 24.

219 Informe de resultados de la estimación de personas extranjeras residentes en Chile al 31 de diciembre de 2021, Instituto Nacional de Estadísticas, p. 4, disponible en https://www.ine.gob.cl/docs/default-source/demografia-y-migracion/publicaciones-y-anuarios/migraci%C3%B3n-internacional/estimaci%C3%B3n-poblaci%C3%B3n-extranjera-en-chile-2018/estimaci%C3%B3n-poblaci%C3%B3n-extranjera-en-chile-2021-resultados.pdf?sfvrsn=d4fd5706_6 (consultado el 15.04.2023).

220 BRAVO, Juan, *Análisis del empleo inmigrante en Chile*, Centro latinoamericano de políticas económicas y sociales, 2015, p. 2, disponible en https://clapesuc.cl/assets/uploads/2016/11/30-11-16-informe-laboral-inmigrantes-trim-ago-oct-2016.pdf (consultado el 01.06.2020).

221 BRAVO, Juan y URZÚA, Sergio, *Inmigrantes: empleo, capital humano y crecimiento*, Centro latinoamericano de políticas económicas y sociales, 2018, p.13, disponible en https://clapesuc.cl/assets/uploads/2018/07/09-07-18-doc-trab-48-inmigrantes-jul-2018-vf.pdf (consultado el 01.06.2020).

al crecimiento del PIB, pasando en aquel periodo de un 3.1% a un 4.0%, a diferencia de lo ocurrido en los países de los cuales provenían los inmigrantes. Así, durante dicha etapa, en Colombia el PIB fue menor, pero se mantuvo en un 2.5%, mientras que en Venezuela cayó de un -8.8% a -19.6% y en Perú disminuyó de 5.4% a 3.9%[222]. En lo relativo al ingreso salarial, de los países comentados, Chile es el que tiene el ingreso mínimo más alto, llegando a los 254 euros, seguido de Perú con 251 euros, Colombia con 195 euros y Venezuela con 7.3 euros[223].

De esta forma, el aumento sostenido de la migración hacia Chile coincide con la apertura al mercado mundial globalizado y la consideración que han hecho las grandes potencias internacionales en torno a su estabilidad económica y política. En este sentido, de lo señalado, es indudable que, las transformaciones estructurales, consistentes en el fomento de la inversión de capitales extranjeros, han generado una reestructuración de los procesos productivos, requiriendo concentrar mayor fuerza de trabajo en las formaciones periféricas. Los migrantes han asumido tal necesidad, insertándose en la matriz económica nacional. En dicho contexto, las migraciones intrarregionales que se desarrollan hacia Chile se han dado en una fase de crecimiento económico y de estabilidad política, antecedentes que, ante la comunidad internacional, presentan al país como un destino atractivo para emigrar.

3. TRANSFORMACIONES ESTRUCTURALES Y CARACTERÍSTICAS DE LA MIGRACIÓN EN ARGENTINA

Desde hace algunas décadas, el desarrollo de las distintas dimensiones de nuestras vidas y el ejercicio de las relaciones sociales, están

---

222 Datos del Banco Mundial, disponibles en https://datos.bancomundial.org/indicador/NY.GDP.MKTP.KD.ZG?end=2018&most_recent_year_desc=true&start=1961&view=chart (consultado el 01.06.2020).

223 Información disponible en https://datosmacro.expansion.com/smi (consultado el 01.06.2020).

siendo configuradas en base a la promoción del modelo socioeconómico vigente, el que ha generado una serie de condiciones estructurales que determinan el tipo de regulaciones estatales respecto al control del capital, la integración de las economías nacionales a los mercados internacionales, la definición de funciones productivas a nivel local, las condiciones de la fuerza de trabajo y las consideraciones en torno a las formas de integración de los colectivos migrantes en el mercado laboral, entre otros.

Al igual que en Chile, el modelo socioeconómico que actualmente rige en Argentina, de naturaleza capitalista y neoliberal, se configuró a partir de la realización de una serie de sucesos que tuvieron lugar desde mediados del siglo XX en adelante, entre los que destacan la dictadura militar iniciada el año 1974, seguida a su término, de un periodo de desestabilización democrática, política y económica, la consolidación del modelo neoliberal durante el decenio de los 90, además del intento de reestatización y de fomento de la industria nacional desde los inicios del siglo XXI hasta el año 2015, lo que se llevó en el marco de los gobiernos de Néstor Kirchner y Cristina Fernández, quienes sin desconocer las bases neoliberales vigentes intentaron que el Estado asumiera mayor injerencia y control sobre la estructura productiva económica y social del país.

De esta forma, los acontecimientos desarrollados durante las últimas cuatro décadas, han terminado por configurar un determinado rol del Estado en la organización de la sociedad, específicamente en la regulación de la economía, en la definición de este en el mercado internacional y del tipo de relaciones con potencias extranjeras, sumado a las acciones estatales respecto al desarrollo de procesos productivos locales, además de las políticas en torno a la regulación del fenómeno migratorio, influyendo lo anterior, en su densidad, patrones y comportamiento. En este sentido, los procesos de reestructuración económica que serán analizados se configuran como el antecedente y contexto en el que se ha desarrollado la inmigración de los últimos años en Argentina.

Por su parte, Argentina y Brasil han sido países que, históricamente, han concentrado la mayor cantidad de migrantes en América Latina. Se trata de un fenómeno que tuvo lugar desde inicios del siglo XX, primeramente, marcado por la inminente inmigración europea y el posterior cambio de patrones migratorios, entre los que destacan el progresivo aumento de los migrantes provenientes desde otros países de Sudamérica.

En efecto, en las siguientes páginas, haré una revisión acerca de las etapas más importantes que explican la evolución del capitalismo en Argentina, desde mediados del siglo XX hasta la actualidad, verificando el patrón de la migración desarrollada en cada periodo. De esta forma, al igual que en el análisis de Chile, la línea de tiempo, la dividiré en cuatro momentos. El primero, va desde la década de 1950 hasta el año 1976, etapa en la que predominó el modelo de sustitución por importaciones y que incentivó el desarrollo de la industria nacional. El segundo corresponde al periodo que va desde el año 1976 a 1989, caracterizado por el desarrollo de una de las dictaduras militares más significativas de esos años, ya que a ella se asocia la reestructuración socioeconómica que definió la organización del país, las que se proyectaron durante los años que siguieron. El tercer periodo va desde el año 1990 a 2002, el que estuvo determinado por la configuración de políticas neoliberales, durante de la presidencia de Carlos Menem. Finalmente, el cuarto periodo, considera los años 2003 a 2019, gobernado casi su totalidad por los Kirchner, etapa en la que, sin desconocer el patrón de acumulación capitalista, se intentó alcanzar el desendeudamiento, la reestatización de empresas que con anterioridad habían pertenecido al Estado y el cuestionamiento del capital financiero.

En cada una de las fases señaladas, analizaré el tipo y la intensidad de las migraciones que tuvieron lugar desde final del siglo XX, para lo cual, utilizaré la información contenida en los censos de población, hogares y viviendas del año 1960, 1970, 1991, 2001 y 2010. Al igual que en el caso chileno, se trata de fuentes que permiten evidenciar las características sociodemográficas de la población en un periodo determinado de tiempo.

3.1. Primer periodo (1950-1976)

En esta sección analizaré el contexto político y socioeconómico configurado en Argentina, entre los años 1950 y 1976, evidenciando las principales transformaciones estructurales experimentadas en esos ámbitos y los patrones que caracterizaron a la migración desarrollada durante los años 1950 y 1970[224].

3.1.1. El Estado de bienestar

El inicio de aquel periodo está determinado por la vigencia del modelo de industrialización de sustitución por importaciones, el que, a partir de los años 30 del siglo XX, ya había sido implementado en varios países de América Latina, logrando mantenerse hasta el inicio de las dictaduras militares[225]. Aquella etapa se desarrolla con el gobierno de Juan Domingo Perón y la perpetración de sucesivos golpes de Estado. Así, Perón, se mantuvo en el poder hasta el año 1955, momento en que fue derrocado por un golpe de Estado, liderado por el militar Eduardo Lonardi. En lo que sigue, hasta el año 1973, el poder se ejerció por regímenes de facto, sin embargo, ese año volvió a gobernar Perón, no pudiendo terminar su mandato producto de su fallecimiento y siendo sucedido por María Estela Martínez de Perón, quien también fue derrocada por medio de un golpe de Estado liderado por el general Jorge Rafael Videla. De esta forma, no será hasta el año 1983 cuando el país volvió a ser gobernado democráticamente por el presidente Raúl Alfonsín, quien se mantuvo en el poder hasta el año 1989[226].

En término general, el periodo estuvo marcado por el desarrollo del peronismo, cuyas directrices políticas estuvieron articuladas sobre la base de los elementos propios de un Estado de bienestar, impulsando el crecimiento de la producción interna, la valorización

---

224 Cabe señalar que, el análisis de la inmigración del periodo se encuentra condicionado a un factor temporal, determinado por las fuentes consultadas. Así, los datos demográficos registrados por los censos nacionales recopilan la información de los últimos diez años. Debido a lo anterior, analizaré los patrones migratorios desarrollados entre los años 1950 y 1970.

225 Para mayor detalle acerca de la tipología de los regímenes de bienestar en América Latina, ver UBASART, Gemma y MINTEGUIAGA, Analía, "Esping-Anderson en América Latina. El estudio de los regímenes de bienestar", Ob. Cit., pp. 213-236.

226 En efecto, se desarrollaron tres periodos peronistas. El primero va desde el año 1946 a 1952. El segundo, comprendido entre el año 1952 a 1955. El tercero, tuvo lugar entre los años 1973 a 1974.

de sectores estratégicos para el progreso de la economía nacional y el rol del Estado como regulador de esta. En relación con lo primero, se configuró un modelo de protección social que consideró políticas integradoras y redistributivas. En el ámbito laboral, se procedió a regular los salarios de la población, exigir el establecimiento de condiciones laborales, se fomentó y promovió el reconocimiento y ejercicio de derechos colectivos del trabajo, como el derecho a la sindicalización. Tales acciones se complementaron con las medidas que se tomaron en el ámbito de la seguridad social, a través de la creación del Instituto Nacional de Previsión Social, a cargo de la administración de los fondos previsionales. En salud, se generó un sistema de acceso universal, capaz de beneficiar a todas las personas, independientemente de su situación laboral y económica. Lo anterior se llevó a cabo a través de un plan nacional de salud pública que creó una red asistencial de hospitales en las ciudades más grandes del país[227]. En el mismo sentido, se promulgó un código sanitario y de asistencia social que creó un fondo nacional de salud y de asistencia social, el que, además, reconoció principios que contribuyeron a garantizar el ejercicio del derecho a la salud, y se encargó de regular las competencias de órganos a cargo de la planificación y del control de la salud pública[228]. En lo relativo a educación, se configuró un sistema de acceso universal, financiado en su totalidad con fondos estatales. Respecto a los derechos políticos, se favoreció la participación política de las mujeres, mediante el reconocimiento del derecho al voto femenino y se llevó a cabo una gradual integración política de territorios nacionales, ampliando a sus habitantes, el derecho a voto en elecciones presidenciales, de parlamentarios de la Cámara Baja, y posteriormente, la provincialización de algunos territorios[229]. En definitiva, se trató de acciones y decisiones políticas que se articularon

---

227 El Plan de salud pública (1952-1958) fue confeccionado por el primer Ministro de Salud Pública de Argentina, Dr. Ramón Carrillo.

228 La base normativa estuvo constituida por la Ley N°13.012/1947 de organización de la sanidad y la Ley N°13.019/1947 de asistencia sanitaria, establecimientos asistenciales y construcciones sanitarias.

229 Reformas analizadas en AJMECHET, Sabrina, "El peronismo como momentos de reformas (1946-1955)", *Revista SAAP*, Vol. 6, N° 2, 2012, pp. 249-266. En lo relativo a la provincialización de territorios nacionales, destacó el proceso de Chanco, La Pampa, Rio Negro y Neuquén.

sobre la base del gasto público social y que terminaron por definir un tipo de organización más cercana a un Estado de bienestar.

El gobierno de Perón se centró en mantener aquel modelo industrial de sustitución por importaciones, esquema que favoreció el desarrollo de la industria nacional, la independencia de la economía argentina y la protección del mercado interno. Lo anterior, a partir de un Estado que ejerció una fuerte regulación del orden público económico nacional, asumiendo, este, un rol central en el desarrollo económico de los privados. En efecto, en Argentina, se había proyectado un mercado industrial local, regulado por el Estado, elementos que dieron paso a un consolidado proceso de estatización de empresas encargadas de prestar servicios y de producir bienes de valor estratégico, sumado a la configuración de un sistema de prestaciones sociales mediante la creación de una institucionalidad estatal que tuvo por objeto otorgar mayor justicia social, y de un sistema financiero que descansó en la responsabilidad social de apoyo a las actividades productivas nacionales[230].

En lo relativo a la inversión extranjera, esta se aceptaba, pero su objetivo consistió en fortalecer y retribuir al desarrollo local en ciertos sectores y actividades en los que se había focalizado el capital extranjero. Así ocurrió con la producción metalúrgica y automotriz. En consecuencia, los capitales invertidos se sometían a una regulación propia del mercado interno, siendo controlado por este. En idéntico sentido ocurrió con la deuda externa, la que encontraba justificación para favorecer el desarrollo industrial, siendo distinto a lo que se evidenció durante los años que siguieron a la dictadura militar de 1976, en donde el endeudamiento respondía a la opción política de favorecer el proceso de privatización.

Sin perjuicio del esquema de desarrollo hacia adentro que, entre los años 50 y 70 impulsó el progreso de la industria local, igual existían diferencias en lo relativo a la forma en cómo se benefició la burguesía nacional. Se trató de una estrategia que tal como indica Féliz, no estuvo exenta de contradicciones, las que se evidenciaron a final

---

230 GAMBINA, Julio y CAMPIONE, Daniel, *Los años de Menem. Cirugía mayor,* Ediciones del Instituto movilizador de fondos cooperativos, Buenos Aires, 2002, p. 83.

de la década de los años 60, con ocasión de las malas condiciones laborales, la devaluación y desvalorización de los salarios[231]. Sobre este último punto, hay que destacar que, entre el año 1958 y 1959, el ingreso salarial experimentó una caída que llegó al 23%, sin embargo, durante el segundo peronismo, logró un aumento correspondiente a un 33%, situación que cambia una vez iniciada la dictadura, cuya caída llegó al 41%. De la misma forma, en términos globales, entre 1945 y 1976, la tasa de crecimiento del producto nacional obtuvo un promedio mayor al de Estados Unidos, llegando al 4% versus el 3.2%[232].

Tal panorama, determinado por las estructuras de un esquema que se venía desarrollando en el peronismo, cambió radicalmente, con ocasión de los sucesivos golpes de Estado que tuvieron lugar durante aquel periodo (1955, 1966 y 1976), los que fueron configurando un Estado burocrático-autoritario, cuyos elementos han sido caracterizados por Castellani de la siguiente manera:

> "su base social de sustentación, constituida por la gran burguesía, sus instituciones organizadas en función de la actividad represiva y de la gestión "normalizadora" de la economía, fracciones del sector popular excluidos de la actividad política y económica, supresión de los derechos de la ciudadanía, el aumento de la extranjerización de la actividad económica, además del acceso a cargos de gobierno, restringido a miembros de las fuerzas armadas o integrantes de los directorios de las grandes empresas privadas"[233].

Sin perjuicio de las sucesivas dictaduras militares, cabe señalar que, la más trascendental fue la iniciada el año 1976, liderada por Jorge Rafael Videla, no solo por haber sido la más extensa, sino por

---

231 FÉLIZ, Mariano, "Neoextractivismo, neodesarrollismo y procesos de acumulación del capital: ¿superando el ciclo stop-and-go? Argentina 2003-2012, *VII Jornadas de sociología de la UNLP*, Argentina, 2012, disponible en htpp://www.memoria.fahce.vnlp.edu.ar/trab_eventos/ev.1887/ev.1887.pdf (consultado el 01.06.2020).

232 CAZÓN, Fernando, KENNEDY, Damián y LASTRA, Facundo, "Las condiciones de reproducción de fuerza de trabajo como forma de la especificidad de la acumulación de capital en Argentina: evidencias concretas desde mediados de los 70", *Trabajo y sociedad*, N° 27, 2016, p. 314.

233 CASTELLANI, Ana, "La gestión estatal durante los regímenes políticos, burocrático-autoritarios. El caso de Argentina entre 1967 y 1969", *Sociohistórica*, N° 11-12, 2002, p. 43.

ser aquella que diseñó los cambios estructurales más significativos del esquema productivo, proyectando un nuevo modelo económico para los años que siguieron, en donde el dominio del capital constituyó el factor determinante para llevar a cabo procesos de reorganización y transformación del aparato estatal.

3.1.2. La inminente inmigración europea

En aquel periodo, Argentina se constituyó en el país de Sudamérica con mayor cantidad de inmigrantes, colectivo que en su mayoría estuvo integrado por europeos. En efecto, entre los años 1950 y 1960, según se desprende de la información contenida en el censo nacional de población, hogares y vivienda de ese último año[234], el número de inmigrantes, determinado al lugar de nacimiento, llegó a las 2.604.447 personas, las que equivalían al 13% del total de habitantes del país (20.013.793). Se trató de un número considerable, en comparación con otros países sudamericanos, tales como Brasil (1.214.184) y Venezuela (556.875)[235].

En cuanto a su procedencia, la mayoría lo hizo desde Europa (2.015.275), representando un 77% del total de inmigrantes, seguidos con mucha diferencia por los originarios de América del Sur (490.418). Respecto al lugar de nacimiento, destacaron italianos (878.298), españoles (715.685) y polacos (107.915)[236].

Durante ese periodo, la mayoría se concentró en la zona centro del país. Así, el 42.8% estuvo repartido en la provincia de Buenos Aires (1.116.136), mientras que el 26% residía en la Capital Federal (793.299) y el 6.4% en Santa Fe (169.507). Se trata de ciudades económicamente activas, dedicadas, principalmente, al desarrollo industrial, comercial y minero[237].

---

234 Censo nacional de población, hogares y vivienda argentino del año 1960, disponible en http://www.estadistica.ec.gba.gov.ar/dpe/Estadistica/censos/030%20-%201960-Censo%20Nacional%20de%20Poblacion.%20Total%20Pais/PDF/1960.pdf (consultado el 02.06.2020).

235 Ibíd., p. 4.

236 Ibíd., pp. 10-15.

237 Ibíd., p. 8.

Por su parte, el mayor grupo etario fue el que se encontraba entre los 55 a 59 años (311.053), seguido de aquellos pertenecientes al tramo que iba desde los 50 y 54 años (275.124). En lo relativo al sexo o género de los inmigrantes, la cifra fue pareja, pero con una leve diferencia en favor de los hombres. Así, la cantidad de estos llegó a 1.419.923, mientras que, en el caso de las mujeres, la cifra alcanzó las 1.184.524 personas[238].

Cabe señalar que, durante ese periodo, la rama de actividad y categoría ocupacional con mayor cantidad de personas económicamente activas en el país fue el trabajo remunerado (5.190.790 personas), seguida de aquellos dedicados a la industria manufacturera (1.855.994 personas) y servicios (1.528.127 personas)[239].

Respecto a la inmigración desarrollada entre los años 60 y 70, según lo registra el censo nacional de población, familia y vivienda de ese último año[240], la cantidad de inmigrantes residentes en Argentina disminuyó a 2.180.416 personas[241], constituyendo el 9.3% de su población total (23.362.204 personas). El 74.1% provenía de Europa, específicamente desde Italia (671.567) y España (542.922), mientras que la inmigración proveniente desde países limítrofes de América del Sur significaba solo el 25.9% (564.726), específicamente desde Paraguay (224.582) y Chile (139.546)[242].

Durante ese periodo, la mayoría se concentró en la zona centro del país. Así, el 46.8% estuvo repartido en la provincia de Buenos Aires (1.020.728), mientras que el 24.2% residía en la Capital Federal (528.444) y el 15.3% en Santa Fe (115.423). Como se indicaba ante-

238 Ibíd., pp. 4-8.

239 Ibíd., p. 102.

240 Censo nacional de población, familia y vivienda argentino de 1970, disponible en http://www.estadistica.ec.gba.gov.ar/dpe/Estadistica/censos/038%20-%201970-Censo%20Nacional%20de%20Poblacion,%20Familias%20y%20Viviendas.%20Compendio%20de%20Resultados%20Provisionales/PDF/1970.pdf (consultado el 02.06.2020).

241 Ibíd., p. 19.

242 Censo nacional de población, familia y vivienda argentino de 1980, p. CXLII, disponible en https://www.indec.gob.ar/indec/web/Nivel4-Tema-2-42-148 (consultado el 02.06.2020).

riormente, se trata de ciudades económicamente activas, dedicadas, principalmente, al desarrollo industrial, comercial y minero[243].

En lo relativo a la participación de la población en la fuerza de trabajo, el 53.2% declaró encontrarse económicamente activos, de los cuáles el 81% correspondía a personas de sexo masculino. La rama de actividad y categoría ocupacional con mayor cantidad de personas económicamente activas en el país el 52% lo constituyó el sector terciario (comercio, transporte y servicios), el 32% el sector secundario (industria manufacturera y construcción) y el 16% en el sector primario (agricultura, caza y pesca)[244].

Como se puede observar, la migración registrada durante los años 50 a 70 del siglo XX, estuvo conformada mayoritariamente por personas provenientes de Europa, que en edad superaban los 50 años, resultando ser equitativa en cuanto al sexo o género, sin perjuicio de que se observara una leve cantidad mayor de hombres. Se trató de colectivos que siguiendo el patrón nacional[245], se radicaron en Buenos Aires (Provincia y Capital Federal), localización que puede ser entendida debido a la zona centro en la que se ubican las ciudades en las que se establecieron, caracterizadas por su prosperidad para el desarrollo de la industria, del comercio y de la minería, en un contexto en donde la mayoría de la población económicamente activa estaba dedicada al trabajo remunerado.

---

243 Censo nacional de población, familia y vivienda argentino de 1970, p. 19, disponible en http://www.estadistica.ec.gba.gov.ar/dpe/Estadistica/censos/038%20-%201970-Censo%20Nacional%20de%20Poblacion,%20Familias%20y%20Viviendas.%20Compendio%20de%20Resultados%20Provisionales/PDF/1970.pdf (consultado el 02.06.2020).

244 Censo nacional de población, familia y vivienda argentino de 1980, p. XVIII, disponible en https://www.indec.gob.ar/indec/web/Nivel3-Tema-2-41 (consultado el 02.06.2020).

245 En efecto, del total de la población a nivel nacional, el 36.6% residía en la provincia de Buenos Aires, el 11.4% lo hacía en la Capital Federal, y el 9.5% en Santa Fe, en Censo nacional de población, familia y vivienda argentino de 1970, p. 19-20, disponible en http://www.estadistica.ec.gba.gov.ar/dpe/Estadistica/censos/038%20-%201970-Censo%20Nacional%20de%20Poblacion,%20Familias%20y%20Viviendas.%20Compendio%20de%20Resultados%20Provisionales/PDF/1970.pdf (consultado el 02.06.2020).

3.2. Segundo periodo (1976-1989)

En esta sección analizo el contexto político y socioeconómico configurado en Argentina, entre los años 1976 y 1989, evidenciando las principales transformaciones estructurales experimentadas en esos ámbitos y los patrones que caracterizaron a la migración desarrollada durante los años 1970 y 1991[246].

3.2.1. Entre el desarrollo de la dictadura militar y el retorno a la democracia

El desarrollo de las dictaduras militares que tuvieron lugar a mediados del siglo XX en varios países de América Latina produjo una serie de cambios en lo relativo a las estructuras económicas y sociales de los países en los que estas se originaron. En el caso de Argentina, se trató de reformas que tuvieron por objeto derrumbar un tipo de organización económica, social y política que se había construido durante el peronismo, conducentes a generar mayor equidad en lo social, configuradas a partir de un Estado cuyo rol en lo relativo a los derechos de las personas, específicamente de la clase trabajadora, se centró en contribuir a garantizar su ejercicio.

Así, las sucesivas dictaduras militares argentinas que se desarrollaron a partir de la década del 60, en lo inmediato, intentaron derrocar al peronismo, en miras a cambiar el modelo y el tipo de organización estatal. Al respecto, como indica Undurraga, "querían sacar al peronismo del mapa político, pero, en vez de proscribirlo, como en golpe anteriores, decidieron atacar las estructuras sociales que habían hecho posible tal movimiento, disminuyendo un poder de movilización de masas"[247].

---

246 Cabe señalar que, el análisis de la inmigración del periodo se encuentra condicionado a un factor temporal, determinado por las fuentes consultadas. Así, los datos demográficos registrados por los censos nacionales recopilan la información de los últimos diez años. Debido a lo anterior, analizaré los patrones migratorios desarrollados entre los años 1970 y 1991.

247 UNDURRAGA, Tomás, *Divergencias. Trayectoria del neoliberalismo en Argentina y Chile*, Ob. Cit., p. 77.

Tales cambios se justificaron en el intento de reducir la inflación, y de esta forma, estabilizar la economía. Sin embargo, se trató de políticas refundacionales que alteraron el modelo de industrialización y, por ende, la estructura económica y social del país. Expresión de lo anterior, lo constituyó el diseño de políticas de matriz neoliberal, tales como, la liberalización de la economía, la apertura a la inversión del capital extranjero, el fomento al proceso de privatizaciones y el endeudamiento externo.

Sobre las privatizaciones de empresas estatales, estas se llevaron a cabo en dos periodos, el primero fue el comprendido entre el año 1976 y 1981, y el segundo entre el año 1989 y 2001, periodo en el que destacó la concesión de actividades, tales como la explotación y comercialización del gas y del transporte de ferrocarriles, caminos y comunicaciones[248]. Por su parte, el endeudamiento externo permitió beneficiar el desarrollo de fracciones del capital dominante para que este se convirtiera en activos financieros, favoreciendo, como indica Basualdo, centralizar el capital en manos de una oligarquía[249].

En efecto, la dictadura militar de 1976 vino a dar paso desde un modelo industrial por sustitución de importaciones a uno de matriz neoliberal. Al igual que en el caso de Chile, tal cambio implicó llevar a cabo diversas reformas, las cuales se reagruparon y justificaron en el marco de un proyecto de "modernización del Estado", para superar las "ineficiencias" con la que había sido caracterizado el modelo anterior a la dictadura. En tal contexto autoritario, se llevó a cabo una

---

248 Para mayores antecedentes respecto al desarrollo del proceso de privatizaciones, consultar a SCHVARZER, Jorge, *La implantación de un modelo económico. La experiencia argentina entre 1975 y el 2000*, A-Z editores, Buenos Aires, 1998.

249 BASUALDO, Eduardo y ARCEO, Enrique, "Neoliberalismo y sectores dominantes. Tendencias globales y experiencias nacionales", en BASUALDO, Eduardo, *La reestructuración de Carlos Menem de la economía argentina durante las últimas décadas. De la sustitución de importaciones a la valorización financiera*, CLACSO, Buenos Aires, 2006, p. 130. Por su parte, el autor citado, complementa sostiene que, tales cambios conllevaron a la "precarización constante de los niveles de la vida. Así, la miseria y la superexplotación formaron parte de esa realidad cotidiana que lamentablemente empieza a aceptar como natural e irrenunciable", en BAYER, Osvaldo, BORON, Atilio y GAMBINA, Julio, *El terrorismo de Estado en la Argentina: Apuntes sobre su historia y sus consecuencias*, Instituto Espacio para la memoria, Buenos Aires, 2011, p. 114.

reestructuración económica y social que proyectó un escenario determinado en lo relativo al rol del Estado en esos ámbitos y en la relación capital-trabajo. En dicho sentido, Bayer precisa que existieron dos momentos que fueron fundamentales para la definición de aquella relación y que constituyeron expresiones de los cambios que tuvieron lugar a partir de la década del 70. Uno de ellos, correspondió al desarrollado durante la dictadura militar (1976-1983), cuyo objetivo fue el de disminuir los costos de producción y alterar la legislación protectora de los trabajadores, lo que se manifestó con la afectación de sus derechos colectivos, principalmente, al fragmentar la organización sindical y el ejercicio del derecho a la protesta. El segundo, correspondió a la ofensiva hacia el trabajo, llevado a cabo durante el gobierno presidido por Carlos Menem (1990-2001), caracterizado por su política reformista y por la enajenación de empresas estatales a privados, configurados por grupos económicos transnacionales, a través de un achicamiento del Estado y la refuncionalización de este durante los años 90, afirmando que durante el periodo 1970-2006, el rendimiento de la clase obrera aumentó en un 17%, pero descendió en un 10% lo que se apropiaba de ella[250].

Cabe señalar que, al igual que en el caso chileno, el diseño e instalación del modelo capitalista neoliberal fue apoyado por Estados Unidos a través de la Universidad de Chicago, casa de estudios que financió centros de investigación y otorgaba becas para que estudiantes universitarios argentinos pudiesen formarse en la escuela de economía de aquella institución. Así ocurrió con la Universidad de Cuyo de Mendoza y con el Centro para Estudios Macroeconómicos de Buenos Aires[251].

Una vez finalizada la dictadura, entre el año 1984 y 1989, progresivamente se intentó volver a la instauración de políticas orientadas a favorecer el desarrollo del mercado interno, con el apoyo del Estado como principal agente para resistir al orden neoliberal. Así, duran-

---

250 BAYER, Osvaldo, BORON, Atilio y GAMBINA, Julio, *El terrorismo de Estado en la Argentina: Apuntes sobre su historia y sus consecuencias*, Instituto Espacio para la memoria, Buenos Aires, 2011., pp. 115-132.

251 UNDURRAGA, Tomás, *Divergencias. Trayectoria del neoliberalismo en Argentina y Chile*, Ob. Cit., p. 81.

te los primeros años del gobierno de Raúl Alfonsín (1983-1989), se intentó mejorar las condiciones de los trabajadores mediante la nivelación de sus ingresos, además se optó por favorecer y fomentar el desarrollo de la industria interna. Sin embargo, tales políticas tensionaban con la base socioeconómica impuesta durante la dictadura, lo que derivó en una crisis económica que estuvo caracterizada por los altos niveles de inflación, la que fue remediada en base a acuerdos con las clases económicas dominantes del capital, cuestión que significó aceptar la continuación de políticas neoliberales, tales como el impulso al proceso de privatizaciones, la desregulación del mercado y la disminución del gasto social, principalmente. En tal sentido, el endeudamiento externo impulsó una política de ajuste del gasto fiscal, lo que se evidenció a partir del año 1986, con ocasión de una serie de medidas que formaban parte de un proceso de modernización estatal, cuestión que supuso, como indica Gambina que, "se expande el convencimiento de que el Estado ya no está en condiciones de mantener una estructura tan extendida, y una gama de actividades consiguientemente amplia"[252].

Sin perjuicio del intento de justicia social y de estabilización económica, el gobierno de Alfonsín debió actuar sobre la base de un nuevo tejido económico y social de matriz neoliberal, optando por una reorganización administrativa del funcionamiento estatal. En tal sentido, se fue generando una burocracia calificada, al recurrir a la implementación de técnicas y controles administrativos, más cercanos a un tipo de organización capitalista. Al respecto, como indica Gambina "se trató de trasladar a los organismos estatales técnicas de dirección y de gestión similares a las que se habían utilizado en empresas capitalistas, con una amplia aplicación de criterios basados en el cálculo costo-beneficio"[253].

En síntesis, las dictaduras militares no solo sirvieron como instrumentos para llevar adelante una violenta represión política y social, sino que constituyeron también, el medio para que se configuraran reformas estructurales sobre las cuales descansa el actual orden so-

---

252 GAMBINA, Julio y CAMPIONE, Daniel, *Los años de Menem. Cirugía mayor,* Ob. Cit., p. 89.

253 Ibíd., p. 96.

cioeconómico del país, al definir un tipo determinado de Estado, sobre la base del diseño de políticas socioeconómicas neoliberales, las que terminaron imponiendo el capital sobre el trabajo, la desindustrialización, la precarización laboral, la desigualdad social y la consolidación de una elite empresarial y que alcanzaron a ser profundizadas y consolidadas durante la década del 90, cuyo eje estuvo puesto en la valorización financiera y en la inserción de la economía argentina al mercado global[254].

3.2.2. Patrones de la migración del periodo

Para analizar la migración desarrollada durante el periodo 1976-1989, haré una separación entre aquello que transcurre entre el año 1970 y 1980, por un lado, y entre 1980 y 1990, por otro. Lo anterior, atendido no solamente a la división temporal que existe en torno la recopilación de datos, fundamentales para evidenciar el tipo de migraciones, sino que, además, durante el primer momento señalado, el país se encontraba inmerso en una dictadura militar, mientras que, desde el año 1983 tal panorama cambia, al retornar la democracia, elementos que nos hacen estar ante dinámicas cambiantes de la migración.

A) Migración durante la dictadura militar (1970-1980)

Respecto a la inmigración desarrollada en el periodo analizado, esta continuó siendo alta, sin embargo, fue menor en comparación con aquella que tuvo lugar entre los años 1960 y 1970. Lo anterior, estuvo determinado por el contexto de violencia política ejercido en el país durante esos años. No obstante, se mantuvo el patrón consistente en el predominio de la inmigración europea.

En términos generales, entre los años 1970-1980, según se desprende de la información contenida en el censo nacional de pobla-

---

254 UNDURRAGA, Tomás, *Divergencias. Trayectoria del neoliberalismo en Argentina y Chile*, Ob. Cit., p. 74.

ción, hogares y vivienda de ese último año[255], los inmigrantes representaban el 7% de la población total del país, llegando a 1.900.000 personas, siendo menor al registrado durante periodo anterior (años 1960-1970), momento en el cual la cantidad de inmigrantes equivalían al 9.3% del total de habitantes del país, al estar representada por 2.180.416 personas[256]. Se trató de un número considerable, sin embargo, hasta ese momento, constituyó la cifra más baja desde mediados del siglo XIX, lo que estuvo relacionado con el periodo dictatorial y la aplicación de la Ley N°22.439 denominada "Ley general de migraciones y de fomento a la inmigración", cuerpo normativo que condicionó el desarrollo de la inmigración, en base a aspectos culturales y necesidades económicas del país. En efecto, como se verá en el próximo capítulo, a propósito de la regulación normativa del fenómeno analizado, su aplicación contribuyó a fomentar una inmigración selectiva. Por lo mismo, se mantuvo la tendencia en orden al número mayoritario de inmigrantes europeos, constituyendo el 60.4% del total, esto es, 1.147.600 personas, de los cuales, el 25.74%, es decir, 488.300 eran originarios de Italia, y el 19.7%, esto es, 374.300 lo hizo desde España. Por su parte, la inmigración latinoamericana constituyó el 39.6%, es decir, 752.400, de los cuáles el 13.8% correspondían a paraguayos, el 11.3% (214.700) estaba conformado por chilenos y el 6.2% (117.800) por bolivianos[257].

En lo relativo al lugar de residencia de los inmigrantes del periodo, el 59%, es decir, 1.121.000 personas se radicaron en la región metropolitana, conformada por el Gran Buenos Aires, localidad que agrupa a 24 municipios, mientras que el 19%, es decir, 361.000 personas, lo hizo en la región pampeana, compuesta por la provincia de Santa Fe, Entre Ríos, La Pampa y Córdoba[258].

De esta forma, durante el periodo comentado, se empieza a evidenciar una disminución del número total de inmigrantes y una variación en cuanto a los patrones de la inmigración. En efecto, entre

---

[255] Censo nacional de población, hogares y vivienda argentino de 1980, disponible en https://microdata.worldbank.org/index.php/catalog/442/related-materials (consultado el 02.06.2020).

[256] Ibíd., p. CXLII.

[257] Ibíd.

[258] Ibíd., p. CXLIII.

los años 1970 y 1980, se registra una leve disminución de la inmigración europea, al pasar de un 74% a 64%, y un leve aumento del número de inmigrantes latinos, pasando de un 25.9% a 39.6%.

Por su parte, la ciudad de residencia o de destino de los inmigrantes se explica en razón de la categoría de producción del lugar, evidenciándose una concentración de personas en aquellas pertenecientes al sector primario y secundario, como fue en el caso de Buenos Aires, dedicada, principalmente, a la producción industrial, comercio y servicios, y de la región pampeana, cuyas provincias estaban económicamente dedicadas a la agricultura y ganadería, zona en la que se invertían capitales para la producción de soja, trigo y maíz, entre otros. Lo anterior, en un contexto general en donde el 72% de la población argentina, trabajaba como empleados u obreros y solo el 19% lo hacía por cuenta propia[259].

Finalmente, al igual que en el caso de Chile, durante el periodo de dictaduras militares, la salida de personas que posteriormente residieron en otro país estuvo determinada por el exilio político y la expulsión de miles de personas, estimándose un total de 500.000 personas[260].

B) Entre el término de la dictadura y el retorno a la democracia: Migración desarrollada entre los años 1980 y 1991

Aquel periodo, estuvo marcado por el término de la dictadura militar iniciada el año 1976 y el retorno a la democracia a partir del año 1983, con todo lo que dicho cambio supuso, como fue, el gobernar con nuevas estructuras en el marco de un modelo socioeconómi-

---

259 Ibíd., p. CXVI.

260 "El golpe en números ¿Cuál fue el rol del FMI durante la dictadura?", publicado el 24/03/2019, en el periódico El Destape, disponible en https://www.eldestapeweb.com/dia-la-memoria/el-golpe-numeros-cual-fue-el-rol-del-fmi-la-dictadura-n57736 (consultado el 21.10.2021). Sin perjuicio de lo anterior, otros informes destacan que al año 1970, el número de emigrantes era de 63.653, verificándose un aumento al año 1980, llegando a 89.640 personas, en BAENINGER, Rosana, "La migración internacional de los brasileños: características y tendencias", Ob. Cit., p. 35.

co que vino a condicionar el desarrollo de fenómenos tales como la focalización del gasto público, el nivel y modalidades de desarrollo productivo, la relación capital-trabajo y el tipo de regulaciones de la migración. De esta forma, aquellos elementos señalados, sumados a la complejidad de los sucesos que se evidenciaron durante esos años, como fue el desarrollo de una de las dictaduras más violentas de la Argentina, influyeron en la intensidad y patrones migratorios que tuvieron lugar durante esos años.

En términos generales, la migración desarrollada en el decenio de los años 80, según lo registra el censo nacional de población, familia y vivienda del año 1991[261], siguió disminuyendo, llegando a 1.628.210 personas, constituyendo el 4,9% de la población total argentina, la que ascendía a 32.615.520 personas[262]. Del total de inmigrantes, el 50.1% (817.144) tenían nacionalidades de países latinoamericanos y el 49.8% (811.060) de otros países[263].

En cuanto al sexo o género de los inmigrantes, se evidenció que, en su mayoría, estas correspondían a mujeres, al alcanzar la cifra de 853.695, de las cuales, 623.650 se ubicaban en el tramo etario que iba desde los 25 a los 74 años[264]. Por su parte, la cifra alcanzada por los hombres fue menor, al llegar a 774.515 personas, cuyo rango de edad mayoritario, al igual que en el caso de las mujeres, fue aquel que iba entre los 25 y 74 años[265].

De esta forma, durante aquel periodo, se alcanzó una baja histórica en el número de inmigrantes, observándose un cambio en lo relativo a ciertos patrones, como fue el aumento de la inmigración proveniente desde países limítrofes, la que llegó a superar a la europea, sumado a una feminización del fenómeno, el que podría explicarse en virtud del desarrollo de cambios centrales y de restructuración

---

261 Las diversas cifras que se mencionan en torno al análisis de la migración durante el periodo 1980-1990, fueron obtenidas del censo nacional de población, familia y vivienda argentino del año 1991, contenido en documento tabla formato Excel, disponible en https://www.indec.gob.ar/indec/web/Nivel4-CensoNacional-999-999-Censo-1991 (consultado el 02.06.2020).

262 Ibíd.

263 Ibíd.

264 Ibíd.

265 Ibíd.

económica que alteraron la localización y las condiciones de algunos grupos sociales y de la demanda laboral de los países receptores. En este sentido, como sostiene Cerrutti, "tales cambios podrían estar asociados con las necesidades generadas a partir de una creciente incorporación de las mujeres al mercado de trabajo"[266].

Es importante agregar que, hasta el año 1990, el 45.1% de los inmigrantes que llegaron a Argentina, declararon haber migrado por falta o problemas de trabajo. En efecto, en cuanto a ese porcentaje, podemos sostener que los factores y el tipo de migración desarrollada fue de tipo laboral[267].

En síntesis, la inmigración del periodo analizado estuvo marcada por el cambio del patrón migratorio, determinado, a su vez, por la disminución del número total de inmigrantes y las variaciones en torno al origen o nacionalidad de estos, los que en su mayoría estaba conformado por latinoamericanos, superando, a partir de ese momento, a los europeos. Se trató de colectivos de inmigrantes, cuyos perfiles fueron variando, en un periodo en el que tuvo lugar una serie de transformaciones estructurales que alteraron la organización administrativa, económica y social del país, alineándose a los proyectos que, en dicho sentido, también se estaba desarrollando en otros países sudamericanos, y que en lo relativo al fenómeno analizado en esta sección, se tradujo en un aumento de la inmigración intrarregional.

3.3. Tercer periodo (1990-2002)

En esta sección analizaré el contexto político y socioeconómico configurado en Argentina, entre los años 1990 y 2002, evidenciando las principales transformaciones estructurales experimentadas en

---

266 CERRUTTI, Marcelo, *Diagnóstico de las poblaciones de inmigrantes en la Argentina, Dirección Nacional de población*, Ministerio del Interior, OIM, Serie de documentos de la dirección nacional de población, 2009, p. 27.

267 Al respecto, en el caso de los chilenos, el 42.7% lo hicieron por ese motivo, similar a lo indicado por inmigrantes paraguayos, en donde el 50.3% señaló el mismo motivo, en CERRUTTI, Marcelo, *Diagnóstico de las poblaciones de inmigrantes en la Argentina, Dirección Nacional de población.*, Ob. Cit., p. 59.

esos ámbitos y los patrones que caracterizaron a la migración desarrollada durante los años 1992 y 2001[268].

3.3.1. La consolidación del proyecto neoliberal: capitalismo durante la Presidencia de Carlos Menem

El decenio de los años 90 se caracterizó por la radicalización de las políticas neoliberales que habían sido diseñadas durante la dictadura de Videla, proceso que fue impulsado por los sucesivos gobiernos de Carlos Menem, quién se mantuvo en el poder desde el año 1989 hasta 1999. Durante dicho periodo, se aprovechó el contexto de crisis económica que se arrastraba desde el gobierno anterior para proponer nuevas políticas que se justificaron en el ideario de la reconstrucción de la economía argentina.

El plan supuso una serie de reformas estructurales, de matriz neoliberal, las que como indica Undurraga, incluyeron "la liberalización del comercio, la desregulación del mercado laboral, la apertura del sector financiero a los flujos del capital internacional y la privatización de muchas empresas estatales, destacando los servicios de utilidad pública, la compañía aérea nacional, empresas manufactureras del Estado, así como la operación de trenes, vías fluviales, aeropuertos y el servicio postal nacional, entre otros"[269].

En efecto, Carlos Menem fue el ejecutor principal del proyecto neoliberal desde el retorno a la democracia, el que estuvo caracterizado por el desarrollo de las privatizaciones, el ajuste del gasto público y social, la flexibilización de las exigencias laborales que protegían a los trabajadores y la desregulación estatal del mercado financiero, de bienes y servicios. Tal proyecto contó con dos pilares fundamenta-

---

[268] Cabe señalar que, el análisis de la inmigración del periodo se encuentra condicionado a un factor temporal, determinado por las fuentes consultadas. Así, los datos demográficos registrados por los censos nacionales recopilan la información de los últimos diez años. Debido a lo anterior, analizaré los patrones migratorios desarrollados entre los años 1992 y 2001.

[269] UNDURRAGA, Tomás, *Divergencias. Trayectoria del neoliberalismo en Argentina y Chile*, Ob. Cit., p. 95.

les: la subsidiaridad estatal y la apertura económica argentina[270]. Respecto al primero, con la idea de transferir responsabilidades desde lo público a lo privado, se hizo para favorecer la participación de este último en áreas o sectores en donde el Estado no podía intervenir como primer agente, como fue en lo relativo a temáticas sociales. Por su parte, en relación con la apertura económica, el aumento progresivo de la deuda dio lugar a la imposición de políticas neoliberales, como condición de negociación de esta. Sobre este último punto, como indican Gambina y Campione, "esta se constituyó en una herramienta de presión formidable para imponer políticas favorables a los sectores concentrados de la economía"[271]. En este sentido, la forma de estabilizar la economía fue mediante la inversión de capitales extranjeros y la privatización de empresas. Así, la prosperidad económica, se desarrolló en atención al crecimiento que lograron algunos sectores productivos que fueron traspasados a privados que concentraron el capital.

La apertura a lo transnacional se desarrolló en un escenario de fuerte adhesión al proceso de globalización económica, en donde los procesos productivos industriales y el capital financiero, de bienes y servicios fueron transferidos a inversionistas extranjeros. Lo anterior, en un contexto de irrupción del capitalismo en el mercado de capitales en varios países del cono sur. En dicho sentido, Burachik considera que el proceso de extranjerización de las empresas argentinas se llevó a cabo en dos etapas. La primera va desde el año 1993 a 1997, caracterizada por la disminución de empresas nacionales situadas en la encuesta nacional de grandes empresas (ENGE), y la segunda, comprendida entre 1998 y 2002, determinada por la venta de empresas nacionales y la contracción de su producción[272].

En tal contexto de reestructuración capitalista, las privatizaciones jugaron un rol fundamental, al permitir abrir nuevos espacios para lograr la acumulación del capital, en áreas que antes eran explota-

---

270 BAYER, Osvaldo, BORON, Atilio y GAMBINA, Julio, *El terrorismo de Estado en la Argentina: Apuntes sobre su historia y sus consecuencias*, Ob. Cit., p. 148.

271 GAMBINA, Julio y CAMPIONE, Daniel, *Los años de Menem. Cirugía mayor*, Ob. Cit., p. 72.

272 BURACHIK, Martin, "Extranjerización de grandes empresas en Argentina", *Revista Latinoamericana de economía*, Vol. 41, N° 160, 2010, p. 118.

das por el Estado, pero que posteriormente fueron abandonadas por este, no solo por medio de la venta de empresas públicas, sino que, también, a través de la desregulación del ejercicio de la actividad empresarial. En tal sentido, la explotación de hidrocarburos, como el gas y el petróleo fueron traspasados a privados, lo que supuso un gran cambio, ya que como indica Cantemutto, Schorr y Wainer, "se verificó un reemplazó, al pasar de uno que contaba con una fuerte regulación pública a otro totalmente privatizado, el que contaba con una regulación estatal que garantizaba el monopolio de la explotación de los recursos hidrocarburíferos y altos niveles de rentabilidad al sector privado"[273]. Desde el punto de vista financiero, se privatizaron varios bancos que fueron convertidos en sociedades anónimas. Así ocurrió con el Banco Hipotecario Nacional y la Caja Nacional de Ahorro y Seguros, los que fueron controlados por grupos inversores, principalmente extranjeros. En efecto, la participación de capitales de bancos extranjeros llegó al 51%[274].

Sin perjuicio de las políticas configuradas durante aquel periodo, estas no solamente fueron de naturaleza económica. Al respecto, Gambina sostiene:

> "las reformas de largo alcance de la década de 1990 no fueron solamente económicas, sino que tuvieron que ver con aspectos relacionados con la organización política, tales como la reforma constitucional de 1994, el nuevo perfil de las fuerzas armadas y de seguridad, la reformulación de las políticas sociales, en especial las relativas a la salud y educación, con orientación a una ejecución más descentralizada (provincias y municipios en lugar del Estado) y un diseño con criterio focalizado (atender solo a los que comprueben estar afectados por carencias y situaciones de riesgo) y no de universalidad, lo que derivó en una clara orientación hacia la mercantilización de derechos sociales"[275].

---

273 BARNEIX, Pablo, "Un repaso de las principales transformaciones en la explotación de hidrocarburos en el periodo 1989-2015", *Realidad económica*, N° 304, 2016, p. 116.

274 GAMBINA, Julio y CAMPIONE, Daniel, *Los años de Menem. Cirugía mayor*, Ob. Cit., p. 52. Como indican los autores, se trató de grupos económicos, dueños de bancos españoles, estadounidenses, ingleses, escoceses, franceses y alemanes.

275 Ibíd., p. 10.

En lo social se crearon las Administradoras de Fondo de Jubilaciones y Pensiones (AFJP), entidades privadas que administraban los fondos de los trabajadores y las pensiones de los jubilados. Lo anterior en el marco de un sistema mixto de seguridad social en donde la jubilación se generaba a partir de aportes realizados por el trabajador durante el tiempo de vida laboral activa, complementado por un aporte público. Además, se crearon las Aseguradoras de Riesgo del Trabajo (ART), encargadas de establecer condiciones de seguridad para evitar riesgos que se produjeran en el trabajo. Sin perjuicio de lo anterior, las medidas adoptadas, hicieron que aumentara la precariedad laboral, la que estuvo determinada por la fragmentación de la clase obrera y el establecimiento de un marco jurídico dotado de flexibilidad en lo relativo a las relaciones laborales y protección de los trabajadores.

Tales reformas fueron jurídicamente articuladas sobre la base de la ley N°23.697 de emergencia económica, del 15 de septiembre de 1989, y la ley N°23.696 del 18 de agosto de 1989, sobre reforma del Estado. Respecto a la primera de las normas señaladas, las medidas que esta consideró se fundamentaron en las circunstancias económicas y sociales por las que atravesaba el país. Así, por 180 días, se suspendieron subsidios pagados con fondos del Estado. Además, se mandató para crear una ley que reformara la orgánica del Banco Central, con la finalidad de otorgarle mayor independencia, instruyendo que dicho organismo estuviese a cargo de la confección de la política monetaria. También, la ley en cuestión reconoció la igualdad de tratamiento para el capital nacional y extranjero. Lo anterior, para efecto de incentivar la inversión de este último en el desarrollo de actividades productivas. Respecto a la segunda ley, sobre reforma del Estado, esta habilitó el desarrollo de las privatizaciones totales y parciales de empresas, servicios y prestaciones que pertenecían al Estado. Además, le reconoció competencia al poder ejecutivo para transferir la titularidad y el ejercicio de derechos societarios y las administraciones de empresas que estaban en proceso de privatización, pudiendo ejercer preferencias para la adquisición de estas. En efecto, con las habilitaciones contenidas en dicha ley, se puso a disposición de los privados, por medio de la enajenación o concesión, empresas estratégicas para la economía argentina, en rubros tales como telecomunicaciones, aeronáutico, hidrocarburos, yacimientos carboníferos, ferrocarriles, radios, entre otros.

El final del gobierno de Carlos Menem estuvo marcado por la desintegración de la industria nacional, el alto nivel de deuda externa y los casos de corrupción que tuvieron lugar durante el periodo de reformas. El periodo analizado, termina con el gobierno de Fernando de la Rúa, quien desempeñó la presidencia de la nación entre 1999 y 2001, años durante los cuales tuvo lugar una de las crisis más intensas, desde el retorno a la democracia. Su contexto, lo constituyó la crisis del modelo y la asociación entre las privatizaciones con la corrupción, lo que generó, como indica Undurraga, "un enorme déficit fiscal, un peso sobrevalorado, gran deuda de corto plazo, una economía desvalorizada y un entorno nacional ajetreado por la reciente crisis rusa de 1998 y la brasileña de 1999"[276].

En tal sentido, se manifestó una crisis de desvalorización del capital, de convertibilidad y la caída de depósitos bancarios, provocando la activación de movilizaciones sociales lideradas por desempleados y sindicatos de trabajadores que se levantaron en contra del modelo neoliberal que había sido consolidado durante los años 90. Si bien los esfuerzos iniciales de De la Rúa se centraron en combatir la corrupción y fortalecer la transparencia y probidad en el ejercicio de la función pública, este tuvo que asumir un orden que había sido establecido con ocasión de los cambios estructurales diseñados durante la última dictadura militar y consolidados por el gobierno de los 90, ante lo cual optó por continuar la senda neoliberal, sin generar mayores cambios en lo relativo al sistema socioeconómico. En tal sentido, la crisis generada durante aquel periodo, provocada, como señala Colombo por "una conjunción de factores que incluyó el tipo de cambio fijo, la ausencia de políticas de industrialización y de exportación, la entrega del patrimonio público y la concesión de beneficios extraordinarios a las empresas sin exigencias de contrapartida en términos de producción y empleo"[277], hicieron que, De la Rúa,

---

[276] UNDURRAGA, Tomás, *Divergencias. Trayectoria del neoliberalismo en Argentina y Chile*, Ob. Cit., p. 110.

[277] COLOMBO, Sandra, "La estrategia de integración argentina (1898-2004): cambios y continuidades a partir de la crisis del orden neoliberal", *Haol*, N° 8, 2005,

decidiera renunciar a la presidencia de la nación. Posterior a eso, el año 2001 Adolfo Rodríguez, asumió la presidencia interina, y el año 2002, Eduardo Duhalde fue elegido por la asamblea legislativa, presidente de la Nación, manteniéndose en el cargo hasta el año 2003.

En fin, el periodo estuvo caracterizado por la radicalización del proyecto neoliberal, lo que se manifestó con la adopción de políticas de austeridad fiscal, la consolidación de la globalización, la influencia de la experiencia extranjera en torno al desarrollo de la globalización financiera, privatizaciones, y la desregulación del mercado, medidas que fueron ejecutadas bajo el modelo del Consenso de Washington, los que propiciaban la implementación de principios de matriz neoliberal. Al respecto, como sostiene Colombo, las principales reformas que alteraron la estructura económica, provocaron:

> "un sistema productivo y un mercado de trabajo fragmentado, una extranjerización en la producción de bienes y servicios y, consiguientemente, una débil capacidad endógena para generar y difundir innovaciones tecnológicas y organizacionales, un aumento de la oligopolización de los mercados y del poder de las grandes empresas para formar precios, una marcada industrialización, y la profundización de la concentración económica, y por lo tanto, la evolución desfavorable de la distribución del ingreso para amplios sectores de la población"[278].

En efecto, se trató de la reestructuración del modelo de acumulación que llevó a cambiar la matriz socioeconómica de Argentina, en el contexto de fijación de nuevas condiciones del capitalismo global.

3.3.2. Características de la migración de los años 90

Respecto a la migración experimentada durante el periodo analizado, según lo registra la información contenida en el censo nacional de población, hogares y vivienda del año 2001[279], en comparación

---

p. 158.

278 Ibíd., p. 136.

279 Las diversas cifras que se mencionan en torno al análisis de la migración durante el periodo 1990-2001, fueron obtenidas del censo nacional de población, hogares y vivienda argentino del año 2001, información contenida en documen-

con el periodo anterior, se evidenció una baja en el número de inmigrantes, sin perjuicio de haber seguido siendo el país con mayor cantidad de inmigrantes de Sudamérica. Tal disminución se explica debido al aumento diversificado de inmigrantes en otros países de la región, como fue en el caso de Chile, cuya cantidad de inmigrantes entre el año 1990 y 2000 pasó de 107.501 a 177.352 personas, lo mismo en el caso de Colombia, Perú y Bolivia[280]. De esta forma, el número de inmigrantes alcanzó las 1.527.320 personas, representando un 4.2% del total de la población del país (36.260.130)[281].

En cuanto al lugar de procedencia, la mayoría lo hizo desde países americanos (1.041.117), representando un 68% del total de inmigrantes, integrado en su mayoría por personas de nacionalidad paraguaya (325.046), boliviana (233.464) y chilena (212.429), las que su mayoría correspondían a mujeres (414.153) que se ubicaban entre los 25 y 49 años, grupo etario al que también pertenecen los hombres provenientes de esos países (356.846)[282]. El otro colectivo de inmigrantes lo hizo desde países europeos, específicamente desde Italia (216.718) y España (134.417), los que en su mayoría correspondían a personas que se ubicaron entre los 65 años y más (213.080), conformado por 193.355 mujeres y 157.780 hombres[283]. En efecto, en ambos casos, se observó una feminización en el patrón migratorio, lo que resulta ser coherente con las cifras generales, en donde el número de hombres inmigrantes alcanzó las 697.906 personas, superado por mujeres, cifra la que llegó a las 829.414 personas[284]. Sin perjuicio de lo anterior, se evidenció una diferencia en lo relativo al grupo eta-

---

to tabla formato Excel, disponible en https://www.indec.gob.ar/indec/web/Nivel4-CensoNacional2001-0-999-Censo-2001 (consultado el 02.06.2020).

280 En el caso de Colombia, la población de inmigrantes pasó desde las 104.277 a 109.609 personas. Lo mismo en Perú al llegar de 56.669 a 66.300 personas, y Bolivia, pasando de 73.759 a 92.658 personas. Información disponible en https://www.un.org/en/development/desa/population/migration/data/estimates2/estimates19.asp (consultado el 02.06.2020).

281 Censo nacional de población, hogares y vivienda argentino del año 2001, información contenida en documento tabla formato Excel, disponible en https://www.indec.gob.ar/indec/web/Nivel4-CensoNacional2001-0-999-Censo-2001 (consultado el 02.06.2020).

282 Ibíd.

283 Ibíd.

284 Ibíd.

rio, ya que los inmigrantes sudamericanos, se ubicaron entre los 25 y 49 años, mientras que los europeos, pertenecían al rango etario que iba desde los 65 años y más[285].

Por su parte, en lo relativo al nivel educativo, el 47.3% (413.488) de los inmigrantes latinoamericanos declaró poseer estudios primarios completos o secundarios incompletos, mientras que 271.434 personas declararon no tener estudios o solamente tener estudios primarios incompletos. Respecto a los inmigrantes europeos, el 41.1% declaró tener estudios primarios completos o secundarios incompletos y un 24.6% señaló tener estudios secundarios completos o terciarios incompletos.

De esta forma, se evidencia una diferencia entre ambos colectivos de inmigrantes, ya que si bien la mayoría posee el mismo nivel de estudios (primario completo o secundario incompleto), en el caso de los inmigrantes latinos, el nivel secundario terciario o universitario incompleto alcanzó al 17.8%, mientras que el 24.6% de los europeos, declaró tener ese nivel.

En cuanto a la tasa ocupacional, el 80% (705.903) de los inmigrantes latinoamericanos declaró encontrarse laboralmente "ocupado", dedicados principalmente, en el caso de las mujeres, al comercio al por mayor y por menor, y en el caso de los hombres, al rubro de la construcción[286]. Tratándose de los inmigrantes europeos, solo el 31.9% declaró encontrarse en tal categoría, ya que la mayoría de estos, es decir, el 59.8% (336.969) declaró encontrarse "inactivo"[287].

Cabe concluir que, durante el periodo analizado, la cifra total de inmigrantes disminuyó, lo que podría estar relacionado con el aumento de la inmigración en otros países sudamericanos y la intensa crisis económica del año 2001. Así, entre ese año y el 2002, se fueron del país treinta mil extranjeros que habían provenido de países limítrofes[288]. En idéntico sentido, entre el año 2000 y 2001, al

---

285 Ibíd.

286 CERRUTTI, Marcelo, *Diagnóstico de las poblaciones de inmigrantes en la Argentina, Dirección Nacional de población.*, Ob. Cit., p. 47.

287 Ibíd.

288 ESTEBAN, Fernando, "Dinámica migratoria argentina: inmigración y exilio", *América Latina Hoy*, N° 34, 2003, pp. 25-27.

menos unos ciento veinte mil argentinos residentes en el extranjero no regresaron al país, lo que estuvo determinado por el alto nivel de desempleo y la disminución del ingreso salarial, factores que contribuyeron a desincentivar el desarrollo de los flujos migratorios[289]. En efecto, durante dicho periodo, el PIB cayó de -2.4 a -10.8% y el desempleo aumentó de 5.4% a 19.5% del total de la población activa[290]. Sin perjuicio de aquel panorama general, igual se evidenció un claro y considerable aumento de la inmigración intrarregional sudamericana, logrando imponerse con creces por sobre la europea. Por su parte, al combinar factores como la nacionalidad de los inmigrantes, edades, nivel de estudios y tasa ocupacional, se concluye que, los inmigrantes sudamericanos cumplen con perfiles propicios para constituirse como fuerza de trabajo (población con bajo nivel de estudios, de edad joven y ocupados), mientras que, el colectivo de inmigrantes europeos estuvo conformado, principalmente, por adultos mayores, con niveles de estudios más avanzados, los que se declararon laboralmente inactivos.

Finalmente, es importante señalar que tales movimientos migratorios se desarrollaron en un contexto en el que el porcentaje de las exportaciones estuvo determinado mayoritariamente por aquellas de origen agropecuario (33%), industrial (32%), seguido de la de productos primarios (25%) y combustibles energéticos (9%), resultando lo anterior, ser un indicativo en torno al tipo de actividades en las cuales se focalizó la economía argentina[291]. Lo anterior, sobre la base de un modelo en funcionamiento que fomentó el desarrollo industrial generado a partir de la inversión extranjera y del proceso de privatizaciones. En dicho sentido, el desarrollo de tales actividades durante la década del 90 conllevó la necesidad de contratación de mayor fuerza de trabajo. Así ocurrió con el colectivo de inmigrantes más numeroso de aquel periodo, conformado por paraguayos y boli-

---

289 Ibíd.

290 Datos del Banco Mundial, disponibles en https://datos.bancomundial.org/indicador/NY.GDP.MKTP.KD.ZG?end=2018&locations=AR&most_recent_year_desc=true&start=1961&view=chart (consultado el 02.06.2020).

291 DE ANGELIS, Ignacio, CALVENTO, Mariana y ROARK, Mariano, "¿Hacia un nuevo modelo de desarrollo? Desde la teoría de la regulación. Argentina 2003-2010", *Revista Problemas del desarrollo*, Vol. 44, N° 173, 2013, p. 46.

vianos. En efecto, como sostiene Dinorah, tal caso se evidenció en el rubro de la fabricación de indumentaria, en donde se requirió mano de obra barata con el fin de reducir los costos de producción, la que en ese tiempo provenía, principalmente, de esos países, asentándose en las zonas urbanas, específicamente en el Gran Buenos Aires[292].

Por su parte, en lo relativo a la emigración, durante dicho periodo se observó un aumento de 29.16%, al pasar desde las 430.169 a 555.587 personas[293]. De esta última cifra, el 51.69% (287.184) correspondió a mujeres, mientras que el 48.31% (268.403), estuvo conformado por hombres[294].

3.4. Cuarto periodo (2003-2020)

En esta sección analizo el contexto político y socioeconómico configurado en Argentina, entre los años 2003 y 2020, evidenciando las principales transformaciones estructurales experimentadas en esos ámbitos y los patrones que caracterizaron a la migración desarrollada durante los años 2002 y 2020[295].

3.4.1. Entre el Kirchnerismo y el regreso de la derecha neoliberal

El periodo comprendido entre los años 2003 y 2019, está marcado, principalmente, por la llegada al poder de Néstor Kirchner

---

292 DINORAH, Paula, "Deslocalización de la producción y la fuerza de trabajo: Bolivia-Argentina y las tendencias mundiales en la confección de indumentaria", *Si somos americanos, Revista de estudios transfronterizos*, Vol. XV, N° 1, 2015, p. 180.

293 Información del Centro de Análisis de Datos de Migración Global de la OIM, disponible en https://www.migrationdataportal.org/international-data?i=stock_abs_origin&t=2000&cm49=32 (consultado el 21.10.2021).

294 Información disponible en https://datosmacro.expansion.com/demografia/migracion/emigracion/argentina (consultado el 21.10.2021).

295 Cabe señalar que, el análisis de la migración del periodo se encuentra condicionado a un factor temporal, determinado por las fuentes consultadas. Así, los datos demográficos registrados por los censos nacionales recopilan la información de los últimos diez años. Debido a lo anterior, analizaré los patrones migratorios desarrollados entre los años 2002 y 2020.

y Cristina Fernández[296], quienes ejercieron la presidencia argentina durante esos años, en un intento de superar el modelo socioeconómico de matriz neoliberal consolidado durante los 90. Aquello que trascurre a partir del año 2003, corresponde a una etapa posneoliberal, de tipo neodesarrollista, en la que, sin desconocer la existencia de políticas de libre mercado, defendió un rol activo del Estado en cuanto a la regulación del mercado, al ser un importante agente en el proceso de toma de decisiones en favor del mejoramiento del índice de protección social. En este sentido, se trató de seguir confiando en el capitalismo productivo llevando a cabo, como indica Féliz, políticas macroeconómicas tendientes a favorecer la economía argentina y viendo en la globalización una oportunidad de mejora para impulsar el proyecto social y económico, tales como "políticas de cambio elevado y estable al dólar estadounidense, una política de intervencionismo estatal en la negociación salarial, además de la búsqueda de un permanente superávit de las cuestiones públicas, a través del otorgamiento de subsidios e inversión en infraestructura"[297].

Kirchner se presentó como un presidente capaz de dirigir al país sobre la base de la presencia de lo estatal en lo económico y social, reactivando la inversión en la industria nacional y reduciendo considerablemente la deuda externa, lo que se tradujo en un progresivo crecimiento del PIB, cuyo porcentaje anual, durante el periodo 2002 a 2007, pasó de 10.894% a 9.008%[298]. De esta forma, como sostiene Undurraga, se intentó configurar "un modelo nacional-popular, capaz de recuperar la capacidad intervencionista del Estado, el crecimiento económico, la memoria sobre las violaciones a los derechos

---

296 Néstor Kirchner gobernó desde el 25 de mayo de 2003 al 10 de diciembre de 2007, mientras que, Cristina Fernández lo hizo desde el 10 de diciembre de 2007 al 9 de diciembre de 2015.Posteriormente, la presidencia de la nación fue ejercida por Mauricio Macri, quien gobernó desde el 10 de diciembre de 2015 al 10 de diciembre de 2019.

297 FÉLIZ, Mariano y LÓPEZ, Emiliano, "Más allá del desarrollo capitalista en Argentina: límites, posibilidades y alternativas", en ACEVES, Liza y SOTOMAYOR, Héctor (eds.), *Volver al desarrollo o salir de él: límites y potencialidades del cambio desde América Latina*, Ediciones E y C, México, 2013, p. 142.

298 Datos del Banco Mundial, disponibles en https://datos.bancomundial.org/indicador/NY.GDP.MKTP.KD.ZG?end=2007&locations=AR&most_recent_year_desc=false&start=1999&view=chart (consultado el 02.06.2020).

humanos perpetradas durante la dictadura y la dignidad del pueblo argentino"[299].

En este sentido, los gobiernos de Kirchner y Fernández se encargaron por hacer del Estado un agente de organización social, favoreciendo su intervención en el plano económico y social, lo que se manifestó mediante el otorgamiento de subsidios, la intervención de escuelas, transporte público, vialidad y el control de precios. Además, se volvió a nacionalizar las aguas, aerolíneas argentinas y el correo, poniendo en marcha "un tiempo de política litigante en contra de los capitalistas tradicionales que, bajo la promesa de justicia social, intervino en la economía y en la sociedad clamando por el retorno de lo político"[300].

Sin perjuicio de tales consideraciones generales, aquello que transcurre entre el año 2003 a 2015, puede ser dividido en dos etapas. La primera estuvo constituida por la presidencia de Néstor Kirchner (2003-2007), durante la cual, se evidenciaron cambios que se desarrollaron en un contexto de recuperación de la actividad económica, dando respuesta a demandas populares, especialmente de los trabajadores e intentando dar inicio a un nuevo modelo de posconvertibilidad cuyas políticas fundamentales fueron "la devaluación, la aplicación de retenciones a la exportación, la pesificación de la deuda privada, el salvataje al sector financiero y el congelamiento de tarifas"[301]. Durante este periodo, Argentina se consolidó como un país proveedor de materias primas, favoreciendo el desarrollo del modelo productivo exportador, la intensificación de exportaciones de materias primas y la producción industrial interna, pero sin descuidar al sector financiero, de tal forma de poder superar la crisis con la integración de ambos sectores. Así, el presidente Kirchner logró mejorar la ganancia generada por el capital productivo y renegociar la deuda externa, significando, esto último, la elevación del nivel de

---

299 UNDURRAGA, Tomás, *Divergencias. Trayectoria del neoliberalismo en Argentina y Chile*, Ob. Cit., p. 114.

300 Ibíd., p. 152.

301 VARESI, Gastón, "La Argentina posconvertibilidad: modo de acumulación", *Problemas del desarrollo. Revista Latinoamericana de economía*, Vol. 41, N° 161, 2010, p. 146.

independencia en relación con otras economías y organismos internacionales con los cuales se había contraído la deuda.

La segunda etapa tuvo lugar durante el gobierno de Cristina Fernández (2007-2015), periodo que estuvo marcado por la continuación del desarrollo de la industrialización, sin desconocer el valor del capital extranjero, y cuya finalidad fue la de lograr un crecimiento económico a partir de un proyecto "nacional y popular". Así, los lineamientos consistieron en favorecer el capital productivo y cuestionar el financiero internacional, estableciendo políticas para mejorar el índice de bienestar social, lo que se tradujo en el aumento del salario mínimo, de las jubilaciones, subsidios y de las retenciones a las exportaciones[302]. Además, se propuso retomar el control estatal sobre los hidrocarburos, para lo cual se procedió a la estatización de empresas petrolíferas, incentivando el aumento en la producción de estos, acciones que jurídicamente se sustentaron en la nueva Ley N°26.741, sobre yacimientos petrolíferos fiscales y autoabastecimiento e hidrocarburos, la cual declaró de interés público nacional, el autoabastecimiento de hidrocarburos, autorizando la expropiación del 51% del patrimonio de YPF S.A y de REPSOL S.A. En el ámbito social, una de las medidas más importantes fue la estatización de las administradoras de pensiones, volviendo a un sistema solidario de reparto, el que como indica San Martino, "constituyó una medida estructural de transferencia de recursos desde el sector financiero al previsional, permitiendo al Estado nacional mayor autonomía y control de los fondos"[303].

Tales medidas hicieron que al final del periodo, Argentina contara con una disminución considerable de la deuda externa. Así, como destaca Manzanelli y Basualdo, al año 2001, esta llegó a los 144 mil millones de dólares, representando el 49.6% del PIB, cifra que al año 2002 aumentó a 125.3%, pero que durante los años que siguieron, fue disminuyendo. En efecto, al año 2005, la deuda constituía

---

302 VARESI, Gastón, "Argentina 2002-2011: neodesarrollismo y radicalización progresista", *Realidad económica*, N° 264, 2011, p. 41.

303 SAN MARTINO, Jorge, "Crisis, acumulación y forma de Estado en la Argentina postneoliberal", *Cuestiones de sociología: Revista de Estudios Sociales*, N° 5-6, 2009, p. 5.

el 64.3% del PIB, mientras que al año 2015 alcanzó el 35.3%[304]. Lo anterior, constituyó algo positivo para la valorización del crecimiento económico del país, lo que permitió llevar a cabo grandes transformaciones, tales como la comentada estatización del sistema previsional y la compra de acciones de YPF S.A y REPSOL S.A[305].

En cuanto al régimen de exportaciones, durante el periodo que va desde los años 2003 al 2010, estas pasaron de 24.875 a 67.444, siendo mayor a las importaciones, las que al año 2010 llegaron a 49.608. En idéntico sentido, se intensificó el régimen de servicios, los que en ese periodo pasaron de 2.943 a 10.413[306].

Finalmente, en diciembre del año 2015, la presidencia de la nación fue asumida por Mauricio Macri, quien tuvo una visión procapitalista, significando lo anterior, dar un giro en el establecimiento de políticas económicas y en el rol del Estado en cuanto a la producción industrial de hidrocarburos. Así, Macri fijó la liberalización del comercio exterior, a través del fomento de las exportaciones, sin reservar cupos para el consumo local, cuestión que terminó afectando al valor externo e interno de los productos. Además, destacó la aprobación del Tratado Integral y Progresivo de Asociación Transpacífico y el aumento de la deuda externa. Sobre este último punto, como sostiene Varesi, "con el gobierno de Macri, se asistió a una restauración del neoliberalismo, cuyos elementos lo constituyó el endeudamiento externo como eje de subordinación de largo plazo y como insumo destacado de un nuevo ciclo de valorización financiera, lo que se combina con la intervención del Banco Central para orientar las tasas de interés al alza"[307]. En efecto, durante los años de su gobierno,

---

304 MANZANELLI, Pablo y BASUALDO, Eduardo, "Régimen de acumulación durante el ciclo de gobiernos Kirchneristas. Un balance preliminar a través de las nuevas evidencias empíricas de las cuentas nacionales", *Realidad económica*, N° 304, 2016, pp. 20-21.

305 Ibid.

306 CANTAMUTTO, Francisco, SSHORR, Martin y WAINER, Andrés, "El sector externo de la economía argentina durante los gobiernos del Kirchnerismo (2003-2015)", *Revista de Ciencias Sociales*, N° 304, 2016, p. 54.

307 VARESI, Gastón, "Tiempos de restauración: Balance y caracterización del gobierno de Macri en sus primeros meses", *Realidad económica,* N°302, 2016, p. 28.

la deuda pasó de 176.575 a 280.516 mil millones de dólares[308]. En lo relativo al nivel de desempleo, entre el año 2015 y 2018, este aumentó, pasando de un 7.6% a 9.4%[309]. Por su parte, se reactivó la valorización financiera del capital, al eliminar restricciones de cambio, sin limitar la tasa de interés, favoreciendo el libre intercambio. Además, se puso fin a las retenciones de las exportaciones de bienes primarios y se fomentó la inversión extranjera favoreciendo el ingreso de capital extranjero. Desde el año 2019, el gobierno se encuentra al mando del presidente Alberto Fernández, quien inicialmente estuvo por retomar la línea establecida por Kirchner y Fernández, priorizando una agenda social que beneficiaría a los jubilados, a los trabajadores, mujeres y grupos vulnerables. No obstante, el desarrollo de la pandemia generada por el Covid-19, ha implicado establecer prioridades, en torno a consolidar el sistema de salud, debiendo postergar algunos de sus proyectos, de cara al año 2022.

En efecto, la presente etapa estuvo marcada, principalmente, por el Kirchnerismo y su intento en pasar desde un régimen neoliberal a uno de tipo neodesarrollista, el que como indica Varesi, "inició una fase expansiva de acumulación capitalista basada sobre una lógica productiva exportadora, estructurada a partir del procesamiento y exportación de recursos naturales (tierra, petróleo y minería) y de la industria automotriz y química"[310], siendo un periodo en el que, sin desconocer las bases del modelo de acumulación capitalista, estuvo caracterizado por el proceso de estatización de empresas, fortalecimiento del capital productivo, desendeudamiento, cuestionamiento hacia el capital financiero y mejoramiento del bienestar social[311]. Sin

---

308 Datos Banco Mundial, disponibles en https://datos.bancomundial.org/indicador/DT.DOD.DECT.CD?end=2018&locations=AR&start=2015&view=chart (consultado el 02.06.2020).

309 Datos del Banco Mundial, disponibles en https://datos.bancomundial.org/indicador/SL.UEM.TOTL.ZS?end=2018&locations=AR&start=2015 (consultado el 02.06.2020).

310 VARESI, Gastón, "Argentina 2002-2011: neodesarrollismo y radicalización progresista", Ob. Cit., p. 54.

311 Así, respecto al nivel del salario mínimo, entre los años 2003 y 2015, este pasó de 300 a 5.800 pesos argentinos. Esta última cifra, equivalía a 553 euros. Sin embargo, no obstante que actualmente el salario haya aumentado a 16.875 pesos, cantidad que equivale a 270 euros. Esta última información, disponible en

perjuicio de lo anterior, el periodo finaliza con un gobierno, cuyas políticas se alinearon a directrices neoliberales, las que generaron como consecuencia, un retroceso en logros que se habían obtenido y mejorado, como fue en lo relativo al nivel de desempleo, la deuda externa, el control sobre los hidrocarburos y la ejecución de programas sociales, entre otros.

3.4.2. Patrones migratorios de los últimos años

Para analizar la migración desarrollada durante el periodo que va desde el año 2002 a 2020, haré una separación de aquello que transcurre entre el 2002 y 2010, por un lado, y entre los años 2011 a 2020, por el otro. Cabe señalar que, este último periodo debe ser analizado a la luz del censo nacional de población, hogares y vivienda que estaba programado para el año 2020, pero que producto de la pandemia tuvo que ser reprogramado para el año 2022[312]. Es por lo anterior, que las características enunciadas en este apartado tenderán a ser generales, en relación con el periodo de análisis anterior.

Tratándose de la etapa que va desde el año 2002 al 2010, según lo registra el censo nacional de población hogares y vivienda de ese último año[313], Argentina siguió siendo el país con mayor cantidad de inmigrantes de Sudamérica, alcanzando en total, las 1.805.957 per-

https://datosmacro.expansion.com/smi/argentina. Por su parte, en lo relativo al nivel de desempleo, el porcentaje anual de la población activa total, entre el año 2002 a 2015 pasó de 19.59% a 7.6%. Información disponible en https://datos.bancomundial.org/indicador/SL.UEM.TOTL.ZS?end=2015&locations=AR&start=2002 (consultado el 02.06.2020).

312 En efecto, el Decreto 42/2022, publicado el 25 de enero de 2022 en el Boletín Oficial, dispuso como fecha de realización del Censo Nacional de Población, Hogares y Vivienda, el 18 de mayo de 2022. No obstante, en enero de 2023 se publicaron los resultados provisionales, sin embargo, este solo contiene información relativa a cantidad de viviendas (particulares y colectivas) y la información básica de la población, tal como cantidad total y sexo, sin considerar el elemento migrante. La publicación de los resultados definitivos se encuentra prevista para final del 2023. Resultados provisorios disponibles en https://censo.gob.ar/index.php/censo-2022-resultados-provisorios/ (consultado el 17.04.2023).

313 Censo nacional de población, hogares y vivienda argentino del año 2010, información contenida en documento tabla formato Excel, disponible en https://

sonas, las que constituyeron el 4.5% de la población total del país (40.117.096)[314].

Por su parte, el 81.47% estuvo compuesto por inmigrantes latinoamericanos, integrado, específicamente, por personas de nacionalidad paraguaya (550.713), boliviana (345.272) y chilena (191.147), las que en su mayoría correspondían a mujeres (974.261) que se ubicaban entre los 20 y 39 años (316.169), grupo etario al que también pertenecieron los hombres (282.882)[315]. Como se puede apreciar al igual que el patrón migratorio que se desarrolló entre el año 1991 y 2001, se evidenció una feminización del colectivo migratorio.

En lo relativo al nivel educativo de los inmigrantes, el censo consultado solamente registró la educación a nivel escolar. Así, del total de los nacidos en el extranjero, el 79% declaró haber asistido a la escuela.

En cuanto a la tasa ocupacional de la población total, al menos 19.817.420 se declararon económicamente activos, encontrándose el 75% de estos, en el grupo etario que va desde los 20 a 54 años, elemento que permite determinar la edad laboral de la población, la que coincidiría con la edad promedio de los inmigrantes (20 a 39 años)[316].

Respecto al lugar de residencia, el 41.1% declaró residir en el Gran Buenos Aires, y el 21.1% en la ciudad autónoma de Buenos Aires, zonas que, según se indicó a lo largo de este apartado, concentran la producción industrial del país, el comercio y al rubro relativo a servicios[317].

En síntesis, respecto del periodo analizado, cabe concluir que el patrón migratorio estuvo constituido por personas con nacionalidades de países sudamericanos ubicadas entre los 20 a 39 años, grupo conformado, mayoritariamente por mujeres. Tales elementos calzan

---

www.indec.gob.ar/indec/web/Nivel4-CensoNacional-999-999-Censo-2010 (consultado el 02.06.2020).

[314] Ibíd.

[315] Ibíd.

[316] Ibíd.

[317] Ibíd.

con la premisa en torno a que, durante el transcurso de los años, la inmigración sudamericana fue creciendo progresivamente, superando a la europea, la que se desarrolló intensamente desde inicios hasta mediados del siglo XX. Sin perjuicio de lo anterior, el desarrollo de la inmigración tuvo que lidiar con la consolidación de la tendencia de los años 2003 y 2007, consistente en pagar a la fuerza de trabajo por debajo de su valor, lo que se verificó en atención a la cantidad de mano de obra disponible, la que en ese momento de crisis fue mayor[318].

Finalmente, es importante señalar que tales movimientos migratorios se desarrollaron en un contexto de recuperación y crecimiento de la economía argentina, lo que se manifestó en el aumento del PIB, pasando en el periodo 2002 a 2010 desde un -10.8% a 10.1%[319], sumado a la disminución de la tasa de desempleo el que pasó de un 15.36% a 7.7% del total de la población activa[320], además del aumento del ingreso mínimo salarial, el que aumentó desde 300 a 1.740 pesos argentinos, equivalentes a 339 euros, muy superiores al ingreso salarial de los otros países de donde provenían los colectivos de inmigrantes[321]. Tales indicadores deben ser complementados con el porcentaje que tuvieron las exportaciones, conformadas mayoritariamente por aquellas de origen agropecuario (34%), industrial (35%), seguido por la de productos primarios (22%) y combustibles energéticos (9%), resultando lo anterior, ser un indicativo en torno al tipo de actividades en las cuales se focalizó la economía argentina[322].

---

318 CACHÓN, Fernando, KENNEDY, Damián y LASTRA, Facundo, "Las condiciones de reproducción de fuerza de trabajo como forma de la especificidad de la acumulación de capital en Argentina: evidencia desde mediados de los 70", *Trabajo y sociedad*, N° 27, 2016, p. 319.

319 Datos del Banco Mundial, disponibles en https://datos.bancomundial.org/indicador/NY.GDP.MKTP.KD.ZG?end=2018&locations=AR&most_recent_year_desc=true&start=1961&view=chart (consultado el 02.06.2020).

320 Datos del Banco Mundial, disponibles en https://datos.bancomundial.org/indicador/SL.UEM.TOTL.ZS?locations=AR (consultado el 02.06.2020).

321 Datos del Banco Mundial, disponibles en https://datosmacro.expansion.com/smi (consultado el 02.06.2020). Así, el ingreso mínimo salarial en Chile llegó a los 231 euros, seguido de Paraguay con 216 euros y Bolivia con 68 euros.

322 DE ANGELIS, Ignacio, CALVENTO, Mariana y ROARK, Mariano, "¿Hacia un nuevo modelo de desarrollo? Desde la teoría de la regulación. Argentina 2003-2010", Ob. Cit., p. 46.

Respecto al desarrollo de la migración entre el año 2010 y 2020, según lo registra la División de Población del Departamento de Asuntos Económicos y Sociales de Naciones Unidas, el *stock* de migrantes aumentó considerablemente, pasando de 1.800.000 a 2.300.000 personas[323]. Sin perjuicio de lo anterior, el próximo censo nacional de población, hogares y viviendas será el que nos permita conocer el perfil y características de las migraciones que hayan tenido lugar durante los últimos diez años. Del total, el 82.19%, es decir, 1.818.741 provienen de países sudamericanos[324].

No obstante, la falta de datos se puede evidenciar que, en términos generales, durante el periodo analizado, hoy, la migración hacia Argentina se compone, principalmente por sudamericanos. Al combinar factores como la nacionalidad de los inmigrantes, edades, nivel de estudios y tasa ocupación, se concluye que los sudamericanos cumplen con perfiles propicios para constituirse en fuerza de trabajo en los sectores donde se concentra la actividad productiva del país (población con bajo nivel de estudios, de edad joven y ocupados), siendo este tipo de migración, mayoritariamente, de tipo laboral.

Por su parte, en lo relativo a la emigración del periodo, entre el año 2005 y 2020, esta experimentó un considerable aumento equivalente al 82.41%, llegando a un total de 1.013.444 personas[325]. De esa cifra, el 51.64% (523.322) corresponde a mujeres, mientras que el 48.36% (490.092), se encuentra conformado por hombres[326]. En cuanto a los principales destinos de la emigración desde Argentina, al año 2020, el 25.65% reside en España, el 21.24% en Estados Unidos y el 7.18% en Chile[327].

---

323 Datos de la División de Población del Departamento de Asuntos Económicos y Sociales de Naciones Unidas, disponible en https://www.migrationdataportal.org/international-data?t=2010&i=stock_abs_&cm49=32 (consultado el 30.01.2022).

324 Información disponible en https://datosmacro.expansion.com/demografia/migracion/inmigracion/argentina (consultado el 02.06.2020).

325 Información del Centro de Análisis de Datos de Migración Global de la OIM, disponible en https://www.migrationdataportal.org/international-data?i=stock_abs_origin&t=2000&cm49=32 (consultado el 21.10.2021).

326 Información disponible en https://datosmacro.expansion.com/demografia/migracion/emigracion/argentina (consultado el 21.10.2021).

327 Ibíd.

En efecto, en términos generales, se puede concluir que la migración actual combina nuevos desplazamientos, compuesto, principalmente, por inmigrantes de nacionalidades de países sudamericanos.

Se trata de una cifra que desde el año 1960, evoluciona de manera constante, suponiendo, a la vez, una disminución en el número de inmigrantes provenientes de países europeos, en especial, desde Italia y España, los que, durante muchos años, constituyeron el gran número de inmigrantes en Argentina.

De lo analizado, corresponde comprender que, al igual que el caso chileno y brasileño, desde mediados del siglo XX, Argentina ha experimentado importantes procesos de transformación socioeconómicos, los que se han llevado a cabo a partir de la injerencia del capitalismo y del neoliberalismo, como parte de su internacionalización, instalación y funcionamiento en las formaciones periféricas. Lo anterior, sin perjuicio de la época Kirchner-Fernández, durante la cual se intentaron hacer correcciones al modelo socioeconómico, mediante el establecimiento de un rol más activo y participativo del Estado en la economía y en lo social, consolidando su autonomía en relación con ciertos procesos que se estaban desarrollando a nivel global. Así, como sostiene Boyer, "en un contexto de mundialización, se logró una cierta autonomía estatal, sobre la base del rechazo a la dolarización"[328]. Sin embargo, durante dicha etapa las bases del modelo socioeconómico que habían sido consolidadas en la década del 90 no fueron desconocidas, situación que no impidió la expansión capitalista, la que de todas formas se llevó a cabo, pero bajo políticas estatales que ubicaron al Estado como un motor central de aquel proceso de modernización.

En tal contexto se han desarrollado las inmigraciones de los últimos cuarenta años, las que han adoptado patrones comunes en la región, consistente en una inicial inmigración europea y el progresivo aumento de esta al interior de la región sudamericana, la que considerando elementos tales como edades, zonas de residencia, ocupación, nivel educacional de los sujetos que la componen, han

---

328 BOYER, Robert, "Habrá una tercera burbuja que provocará una crisis de consecuencias mayores", *Investigación económica*, Vol. LXIX, 272, 2010, p. 160.

venido a cumplir un rol y a satisfacer una necesidad, esto es, la de ser integrada como fuerza de trabajo. El modelo ha generado una reestructuración de los procesos productivos y de valorización del capital productivo y financiero, requiriendo, contar con mayor fuerza de trabajo, susceptible de ser explotada. En este sentido, el perfil de los colectivos de inmigrantes sudamericanos, coinciden con las características que hoy requiere el mercado de trabajo, los que se han insertado en la matriz socioeconómica del país receptor, asumiendo las necesidades generadas durante los últimos años por el sistema.

4. TRANSFORMACIONES ESTRUCTURALES Y CARACTERÍSTICAS DE LA MIGRACIÓN EN BRASIL

Brasil ha sido uno de los países de la región sudamericana que desde el siglo XX ha experimentado importantes transformaciones políticas, sociales y económicas, lo que ha incidido en la configuración de estructuras que han determinado aspectos relevantes tales como la definición y el rol del Estado en diversos ámbitos esenciales para el bienestar social, las condiciones de la fuerza de trabajo y el tipo de decisiones asumidas frente a fenómenos como la inmigración.

Al igual que en el caso de los otros países anteriormente analizados, el modelo socioeconómico que actualmente rige en Brasil es de tipo capitalista y neoliberal, el que fue diseñado durante la dictadura militar iniciada en 1964, y posteriormente consolidado y legitimado al retornar la democracia.

Por su parte, históricamente, el país ha registrado un alto flujo de migrantes. Se trata de un fenómeno que tuvo lugar desde los tiempos de la colonia, a través de la configuración de tradicionales patrones migratorios, los que, desde los inicios del siglo XXI ha cambiado progresivamente.

En efecto, en el presente apartado, haré una revisión acerca de las etapas más importantes que explican la evolución de la estructura socioeconómica en Brasil, desde mediados del siglo XX, verificando el tipo de migraciones que tuvieron lugar en cada periodo. De esta forma, al igual que en el análisis de los países analizados en las secciones anteriores, haré una línea de tiempo, la que dividiré en cuatro momentos. El primero, va desde la década de 1950 hasta el año 1964, etapa en la que predominó el modelo industrial de sustitución por importaciones y en la que tuvo lugar la ejecución de políticas de tipo desarrollistas. El segundo corresponde al periodo que va desde el año 1964 a 1985, caracterizado por el desarrollo de la dictadura militar, a la que se asocia el diseño socioeconómico que vino a redefinir la organización socioeconómica del país. El tercer periodo va desde el año 1985 a 2001, el que estuvo determinado por el desarrollo de un proceso de transición y de retorno a la democracia, durante el cual se consolidan las políticas neoliberales. Finalmente, el cuarto periodo, considera los años 2002 a 2019, se trata de una etapa posneoliberal, marcada por la llegada al poder de representante del partido de los trabajadores, quién sin desconocer las bases neoliberales, impulsó una agenda social, fomentó la reestatización de empresas que con anterioridad habían pertenecido al Estado y generó un ambiente de cooperación con el resto de los países de la región. De esta forma, el Estado se configuró como un agente central en el plano económico, industrial y social, lo que sirvió para atenuar los efectos generados por el modelo socioeconómico neoliberal, no obstante que éste no se haya detenido.

En cada una de las fases señaladas, analizaré el tipo y la intensidad de las migraciones que han tenido lugar desde final del siglo XX, para lo cual, se utilizará la información contenida en los censos nacionales demográficos del año 1960, 1970, 1980, 1991, 2001 y 2010. Al igual que en el caso de los otros países analizados, se trata de fuentes que permiten evidenciar las características sociodemográficas de la población a lo largo de un periodo determinado de tiempo.

4.1. Primer periodo (1950-1964)

En esta sección analizaré el contexto político y socioeconómico configurado en Brasil, entre los años 1950 y 1964, evidenciando las principales transformaciones estructurales experimentadas en esos ámbitos y los patrones que caracterizaron a la migración desarrollada durante los años 1950 y 1960[329].

4.1.1. El Estado desarrollista

El inicio de aquel periodo estuvo marcado por el segundo mandato de la presidencia de Getulio Vargas, cuyas políticas socioeconómicas de gobierno consideraron un proyecto antiimperialista, capaz de favorecer el desarrollo de la industria nacional y el rol agroexportador de la actividad económica brasileña, la que fue definida sobre la base de una triple asociación entre "Estado, capital privado de origen nacional y capital extranjero"[330], este último, justificado para apoyar aquellos procesos que requirieron contar con medios de producción mas sofisticados, lo que se llevó a cabo a través de la cooperación limitada de las empresas transnacionales. Lo anterior, se hizo siguiendo la lógica implementada por otros países latinoamericanos entre la década del siglo XX hasta antes del inicio de las dictaduras, consistente en promover un desarrollo industrial dotado de mayor independencia en relación con el capital extranjero, impulsando la ejecución de políticas nacionalistas de crecimiento económico y de un modelo industrial basado en la sustitución por importaciones[331].

Por su parte, durante el gobierno de Vargas, el capital extranjero invertido en Brasil se encontraba subordinado y disciplinado casi en su totalidad por el Estado brasileño, a través de una regulación legis-

---

329 Cabe señalar que, el análisis de la inmigración del periodo se encuentra condicionado a un factor temporal, determinado por las fuentes consultadas. Así, los datos demográficos registrados por los censos nacionales recopilan la información de los últimos diez años. Debido a lo anterior, analizaré los patrones migratorios desarrollados entre los años 1950 y 1960.

330 CRESPO, Eduardo y GUIBAUDI, Javier, "Las contradicciones del capitalismo brasileño y el mito de la burguesía nacional", *Entrelíneas de la política económica*, Año 6, N° 36, 2013, p. 24.

331 "Estrategia que se basa en un acelerado y amplio proceso de industrialización que se dirige y dinamiza desde el Estado y se concentra en el mercado interno", en MEDIALDEA, Bibiana, "Limites estructurales al desarrollo económico: Brasil (1950-2005)", en *Revista Problemas del desarrollo*, N° 171, 2012, p. 61.

lativa que establecía límites a la repatriación de capitales, además de la fijación de intereses a las remesas de ganancias[332].

Al pasar los años, el carácter local del modelo fue relativizado con ocasión de la incorporación del capital extranjero, lo que se consolidó a partir del año 1956, durante la presidencia de Juscelino Kubitschek, a través de la ejecución de una política exterior amigable con algunos países económicamente más desarrollados, al incentivar la inversión de sus capitales por medio de rebajas o exenciones arancelarias y regulaciones económicas flexibles. Para lograr lo anterior, se promulgaron distintos textos legales y la puesta en marcha de un plan de metas, el que tuvo por objeto fomentar el crecimiento económico e industrial en sectores como el transporte, energía, agricultura, alimentación, educación[333]. En efecto, como indica Gambi, los resultados del periodo fueron sorprendentes, ya que el sector industrial logró crecer en un 80%[334].

El desarrollo de la industrialización asociada con la apertura del mercado de capitales internacionales no significó ceder protagonismo exclusivo a las multinacionales y a los inversionistas extranjeros, ya que el Estado mantuvo el control sobre la estructura productiva del país. De esta forma, durante el periodo que va desde el año 1956 a 1961, se fijaron las bases del capitalismo industrial brasileño, el que, sin perjuicio de la importante participación que tuvo el capital ex-

---

332 Ley N° 9.025 de 1946 que reguló las operaciones de cambio y el retorno de capitales extranjeros. Decreto Ley N° 30.363 de 1952 que estableció disposiciones sobre el retorno de capital extranjero, fijando un máximo de devolución anual del 20% del capital. Ley N° 4.390 de 29 de agosto de 1964, que modifica Ley N°4.131 de 3 de septiembre de 1962 y establece otras disposiciones, Brasil.

333 Entre los textos legales que flexibilizaron la asociación con el capital extranjero, destaca el Decreto Ley N° 42.820 de 1957, normativa que reguló las operaciones de cambio de dinero y el intercambio comercial con el extranjero, estableciendo un libre mercado de tasas, exportaciones, importaciones y de seguros. Posteriormente, se dictó la Ley de Reserva de dinero y de capital extranjero N° 4.131 de 1962, la que reconoció la igualdad de tratamiento entre el capital nacional y extranjero, estableciendo diferentes modalidades de integración de este y validando la moneda de origen.

334 GAMBI, Esther, *La emigración castellano-leonesa a Brasil 1946-1962*, Ediciones Universidad de Salamanca, Salamanca, 2012, p. 93. Al respecto, el sector que más contribuyó a dicho crecimiento industrial fue el del acero, electricidad, comunicaciones y automovilístico.

tranjero, se trató de un proceso controlado y direccionado por el Estado, permitiendo nacionalizar la industria automotriz y de bienes de capital, tales como la relativa a maquinaria y material pesado.

A partir de 1960, durante la presidencia de Joao Goulart, la asociación entre el capital extranjero y la industria brasileña intentó ser flexibilizada, ya que se propuso optar por rescatar un proyecto nacionalista de desarrollo, lo que se materializó con la promulgación de la ley de remesas de lucro y de capital extranjero N°4.131 de 1962, normativa que disciplinó la aplicación del capital extranjero y las reservas de valores para el exterior.

Sin perjuicio de lo anterior, durante los primeros años de la década del 60, el crecimiento económico decayó, al pasar de estar en saldo positivo de 4% en 1961 a -6% en 1964[335]. Se trató de un periodo que estuvo marcado por la inestabilidad financiera, cuestión que fue aprovechada por los intereses imperialistas de Estados Unidos y la burguesía nacional impulsando la perpetración del golpe de Estado de 1964, liderado por el Humberto Castelo Branco, el que dio inicio al desarrollo de una dictadura militar que duró hasta el año 1985, la que se preocupó de generar las condiciones para atraer la inversión de capitales extranjeros mediante la eliminación de restricciones legales y condiciones favorables para su registro, inversión y retorno[336]. Al respecto, como sostiene De Campos, "tal reforma significó nada más que la imposición sistemática de los intereses del capital internacional a través de la exigencia de mecanismos institucionales que permitieron la integración del sistema financiero con la propia voluntad de financiarización del capital internacional instalado en Brasil"[337].

Desde el punto de vista de la productividad y crecimiento económico, el periodo comprendido entre los años 1930 a 1960 vio en la

---

335 GUNDER FRANK, André, "Capitalismo y subdesarrollo en América Latina", *Centro de estudios Miguel Enríquez*, p. 124, disponible en http://www.archivochile.cl/Ideas_Autores/gunderfa/gunderfa0006.pdf (consultado el 02.06.2020).

336 Ley N° 4.390 de 1964. Ley N° 4.390 de 29 de agosto de 1964, que modifica Ley N°4.131 de 3 de septiembre de 1962 y establece otras disposiciones, Brasil.

337 DE CAMPOS, Fabio, "Empresas multinacionales y marco regulatorio en el Brasil (1951-1967)", *Apuntes*, Vol. XLII, N° 76, 2015, p. 163.

industrialización la estrategia para conseguir resultados positivos en la economía nacional. Lo anterior, con un papel muy importante por parte del Estado, en lo relativo a la coordinación entre capital extranjero y nacional y en la configuración, regulación y control de la estructura productiva. Sin embargo, a partir de 1980, se empezó a desarrollar internamente un ciclo de financiación económica, pero que de todas formas requirió del sector productivo industrial. Así, como sostiene Pochmann, "el ciclo de financiarización de la riqueza dependía de la lógica de transferencia continua de ingresos generados por el sector productivo, especialmente por el ingreso laboral"[338]. En efecto, fue necesario el desarrollo del capital productivo, no obstante que, la diferencia, estuvo determinada por la valorización de este, al predominar la asociada al capital financiero.

4.1.2. La predominante inmigración europea

Respecto a la migración experimentada durante aquel periodo, junto a Argentina, Brasil se constituyó en uno de los países de Sudamérica con mayor cantidad de inmigrantes. En efecto, entre los años 1950-1960, según se desprende de la información contenida en el censo demográfico del año 1960[339], el número de inmigrantes alcanzó las 1.252.467 personas[340].

Se trató de una inmigración mayoritariamente masculina, al constituir esta, un 54.9% del total. En lo relativo al grupo etario, el 58.9% de los inmigrantes se concentraron en edades jóvenes, laboralmente activas que iban desde los 25 a los 59 años[341].

---

338 POCHMANN, Marcio, "Protección social en la periferia del capitalismo. Consideraciones sobre Brasil", *Sao Paulo en perspectiva,* Vol. 2, N° 18, 2004, p. 7.

339 Las diversas cifras que se mencionan en torno al análisis de la migración durante el periodo 1950-1960, fueron obtenidas del censo demográfico nacional brasileño del año 1960, disponible en https://biblioteca.ibge.gov.br/visualizacao/periodicos/68/cd_1960_v1_br.pdf (consultado el 02.06.2020).

340 Censo demográfico nacional brasileño de 1960, p. 10, disponible en https://biblioteca.ibge.gov.br/visualizacao/periodicos/68/cd_1960_v1_br.pdf (consultado el 02.06.2020).

341 Ibíd.

Por su parte, la mayoría de los inmigrantes se concentraron en el estado de Sao Paulo (30.2%), Guanabara (10.8%) y Paraná (3.7%)[342]. Se trató de zonas en las que se ejercían importantes actividades económicas que reunían la mayor parte de la población brasileña, las que eran lideradas por la agricultura (11.825.940 personas), industrial (2.809.317 personas) y de prestación de servicios (2.745.958 personas)[343]. De esta forma, la actividad agrícola y de prestación de servicios, fue ejercida mayormente en el este y sur del país, específicamente en el estado de Sao Paulo, Bahía y Minas Gerais, mientras que la actividad industrial se desarrolló, principalmente, en el este y nordeste del país, en Estados como Guanabara y Rio de Janeiro[344].

En efecto, las edades de los inmigrantes y las zonas en las que estos residieron resultaron ser coherente con el perfil de personas laboralmente activas que residían en Estados que concentraban el desarrollo de las principales actividades económicas del país[345].

Lo anterior, se desarrolló en un momento en el que se intentó favorecer la modernización de la estructura productiva estatal, configurando una estructura industrial de tipo taylorista-fordista que impulsaba la industrialización bajo un modelo de crecimiento económico sustentado en la sustitución por importaciones. De esta forma, la migración registrada durante los años 50 a 60 del siglo XX, da cuenta de un perfil conformado por personas inmigrantes adultas que se encontraban entre los 25 y 59 años, equitativa en cuanto al sexo, sin perjuicio de observarse una leve cantidad mayor de hombres. Se trató de colectivos que siguieron el patrón nacional, en orden a residir en Estados que concentraban las principales actividades económicas del país, a partir del cual, se estima que, el desarrollo de la inmigración estuvo determinado por la demanda de mano de obra. Así, desde la colonización hasta mediados del siglo XX, Brasil registró cerca de 4.4 millones de personas provenientes desde Europa, específicamente

342 Ibíd., p. 91.

343 Ibíd., p. 52-53.

344 Ibíd., p. 100.

345 En efecto, el 16.3% del total de la población brasileña residía en Minas Gerais, el 15.8% en Sao Paulo y el 9.2% en Bahía. Información disponible en Censo demográfico nacional de 1960, p. 11, disponible en https://biblioteca.ibge.gov.br/visualizacao/periodicos/68/cd_1960_v1_br.pdf (consultado el 02.06.2020).

de Portugal, España, Italia, Alemania y Japón, los que se insertaron como fuerza de trabajo dedicados al sector agrícola[346].

4.2. *Segundo periodo (1964-1985)*

En esta sección analizaré el contexto político y socioeconómico configurado en Brasil, entre los años 1964 y 1985, evidenciando las principales transformaciones estructurales experimentadas en esos ámbitos y los patrones que caracterizaron a la migración desarrollada durante los años 1960 y 1980[347].

4.2.1. El fin del Estado desarrollista y el inicio del proyecto neoliberal

El presente periodo se inicia con el golpe de estado del año 1964, el que dio lugar al desarrollo de una dictadura militar que se mantuvo hasta el año 1985. En lo relativo a las condicionantes estructurales socioeconómicas, en aquella etapa, se llevaron cabo importantes transformaciones. En efecto, se procedió a la apertura de un periodo liberal, determinado por la desindustrialización, el que favoreció la configuración de una estructura internacional de producción, viendo en el endeudamiento externo, la vía para financiar inversiones en el país.

De esta forma, la mayor asociación entre la economía brasileña y el capital extranjero tuvo lugar a partir de ese momento. Lo anterior, en un contexto de transformación internacional del capital post II guerra mundial, el que a partir de la década del 70 se dirigió hacia las economías periféricas, bajo el control de los centros capitalistas, en

---

346 Perfil migratorio de Brasil 2009, OIM, 2010, p. 10, disponible en https://publications.iom.int/system/files/pdf/brazil_profile2009.pdf. (consultado el 02.06.2020).

347 Cabe señalar que, el análisis de la inmigración del periodo se encuentra condicionado a un factor temporal, determinado por las fuentes consultadas. Así, los datos demográficos registrados por los censos nacionales recopilan la información de los últimos diez años. Debido a lo anterior, analizaré los patrones migratorios desarrollados entre los años 1960 y 1980.

especial, del proveniente desde Estados Unidos. Cabe señalar que, para lograr tales transformaciones, la elite empresarial jugó un rol fundamental, ya que se generaron alianzas que permitieron al capital extranjero aprovechar las estructuras de base de las empresas nativas, facilitando la incorporación hegemónica del capital internacional y la dependencia del desarrollo interno a este último.

No obstante, la presencia del capital extranjero en la economía brasileña, en el marco de un capitalismo monopolista, logró que el Estado pudiese seguir manteniendo un control sobre la producción industrial, sin embargo, como sostiene Sader, se trató de una época gobernada por una burguesía estatal, ya que "las empresas estatales funcionaron con la misma lógica que las empresas privadas, pero debido a los intereses de una burguesía estatal"[348].

Por su parte, la dictadura militar proyectó una ofensiva hacia los trabajadores, afectando el ejercicio de sus derechos colectivos, tales como el derecho a huelga y a la sindicalización. En efecto, por la vía violenta se intentó detener la fuerza sindical impulsada desde la presidencia de Vargas, las que fueron consideradas por las clases dominantes como una amenaza en la lucha por el poder. Así, con el objetivo de disolver los movimientos de masas, los que hasta ese momento eran liderados por los sindicatos, obreros y campesinos, se dictó la ley de seguridad nacional, contenida en el Decreto Ley N°314 de 1967, norma que vino a definir los crímenes contra la seguridad nacional, el orden político y social, restringiendo el ejercicio de algunos derechos, tales como la libertad de expresión y el de reunión, además de promover el adoctrinamiento hacia la configuración de un proyecto nacionalista. En la misma línea se creó la Constitución de 1967, la que institucionalizó el poder del régimen militar, estableciendo ciertos enclaves autoritarios que favorecieron la concentración del poder en el ejecutivo, la ampliación de facultades de las autoridades militares y la afectación al reconocimiento y garantía de derechos políticos, libertades fundamentales y derechos laborales. Sumado a lo anterior, desde el punto de vista socioeconómico, se llevaron a cabo ajustes en el gasto público a través de la eliminación de subsidios y la configura-

---

348 SADER, Emir, *Lula y la izquierda del siglo XXI. Neoliberalismo y posneoliberalismo en Brasil y América Latina*, Colihue, Buenos Aires, 2019, p. 88.

ción de nuevos activos monetarios, como los depósitos a largo plazo, cuentas de ahorro y letras de cambio[349].

Los momentos de crisis que se desataron durante la dictadura, marcados por el alto índice de inflación y una intensa desaceleración económica, contribuyeron a generar el contexto propicio para que durante los años que siguieran a esta se establecieran políticas neoliberales, manifestadas en privatizaciones y en la consolidación de una burguesía que pasó a controlar los procesos productivos y el capital financiero. En efecto, la crisis del petróleo del año 1973 incrementó el endeudamiento y disminuyó el promedio anual de crecimiento económico. Así, en el periodo comprendido entre el año 1973 y 1980, el porcentaje anual del PIB cayó de 13.9% a 9.11%, y la deuda externa registró un aumento al pasar en esos años de 15.006 a 71.984 millones de dólares[350]. Tal panorama se agudizó en un segundo periodo comprendido entre los años 1980 y 1987. En tal sentido, la deuda externa, siguió creciendo al pasar de 71.984 a 120.477 mil millones de dólares[351], mientras que el promedio anual del PIB, continuó bajando al pasar desde el 9.1% al 3.6%[352].

El mecanismo que se utilizó para hacer frente a la gran crisis económica perpetrada durante la dictadura militar fue el de llevar a cabo transformaciones estatales, configurando un Estado mínimo, reajustando el gasto público, incentivando la inversión privada, flexibilizando el estatuto laboral, esta última para contener el poder de la clase trabajadora. En dicho contexto aparecerá el neoliberalismo, modelo que se articuló sobre la base de una política de privatizaciones, la superación del modelo de desarrollo industrial de tipo fordista, relocalizando el capital y los procesos productivos en la periferia

---

349 DE CASTRO, Regis, "Brasil: a economía do capitalismo selvagem", *Lua Nova*, N° 57, 2002, p. 24.

350 Información del Banco Mundial, disponible en https://datos.bancomundial.org/indicador/NY.GDP.MKTP.KD.ZG?end=1984&locations=BR&start=1964 (consultado el 02.06.2020).

351 Información del Banco Mundial, disponible en https://datos.bancomundial.org/indicador/DT.DOD.DECT.CD?end=2018&locations=BR&start=2015&view=chart (consultado el 02.06.2020).

352 Información del Banco Mundial, disponible en https://datos.bancomundial.org/indicador/NY.GDP.MKTP.KD.ZG?end=2018&locations=BR&most_recent_year_desc=true&start=1961&view=chart (consultado el 02.06.2020).

del sistema, a través de la internacionalización de la economía y valorizando el capital financiero por sobre el productivo[353].

Ante tal realidad autoritaria y de crisis, el periodo finalizó con un evidente retroceso en lo relativo al reconocimiento y ejercicio de los derechos y libertades fundamentales, y desde la perspectiva económica, con una industria brasileña que como indica Medialdea, "fue incapaz de producir bienes de capital en una proporción significativa que le permitiera fortalecer su capacidad interna de acumulación"[354], significando lo anterior, un retroceso en el desarrollo de la estructura productiva nacional. Sin perjuicio de lo anterior, la consolidación y legitimación del sistema tendrá lugar años más tardes, al retornar la democracia.

4.2.2. Patrones migratorios del periodo

Para analizar la migración desarrollada durante los años 1960 y 1980, haré una separación respecto de aquello que transcurre entre 1960 y 1970, por un lado, y entre 1970 y 1980, por el otro. Lo anterior, atendido a la división temporal que existe en torno a la recopilación de datos que permiten evidenciar el tipo y el perfil migratorio del periodo, las que sistematizan la información en tramos de diez años.

A) Entre el fin del Estado desarrollista y los primeros años de la dictadura: Migración del periodo 1960-1970

Respecto a la migración desarrolladas durante el periodo señalado, esta continuó siendo una de las más altas de América Latina, sin

---

353 Cabe señalar que, entre 1970 y 1980, Brasil fue el país con mayor inversión extranjera de América Latina, siendo desplazado en la década del 90 por Argentina, en BITTENCOURT, Gustavo y DOMINGO, Rosario, "Inversión extranjera directa en América Latina: tendencias y determinantes", *Cuadernos de trabajo*, N° 6, 1996, singularizado en ROCHA, Daniel, "Estado, empresariado e variedades de capitalismo no Brasil: política de internalização de empresas privadas no governo o Lula", *Revista de sociología e Política*, Vol. 22, N° 51, 2014, p. 187.

354 MEDIALDEA, Bibiana, "Limites estructurales al desarrollo económico: Brasil (1950-2005)", Ob. Cit., p. 63.

embargo, fue menor en comparación con aquella que tuvo lugar entre los años 1950 y 1960. Lo anterior, estuvo determinado por aquello que se desarrolló a partir del año 1964, esto es, el inicio y desarrollo de la dictadura militar, marcada por el ejercicio de acciones violentas por parte del Estado, representado por quienes se atribuyeron el poder político.

De acuerdo con la información contenida en el censo demográfico nacional del año 1970[355], los inmigrantes representaban el 1.17% del total de la población del país, al llegar a las 1.082.745 personas, de los cuales, el 53.7% correspondía a hombres y el 46,3% a mujeres[356]. Si bien la cifra total fue menor en relación con la registrada durante el periodo anterior, lo cierto es que igual se trató de un número considerable, siendo superada por Argentina, país en donde el número de inmigrantes había alcanzado las 1.900.000 personas. Sin perjuicio de la diferencia en el número, en ambos países predominó la inmigración europea, la que constituyó el 44.4% del total, conformada, específicamente por italianos (128.726), españoles (115.893) y portugueses (40.216), mientras que, muy por debajo venían los de nacionalidades de países americanos (7.1%), específicamente paraguayos (18.632), argentinos (14.536) y estadounidenses (12.331)[357].

En lo relativo al lugar de residencia de los inmigrantes del periodo, el 90.2%, lo hizo en zonas urbanas, específicamente en Sao Paulo (30.3%), Guanabara (10.3%) y Paraná (3.2%)[358], pese al contexto desarrollado, en el que la mayoría de la población estaba dedicada a la actividad agrícola. No obstante, en comparación con el periodo anterior, el rubro industrial sobrepasó al de servicios[359], los que fueron ejercidos por personas cuyo rango etario se encontraba entre los 20 a 49 años, lo que resultó ser coherente con la edad de la mayoría

355 Las diversas cifras que se mencionan en torno al análisis de la migración durante el periodo 1960-1970, fueron obtenidas del censo demográfico nacional brasileño del año 1970, disponible en https://biblioteca.ibge.gov.br/visualizacao/periodicos/69/cd_1970_v1_br.pdf (consultado el 02.06.2020).

356 Ibíd., p. 15.

357 Ibíd., p. 2.

358 Ibíd., p. 166.

359 Ibíd., p. 74.

de los inmigrantes, ya que el 52.81% del total, tenía entre 20 y 54 años[360].

En síntesis, durante los años 60 y 70 se evidenció la persistencia en el alto número de inmigrantes, pese a que este haya sido menor en relación con el decenio anterior, lo que al igual que los otros países analizados, podría deberse al momento político, de tipo autoritario y dictatorial desarrollado. Se trató de una migración conformada, mayoritariamente, por inmigrantes europeos, personas de edades adultas que se asentaron en zonas urbanas. Lo anterior, en un contexto en donde la actividad económica estaba centrada en la agricultura, seguida de la industrial, la que durante esos años sobrepasó a la relativa a prestación de servicios, en cuanto al número de personas dedicadas a estas.

B) Migración en tiempos dictatoriales (1970 y 1980)

Aquel periodo, estuvo marcado por el pleno desarrollo de la dictadura militar, razón por la cual se evidenciaron transformaciones estructurales que se habían empezado a gestar en sus inicios, al llegar los años 70, cuestión que vino a condicionar el desarrollo de fenómenos, tales como la focalización del gasto público, las definiciones en torno la estructura productiva, la relación capital-trabajo y el tipo de migraciones.

En tal contexto dictatorial y siguiendo la tendencia del resto de los países analizados, la migración desarrollada durante el decenio de los años 70, según lo registra el censo demográfico nacional del año 1980[361], continuó disminuyendo, llegando a las 912.848 personas, de las cuales, el 52.7% correspondían a hombres y el 47.2% a mujeres[362]. Se trató de la cifra más baja desde mediados del siglo XX, la que estuvo conformada, principalmente por personas de edades

---

360 Ibíd., p. 15, 82 y 83.

361 Las diversas cifras relativas a la inmigración del periodo, fueron obtenidas del censo demográfico nacional brasileño del año 1980, disponible en https://biblioteca.ibge.gov.br/visualizacao/periodicos/72/cd_1980_v1_t4_n1_br.pdf (consultado el 02.06.2020).

362 Ibíd., p.2.

adultas, ya que el 83.8% se ubicó en el tramo etario que iba desde los 30 y 70 años y más[363].

Por su parte, la inmigración predominante fue la europea, al constituir el 66.7% del total, conformada por portugueses (348.815), italianos (87.076) y españoles (81.290), seguida de la asiática, específicamente japoneses (125.118). En cuanto a la inmigración latinoamericana, destacó la presencia de argentinos (22.134), uruguayos (17.263) y chilenos (17.127)[364]. Cabe señalar que, como indica Rangel, la inmigración proveniente desde Portugal, Italia y España, se debió a un proceso iniciado a mediados del siglo XX, a propósito del desarrollo de la industria del café. Así, el gobierno de la época fomentó la llegada de inmigrantes de esos países para que trabajaran en su producción. Lo mismo ocurrió con la inmigración de japoneses, los que en un inicio llegaron a trabajar en la cosecha de café, pero que al pasar los años se desplazaron hacia zonas urbanas para dedicarse al rubro dedicado al comercio y servicios[365].

En lo relativo al lugar de residencia de los inmigrantes, el 94.7% lo hizo en zonas urbanas, específicamente en Sao Paulo (57.3%), Rio de Janeiro (23.6%) y Paraná (4.6%)[366]. En efecto, se trató de Estados que constituían importantes centros financieros del país, al ser sede de muchas empresas extranjeras con un histórico desarrollo industrial y de servicios. Finalmente, respecto al número de emigrantes, durante el periodo analizado se verificó un leve aumento, equivalente al 56.6%, pasando desde las 97.191 a las 152.257 personas[367].

De esta forma, durante aquel periodo, se alcanzó una baja histórica en el número de inmigrantes, observándose un cambio en lo relativo a ciertos patrones, como fue la disminución de la inmigración europea y el aumento en la llegada de personas con nacionalidades de países del continente asiático y de la región latinoamericana. Lo

---

363 Ibíd., p. 45.

364 Ibíd., p. 52.

365 RANGEL, José, "Información de los censos demográficos del Brasil sobre migraciones internas: críticas y sugerencias para el análisis", *Notas de población*, Año XXXVI, N° 88, 2009, p. 42.

366 Ibíd., p. 86.

367 BAENINGER, Rosana, "La migración internacional de los brasileños: características y tendencias", *Población y Desarrollo*, N°27, 2002, p. 35.

anterior, en un contexto de fomento de la actividad industrial, la que se concentró en Estados en los que se asentaron la mayoría de los inmigrantes, esto es, las zonas urbanas de Sao Paulo y Rio de Janeiro, evidenciándose, así, una correlación entre la transformación de condiciones estructurales relativas al diseño productivo del país y el comportamiento de los sujetos inmigrantes. Tratándose del Estado de Paraná, este constituyó un importante centro de atracción, lo que vino dado por su gran frontera agrícola, determinado por las ramas de desarrollo de actividades relacionadas con la ganadería y la minería[368].

4.3. Tercer periodo (1985-2001)

En esta sección analizaré el contexto político y socioeconómico configurado en Brasil, entre los años 1985 y 2001, evidenciando las principales transformaciones estructurales experimentadas en esos ámbitos y los patrones que caracterizaron a la migración desarrollada durante los años 1980 y 2001[369].

4.3.1. El retorno a la democracia y la consolidación del Estado neoliberal

El presente periodo incluye el desarrollo de una etapa de transición que estuvo marcada por la elección presidencial democrática de José Sarney y de aquello que transcurre durante la década del 90, determinada por la consolidación y legitimación del modelo neoliberal que había sido diseñado en dictadura.

Así, en la primera etapa señalada, se intentó superar el desnivel social generado en los años anteriores, reivindicando el respeto y

---

368 RANGEL, José, "Información de los censos demográficos del Brasil sobre migraciones internas: críticas y sugerencias para el análisis", Ob. Cit., pp. 233-238.

369 Cabe señalar que, el análisis de la inmigración del periodo se encuentra condicionado a un factor temporal, determinado por las fuentes consultadas. Así, los datos demográficos registrados por los censos nacionales recopilan la información de los últimos diez años. Debido a lo anterior, analizaré los patrones migratorios desarrollados entre los años 1980 y 2001.

protección de los derechos civiles, políticos y sociales que habían sido arrebatados en dictadura. En tal sentido, el año 1988 se creó y promulgó una nueva Constitución, la que pretendió servir como límite al modelo neoliberal. En efecto, la nueva carta fundamental vino a contemplar un capítulo en el que se reconocieron nuevos derechos sociales, tales como el derecho a la educación, a la salud, al trabajo, a la seguridad social, a la maternidad, al salario mínimo, a un seguro de desempleo, a la jubilación, entre otros[370]. Aquella norma se redactó por una asamblea nacional constituyente, proceso que se llevó a cabo con una fuerte custodia por parte de las fuerzas armadas quienes se encontraban a cargo de la seguridad nacional. Lo anterior en un momento marcado por la intensa actividad política de los partidos de izquierda conformados por sindicatos de trabajadores, como fue el partido de los trabajadores y el movimiento de los sin tierra.

Sin perjuicio de la creación de la Constitución comentada, lo cierto es que, como indica Sader, en lo relativo al poder económico, "no se democratizó el sistema bancario, ni los medios de comunicación, ni la propiedad de la tierra, ni las grandes estructuras industriales y comerciales. El fin de la dictadura no representó la democratización de la sociedad brasileña"[371]. Lo anterior se debe a que Brasil siguió desarrollándose bajo una estructura neoliberal de la cual derivaron problemas sociales y económicos determinados por la configuración de un Estado subsidiario y la falta de crecimiento económico.

---

370 Sobre un análisis sistemático acerca de los derechos sociales en la Constitución de Brasil, ver NOGUERA, Albert, *Los derechos sociales en las nuevas Constituciones Latinoamericanas*, Tirant Lo Blanch, Valencia, 2010, pp. 70-96. En dicha obra, el autor también desarrolla los problemas relacionados con el ejercicio y protección de tales derechos. Lo anterior con ocasión de las reformas constitucionales llevadas a cabo durante los años 90. En el mismo sentido, ver PEREIRA, Airton, *Direito do trabalho, direitos humanos sociais e a Constituiçao Federal*, LTR, Sao Paulo, 2006; W. SARLET, Ingo, "Os directos fundamentais sociais na Constituiçao de 1988", en VV.AA. *O direito público en tempos de crise*, Livreria do adrogado, Porto Alegre, 1999 y BARROSO, Luis, *O direito constitucional e a efectividade de suas normas*, Renovar, Río de Janiero, 1996.

371 SADER, Emir, "La construcción de la hegemonía posneoliberal", en SADER, Emir (ed.), *Lula y Dilma. Diez años de gobiernos posneoliberales en Brasil*, Traficantes de sueños, Brasil, 2014 p. 164.

En efecto, a partir de los años 90, de la mano de los gobiernos de Fernando Collor y Fernando Cardoso, el neoliberalismo vino a profundizar la dependencia del país hacia organismos económicos internacionales controlados por las formaciones capitalistas centrales. Lo anterior, a través de la implementación y ejecución de políticas de privatizaciones, austeridad fiscal en lo relativo al gasto público y social, aumento de la deuda externa, liberalización de le economía, por medio de la apertura a la inversión de capitales extranjeros, lo que fue legitimado por medio del discurso y aceptación de la globalización financiera.

El acercamiento hacia la globalización capitalista y a las políticas de libre mercado, se llevaron a cabo mediante la eliminación de barreras arancelarias, la rebaja de las tasas de importación y la elaboración e implementación de un programa nacional de privatizaciones. Al respecto, como sostiene Alves, durante el gobierno de Fernando Collor, se generaron una serie de condiciones estructurales, comprometidas con políticas neoliberales, las que estuvieron dirigidas a "facilitar el acceso al país a la gran cantidad de capital financiero internacional, a su valorización ficticia y a su acceso libre"[372]. De esta forma, por medio de la ley N°8031 de 1990, se creó un programa nacional de desastización, cuyo objetivo fue impulsar la transferencia de actividades explotadas por el sector público sometiéndolo a la libre iniciativa privada, reforzando la capacidad empresarial en diversos sectores de la economía, mediante su apoyo al fortalecimiento del mercado de capitales y contribuyendo al desarrollo del proceso de modernización industrial. Además, dicha ley reconoció el tipo de empresas que podían ser privatizadas, consagrando competencias a una comisión a cargo de coordinar, supervisar y fiscalizar la ejecución del programa, la que se encontraba subordinada al presidente de la república[373].

Por su parte, entre el año 1994 y 2002, la presidencia de la nación fue asumida por Fernando Cardoso, quien mantuvo y consolidó el proceso de privatizaciones y el incentivo de la inversión de capitales

---

[372] ALVES, Giovanni, "Trabalho e sindicalismo no Brasil um balanço crítico da "década neoliberal" (1990-2000)", *Revista de sociología e política*, N° 19, 2002, p. 73.

[373] Ley N° 8031 que crea el programa nacional de desastización, Brasil, 1990.

extranjeros en el sector de transporte, comunicaciones y minería. Así, al año 1994, el número de adquisiciones en la industria y servicios llagaba a las 1.175 operaciones, sumándose al año 1997, otras 370[374]. Lo anterior, en un contexto de crisis política y económica que anteriormente había significado la destitución del presidente Fernando Collor. En tales circunstancias, se implementó el Plan Real de 1994, el que había sido ideado durante la presidencia de Itamar Franco, cuya finalidad fue estabilizar la economía brasileña y reducir la hiperinflación del periodo. A través de este, se aprobó un fondo social de emergencia el que facultó al gobierno para disponer del 20% de los ingresos, además de la creación de la unidad real de valor para sincronizar variaciones de precio y salarios y el establecimiento de una nueva moneda, el real[375].

De esta forma, se llevó a cabo una reestructuración productiva que vino determinada por los cambios en la organización del trabajo y de las condiciones laborales, tales como jornadas, ingreso, ejercicio de derechos colectivos del trabajo, entre otros. Aquellos elementos, sumado a la variación en lo relativo a la participación del Estado en la economía y las relaciones entre el capital nacional y extranjero, condujeron a redefinir las fracciones del capital dominante, el que, siguiendo la lógica internacional, llevó a que prevaleciera la valorización del capital financiero por sobre el industrial, lo que en Brasil significó la necesidad de poner en venta varias empresas nacionales, aumentando la desindustrialización.

En efecto, la injerencia del capital transnacional desincentivó el desarrollo de la industria local en ciertos sectores estratégicos, suponiendo la conformación de un bloque dominante, el que como sostiene Figueiras, estuvo integrado por "el capital financiero internacional, los fondos de inversiones y grandes bancos de países desarrollados"[376]. Al respecto, como destaca Sader, el "modelo incentivó la financiarización de la economía, ya que la desregulación de la

---

374 ALVES, Giovanni, "Trabalho e sindicalismo no Brasil um balanço crítico da "década neoliberal" (1990-2000)", Ob. Cit., p. 75.

375 BAUMANN, Renato y MUSSI, Carlos, *Algunas características de la economía brasileña desde la adopción del plan real*, Naciones Unidas Cepal, Santiago, 1999, p. 13.

376 FIGUEIRAS, Luiz, "O neoliberalismo no Brasil: estructura, dinámica e ajuste do modelo económico", en BASUALDO, Eduardo y ARCEO, Enrique, *Neoliberalis-*

economía liberó capitales que se desplazaron de manera masiva al sector financiero, buscando las mejores formas de maximización de ganancias"[377].

A la nueva estructura productiva que tuvo como principales agentes a las empresas transnacionales, la caracterizó, como señala Alves "la introducción de nuevas tecnologías en la producción y nuevas formas de organización capitalista de tipo toyotismo sistémico con nexos contingentes tales como trabajo en equipo, programas de calidad, entre otros"[378]. Lo anterior dio paso a la integración de una nueva fuerza de trabajo que estuviese dispuesta a incorporar habilidades establecidas por el modelo, las que sirvieron para disminuir los costos de producción y neutralizar nuevas formas de explotación y de precariedad laboral[379].

Cabe señalar que, durante dicho periodo, el rol del Estado se vio disminuido en lo relativo a la configuración de políticas sociales, las que fueron transferidas al sector privado, susceptibles de ser comercializadas. Se traspasó la responsabilidad de cuestiones sociales al campo de la libre iniciativa económica, cediendo terreno al capital financiero internacional. Así ocurrió con la salud, al proliferar seguros privados, y en educación, al estimular y fomentar la apertura de centros privados de enseñanza. En relación con esto último, se consolidó el mercado de universidades privadas apoyado normativamente por la ley de directrices y bases de educación del año 1996[380], norma que reconoció nuevas formas de organización de la educación nacional, lo que fue complementado con el programa de financiación estudiantil (FIES), creado en 1999, el que estimuló la obtención de créditos estudiantiles beneficiando a las universidades privadas al poder incrementar las matrículas ofertadas ya que más estudiantes podrían

---

mo y sectores dominantes. Tendencias globales y experiencias nacionales, Clacso, Buenos Aires, 2006, p. 184.

377 SADER, Emir, "La construcción de la hegemonía posneoliberal", Ob. Cit., p. 165.

378 ALVES, Giovanni, "Trabalho e sindicalismo no Brasil um balanço crítico da "década neoliberal" (1990-2000)", Ob. Cit., p. 79.

379 Ibíd., p. 81.

380 Ley Nº 9394 que establece las directrices y bases de la educación nacional, Brasil, 1996.

estudiar al tener nuevas posibilidades de pago, suponiendo, también, una ventaja para los bancos que eran las instituciones encargadas de otorgar dichos créditos, cobrando tasas y ampliando su cartera de clientes obligados a endeudarse para financiar sus estudios universitarios.

La definición de la estructura política, social y económica de Brasil, centrada en el mercado y no en el Estado, hicieron que, durante los años del periodo analizado, se registrara una degradación del crecimiento anual del PIB, sumado al aumento de la deuda externa y del nivel de desempleo. En efecto, en cuanto a la deuda externa, desde el año 1990 hasta antes de la llegada de Lula el 2003, esta pasó desde los 120.312 a los 235.908 mil millones de dólares[381]. En lo relativo al crecimiento anual del PIB, si bien este pasó de -3.1% a 1.1%, lo cierto es que su promedio se mantuvo en el 2%, registrando un ritmo muy inestable, marcado con abruptas caídas y subidas por año[382]. En cuanto al desempleo, esta aumentó desde el 6.3% a 9.9%[383].

De esta forma, al periodo lo caracterizó las consolidación y legitimación de las transformaciones neoliberales que habían sido diseñadas durante la dictadura, las que estuvieron determinadas por la apertura de la economía, el fomento de la inversión de capitales extranjeros, el aumento de la deuda externa y la consolidación del proceso de privatizaciones y de financiarización de la economía. Con tales estructuras, se dará paso a un cambio, el que vendrá dado por la elección presidencial de un histórico representante del partido de los trabajadores, Luiz Inácio Lula da Silva.

---

381 Datos del Banco Mundial, disponibles en https://datos.bancomundial.org/indicador/DT.DOD.DECT.CD?end=2002&locations=BR&start=1990&view=chart (consultado el 02.06.2020).

382 Datos del Banco Mundial, disponible en https://datos.bancomundial.org/indicador/NY.GDP.MKTP.KD.ZG?end=2003&locations=BR&most_recent_year_desc=true&start=1990&view=chart (consultado el 02.06.2020).

383 Datos del Banco Mundial, disponibles en https://datos.bancomundial.org/indicador/SL.UEM.TOTL.ZS?locations=BR (consultado el 02.06.2020).

4.3.2. La migración en el periodo neoliberal

Para analizar la migración desarrollada durante los años 1980-2001, haré una separación respecto de aquello que transcurre entre 1980 y 1991, por un lado, y entre 1991 y 2001, por el otro. Lo anterior, atendido no solamente a la división temporal que existe en torno a la recopilación de datos que permiten evidenciar el tipo y el perfil migratorio del periodo, las que sistematizan la información en tramos de diez años, sino que, además, debido a los acontecimientos desarrollados en cada decenio. Así, refiriéndome al primero de ellos, se verifica el término de la dictadura militar y el inicio de un proceso de transición, mientras que, tratándose del segundo, se evidencia el desenlace de un periodo democrático, durante el cual tuvo lugar la consolidación y legitimación del proyecto neoliberal que había sido diseñado en dictadura.

Respecto a la migración experimentada durante el periodo que va desde el año 1980 y 1991, según lo registra la información contenida en el censo demográfico nacional de ese último año[384], se evidenció una baja considerable en el número de inmigrantes en comparación con el periodo anterior. Tal disminución podría explicarse debido al arrastre de una larga dictadura militar, la que llegó a cubrir la mitad del periodo, tiempo durante el cual la migración fue regulada por medio de políticas restrictivas y autoritarias. A lo anterior se sumó el alto número de personas que emigraron del país. En efecto, si bien, "la caracterización y medición de estos flujos son bastante complejos y difícil de registrar, ya que los sistemas de información, en general, no están diseñados para registrar desplazamientos de nacionales fuera del país"[385], lo cierto es que entre los años 1980 y 2000, al menos dos millones de brasileños emigraron de país[386].

Entre el año 1980 y 1991, el número de inmigrantes llegó a las 431.692 personas, los que se concentraron en edades adultas, ubica-

[384] Las diversas cifras que se mencionan en torno al análisis de la migración durante el periodo 1980-1991, fueron obtenidas del censo demográfico nacional brasileño del año 1991, disponible en https://www.ibge.gov.br/en/statistics/social/population/18521-2000-population-census.html?edicao=18531&t=resultados

[385] Perfil migratorio de Brasil 2009, Ob. Cit., p. 16.

[386] Ibíd., p. 18.

das entre los 45 a 70 años y más de edad[387]. Del total número total, el 51.4% correspondió a hombres y el 48.5% a mujeres[388]. En cuanto a la cantidad de inmigrantes según su nacionalidad, el 61.9% correspondía a europeos, el 14.9% a sudamericanos y el 11.9% a asiáticos[389].

Respecto a las migraciones registradas entre los años 1991 y 2001, según lo registra la información contenida en el censo demográfico nacional de ese último año[390], en comparación con el decenio anterior, se evidenció un aumento en el número de inmigrantes, al alcanzar las 510.067 personas[391], de las cuales, 52.3% correspondía a hombres y 47.6% a mujeres. Se trató de una población adulta, ya que el 65.7% se encontraba en el tramo etario comprendido entre los 45 y 70 años y más[392], lo que se podría explicar debido al envejecimiento progresivo que se fue evidenciando por parte del alto contingente de inmigrantes que arribó al país a mediados del siglo XX. En cuanto a la cantidad de inmigrantes según su nacionalidad, el 79% correspondía a europeos, el 26.6% a sudamericanos y el 15.9% a asiáticos[393].

En cuanto al lugar de residencia, el 96% se asentó en zonas urbanas del país[394], específicamente en Sao Paulo y Rio de Janeiro, lo que obedecía a que en ambas ciudades se concentró la actividad económica de Brasil[395]. En efecto, el aumento de la densidad pobla-

---

387 Censo demográfico nacional brasileño de 1991, disponible en https://www.ibge.gov.br/en/statistics/social/population/18521-2000-population-census.html?edicao=18531&t=resultados (consultado el 02.06.2020).

388 Ibíd.

389 Información disponible en https://datosmacro.expansion.com/demografia/migracion/inmigracion/brasil?anio=1990#geo0 (consultado el 02.06.2020).

390 Censo demográfico nacional brasileño del año 2000, documento Excel, disponible en https://www.ibge.gov.br/estatisticas/sociais/populacao/9663-censo-demografico-2000.html?edicao=10192&t=downloads (consultado el 02.06.2020).

391 Ibíd.

392 Ibíd.

393 Información disponible en https://datosmacro.expansion.com/demografia/migracion/inmigracion/brasil?anio=2000#geo0 (consultado el 02.06.2020).

394 Ibíd.

395 Perfil migratorio de Brasil 2009, Ob. Cit., p. 21. En la misma línea, MATOS, Ralfo, "La participación de los trabajadores migrantes en áreas de desconcentración demográfica del Brasil contemporáneo", *Notas de Población*, Año XXX, N° 76, 2003, p. 177.

cional en zonas urbanas y en los Estados del sur y sureste del país, se explica debido a que "los sectores de actividades económicas de naturaleza urbana, como la industria de procesamiento y otros tales como el comercio de mercancías, servicios y actividades domésticas", se desarrollaron en aquellas zonas geográficas[396]. Así, la generalizada disminución de la población rural tuvo lugar en un contexto de consolidación de los procesos de urbanización desarrollados entre 1960 y 1980, lo que generó una gran distribución de la población hacia las áreas urbanas, lo que, a su vez, estaba relacionado con la relocalización de los mercados y la desconcentración espacial de las actividades económicas[397].

Durante el periodo analizado, es importante destacar el gran aumento que alcanzaron las autorizaciones de trabajo que se concedieron a los inmigrantes, las que pasaron desde 5.376 a 43.993[398]. De la misma forma, en lo relativo a las ramas de actividad de los inmigrantes económicamente activos, la mayoría se encontraba dedicado al comercio (22.744), a la actividad industrial (16.666) y a la intermediación financiera (9.780)[399]. En este sentido, en las tres actividades fueron ejercidas por inmigrantes con nacionalidad de países sudamericanos, entre los que destacaban los argentinos, paraguayos, uruguayos, chilenos, bolivianos y peruanos[400]. En síntesis, aquellos elementos, nos permiten concluir que se trató de una inmigración dispuesta a servir como fuerza de trabajo en las áreas en donde hasta ese momento se concentraba la actividad económica del país.

Cabe concluir que, durante el periodo analizado, si bien al inicio la cifra de inmigrantes disminuyó, cuestión que podría estar asociado al desarrollo de la dictadura militar, ésta registró un leve aumento durante la década del 90. Sin embargo, independiente del número,

---

396 Instituto brasileiro de geografía e estadística, *Tendencias demográficas. Uma análise do populaçao com base nos resultados des censos demográficos 1940 e 2000*, Rio de Janeiro, 2007, p. 76, disponible en https://biblioteca.ibge.gov.br/index.php/biblioteca-catalogo?view=detalhes&id=282733 (consultado el 02.06.2020).

397 MATOS, Ralfo, "La participación de los trabajadores migrantes en áreas de desconcentración demográfica del Brasil contemporáneo", Ob. Cit., p. 152.

398 Perfil migratorio de Brasil 2009, Ob. Cit., p. 22.

399 Ibíd.

400 Ibíd.

es importante destacar que, en esa etapa, se observó un cambio en el patrón migratorio, ya que a medida que fueron transcurriendo los años, el número de inmigrantes sudamericanos fue creciendo, sobrepasando a la histórica y tradicional inmigración europea. En efecto, entre 1981 y el año 2000, la inmigración sudamericana logró un incremento cercano al 22.98%, seguida de norteamericanos la que creció en un 10.87%, mientras que la de inmigrantes europeos tuvo un saldo negativo de -7.25%, al igual que la de asiáticos -47.28%[401]. Por su parte, al considerar factores tales como la nacionalidad de los inmigrantes, lugar de residencia, autorizaciones de trabajo, tasa ocupacional por rama de actividad, se concluye que, los inmigrantes provenientes desde Sudamérica cumplían con perfiles propicios para constituirse como fuerza de trabajo sin perjuicio de la alta tasa de inmigrantes de edades adultas, laboralmente inactivos que lo más probable correspondieron a europeos que llegaron durante la década del 60 del siglo XX, los que continuaron residiendo en Brasil.

Finalmente, en lo relativo a la emigración, entre el año 1990 y 2000, se observó un considerable aumento equivalente a un 93%, al pasar desde las 491.000 a las 940.430[402]. De esta última cifra, el 56.44% (547.772) correspondió a mujeres, mientras que el 43.50% (392.658), estuvo conformado por hombres[403].

4.4. *Cuarto periodo (2002-2020)*

En esta sección analizaré el contexto político y socioeconómico configurado en Brasil, entre los años 2002 y 2020, evidenciando las

---

401 LOPES, Neide, "Migraçoes internacionais de e para o Brasil contemporáneo, volunes, fluxos, significados e políticas", *Sao Paulo em perspectiva*, Vol. 19, N°3, 2005, p. 29.

402 Información del Centro de Análisis de Datos de Migración Global de la OIM, disponible en https://www.migrationdataportal.org/international-data?i=stock_abs_origin&t=2000&cm49=76 (consultado el 21.10.2021).

403 Información disponible en https://datosmacro.expansion.com/demografia/migracion/emigracion/brasil#:~:text=Aumenta%20el%20n%C3%BAmero%20de%20emigrantes%20brasile%C3%B1os&text=La%20emigraci%C3%B3n%20femenina%2C%201.007.396,a%20la%20de%20emigrantes%20hombres. (consultado el 21.10.2021).

principales transformaciones estructurales experimentadas en esos ámbitos y los patrones que caracterizaron a la migración desarrollada en dicho periodo[404].

4.4.1. Posneoliberalismo y el regreso de la derecha al poder

A la era neoliberal, le siguió una etapa posneoliberal, la que tuvo lugar a inicios del siglo XXI, marcada por la llegada al poder de gobiernos de izquierda progresistas, cuyas propuestas radicaron en tensionar el modelo económico vigente, diseñado en el tiempo de las dictaduras latinoamericanas y consolidado durante los años 90. Lo anterior, con el establecimiento de políticas sociales, la reorientación del rol del Estado y el fomento al desarrollo de la producción nacional. Tal panorama se evidenció en Brasil con la llegada de Lula, en Argentina con Néstor Kirchner y Cristina Fernández, en Venezuela con el gobierno de Hugo Chávez, en Ecuador con Rafael Correa, en Bolivia con Evo Morales, y más adelante en Uruguay con José Mujica.

Como indica Sader, a la etapa posneoliberal la caracterizó "la priorización de políticas sociales y no de ajuste fiscal, la priorización de procesos de integración regional y los intercambios sur-sur y no de los tratados de libre comercio con Estados Unidos, la priorización del papel del Estado como impulsor del crecimiento económico"[405].

En Brasil, aquella etapa se inició con el mandato presidencial de Luiz Inácio Lula da Silva, histórico representante del partido de los trabajadores. Al igual que en el caso argentino, su gobierno no desconoció el modelo neoliberal sobre el que se articularon las políticas socioeconómicas del Estado, sin embargo, su funcionamiento intentó ser conciliado con el establecimiento de una serie de medidas que tuvieron por objeto favorecer el rol del Estado en temáticas sociales, tales como educación, trabajo y obras públicas. Sus esfuerzos estuvie-

404 Cabe señalar que, el análisis de la inmigración del periodo se encuentra condicionado a un factor temporal, determinado por las fuentes consultadas. Así, los datos demográficos registrados por los censos nacionales recopilan la información de los últimos diez años.

405 SADER, Emir, "La construcción de la hegemonía posneoliberal", ob. Cit., p. 165.

ron dirigidos en conciliar el crecimiento y la productividad económica con el desarrollo social, fomentando la expansión del mercado interno y consolidando el rol del Estado en la superación de la pobreza.

Así, Lula consolidó el control sobre el capital extranjero, incentivó la inversión de fondos en empresas públicas, equilibró las condiciones laborales de los trabajadores dedicados a la agricultura, a la industria y al comercio, a través del otorgamiento de subsidios y de programas sociales. A lo anterior, se sumaron sus pretensiones consistentes en posicionar al capital nacional en el extranjero. Tal proceso se denominó "internacionalización productiva", el que como indica Rocha, estuvo caracterizado por "la compra y/o creación de actividad productiva en el extranjero a través de inversión directa"[406]. Así, la integración de la economía brasileña a la global se produjo con la participación y dirección protagónica del Estado, en miras a favorecer el crecimiento económico del país.

En lo relativo a la política exterior, durante aquella etapa se promovió la cooperación regional entre los países de América del Sur, lo que se manifestó en el fortalecimiento del Mercado Común del Sur (MERCOSUR) y la aprobación del tratado constitutivo de la Unión de Naciones Suramericanas (UNASUR), lo que supuso un cambio de dirección en relación con aquello que se había implementado durante los años anteriores, en orden a favorecer los vínculos con Estados Unidos, antes que con otras naciones de la región[407].

Respecto a la agenda social, esta consideró la creación e implementación de diferentes programas, conducentes a superar la desigualdad y la pobreza, entre los que destacaron el programa "Bolsa familia", creado por ley N°10.836 del año 2004, cuyo objetivo consistió en apoyar a las familias más vulnerables dada la situación de pobreza o de extrema pobreza en la que se encontraran. Los beneficios incluyeron el pago de transferencias monetarias, las que varían

---

406 ROCHA, Danilo, "Estado, empresariado e variedades de capitalismo no Brasil: política de internacionalizaçao de empresas privadas no gobernó o Lula", *Revista de sociología e política*, Vol. 22, N° 51, 2014, p. 79.

407 SADER, Emir, *Lula y la izquierda del siglo XXI. Neoliberalismo y posneoliberalismo en Brasil y América Latina*, Ob. Cit., p. 125.

en cantidad, dependiendo de la composición de la familia a la que se otorga. En la misma línea, por medio de la ley N°11.977 del año 2009, se creó el programa "Mi casa, mi vida" (2009), cuyo objetivo consistió en movilizar al sector de la construcción civil e incentivar la producción y adquisición de nuevas viviendas habitacionales para familias en situación de vulnerabilidad económica y social, lo que se determinó por el nivel de renta mensual. A los programas anteriores se sumó el de "hambre cero", a partir del cual se elaboraron políticas de seguridad alimenticia y nutricional, poniendo énfasis en el desarrollo de la agricultura familiar, incorporando un sistema de transferencias monetarias. En educación se implementó el programa "ProUni: Universidad para todos", el que consideró el otorgamiento de becas para asegurar el ingreso a universidades privadas que cumplieran con un estándar de calidad. En cuanto al salario mínimo, entre el año 2003 y 2011 este subió de 230 a 544 reales y entre el año 2012 al 2016 pasó desde los 622 a 880 reales[408]. En este sentido, en las diversas dimensiones sociales, fue el Estado y no el mercado el que encabezó la organización social del país.

Por su parte, entre los años 2003 y 2011, el promedio anual del PIB creció de 1.1% a 3.9%, alcanzando su máximo el año 2010, al llegar al 7.5%[409]. En lo relativo al nivel de desempleo, este bajó sucesivamente desde el 9% al 6.9% del total de trabajadores activos[410].

En efecto, a pesar de no haberse desconocido la base neoliberal, durante la "era Lula" destacó el desarrollo de políticas sociales, mejoramiento de condiciones laborales, específicamente salarios, la redistribución del ingreso, el desarrollo del mercado interno y la recuperación del rol social del Estado, recayendo en este y no en el mercado, la organización socioeconómica del país.

---

408 Información disponible en https://datosmacro.expansion.com/smi/brasil (consultado el 02.06.2020).

409 Datos del Banco Mundial, disponibles en https://datos.bancomundial.org/indicador/NY.GDP.MKTP.KD.ZG?end=2018&locations=BR&most_recent_year_desc=true&start=1961&view=chart (consultado el 02.06.2020).

410 Datos del Banco Mundial, disponibles en https://datos.bancomundial.org/indicador/SL.UEM.TOTL.ZS?locations=BR (consultado el 02.06.2020).

Finalizada la era Lula, el año 2011 la presidencia de la nación fue asumida por Dilma Rousseff, quien, durante su campaña electoral, había prometido dar continuidad a las políticas públicas desarrolladas por el gobierno de Lula. Así, permanecieron los programas sociales claves para enfrentar la exclusión y la desigualdad en el país. Sin embargo, la desaceleración económica, marcada por la caída del promedio anual de crecimiento del PIB[411], sumado a los problemas de corrupción política que salieron a la luz al término del mandato de Lula, generaron un descontento ciudadano, lo que se manifestó en el desarrollo de protestas que tuvieron lugar el día 13 de junio del año 2013. A partir de ese momento, se inició una ofensiva hacia la imagen y gestión de la presidenta Rousseff, situación que fue aprovechada por la derecha hasta ser destituida por el Senado.

Al respecto, Sader, considera que existen diversos factores que contribuyeron al desarrollo del *impeachment* hacia Dilma, entre los que destaca "un congreso financiado ampliamente por el empresariado, la judicialización de la política, simbolizada por las integraciones del Supremo Tribunal Federal y el rol de los medios de comunicación dirigidos por la derecha"[412].

En efecto, una vez destituida del cargo, entre el año 2016 y 2018, la presidencia del país fue asumida por Michel Temer, quien reactivó la agenda neoliberal, registrando saldos negativos en el nivel de desempleo al pasar desde un 11.6% a 12% de la población activa total[413], sumado al aumento de la deuda externa, la que creció de 543.257 a 557.823 millones de dólares[414]. A lo anterior, se sumó el cierre de ministerios y las controvertidas designaciones, entre las que destacan, "la extinción del Ministerio de Agricultura, de la Mujer, de la igual-

---

411 Durante esos años, el promedio anual del PIB cayó desde 3.9 a 1.3%. Datos disponible en https://datos.bancomundial.org/indicador/NY.GDP.MKTP.KD.ZG?end=2018&locations=BR&most_recent_year_desc=true&start=2011&view=chart (consultado el 02.06.2020).

412 SADER, Emir, *Lula y la izquierda del siglo XXI. Neoliberalismo y posneoliberalismo en Brasil y América Latina*, Ob. Cit., p. 135.

413 Datos del Banco Mundial, disponibles en https://datos.bancomundial.org/indicador/SL.UEM.TOTL.ZS?locations=BR (consultado el 02.06.2020).

414 Datos del Banco Mundial, disponibles en https://datos.bancomundial.org/indicador/DT.DOD.DECT.CD?end=2018&locations=BR&start=2015&view=chart (consultado el 02.06.2020).

dad racial y derechos humanos, de la Cultura, se nombraron en los cargos de primer nivel a representantes de la burguesía, fiscalización del financiamiento del sistema universal de salud, eliminación y reducción de políticas sociales, entrega de reservas petroleras al capital extranjero, retorno del proceso de privatizaciones"[415].

Por su parte, la derecha aprovechó la articulación judicial para imposibilitar, más adelante, la eventual candidatura a la presidencia de Lula, lo que sumado a la campaña de desprestigio hacia este último, repercutió en el resultado de la última elección presidencial, al ser elegido Jair Bolsonaro, quien, desde el inicio de su mandato, se ha encargado por radicalizar el proyecto conservador neoliberal, cancelando programas sociales, tales como el histórico "Bolsa familia", la salida de la Unión de Naciones Americanas, la explotación del Amazonas[416], entre otras controvertidas y criticadas acciones.

En síntesis, el periodo estuvo marcado por la implementación y ejecución de políticas desarrollistas más cercanas al de un Estado benefactor, pero sin poder desarraigarse de la base neoliberal que había sido creada durante la dictadura y puesta en funcionamiento al retornar la democracia, un neoliberalismo salvaje que en la actualidad se desarrolla en su máximo esplendor, modelo que determinará estructuras que influirán en una serie de fenómenos que ya se venían desarrollando, como ha ocurrido con el caso de los flujos migratorios, en lo relativo al perfil de estos, su intensidad, permisibilidad y el tipo de regulaciones adoptadas.

---

415 RÍOS, José Luis, "Tres etapas del "golpe blando" en Brasil: Hacia una nueva rearticulación social del capital", *Revista de Ciencias Sociales*, Vol. 31, N° 43, 2018, p. 192.

416 Al respecto, como sostiene Herrera, Queiroz y Pragana, el Amazonas se ha convertido en una nueva zona de explotación del capitalismo, permitiendo la apropiación de tierras por parte de grandes empresas. Así, "el Estado se puso al servicio de capitales nacionales y extranjeros, a través de programas, incentivos y créditos", en HERRERA, José Antonio, QUEIROZ, José y PRAGANA, Rodolfo, "Integration and structure of the amazonian territory as a result of capitalism expansión in Brazil", *Boletín de geografía Maringá*, Vol. 31, N° 2, p. 25.

4.4.2. Patrones y flujo de migrantes del periodo

Para analizar la migración desarrollada entre los años 2002 a 2020, conviene hacer una separación entre aquello que transcurre entre el 2002 y 2010, por un lado, y entre los años 2010 a 2020, por el otro. Lo anterior, atendida a la división temporal que existe en torno a la recopilación de datos que permiten evidenciar el tipo, la intensidad y el perfil migratorio del periodo. Cabe señalar que la migración desarrollada durante el último decenio debe ser analizada a la luz de otros informes, ya que el censo demográfico nacional programado para el año 2020 ha sido suspendido, debido al desarrollo de la pandemia ocasionada por el Covid-19 y por falta de presupuesto. Es por lo anterior, que las características enunciadas en este apartado tenderán a ser más generales, en relación con las del periodo anterior.

Tratándose de la etapa que va desde el año 2002 al 2010, según lo registra el censo demográfico nacional de ese último año[417], en primer lugar, hay que destacar que, después de Argentina, Brasil continuó siendo el país con mayor cantidad de inmigrantes de Sudamérica, al alcanzar un total de 431.319 personas, de las cuales, el 53.6% correspondió a hombres y el 46.4% a mujeres[418]. Del total, el 56% correspondía a europeos, el 39.9% a sudamericanos y el 17.7% a asiáticos[419]. Respecto al grupo etario, al igual que la tendencia de los años anteriores, el 52% pertenecía a aquel que iba desde los 55 hasta los 80 años y más, al que también pertenecieron los hombres (282.882)[420].

Respecto de la migración desarrollada entre los años 2010 y 2020, según lo registra la División de Población del Departamento de Asun-

---

417 Censo demográfico nacional brasileño del año 2010, disponible en https://www.ibge.gov.br/estatisticas/sociais/populacao/9662-censo-demografico-2010.html?edicao=9750&t=resultados (consultado el 02.06.2020).

418 Ibíd.

419 Información disponible en https://datosmacro.expansion.com/demografia/migracion/inmigracion/brasil?anio=2010#geo0 (consultado el 02.06.2020).

420 Censo demográfico nacional brasileño del año 2010, disponible en https://www.ibge.gov.br/estatisticas/sociais/populacao/9662-censo-demografico-2010.html?edicao=9750&t=resultados (consultado el 02.06.2020).

tos Económicos y Sociales de Naciones Unidas, el *stock* de migrantes aumentó considerablemente, al llegar a las 1.100.000personas[421].

En lo relativo al lugar de residencia de los inmigrantes, entre el año 2010 y 2018, el 41.2% se concentró en Sao Paulo, y el 9.4% en Rio de Janeiro[422]. En cuanto a la ocupación del mercado de trabajo, los inmigrantes que mayormente lo concentran son los haitianos (27.246), venezolanos (7.181), paraguayos (5.394), argentinos (3.784) y bolivianos (2.776)[423]. Respecto a los altos contingentes de sudamericanos en el mercado de trabajo, Baeninger y Peres destacan que, en el caso de los haitianos, entre el año 2010 y 2015, estos han sido insertados en centros económicos como Sao Paulo, para satisfacer la demanda de mano de obra en sectores tales como la construcción y servicios[424].

Sin perjuicio de lo anterior, en términos generales, la mayor cantidad de inmigrantes corresponden a personas con nacionalidad portuguesa (185.489), japonesa (65.955), paraguaya (52.770) y boliviana (52.184)[425]. En efecto, las cifras permiten concluir que, si bien la cantidad de inmigrantes sudamericanos es menor a la de europeos, lo cierto es que los primeros son los que concentran el mercado de trabajo, por lo que es probable que los segundos sean aquellos que

---

421 División de Población del Departamento de Asuntos Económicos y Sociales de Naciones Unidas, disponible en https://www.migrationdataportal.org/international-data?t=2020&i=stock_abs_&cm49=76 (consultado el 30.01.2022). Por su parte, hasta el año 2019, el 53.9% de los migrantes correspondía a hombres y el 46.1% a mujeres, dato disponible en Departamento de Asuntos Económicos y Sociales de Naciones Unidas, disponible en https://www.un.org/en/development/desa/population/migration/data/estimates2/estimates19.asp (consultado el 02.06.2020).

422 CAVALCANTI, Leonardo, OLIVEIRA, Tadeu, MACÊDO, Marília, PEREDA, Lorena, *Resumo executivo. Imigraçao, refúgio no Brasil. A inserçao do imigrante, solicitante de refugio e refugiado no mercado de trabalho formal*, Observatorio das migraçaoes justicia e seruranca pública, Conselho Nacional de Imigraçao e Cordenaçao General de Imigraçao Laboral, Brasilia, DF, 2019, p. 3.

423 Ibíd.

424 BAENINGER, Rosana y PERES, Roberta, "Migraçao de crise: a migraçao haitiana para o Brasil", *Revista Brasileira* de Estudos de População, Vol. 34, N° 1, 2017, p. 136.

425 Información disponible en https://datosmacro.expansion.com/demografia/migracion/inmigracion/brasil?anio=2017#geo0 (consultado el 02.06.2020).

elevan el envejecimiento del total de la población inmigrante, al ser personas que llegaron a Brasil durante la segunda mitad del siglo XX y que en la actualidad se encuentran laboralmente inactivos.

Por su parte, en lo relativo a la emigración, entre el año 2000 y 2020, esta experimentó un considerable aumento equivalente al 79.85%, al llegar a un total de 1.900.000 personas[426]. De esa cifra, el 57.72% (1.007.396) corresponde a mujeres, mientras que el 42.28% (737.943), se encuentra conformada por hombres[427]. En cuanto a los principales destinos de la emigración desde Brasil, al año 2020, el 26.35% reside en Estados Unidos, el 10.87% en Japón y el 7.8% en Portugal[428].

En efecto, en términos generales, la migración actual combina nuevos desplazamientos compuesto, principalmente, por el aumento de inmigrantes con nacionalidades de países sudamericanos, contribuyendo a diversificar los flujos migratorios desarrollados durante los últimos años.

De lo analizado en este apartado, se puede concluir que, no está en discusión que, desde mediados del siglo XX, Brasil ha sido un país que ha estado sujeto a una serie de transformaciones estructurales marcadas por la global expansión e instalación del capitalismo neoliberal en las formaciones periféricas, cuestión que se torna evidente a partir de los años 70. Lo anterior, sin perjuicio de aquellos procesos desarrollados durante la etapa posneoliberal, con ocasión de la presidencia de Luiz Inácio Lula da Silva, la que estuvo marcada por la consolidación de la intervención estatal en el plano industrial, económico y social, situación que al igual que el caso argentino, significó contar con un proceso de modernización capitalista que tuvieron al Estado como motor central en su conducción.

---

426 Información del Centro de Análisis de Datos de Migración Global de la OIM, disponible en https://www.migrationdataportal.org/international-data?i=stock_abs_origin&t=2000&cm49=76 (consultado el 21.10.2021).

427 Información disponible en https://datosmacro.expansion.com/demografia/migracion/emigracion/brasil#:~:text=Aumenta%20el%20n%C3%BAmero%20de%20emigrantes%20brasile%C3%B1os&text=La%20emigraci%C3%B3n%20femenina%2C%201.007.396,a%20la%20de%20emigrantes%20hombres. (consultado el 21.10.2021).

428 Ibíd.

Tal fenómeno ha generado alteraciones en la estructura productiva y en la organización del trabajo, ya que a partir de la internacionalización del capital y del ingreso de este al país, el desarrollo y la intensidad de los procesos ha ido mutando, de la misma forma en cómo también lo ha hecho el mismo capitalismo.

Esto es algo que ha condicionado una serie de otros fenómenos, entre los que destaca las migraciones. Así, mientras más intensa sea la entrada de capitales al país, mayor será el desarrollo del patrón migratorio identificado. En efecto, en la actualidad, Brasil mantiene una cantidad de inmigrantes de nacionalidad mayoritariamente europea, lo que obedece a un histórico y tradicional fenómeno que se desarrolló intensamente durante el siglo XX. Sin embargo, iniciado el siglo XXI, se evidencia un persistente aumento de la inmigración sudamericana, constituyendo un número que va al alza. Así, durante los últimos veinte años, mientras la cantidad de inmigrantes europeos disminuye, la de sudamericanos aumenta, quienes aparecen liderando el mercado laboral del país. Se trata de un patrón que coincide con el resto de los países analizados, esto es, el de un aumento sostenido de inmigrantes con nacionalidades de países sudamericanos, de edades jóvenes que residen en las zonas urbanas de las ciudades que concentran la actividad económica, cumpliendo con perfiles propicios para incorporarse en los países de destino como fuerza de trabajo que eventualmente ha sido requerida con ocasión de las transformaciones socioeconómicas comentadas en la presente sección. En este sentido, como señala Matos, "se ha comprobado la teoría de que la contribución de los trabajadores migrantes es positiva en grado significativo en segmentos del mercado de trabajo de importantes áreas de la red urbana brasileña, los que han participado en el reciente proceso de desconcentración económica y demográfica"[429].

De esta forma, analizadas las transformaciones estructurales derivadas del desarrollo del capitalismo en Chile, Argentina y Brasil, desde mediados del siglo XX, es posible evidenciar que aquel sistema es el que ha definido las estructuras socioeconómicas de los países mencionados, el que se instaló con ocasión de las dictaduras milita-

---

429 MATOS, Ralfo, "La participación de los trabajadores migrantes en áreas de desconcentración demográfica del Brasil contemporáneo", Ob. Cit., p. 186.

res desarrolladas durante los años 60 y 70, logrando ser consolidado al retornar las democracias en el marco de la posición desigual en la que se encontraban las formaciones periféricas, en relación con los centros capitalistas.

Chile, Argentina y Brasil, registran recorridos históricos similares, en lo relativo a la oportunidad y momentos claves a partir de los cuales se configura el sistema socioeconómico vigente. Así, desde los años 30 a 60 del siglo XX, en los tres países se ejecutaron políticas desarrollistas y un modelo de industrialización de sustitución por importaciones, el que más tarde se vio superado por las dictaduras militares, las que, en el marco de la reestructuración del capitalismo a nivel global, diseñaron e instalaron un modelo neoliberal. Posteriormente, entre los años 80 y 90, siguieron los periodos de transición y de retorno a la democracia, en los que el modelo intento ser legitimado y consolidado. Al respecto, como sostiene Ubasart y Minteguiaga, en torno al alcance de las transformaciones derivadas del neoliberalismo, "…no se han circunscrito al plano discursivo, han tenido efecto a nivel político-institucional con consecuencias para la vida de la gente"[430]. Por su parte, al iniciarse el siglo XXI, tuvo lugar una etapa posneoliberal marcada por la llegada al poder de gobiernos de centroizquierda los que, sin desconocer las bases del sistema, optaron por ejecutar una serie de políticas sociales y una reconfiguración del rol del Estado. Sus acciones se tradujeron en impulsar un rol más protagónico del Estado en lo social y económico, al aspirar configurarse como el principal motor productivo del país, asumiendo la iniciativa política en dichos ámbitos. A efectos prácticos, en Argentina y Brasil principalmente, esta tendencia de industrialización desarrollada en un momento histórico determinado, la intenta hacer el Estado con mayor redistribución, pero sin conseguir detener el proceso de desarrollo capitalista, cuyas bases habían sido consolidadas durante el decenio del 90 en un contexto en el que como indica Tronti, "el control político sobre el ciclo económico fue asumido por el capital"[431].

---

430 UBASART, Gemma y MINTEGUIAGA, Analía, "Esping-Anderson en América Latina. El estudio de los regímenes de bienestar", Ob. Cit., p. 214.

431 TRONTI, Mario, *La autonomía de lo político*, Prometeo, Buenos Aires, 2018, p. 93.

En este sentido, las exigencias capitalistas dominaban al propio Estado, ya que, por la vía de la autoregulación del mercado, el capital había tomado posesión de la estructura política del poder, dejando al Estado sin mayor margen de acción, evidenciándose un retardo político en lo relativo al ejercicio del control de las relaciones de producción, situación que impide y bloquea una eventual fuerza emancipadora, a tal punto en que "el gran capital, se presenta justamente al nivel de las instituciones políticas"[432].

Así, durante dicha etapa, el capitalismo se mantuvo sobre la base de la intervención privada y estatal, en donde su desarrollo se produjo por la vía neoliberal y por el intento de desarrollo de la vía desarrollista, evidenciándose una modernización capitalista que tuvo como participe al propio Estado, no logrando conquistar del todo aquel anhelo de lucha política identificado por Tronti, en el sentido de "... hacer del Estado una máquina productiva, eliminar de su interior las incrustaciones burocráticas, hacerla una máquina ágil, utilizable por la clase obrera"[433]. Se trata de una un panorama complejo, considerando que los últimos años han estado marcados por el regreso de una derecha neoliberal, más radicalizada, representada en Chile por Sebastián Piñera (hasta marzo de 2022), en Brasil por Jair Bolsonaro y en Argentina (hasta el año 2019) por Mauricio Macri[434].

Tales transformaciones han sido definidas en virtud del desarrollo de la dimensión transnacional del capital, lo que ha estado marcado por su pretensión de expansión, generación de condiciones de rentabilidad de los procesos productivos, aprovechamiento de recursos de las formaciones periféricas y la implementación de nuevas formas de acumulación, elementos que han generado la integración de los

---

432 Ibíd., p. 54.

433 Ibíd., p. 81.

434 Por su parte, en un panorama más general, al referirse al caso de refiriéndose al caso de América Latina, Sader divide al siglo XX en tres periodos: a) el que va desde 1929 con el establecimiento de economías primarias exportadoras, b) el que va desde 1930 a 1973 con un sólido crecimiento económico y el protagonismo de los grupos populares y c) desde 1973 marcado por el desarrollo de las dictaduras militares y el diseño del modelo o proyecto neoliberal, en SADER, Emir, *Lula y la izquierda del siglo XXI. Neoliberalismo y posneoliberalismo en Brasil y América Latina*, Ob. Cit., p. 97.

países analizados al espacio transnacional y, sucesivamente, una desintegración de sus estructuras internas (económica, política y social). Lo anterior, es una manifestación de las direcciones opuestas en la que hoy se mueven los Estados. Al respecto, siguiendo a Noguera, "los Estados se mueven, por arriba, hacia una integración u homogeneización global, y por abajo, hacia una fragmentación o diferenciación de las formas de la ciudadanía"[435]. Así, considerando las representaciones incluidas en cada una de las direcciones desarrolladas, las migraciones aparecerían en ambas, ya que, en la primera, se podrían identificar a los desplazamientos de los colectivos de migrantes como manifestación de los procesos de movilidad de personas y del capital, que son identificadas por el autor, mientras que en la segunda, el autor incorporaría a los migrantes como parte de los grupos en situación de vulnerabilidad generada por la fragmentación de los ejes de desigualdad.

Considerando el desarrollo capitalista sobre el que se articulan los desplazamientos de las personas, la migración desarrollada en los últimos años en América Latina debe ser estudiadas como el mecanismo que ha utilizado el capital para movilizar a la fuerza de trabajo en formaciones periféricas, estructuralmente más débiles. Lo anterior en un contexto marcado por la actual fase por la que atraviesa el capitalismo, esto es, su crisis y el predominio del capital financiero. Así, como indica Noguera, "...donde ya resulta imposible continuar generando ganancia en la producción a través del campo de inversión trabajo, la clase capitalista abandona el sector productivo y reencauza su inversión hacia el sector financiero, que pasa a ser el nuevo espacio de inversión, ganancia y acumulación de dinero a través de la especulación"[436]. Sin perjuicio de tal situación, la presencia de la dimensión financiera del capital en las formaciones periféricas, tales como la latinoamericana, no ha supuesto que aquel sistema renuncie

---

435 NOGUERA, Albert, *La ideología de la soberanía. Hacia una reconstrucción emancipadora del constitucionalismo*, Editorial Trotta, Madrid, 2019, p. 22. Cabe señalar que, además de la movilidad de las personas y de la aparición de nuevos grupos vulnerables, el autor se refiere a otras manifestaciones, las que sistematiza en relación con un nivel macro y micro, dependiendo de los direccionamientos en los que se mueven los Estados.

436 Ibíd., p. 92.

a la captación de fuerza de trabajo migrante, pero bajo condiciones de rentabilidad distintas a las del pasado. En efecto, no es extraño evidenciar que, en los países analizados, las empresas transnacionales (incluidas aquellas dedicadas a servicios y que han surgido a propósito del auge de la economía colaborativa), recluten a migrantes procedentes desde otros países de la región para someterlo a condiciones de explotación laboral. La relocalización periférica del capital y la reconfiguración de la división internacional del trabajo no solamente ha significado la oportunidad para que el capital pueda establecer y beneficiarse de mejores condiciones de rentabilidad, sino que, además le ha generado la oportunidad para contar con fuerza de trabajo precaria y fragmentada.

De esta forma, los migrantes son sujetos construidos en conflicto con el propio capitalismo global[437], en donde este último es capaz de dominar a una fuerza móvil de trabajo, susceptible de control y explotación. Al respecto, como sostiene Cordero, "...el capitalismo, por un lado, quiere encauzar la disciplina del trabajo, creando mercados laborales donde la explotación del trabajo requiere de una fuerza de trabajo débil y encerrada; por otra, trata de evitar que las personas de carne y hueso establezcan sus vidas en sus territorios"[438].

En relación con lo anterior, desde los inicios del siglo XXI, uno de los fenómenos intensamente desarrollados en Chile, Argentina y Brasil, ha sido el de la inmigración, al registrarse un aumento considerable de esta, la que es conformada, mayoritariamente, por ciudadanos de otros países sudamericanos. Sin perjuicio de lo anterior, los tres países analizados comparten tendencias comunes y patrones similares en cuanto a la inmigración desarrollada desde mediados del siglo XX, marcada en un inicio por el alto flujo de migrantes europeos, seguido de otro periodo caracterizado por la baja cantidad

---

437 CORDERO, Blanca, MEZZADRA, Sandro y VARELA, Amarela (coords.), *América Latina en movimiento. Migraciones, límites a la movilidad y sus desbordamientos,* Traficante de sueños, Madrid, 2019. p. 14.

438 CORDERO, Blanca, "Subjetividades migrantes o la fuga del trabajo vivo. Notas para interpretar la cualidad política de lo "transnacional"", en CORDERO, Blanca, MEZZADRA, Sandro y VARELA, Amarela (coords.), *América Latina en movimiento. Migraciones, límites a la movilidad y sus desbordamientos,* Traficante de sueños, Madrid, 2019. p. 253.

de inmigrantes (durante las dictaduras militares), luego, el posterior predominio del patrón extraregional y, finalmente, la reciente inmigración intrarregional, caracterizada por los desplazamientos sur-sur. Los sujetos que conforman la actual migración cumplen perfiles similares. Se trata de personas con nacionalidades de otros países sudamericanos, en edades jóvenes-adultas que residen en las zonas en donde se concentran las principales actividades económicas de los países receptores, laboralmente activos, propicios para ser convertidos en fuerza de trabajo, sin perjuicio de que la mayoría ya se encuentren insertos en el mercado de trabajo, según lo registraron las tasas de ocupación y el tipo de visas otorgadas.

En efecto, el análisis de la migración que tiene lugar en los tres países señalados, no se puede divorciar del contexto político y socioeconómico en el que estas se desarrollan, este último, marcado por la expansión y funcionamiento del capitalismo en las formaciones periféricas y del rol que han venido a desempeñar las migraciones. En tal sentido, el estudio de las migraciones en la región no puede desatender a tales circunstancias, siendo fundamental para entender la forma y el tipo de regulaciones del fenómeno analizado, tema que será tratado en el siguiente capítulo. Así, la división internacional del trabajo y las migraciones han estado condicionadas, en su desarrollo, a las transformaciones que ha experimentado el capitalismo desde la década del 70 en adelante, al ser las primeras, parte del mecanismo de integración de la movilidad de la fuerza de trabajo, las que han mantenido un carácter reaccionario frente a los momentos de crisis del sistema capitalista, evidenciándose, como indica Fernández, "una reestructuración periódica de tal división con el fin de hacer viable el continuo proceso de acumulación del capital"[439].

---

439 FERNÁNDEZ, Víctor, LAUXMANN, Carolina y TREVIGNANI, Manuel, "Emergencia del sur global. Perspectivas para el desarrollo de la periferia latinoamericana", *Economía e Sociedade*, Vol. 23, N° 3, 2014, p. 61.

Capítulo III
Regulación jurídica de la migración en Chile, Argentina y Brasil

1. GESTIÓN DE LAS MIGRACIONES EN EL CONTEXTO CAPITALISTA: LAS POLÍTICAS MIGRATORIAS COMO DISPOSITIVOS DE CONTROL Y DE PRECARIZACIÓN DE LOS SUJETOS MIGRANTES

En el ámbito de las migraciones, la crisis capitalista no solo ha supuesto una variación correlativa en el direccionamiento de la movilidad de personas, sino que, además, se ha requerido contar con formas jurídicas concretas, encargadas de su regulación, ya sea para efecto de limitarlas, o bien para favorecer su desarrollo bajo patrones de precarización, capaces de ser aprovechados por el capital.

De esta forma, el direccionamiento y la configuración de los patrones migratorios también ha obedecido al tratamiento que el orden jurídico hace de ellas, las que guardan profundas relaciones con las dinámicas socioeconómicas y políticas diseñadas desde final del siglo XX. Así, la gestión de las migraciones se desarrolla sobre la base de regulaciones jurídicas que se expresan en las políticas migratorias y en el establecimiento de las fronteras, principalmente. Ambas se ponen al servicio de los requerimientos del capital, al formar parte del espacio global apoderado por este último.

Para demostrar la forma en cómo las políticas migratorias pueden controlar o manipular el direccionamiento y la intensidad de los flujos migratorios, ya sea con el propósito de cumplir con objetivos raciales, demográficos, laborales o económicos, se pueden mencionar varias manifestaciones (sin perjuicio de lo analizado en el primer capítulo). En el caso de Argentina, la Constitución de 1853 estimuló la inmigración europea, bajo parámetros raciales[440]. En Australia, a través de la *Inmigration Restriction Act* del año 1901 se prohibió la inmigración asiática y se fomentó la anglosajona[441]. En Canadá, la Ley de Inmigración de 1910 también estableció una política racista de inmigración. Posteriormente, la Ley de Inmigración de 1976 fomentó la inmigración asiática[442]. En Uruguay, la Ley N° 2.096 de 1890, prohibió la inmigración asiática y africana[443]. En el caso de Europa, se puede destacar el control de la inmigración durante la segunda mitad del siglo XX, la que estuvo determinada por el tipo de regulaciones que se hizo de aquel fenómeno. Al respecto, como sostiene López, "la demanda estaba sometida a una serie de restricciones, como eran la canalización de la fuerza de trabajo hacia ciertos sectores productivos, la limitación, en cierta medida, de la reagrupación familiar y la deportación en caso de indisciplina"[444]. En efecto, como sigue la autora, "la necesidad de mano de obra en los países de inmigración también disminuyó como consecuencia de los procesos de globalización y de deslocalización de la economía"[445]. Por su parte, a partir de la segunda mitad de la década del 2000, la migración latinoamericana hacia Europa se vio limitada debido al nuevo contexto socioeconómico, verificándose un cambio en lo relativo a los patrones y al tipo de regulación migratoria existente hasta antes de ese momento. Como precisa Padilla, "el cambio de discurso entronca de manera directa con la emergencia de nuevas necesidades econó-

---

440 Constitución de la Confederación Argentina, 1 de mayo de 1853, Artículo 25: "El Gobierno Federal fomentará la inmigración europea; y no podrá restringir, limitar ni gravar con impuesto alguno la entrada en el territorio argentino de los extranjeros que traigan por objeto labrar la tierra, mejorar las industrias e introducir y enseñar las ciencias y las artes".

441 Inmigration Restriction Act, N° 17 de 1901, disponible en https://www.legislation.gov.au

442 Para mayor detalle acerca del contenido de las normas mencionadas, ver http://www.oas.org/es/sedi/ddse/documentos/Migracion/SICREMI%202012%20ESP.pdf

443 Respecto al recorrido histórico en cuanto a la regulación de las migraciones, ver LÓPEZ, Ana María, *Inmigrantes y Estados: la respuesta política ante la cuestión migratoria*, Ob. Cit., pp. 69-74.

444 Ibíd., p. 40.

445 Ibíd., p. 43.

micas: en este caso el de detener la inmigración ante la dificultad de ofrecer empleo en un contexto de crisis"[446].

En este sentido, lo anterior demuestra la relación funcional que a través de dispositivos jurídicos cumplen los Estados en favor de los requerimientos y necesidades del capital. En este aspecto, como indica Hardt y Negri, "El Estado es necesario para mediar con prudencia en los intereses de los capitalistas individuales y elevarlos en función del interés colectivo del capital[447]". El Estado configura una estructura que garantiza el campo de acción de este último, para que pueda operar en condiciones de libertad. Además, legitima las acciones que este desarrolla, a través de instrumentos jurídicos que amparan la posición hegemónica del mismo. En el ámbito de las migraciones, a través del derecho, se legitiman una serie de distinciones que agudizan la precariedad del migrante y que fortalecen al capital. Se trata de mecanismos de supeditación reales y formales de la fuerza de trabajo hacia este último[448].

De esta forma, hoy las migraciones se establecen en relación con el accionar que ejercen los Estados en lo relativo al control que se realiza en virtud de aquello que disponen las políticas migratorias y del rol que han venido a cumplir las fronteras. En el marco de lo anterior, se configura una estructura de poder, cuyas relaciones se determinan en base a elementos de jerarquía, fragmentación y segmentación, las que se proyectan a escala global para ser aplicadas de manera uniforme y homogénea por la mayoría de los Estados, la que, a su vez, está subordinada a las fluctuaciones del capital y al proceso de globalización, en donde lo jurídico se convierte en un componente necesario para generar dominación. En efecto, la regulación de las migraciones y las políticas migratorias, en tanto derecho, no es algo autónomo ni neutral a las relaciones de poder que se construyen en las sociedades. Dicha situación permite evidenciar la funcionalidad

---

446 PADILLA, Beatriz y CUBEROS, Francisco, "Deconstruyendo al inmigrante latinoamericano. Las políticas migratorias ibéricas como tecnologías neocoloniales", *Horizontes Antropológicos*, Año 22, N° 46, 2016, p. 212.

447 HARDT, Michael y NEGRI, Antonio, *Imperio*, Ob. Cit., p. 281.

448 Ibíd., p. 238.

que cumple el paradigma jurídico moderno respecto de las relaciones económicas de poder[449].

Es por lo anterior que, siguiendo el enfoque autónomo de las migraciones reflexionado por Mezzadra, "…la explotación de los migrantes debe ser localizada a lo largo de todo el proceso de producción y reproducción"[450]. En efecto, el tipo de migraciones analizadas esconde el trabajo que están llamadas a cumplir, convirtiéndose el primero en un campo de disputa en el que se ejerce una relación de poder entre la fuerza de trabajo migrante, el capital y los Estados, por lo cual, en tiempos de globalización neoliberal, resulta fundamental atender a la reorganización del trabajo a nivel mundial y de las migraciones, ya que estas vienen a cumplir un rol fundamental en la disponibilidad de la mano de obra en aquellos lugares en los que el capital lo necesita.

Así, las fases por las cuales transitan las transformaciones socioeconómicas y la repercusión que estas generan en lo relativo al direccionamiento e intensidad de los flujos migratorios, además del tipo de regulaciones sobre las que se articulan, permiten comprender que la gobernabilidad de las migraciones se relaciona y condiciona a la gobernabilidad del orden capitalista global. Lo anterior, en un contexto de reconfiguración del poder, en el sentido explicado por Mezzadra y que se traduce en que, "…la lógica de la soberanía se entrelaza con la lógica de la gobernabilidad neoliberal, con una gobernanza que se presenta como un sencillo proceso de persuasión sin coerción, según patrones neutros de cálculo y gestión de riesgos"[451].

El tipo de políticas migratorias estará condicionado por los objetivos que se planteen los propios Estados en cada momento histórico determinado. En algunos estas se volverán más permisivas o restric-

---

449 Para mayor detalle sobre el punto, ver BASSA, Jaime, *Constituyentes sin poder. Una crítica a los límites epistémicos del derecho moderno*, Edeval, Valparaíso, 2018, p.13 y ASTE, Bruno, "Estallido social en Chile: la persistencia de la Constitución neoliberal como problema", Ob. Cit., p. 16.

450 MEZZADRA, Sandro, "Capitalismo, migraciones y luchas sociales. La mirada de la autonomía", Ob. Cit., p. 163.

451 Ibíd., p. 169.

tivas. De tal situación dependerá, en gran parte, el desarrollo de los flujos y la configuración de los perfiles migratorios. Sin perjuicio de lo anterior, como se observará más adelante, en términos generales y abstractos, las políticas migratorias formuladas desde final del siglo XX se han encargado de construir un perfil de inmigrante, funcional a los requerimientos y necesidades de los Estados y del sistema socioeconómico global. En efecto, en el campo de las migraciones, los principios de organización del neoliberalismo y del capitalismo, se introducen a través de la regulación jurídica que las políticas migratorias hacen de ella, incrementando el carácter vulnerable y precario del sujeto migrante, ya que mientras mayor este sea, mayor será el margen que tenga el capital para proceder con su explotación.

A su vez, lo anterior es algo que se desarrolla en un contexto en el que la globalización se presenta como un proceso que facilita la estandarización de las reglas que rigen la movilidad del capital a efectos de favorecer su libre circulación, no así en lo relativo a la movilidad de las personas. Se trata de una dualización que genera contradicciones, en el sentido propuesto por Abad, esto es, "entre una globalización que desregula, liberaliza y abre fronteras al capital, sin embargo, las cierra a los trabajadores"[452].

En efecto, la idea proyectada por la globalización en orden a vivir un mundo sin fronteras, no se aplicaría de igual forma para el caso de la movilidad humana, ya que las regulaciones jurídicas se encargarían de problematizar el ejercicio de la libertad de movimiento en lo relativo al derecho a residir en un espacio físico y territorial distinto del cual se es nacional, especialmente para aquellos que desean integrarse en los mercados laborales. Lo anterior, a través de políticas migratorias rígidas y del control de las fronteras, situación que al capital le ha permitido manipular y degradar las condiciones de trabajo de aquellos que migran, situación que como precisa Piqueras "es un factor que explica la histórica preocupación del capital por controlar a su conveniencia la importación y exportación de

---

452 ABAD, Luis, "Economía en red y políticas migratorias: ¿Hacia un mercado global de trabajo?", Ob. Cit., p. 339.

esa especial "mercancía" en unos u otros mercados laborales locales o regionales"[453].

A través del orden jurídico, se controla a la fuerza de trabajo migrante, influyendo lo anterior en el poder social de negociación que esta tenga ya que, si este se encargara de fortalecer a los migrantes, a través de mecanismos de integración, reconocimiento de derechos y acciones estatales asistenciales, existiría la posibilidad de potenciar a los sujetos, consolidando su poder de negociación frente al capital[454]. En efecto, la idea ha sido mantener a los migrantes al margen de lo político, restándoles poder de decisión y apartándolos jurídicamente de la ciudadanía[455]. Tales circunstancias generan un panorama que pone en tensión el ejercicio de sus derechos, de sus condiciones laborales, proyecciones, el intento de reagrupación familiar y la satisfacción de sus necesidades básicas materiales.

Así, pareciera verificarse que hoy las sociedades que se presentan son más bien de control, en donde las reglamentaciones se convierten en manifestaciones de ejercicio de poder capaces de servir como instrumentos de dominación. En dicha dimensión, la regulación jurídica de la migración y el control que tiene lugar en las fronteras constituirían una representación de la vigilancia que tendrían por objeto establecer jerarquías, fragmentaciones, segmentación y la exclusión de ciertos sujetos[456]. Por su parte, en la sociedad de control se

---

453 PIQUERAS, Andrés, "Significado de las migraciones internacionales de fuerza de trabajo en el capitalismo histórico. Una perspectiva marxista", Ob. Cit., p. 290.

454 Ibíd., p. 311.

455 Ibíd., p. 313.

456 En efecto, sobras las sociedades disciplinarias, como sostiene Foucault, "La disciplina no se puede identificar ni con una institución ni con un aparato. Es un tipo de poder, una modalidad para ejercerla que implica todo un conjunto de instrumentos, de técnicas, de procedimientos, de niveles de aplicación, de metas; es una ficción o una anatomía del poder", en FOUCAULT, Michel, *Vigilar y castigar: Nacimiento de la prisión*, Biblioteca Nueva, España, 2012, pp. 248-249. Por su parte, respecto a la diferencia entre sociedades disciplinarias y de control, como indica Deleuze, "En las sociedades de disciplina siempre se estaba empezando de nuevo (de la escuela al cuartel, del cuartel a la fábrica) mientras que en la sociedad de control nunca se termina nada: la empresa, la formación, el servicio son los estados metaestables y coexistentes de una misma modulación, como un deformador universal", DELEUZE, Gilles, "Postdata sobre las socie-

despliega una impresión de libertad, sin embargo, el encarcelamiento se produce a través de otros medios que no necesariamente suponen restricción o limitación física de la misma. Tal circunstancia es la que se presenta en la actualidad, ya que el sistema predica libertad, pero existen otras medidas que la limita y condiciona[457]. Desde esta perspectiva, el sistema presenta al trabajador migrante como titular de una supuesta libertad, pero en realidad esta es aparente, en el sentido que, como precisa Osorio, "...jurídicamente no pertenece al capitalismo. Es un hombre libre. Pero su separación de los medios de vida y de producción en un régimen que perpetúa dicha separación, lo obliga —bajo una forma de violencia donde se juega su sobrevivencia— a tener que someterse diariamente al mando despótico del capital"[458].

Sobre el punto, como destaca Noguera, los procesos de globalización (en lo macro), son asociados a la idea de homogenización, sin embargo, en lo micro, ocultan procesos de diferenciación que a su vez implican "una fragmentación de los ejes de desigualdad y la visibilización de nuevos grupos en situación de vulnerabilidad o pobreza (inmigrantes, precariado, cognitariado, desempleados, madres solteras, ancianos, etc.) que habitan en nuestras sociedades, pero en condiciones de no derechos..."[459]. En el ámbito de las migraciones, no obstante que la globalización presente erróneamente a los espacios como abiertos y homogéneos, sus regulaciones en lo relativo al control de la movilidad de aquellos que desean migrar están llenos de dificultades que alteran y repercuten en el respeto y garantía de los

dades de control", p. 3, disponible en http://theomai.unq.edu.ar/conflictos_sociales/Deleuze_Postdata_sociedad_control.pdf. Sobre el rol que cumple la frontera, Velasco precisa que, "la frontera se ha transformado en un mecanismo de segregación selectiva, cuando no en un campo propicio para la vulneración masiva de derechos" en VELASCO, Juan Carlos, *El azar de las fronteras. Políticas migratorias, ciudadanía y justicia*, Fondo de Cultura Económica, México, 2016, p. 14.

457 LAZZARATO, Maurizio, *La filosofía de la diferencia y el pensamiento menor*, Universidad Central, Fundación Comunidad, Bogotá, 2007, p. 92.

458 OSORIO, Javier, "Biopoder y biocapital. El trabajador como moderno homo sacer", *Argumentos*, Vol. 19, N° 52, 2006, p. 85.

459 NOGUERA, Albert, *La ideología de la soberanía. Hacia una reconstrucción emancipadora del constitucionalismo*, Ob. Cit., p. 23.

derechos de los sujetos migrantes[460]. En tal perspectiva, la configuración de las políticas migratorias no se puede divorciar de las estructuras socioeconómicas en el que se desarrolla el fenómeno que están llamadas a regular. A lo largo del tiempo, estas se han encargado de problematizar la apertura de fronteras, en un contexto económico global que promueve el intercambio y el desarrollo o configuración de un mercado mundial de trabajo. Al respecto, como sostiene Abad "...la retirada de las barreras nacionales y la libertad de movimientos del capital está coincidiendo con una oleada de iniciativas políticas destinadas a proteger fronteras y a restringir la libertad de movimiento en los mercados internacionales de trabajo"[461]. Tal situación se da ante un panorama en que el gobierno de las migraciones identifica a las políticas migratorias como políticas de control, las que se limitan a asignar un estatus jurídico determinado en base a un sistema de reglas que regula el ingreso de los inmigrantes a un país y las condiciones para permanecer en él, no considerando aspectos relacionados con el ejercicio de sus derechos que contribuyan a favorecer su integración.

De esta forma, en el diseño de las políticas migratorias predomina el resguardo al principio de seguridad nacional y el respeto a la soberanía, lo que conlleva a la caracterización del migrante como un enemigo público y una amenaza social, frente a la cual se fundamenta y legitima el fortalecimiento de controles policiales y el uso de la frontera como elemento espacial que se aplica respecto al desplazamiento de estos, los que estarían sujetos a la vigilancia permanente al ingresar, permanecer o residir en los países de destino por parte de las autoridades policiales, encargadas de ejercer un poder coercitivo estatal que se ampara en el marco de legalidad que hacen las normas encargadas de la regulación de la migración las que son construidas en términos represivos, relegando a lo ilegal todo aquello que no encuadre en las categorías y en los estatus jurídicos que éstas determinen.

---

460 Tal contradicción es representada por Velasco en el término "globalización fronterizada", en VELASCO, Juan Carlos, *El azar de las fronteras. Políticas migratorias, ciudadanía y justicia*, Ob. Cit., p. 34.

461 ABAD, Luis, "Economía en red y políticas migratorias: ¿Hacia un mercado global de trabajo?", *Migraciones*, Ob. Cit., p. 308.

En efecto, por medio de dispositivos jurídicos, se intentan legitimar las diferencias entre nacionales y extranjeros. Por su parte, geográficamente, la frontera también contribuye a efectuar dicha diferenciación. Ambos sirven como mecanismos de control y de diferenciación (políticas migratorias y frontera)[462]. Tales circunstancias son aprovechadas por el mercado laboral, ya que el establecimiento de un marco regulatorio aplicable a aquellos que se insertan en él como fuerza de trabajo, permite su encasillamiento a través de la asignación de estatus jurídicos, lo que es determinante para establecer el tipo de trabajo y las condiciones laborales que les regirán. Al respecto, como sostiene Recio, "...las políticas migratorias juegan un papel inequívoco en estructurar y adaptar la inmigración al modelo de segmentación laboral"[463].

Lo anterior es algo que se profundiza si se atiende a la condición migratoria de los sujetos. A partir de aquello que estipula el orden jurídico, el mercado laboral establecerá condiciones diferenciadas en virtud de la situación legal de los migrantes. En este sentido, como precisa Valim, "la migración es una construcción social en la que se adquiere gran importancia las clasificaciones, las diferenciaciones y las divisiones que establecen los poderes públicos"[464]. Esto es algo que se concretiza no solo a nivel normativo, mediante la fijación de etiquetas jurídicas, sino que también respecto del compromiso y las

---

[462] Acerca del reforzamiento del control fronterizo, según Velasco, "...representa la perpetración de una estratificación social que propicia una situación estructural de violaciones de los derechos humanos muy poco acorde con los presupuestos normativos mínimos de una sociedad bien ordenada", en VELASCO, Juan Carlos, *El azar de las fronteras. Políticas migratorias, ciudadanía y justicia,* Ob. Cit., p. 311.

[463] RECIO, Albert, BANYULS, Josep, CANO, Ernest y MIGUÉLEZ, Fausto, "Migraciones y mercado laboral", *Revista de Economía Mundial,* N° 14, 2006, p. 186. Por su parte, como destaca Cordero y otros, se trata de "Formas variadas de limitación, control y regulación a la movilidad, implicadas en asignar a los trabajadores migrantes un estatuto especial, jugando un rol central, con sus variaciones históricas y geográficas en la nueva constitución de los mercados de trabajo", en CORDERO, Blanca, MEZZADRA, Sandro y VARELA, Amarela (coords.), *América Latina en movimiento. Migraciones, límites a la movilidad y sus desbordamientos,* Ob. Cit., p. 16.

[464] VALIM, Rafael, "Estado de excepción. La forma jurídica del neoliberalismo", *Derechos en acción,* N° 7, 438, 2018, p. 150.

acciones que puedan ejercer los Estados para que los sujetos en situación de vulnerabilidad y precariedad puedan salir de ella.

Sobre la forma en cómo dimensionar las problemáticas relacionadas con la regulación de la migración, Velasco entiende que "...la exclusión y la desigualdad socioeconómica son señalizadas como problemas de criminalidad y no como problemas propiamente políticos y, en consecuencia, se emplean predominantemente instrumentos del sistema penal para tratar de solucionar problemas de clara etiología social"[465]. Así, las migraciones adolecen de problemas sociales, sin embargo, los Estados los tienden a desconocer, al ser reducidos y tratados desde una dimensión criminal securitario.

Ante tal panorama, no se puede desconocer que el costo de las contradicciones y tensiones generadas por la regulación de las migraciones finalmente es asumido por los propios sujetos migrantes, ya que dicha situación aumenta su vulnerabilidad y capacidad de integración en el país receptor, afectando la titularidad y el ejercicio de sus derechos. En dicha perspectiva, como sostiene Perocco, estos estarían sometidos a una doble precarización, lo que viene determinado por un diseño jurídico y laboral. Esto último relacionado con las políticas migratorias que establecen como condición de permanencia en el país la existencia de un contrato de trabajo[466]. Se trata de condiciones que contribuyen a incrementar la precariedad del trabajo. Así, el bienestar social y el ejercicio de los derechos de las personas migrantes queda condicionado a la legalidad de su situación en el país de destino, la que, a su vez, dependerá de la existencia de un contrato de trabajo. En efecto, como sigue "la precariedad laboral representa un importante factor de exclusión y segregación porque a menudo el ejercicio de los derechos sociales es sometido al contrato de trabajo o al permiso de residencia"[467].

---

465 VELASCO, Juan Carlos, *El azar de las fronteras. Políticas migratorias, ciudadanía y justicia*, Ob. Cit., p. 41.

466 PEROCCO, Fabia, "Precarización del trabajo y nuevas desigualdades: el papel de la inmigración", *REMHU, Revista Interdisciplinar de Movilidad Humana*, Vol. 25, N° 49, 2017, p. 82.

467 Ibíd., p. 92.

Paralelamente, la inclusión o exclusión de los migrantes se encuentra condicionada por el orden y espacio social al que pertenecen. Esa pertenencia muchas veces se encuentra sujeto a aquello que dispongan las políticas migratorias. Al respecto, como precisa Piqueras "Las políticas migratorias de los diferentes Estados, cada vez más uniformadas o coordinadas, se convierten en modelos de generación de exogeneidad más asociadas a la construcción de irregularidad y la vulnerabilidad"[468]. Lo anterior es algo que las regulaciones efectúan sobre la base de categorizaciones y mecanismos de selección que generalmente están ligados al origen o capacidad económica de los migrantes. Se trata de elementos estructurales que terminan desvalorizando a la fuerza de trabajo, cuestión que es aprovechada por el capital en la intención de disminuir los costos asociados al pago de esta. En efecto, tal panorama, como reflexiona Piqueras significaría "agudizar la segmentación de los mercados laborales, fragilizar el conjunto de la fuerza de trabajo migrante y reforzar la auto-alocación de la migración en los sectores desprotegidos del mercado laboral, en cuanto que es consciente de su imposibilidad de aspirar al segmento primario de los mismos"[469].

De esta forma, las restricciones a las migraciones están relacionadas con la finalidad de hacer de los migrantes sujetos en condición de vulnerabilidad propicios a convertirse en fuerza de trabajo capaz de aceptar las condiciones impuestas por el capital. Lo anterior, en un contexto de configuración y desarrollo de un sistema capitalista neoliberal que refuerza las desigualdades y consolida "de inicio" las libertades, mas no otros derechos, principalmente en la arista de protección social, apoderándose de la vida de las personas, al someterlas a condiciones de dependencia y explotación. Un panorama en donde cuestiones como la organización del poder quedan entregadas a los patrones impuestos por el mercado mundial capitalista, permitiendo controlar a la población[470].

---

468 PIQUERAS, Andrés, "Significado de las migraciones internacionales de fuerza de trabajo en el capitalismo histórico. Una perspectiva marxista", Ob. Cit., p. 315.

469 Ibíd., p. 325.

470 Al respecto, como sostiene Foucault "ese bio-poder fue, a no dudarlo, un elemento indispensable en el desarrollo del capitalismo: éste no pudo afirmarse

La precarización del trabajo (en general), constituye una realidad que se ha intensificado con ocasión de las contradicciones generadas por el neoliberalismo, situación que se agudiza aún más en el caso de los inmigrantes y que se encuentra asociado a la reestructuración global de la organización del trabajo generada durante las últimas décadas[471]. Como precisa Stefoni, Lube y Gonzálvez, en torno a los efectos de las políticas de control, "...tienen la capacidad de producir sujetos migrantes en condiciones de vulnerabilidad extrema, lo que los transforma en candidatos perfectos para los mercados laborales precarizados..."[472]. Ante la imagen precaria, marginal y vulnerable de estos, el trabajo se transforma en un privilegio, independiente de las condiciones en las que este se realice, toda vez que viene a cumplir una necesidad de sobrevivencia[473]. En palabras de De Lucas, la idea consiste en generar "un trabajador dócil, integrable, casi invisible y fácilmente retornable"[474].

---

sino al precio de la inserción controlada de los cuerpos en el aparato de producción y mediante un ajuste de los fenómenos de población a los procesos económicos", en FOUCAULT, Michel, *Historia de la sexualidad I, "La voluntad del poder"*, Siglo XXI editores, México, 1977, p. 170. Singularizado y citado por OSORIO, Javier, "Biopoder y biocapital. El trabajador como moderno homo sacer", *Ob. Cit.*, p. 79. Por su parte, como indica Márquez, "Los sujetos despojados, excluidos y marginados son reducidos por el sistema de poder y acumulación a su condición de mercancía humana, a una forma corporal de trabajo vivo cada vez más sobreexplotado", en MÁRQUEZ, Humberto y DELGADO, Raúl, "Una perspectiva del sur sobre el capital global, migración forzada y desarrollo alternativo", Ob. Cit., p. 19.

471 PEROCCO, Fabia, "Precarización del trabajo y nuevas desigualdades: el papel de la inmigración", Ob. Cit., p. 80.

472 STEFONI, Carolina, LUBE, Menara y GONZÁLVEZ, Herminia, "La construcción política de la frontera. Entre los discursos nacionalistas y la "producción" de trabajadores precarios", *Polis, Revista Latinoamericana*, N° 51, 2018, p. 139.

473 DE LUCAS, Javier, "Políticas migratorias, democracia y derechos en tiempos de crisis", p. 7, disponible en https://www.uv.es/seminaridret/sesiones2015/estrangers/documento02.pdf

474 DE LUCAS, Javier "Sobre las políticas de inmigración en un mundo globalizado", *AFDUAM*, N° 7, 2003, p. 26. En el mismo sentido, el autor citado sostiene que, "Se le impone condiciones forzadas de inmigración, supeditadas al interés exclusivo e instrumental de la sociedad de destino que solo lo necesita como mano de obra sujeta a plazo", p. 27.

En síntesis, a través de las migraciones, se incorporan nuevos mecanismos que propician al capital a establecer condiciones de explotación y de dominación sobre la fuerza de trabajo. En tal perspectiva, las políticas de control, la frontera y la misma ciudadanía, no solo establecen los límites geográficos y jurídicos de los Estados, sino que, además, canalizan la conformación del trabajo, transformándose en mecanismos que generan división, exclusión y fragmentación en la relación migrantes y nacionales, separación que aumenta el grado de vulnerabilidad de los primeros y que es aprovechada por el sistema al ser estos considerados como "diferentes" que viven en la clandestinidad, sin posibilidad de denunciar y de requerir el auxilio estatal cuando el ejercicio de sus derechos se ve amenazado. Por el contrario, la ilegalidad justifica el actuar represivo de las policías, lo que contribuye a consolidar la dimensión criminal a la que a veces se asocia la migración.

Por su parte, las políticas migratorias y la normativa aplicable al fenómeno, en tanto derecho, permiten evidenciar que el modelo ha depositado en este, la capacidad de legitimación de la estructura de poder que configura para su desarrollo y beneficio. Por tal motivo, las migraciones (direccionamiento de flujos y regulaciones) deben ser analizadas en relación con la actual fase de crisis del sistema que determina la estructura socioeconómica de los Estados. Ante aquel panorama, la configuración de nuevas políticas migratorias nos invita a repensar la forma en cómo deben ser entendidas las migraciones (el fenómeno en su integridad) y las personas migrantes, en orden a que estas no solo sean consideradas con un rol meramente instrumental para cumplir con los requerimientos y necesidades del mercado global sino que como sujetos titulares de derechos a los que se les garantice integrarlos y acogerlos en los lugares de destino y en condiciones de igualdad.

Así, la superación de la lógica reduccionista que han adoptado las políticas migratorias, en torno a la centralidad del control de la movilidad de personas, supondrá una lucha a la cual se sujetan los migrantes, consistente en identificar los mecanismos que sean capaces de contribuir a consolidar su fuerza emancipadora en el espacio en el que estos se insertan, ya que atendido el panorama actual, control y migración tienden a estar fusionados, pero desde una perspectiva tensional, cuestión que como sostiene Álvarez, "es un elemento nodal en la dinámica del capitalismo contemporáneo que produce reconfiguraciones espaciales permanentemente"[475].

2. ANÁLISIS CRÍTICO DEL ESTATUTO JURÍDICO APLICABLE A LOS MIGRANTES EN CHILE, ARGENTINA Y BRASIL

Hasta el momento, el análisis ha evidenciado que Chile, Argentina y Brasil registran recorridos similares en torno a la realidad migratoria y a las transformaciones socioeconómicas que en ellos se han desarrollado desde mitad del siglo XX.

En el presente apartado, el objetivo consiste en analizar críticamente la regulación jurídica que en las últimas décadas han hecho de las migraciones los tres países, identificando sus debilidades e insuficiencias, especialmente en lo relativo al reconocimiento y garantía de los derechos de las personas migrantes. Cabe señalar que, el análisis está centrado principalmente en los aspectos aplicables a los inmigrantes, ya que las propias normas se enfocan en esta dimensión. En efecto, hasta hace algunos meses, la única que contenía un apartado y mención explítica de los emigrantes era la de Brasil, ya que según se verá, los define, reconoce derechos y establece principios y directrices de la política pública para emigrantes. En Chile, la nueva ley de migraciones usa preferentemente el término migrante o extranjero, integrando un título dedicado a los chilenos en el exterior, pero cuyo contenido es limitado. Por tanto, se trata de una ley que en su mayoría, establece un contenido aplicable a los inmigrantes o extranjeros. En el caso de Argentina, la ley usa la expresión migrantes, migración e inmigrantes, obviando a los emigrantes.

---

475 ÁLVAREZ, Soledad, "Ecuador-México-Estados Unidos: la producción de una zona de tránsito entre políticas de control y la autonomía de la migración", en CORDERO, Blanca, MEZZADRA, Sandro y VARELA, Amarela (coords.), *América Latina en movimiento. Migraciones, límites a la movilidad y sus desbordamientos*, Ob. Cit., p. 67.

Para lograr el objetivo señalado y evitar hacer una revisión meramente descriptiva de las normas respectivas, he identificado algunos puntos comunes y centrales a partir de los cuales desarrollaré el análisis en torno al contenido de los estatutos jurídicos que le son aplicables a los migrantes[476].

2.1. Pasado histórico común y la influencia de las dictaduras militares en la configuración de la gobernabilidad migratoria

En una perspectiva histórica, desde final del siglo XX hasta hace algunos años, en Chile, Argentina y Brasil, las migraciones fueron reguladas por normas que habían sido creadas durante las dictaduras militares desarrolladas entre los años 60 y 80, las que contenían el estatuto jurídico de los migrantes, cuya vigencia se mantuvo por décadas[477].

---

476 Cabe señalar que, en los tres países analizados, las normas aplicables a los refugiados consideran estatutos jurídicos particulares y especiales. En Chile, existe la Ley N° 20.430 de 15 de abril de 2010, que establece disposiciones aplicables a los refugiados y la Ley N° 20.507 de 8 de abril de 2011, que tipifica los delitos de tráfico de personas, estableciendo normas para su prevención y su efectiva persecusión penal. En Argentina, la regulación se hace por medio de la Ley N° 26.165 de 1 de diciembre de 2006, ley general de reconocimiento y protección al refugiado. En Brasil, dicha temática se encuentra normada por la Ley N° 9.474 de 22 de julio de 1997, que define mecanismos para la implementación del Estatuto sobre Refugiados de 1951 y determina otras medidas. Por su parte, la calidad de refugiado se puede entender como "...las personas que han huido de sus países porque su vida, seguridad o libertad han sido amenazadas por la violencia generalizada, la agresión extranjera, los conflictos internos, la violación masiva de los derechos humanos u otras circunstancias que hayan perturbado gravemente el orden público" (Declaración de Cartagena sobre Refugiados celebrada en Colombia entre el 19 y 22 de noviembre de 1984).

477 Durante la etapa señalada, las migraciones fueron reguladas en Chile por medio del Decreto Ley N° 1.094 de 1975 y su reglamento, contenido en el Decreto Supremo N° 597 de 1984, posteriormente modificado por el Decreto Supremo N° 1.930 de 7 de marzo de 2015 del Ministerio del Interior y Seguridad. El 12 de febrero empezó a regir la Ley N° 21325, sobre migración y extranjería. En Argentina, durante la dictadura militar, se dictó la llamada ley Videla, Ley N° 22.439, Ley General de Migraciones y de Fomento a la Migración, de 1981 y en Brasil se creo la Ley N° 6.815 de 1980 que definió la situación jurídica de los

De esta forma, la consideración del contexto en el cual se configuró el orden jurídico que durante muchos años reguló a las migraciones se torna fundamental, ya que se retrotraen a procesos dictatoriales, lo que ha quedado reflejado en el contenido de las normas, cargado por concepciones ideológicas y políticas en torno al fenómeno analizado. No obstante, cabe señalar que, previo a la regulación analizada, las migraciones fueron tratadas a partir de normas que establecieron políticas selectivas, las que fomentaron la inmigración europea, sobre la base de aspectos productivos y raciales. En Chile lo hizo la Ley de Colonización del año 1845 y el Decreto con Fuerza de Ley Nº 69 de 1953 que creó el Departamento de Inmigración y que estableció normas sobre la materia, cuya selectividad venía determinada por la idea de "perfeccionar la raza chilena" y considerar necesario el aumento de la población para el desarrollo de la industrialización[478].

En Argentina lo anterior se logró por medio de la Constitución de 1853 que reconoció la preferencia por la inmigración europea, además de la Ley Avellaneda Nº 817 de 1876, la que en similares términos que la chilena, fomentaba una inmigración selectiva, preferentemente europea que fuese capaz de ser utilizada como mano de obra y de cumplir con estándares determinados en torno a aspectos raciales deseables. Como destaca González, algunas de las acciones para fomentar la inmigración europea lo constituyó el "realizar contratos con empresas de transporte, recibir y ubicar a los inmigrantes, cubrir los gastos durante los primeros cinco días después de su arribo"[479]. En este sentido, el artículo 4º reconoció la posibilidad de que el poder ejecutivo nombrara agentes en el exterior para promover la llegada de inmigrantes europeos y provenientes desde otros

---

extranjeros en Brasil y creó el Consejo Nacional de Migración, norma que fue reglamentada por el Decreto Nº 86.715 de 1981.

478 Para mayores antecedentes respecto de la preferencia o deseabilidad de inmigrantes según su origen, se puede consultar el trabajo COCIÑÁ, Martina, "Discurso sobre inmigración internacional en Chile que develan racismo", *Oxímora, Revista Internacional de Ética y Política*, Nº 16, 2020, pp. 181-200. En él, la autora analiza los discursos de autoridades chilenas respecto de la inmigración que ha tenido lugar en el país durante los últimos diez años.

479 GONZÁLEZ, Anahí y TAVERNELLI, Romina, "Leyes migratorias y representaciones sociales: el caso argentino", *Autoctonía*, Vol. II, Nº 1, 2018, p. 78.

países de América, siempre y cuando fuesen convenientes para el desarrollo de Argentina. De esta forma, la ley contempló el funcionamiento de las Comisiones de Inmigración, a cargo de proveer las necesidades de inmigrantes que cumplieran con un determinado perfil deseado. Además, la ley definió al inmigrante. Lo anterior, sobre la base del oficio o actividad que fuese capaz de realizar. Al respecto, el artículo 12 dispuso "Repútese inmigrante para los efectos de esta ley, a todo extranjero, jornalero, artesano, industrial, agricultor o profesor que, siendo menor de sesenta años, y acreditando su moralidad y sus aptitudes, llegase a la República para establecer en ella..."[480]. Asimismo, la promoción y el fomento de la inmigración se realizó sobre la base de la concesión de beneficios, tales como alojamiento, manutención, trabajo, traslados y autorizaciones para la introducción de bienes al país, entre otros[481]. Así, a través de esta ley, se creó la oficina de tierras y colonias, la que tuvo por objeto promover la explotación de tierras adecuadas para la colonización, labor que se llevaba a cabo según instrucciones del poder ejecutivo[482].

Por su parte, en Brasil, a través del Decreto Nº 7.967 del año 1945 se fomentó la inmigración europea. En tal perspectiva, como indica Povoa y Anita, lo anterior "puede ser entendido desde una perspectiva de prevención de una mayor influencia de elementos culturales considerados como más "deseables" en términos de la composición étnica y cultural de la población brasilera"[483]. Aquel panorama cambió una vez iniciada la dictadura, ya que a partir de ese momento se consolidó la idea de concebir al inmigrante como una amenaza para los intereses económicos y políticos del país.

En efecto, en el contexto colonial, las normas referenciadas fueron las primeras que caracterizaron al inmigrante deseado, favoreciendo al trabajador, en edad laborable a los que el Estado se comprometía entregar algunos beneficios para la satisfacción de sus necesidades

---

480 Ley Nº 817 de 6 de octubre de 1876, de inmigración y colonización, artículo 12, disponible en https://www.argentina.gob.ar/normativa/nacional/ley-817-48862

481 Ibíd., Artículo 14º.

482 Ibíd., Artículo 64º.

483 PÓVOA, Helion y ANITA, Marcia, "Brasil: Estado actual de las políticas migratorias", Ob. Cit., p. 56.

básicas. Lo anterior tuvo por objeto fomentar la inmigración para favorecer el desarrollo de actividades económicas vinculadas con la explotación de la tierra. En este sentido, algunos inmigrantes y colonos (según sus características) fueron considerados útiles para cumplir esa finalidad. Sin perjuicio de tal selectividad, la concepción del inmigrante europeo o deseable aún se encuentra en el imaginario social y colectivo[484]. Es más, en el caso de Argentina, aún se mantiene vigente la norma constitucional de fomento de la inmigración europea. En fin, se trató de un momento histórico determinado por un pasado de regulaciones normativas que impulsaron el desarrollo de una inmigración dirigida, en atención a las reglas de selectividad que establecían para aceptar a los inmigrantes que llegaran al país y que derivó en el fomento de la inmigración europea.

Tal panorama cambió a propósito del desarrollo de las dictaduras militares de final del siglo, cuyos fundamentos ideológicos acerca del tipo de regulación de las migraciones descansaron en el resguardo a la seguridad nacional y la conservación del orden público, obviando la incorporación de un enfoque de derechos.

Lo común de las regulaciones de las migraciones configuradas en dictadura, lo constituyó no solo la crítica hacia su legitimidad, al ser normas creadas en regímenes de facto, sino que, además, desde el punto de vista de su contenido, compartieron la visión negativa acerca de las migraciones y de los inmigrantes, al relacionarlas con la doctrina de la seguridad nacional[485]. En tal perspectiva, las normas

---

484 En el caso de Argentina, ver GONZÁLEZ, Anahí y TAVERNELLI, Romina, "Leyes migratorias y representaciones sociales: el caso argentino", Ob. Cit., pp. 74-91. A partir de la elaboración de diversas entrevistas con jueces e integrantes del poder judicial, las autoras realizan un análisis que identifican los motivos de preferencia que tienen los entrevistados en relación con los inmigrantes. En este sentido, identificaron que en sus respuestas no solo hay elementos relacionados con la productividad, sino que además hacen presente las características raciales de los mismos y a las condiciones del país del cual provienen, concluyendo que el inmigrante blanco y europeo tiene una valoración distinta al que proviene de otros países de América Latina.

485 Sobre la doctrina de la seguridad nacional, ver: TAPIA, Jorge, *El terrorismo de Estado: la doctrina de la seguridad nacional en el Cono Sur*, Nueva Imagen, México, 1980; CHERNAVSKY, Moises, *La seguridad nacional y el fundamentalismo democrático*, Centro Editor de América Latina, Buenos Aires, 1993; LEAL, Francisco, "La

configuraron un perfil del inmigrante como un sujeto que constituía una amenaza para el resguardo de esta, razón que fundamentaba el establecimiento de requisitos y el ejercicio de controles, sin integrar un enfoque de derechos, elementos todos que se encargaron por contribuir a precarizar la posición de los inmigrantes.

Dicha regulación ha significado configurar un sistema de gobernabilidad migratoria, basado en la desconfianza hacia los migrantes, el reconocimiento de competencias a órganos de seguridad para efecto de controlar las migraciones, la fijación por pretender combatir y criminalizar la inmigración irregular, las distinciones entre inmigrantes y nacionales, la falta de enfoque de derechos, cuyo ejercicio en algunos casos se encuentra condicionado a la situación administrativa o a la burocratización en el acceso a los servicios, además de la determinación de la presencia/ausencia de las acciones asistenciales y estatales en la materia y la consideración social proveniente desde el resto de la comunidad en torno a los inmigrantes. En este sentido, sobre la influencia de las regulaciones de las migraciones en la construcción social de los migrantes en los países de destino, Nejamkis sostiene que, "Las políticas migratorias condensan un modelo de sociedad, una imagen nacional, un sujeto ideal que debe circunscribirse al ámbito nacional"[486]. Adicionalmente, los largos años de vigencia de las normas que en los tres países analizados han regulado a las migraciones, dan cuenta de la falta de dinamismo y de adaptación entre la gobernabilidad de estas y la forma en cómo se han desarrollado los flujos migratorios.

Por su parte, en el intento de resguardar la seguridad nacional y perfilar al migrante como una amenaza para la misma, las políticas migratorias han sido construidas sobre la base de un modelo de securitización, en donde como indica Halpern, "el inmigrante se encuentra socialmente sometido a demostrar su inocencia, un sujeto

---

doctrina de la seguridad nacional: materialización de la guerra fría en América del Sur", *Estudios Sociales*, N° 15, 2003.

486 NEJAMKIS, Lucila, "Políticas migratorias y dictadura militar en Argentina (1976-1983): la construcción de un modelo migratorio", *Perfiles latinoamericanos*, N° 24 (47), 2016, p. 20.

cada vez más des-ciudadanizado, resignado a ser fuerza de trabajo a menor precio que cualquier otro que se presente en el mercado"[487].

Sin perjuicio que Chile, Argentina y Brasil ya no cuenten con las regulaciones que fueron creadas en dictadura, lo cierto es que la cantidad prolongada de tiempo en la cual dicha legislación se mantuvo vigente, influyó en la forma en cómo hoy se nos presenta el fenómeno, cuyos elementos serán desarrollados en los siguientes puntos. En este sentido, siguiendo a Novick, acerca de la persistencia histórica de una regulación autoritaria "los cambios en la legislación no se reflejan mecánicamente en los actores sociales que deben aplicar cotidianamente esas normas. Por el contrario, décadas de ideología autoritaria influyen en las contradicciones que a diario ocurren entre lo normado por la ley y las prácticas de la política"[488].

Así, el contenido de la actual normativa y las formas en cómo se dimensiona a las migraciones y a los sujetos que la componen se ve influenciada por la perspectiva que durante muchos años estuvo vigente, situación que, en parte, explicaría las tensiones que generan las normas en la cual se sustenta la gobernabilidad migratoria actual.

¿Cómo se manifestaron aquellas circunstancias en los tres países considerados?

En el caso de Chile, la regulación de las migraciones se hizo a través del Decreto Ley N° 1.094 de 1975 y su reglamento comprendido en el Decreto Supremo N° 597 de 1984. Como se evidencia, tal regulación fue establecida en un decreto ley, es decir, una norma de facto que tuvo lugar en dictadura y no en una ley que sea manifestación de la voluntad soberana, discutida y creada por los órganos representativos. No obstante, al igual que miles de otros decretos leyes aún vigentes, se les ha conferido valor de ley.

---

487 HALPERN, Gerardo, "Neoliberalismo y migración: paraguayos en Argentina en los noventa", *Política y Cultura*, N° 23, 2005, p. 82.

488 NOVICK, Susana, "Políticas migratorias en la Argentina: experiencias del pasado, reformas actuales y expectativas futuras", en ZURBRIGGEN, Cristina y MONDOL, Lenin (Coords.,) *Estado actual y perspectivas de las políticas migratorias en el MERCOSUR*, Logos, Flacso – UNESCO, Montevideo, 2010, p. 49.

En cuanto a su contenido, sin perjuicio del análisis que se haga en los siguientes apartados, en términos generales, por más de cuarenta años (hasta el 12 de febrero del 2022), la norma en cuestión fue la encargada de regular aspectos relacionados con el ingreso, permanencia, salida y expulsión de inmigrantes del país[489]. Los fundamentos que en ella se reconocieron para limitar y/o restringir el ingreso y la permanencia en Chile estaban relacionados con el resguardo de la seguridad nacional. Tal concepción, heredera de la dictadura, condicionó la percepción acerca de los inmigrantes, al ser estos considerados por la norma como una amenaza, pues podrían poner en riesgo la conservación de aquellos elementos[490]. Se trató de una realidad que ideológicamente estuvo influenciada por aquellas doctrinas impulsadas por el régimen militar, lo que determinó la forma en cómo se reconocieron las causales ligadas al ingreso y permanencia en el país en orden a haber incorporado conceptos jurídicos indeterminados, condicionados a la interpretación discrecional de la autoridad migratoria competente, lo que significó un amplio margen para el actuar arbitrario de la misma. Al respecto, como señala Bassa y Torres "las causales de expulsión se construyen desde conceptos jurídicos de carácter abiertos e indeterminados, tales como "utilidad" o "conveniencia", los que deberán ser valorados directamente por el funcionario que aplique la norma"[491]. En lo relativo al reconocimiento de los derechos, la ley no hizo mención alguna acerca de estos.

Por su parte, es difícil entender que se haya generado una ruptura con dicha política migratoria creada en dictadura. Como sostiene Lara respecto a la proyección de su contenido hasta antes de haber

---

489 Decreto Ley N° 1.094 de 19 de julio de 1975, que establece normas sobre extranjeros en Chile, Artículo 1°: "El ingreso al país, la residencia, la permanencia definitiva, el egreso, el reingreso, la expulsión y el control de los extranjeros se regirán por el presente decreto ley".

490 Ibíd., Artículo 2°: "Para ingresar al territorio nacional los extranjeros deberán cumplir los requisitos que señala el presente decreto ley, y para residir en él deberán observar sus exigencias, condiciones y prohibiciones. Por decreto supremo podrá prohibirse el ingreso al país de determinados extranjeros por razones de interés o seguridad nacionales".

491 BASSA, Jaime y TORRES, Fernanda, "Desafíos para el ordenamiento jurídico chileno ante el crecimiento sostenido de los flujos migratorios", *Estudios Constitucionales*, Año 13, N° 2, 2015, p. 115.

sido derogada, "persisten las orientaciones seguridad nacional y de control, disposiciones que se aplican cotidianamente y que sitúan al extranjero y al migrante bajo una permanente observación"[492], visualizando al inmigrante como una amenaza. En este sentido, sin perjuicio que, una vez finalizada la dictadura Chile haya asumido compromisos internacionales, principalmente regionales, a través de la firma y ratificación de tratados internacionales de derechos humanos, tales esfuerzos no se dirigieron en cambiar la política migratoria interna, producto de lo cual, las regulaciones que habían sido configuradas en los años del régimen militar siguieron rigiendo por más de cuarenta años. En dicha normativa descansan las bases del sistema de gobernabilidad migratoria de carácter restrictivo, limitando las posibilidades de realización de los inmigrantes, ya sea en lo político y en lo socioeconómico, lo que se ha manifestado en la falta de reconocimiento de derechos políticos, sociales y las trabas para que estos se puedan desempeñar en el mercado laboral formal. Se trata de un panorama restrictivo que independientemente de la vigencia e la nueva ley de migraciones, ha sido central para establecer un amplio margen que ha dado paso a la irregularidad migratoria. Al respecto, como destaca Aceituno acerca de las características del sistema migratorio chileno, "...este contiene elementos que configuran el contexto político social donde se creó un fuerte componente de seguridad nacional, la mantención de los valores de la nación chilena con elementos jerárquicos raciales y discriminatorios, como en su relación de construir un sujeto económico precarizado desde el punto de vista de la legislación como desde los estereotipos sociales"[493].

No obstante, descartando los compromisos asumidos a nivel internacional, en los últimos años se han tomado medidas al respecto, entre las que destacan la aprobación dictación de los instructivos presidenciales N° 9 y 5 del año 2008 y 2015, respectivamente. Como su nombre lo indica, el primero "Imparte instrucciones sobre la Po-

---

492 LARA, María Daniela, "Evolución de la legislación migratoria en Chile. Claves para su lectura (1824-2013)", *Revista de Historia del Derecho*, N° 47, 2014, p. 102.

493 ACEITUNO, David y QUINTEROS, José Manuel, "Antecedentes y herencias de la dictadura chilena en las ideas y legislación sobre la migración (1953-2018)", *Anuario de Historia Regional y de las Fronteras*, Vol. 24, N° 2, p. 70.

lítica Nacional Migratoria"[494], el que reconoce la realidad migratoria en Chile, en torno a ser un país que en los últimos años ha recibido millones de inmigrantes provenientes mayoritariamente desde otros países latinoamericanos. Así, se establece que la nueva inmigración ha puesto la necesidad de configurar ejes de acciones gubernamentales. Lo anterior a partir de definiciones que serán relevantes para la actuación de los órganos del Estado y que pretenden estar de acuerdo con aquello que consagran las convenciones y tratados internacionales sobre la materia. Se afirmó que Chile es un país de acogida, cuyas fronteras permanecen abiertas a los inmigrantes que deseen radicarse de manera temporal e indefinida, siendo la integración una de las tareas más importantes en este proceso.

En lo relativo a los órganos encargados, el instructivo mandó a crear un Consejo de Política Migratoria cuyo rol consistiría en asesorar en esta materia a las autoridades y servicios que tengan competencia sobre la cuestión migratoria, sin embargo, la dirección de aquel órgano se mantiene radicada en el Ministerio del Interior, específicamente en su subsecretario, situación que refleja la continuidad de la visión histórica en torno a que la migración es un fenómeno ligado a cuestiones relacionadas con la seguridad nacional y al orden público interior, esto último respecto de las competencias que la ley reconoce a dicho órgano en lo relativo al control de la delincuencia.

El segundo instructivo, estableció "Lineamientos e instrucciones para la Política Nacional Migratoria"[495], el que consideró la aplicación del enfoque de derechos y el respeto de estos en lo relativo a la regulación de la migración, instruyendo a los órganos de la administración del Estado en avanzar hacia el establecimiento de un sistema nacional de migración que tuviese como referente los derechos y principios consagrados en instrumentos internacionales de derechos humanos. Posteriormente, se dictó el Decreto Supremo N° 2.014 que crea el Consejo de Política Migratoria, norma que solo hizo referencia a la integración de dicho órgano, más no a sus funciones y com-

---

494 Instructivo presidencial N° 9 de 02 de septiembre de 2008, que imparte instrucciones sobre la "Política Nacional Migratoria".

495 Instructivo presidencial N° 5 de 06 de noviembre de 2015, que establece "Lineamientos e instrucciones para la Política Nacional Migratoria".

petencias específicas conducentes a influir en el tratamiento de la migración[496].

De esta forma, la emisión de aquellos instructivos no fue suficiente para evidenciar resultados concretos respecto de la creación de una política nacional migratoria que reuniera las características contenidas en dichos documentos presidenciales, manteniéndose la institucionalidad que históricamente ha regulado a las migraciones en Chile.

Cabe señalar que, paralelamente, en los últimos años también se presentaron dos proyectos de ley para cambiar el marco normativo regulatorio de las migraciones. El primero fue presentado el año 2013 por el gobierno de Sebastián Piñera (Mensaje N° 089-361), mientras que el segundo fue ingresado por la presidenta Michelle Bachelet (Boletín N° 11395/06). Desde ese momento, ambos mantuvieron una dilatada tramitación legislativa, sin embargo, el arribo masivo de inmigrantes al país en los últimos meses, a propósito de la crisis sanitaria generada por el COVID 19, impulsó a que el gobierno de Piñera acelerara la tramitación del proyecto que había sido presentado durante su primer mandato, para efecto de agilizar las expulsiones de aquellos que ingresen al país por lugares no habilitados. En tal perspectiva, el 20 de abril de 2021 se publicó la Ley N° 21325, sobre migración y extranjería, la que entró en vigencia el mismo día que se publicó su reglamento, es decir, el 12 de febrero de 2022[497].

---

496 El Consejo estaría integrado por el Ministerio del Interior y Seguridad Pública, de Relaciones Exteriores, Educación, Trabajo, Justicia, Salud, Desarrollo Social, Directora del Servicio Nacional de la Mujer. Información disponible en https://www.bcn.cl/leychile/navegar?idNorma=1066890.

497 La calificada "crisis migratoria" que ha tenido lugar en la localidad de Colchane (zona del altiplano chileno cercana a la frontera con Bolivia), ha supuesto la llegada de al menos 1.800 inmigrantes. Lo anterior, generó que el presidente Piñera, además de agilizar la tramitación del proyecto de ley que permitirá acelerar las expulsiones y deportaciones, también entregará facultades al ejército militar para el control de la situación. Lo anterior demuestra la posición del gobierno actual en torno al tratamiento de las migraciones. En un contexto de pandemia, pareciera prescindir del enfoque de respeto hacia los derechos humanos de personas que se encuentran en situación de necesidad, justificando las acciones, en la idea de combatir la inmigración "ilegal", criminalizando a aquellos que han ingresado al país por pasos no autorizados o que, por diversos

En cuanto al contenido de aquella ley, como se verá más adelante, si bien se avanza en comparación con la normativa creada en dictadura, se evidencian problemas en lo relativo al ejercicio del control del fenómeno, al mantener un enfoque policial y un régimen de visados al que solo se puede acceder desde fuera de las fronteras del país (consulados), situación que afecta a aquellos inmigrantes cuya condición administrativa en el país es irregular, los que se ven obligados a seguir residiendo en la clandestinidad o debiendo salir del territorio nacional para no incurrir en una infracción o sanción[498]. En relación con la temática derechos humanos, si bien la ley contempla un reconocimiento de estos, no se establecen mecanismos tendientes a favorecer su ejercicio, tampoco en lo relativo a incorporar acciones directas que permitan a los migrantes ser social y políticamente integrados al país.

En efecto, como afirma Stang, en torno a la regulación de la migración actual en Chile, se verifica un discurso ambiguo, ya que se predica ser un país de acogida en circunstancias que desde el punto de vista normativo durante muchos años se mantuvo vigente la normativa creada en dictadura la cual calificaba al inmigrante como una amenaza para el resguardo de la seguridad nacional, estableciéndose un enfoque restrictivo y mecanismos de control tendientes a criminalizar a aquellos que se encuentren en condición migratoria irregular. En este sentido, la autora señala que "el abordaje ambiguo es la forma peculiar que tuvo en Chile el régimen global de control migratorio, el que a su vez puede considerarse una expresión de gubernamentabilidad neoliberal en el campo de las migraciones"[499].

Por su parte, en el caso de Argentina, la norma que por más de veinte años reguló las migraciones fue la llamada Ley Videla, "Ley General de Migraciones y de Fomento a la Migración" N° 22.439 de

---

motivos, no han regularizado su situación migratoria. Información disponible en https://www.bbc.com/mundo/noticias-america-latina-55950140

498 PAVEZ, Iskra y COLONÉS, Sofia, "Derechos humanos y política migratoria. Discriminación arbitraria en el control de fronteras en Chile", *Polis*, N° 51, 2018, p. 130.

499 STANG, María Fernanda, "Estado y migración internacional en el Chile de la postdictadura: una relación con cara de Jano", *Revista Sociedades de Paisajes Áridos y Semiáridos*, Año IV, Vol. VI, p. 171.

1981, redactada durante la dictadura militar, la que se mantuvo vigente hasta el año 2003.

Al igual que en Chile, la norma referenciada estableció una política migratoria restrictiva, fundamentada en el resguardo de la seguridad nacional, a partir de la configuración del inmigrante como una amenaza para la misma, razón por la cual, estos siempre fueron vistos desde la óptica de la criminalidad y de lo punitivo. En el mismo sentido, la ley no reconoció derechos en favor de los inmigrantes, tampoco garantías que se hicieran aplicables en el marco de aquellos procedimientos que tenían por objeto perseguir a los inmigrantes en condición irregular. En concreto, la ley Videla se limitó a regular aspectos administrativos de extranjería, sobre la base de clasificaciones que se hizo de estos a partir de la cual se criminalizaba a la llamada migración irregular, otorgándoles a aquellos que estuviesen en tal condición, el estatus de "ilegal", elementos que justificaron un control permanente y la vigilancia por parte de las autoridades con competencia en la materia. Paralelamente, de la lectura de la ley se desprende un tipo de inmigración dirigida, según la conveniencia que esta podría significar para el Estado y cuyas condiciones eran determinadas por este. Al regular la admisión, el ingreso, la permanencia y el egreso de inmigrantes[500], se estableció una inmigración selectiva, al fomentar la llegada de aquellos que reunieran las condiciones culturales para integrarse en el país. Así lo señalaba el artículo 2°, "El poder ejecutivo, de acuerdo con las necesidades poblacionales de la República promoverán la inmigración de extranjeros cuyas características culturales permitan su adecuada integración en la sociedad argentina"[501].

En efecto, la permanencia venía determinada por la necesidad del país, cuestión que además estaba condicionada por las características culturales deseables que permitieran la adecuación de los inmigran-

500 Ley N° 22.439 de 23 de mayo de 1981, "Ley General de Migraciones y de Fomento de la Inmigración", Artículo 1°: "La admisión, el ingreso, la permanencia y el egreso de extranjeros, se rigen por las disposiciones de la presente ley y de sus reglamentos".

501 Ibíd., Artículo 2°: "El Poder Ejecutivo, de acuerdo con las necesidades poblacionales de la República, promoverá la inmigración de extranjeros cuyas características culturales permitan su adecuada integración en la sociedad argentina".

tes en él. Otro elemento de necesidad estaba determinado por la fijación de zonas en las que se promovía el poblamiento, lo que quedaba entregado al poder ejecutivo en coordinación con el Ministerio del Interior. Por su parte, la promoción también se realizó sobre la base del desarrollo de actividades productivas. Para lograr lo anterior, el ejecutivo tomó dos medidas: "la realización de inversiones en infraestructura económica y social y la exención de impuestos, concesión de créditos y otros beneficios especiales"[502]. Consecuentemente, para las zonas declaradas como prioritarias para su poblamiento, la ley reconoció la igualdad de beneficios entre migrantes y nacionales.

De esta forma, como indica Pereira, "la transformación de la inmigración como una amenaza y el despliegue de un conjunto de medidas orientadas hacia el control de la migración, muestran que el orden social, vinculado al interés de las élites por la inserción de Argentina en el mercado internacional y el desarrollo capitalista se encontraba atravesado por una dimensión nacional"[503]. Lo anterior, en un contexto en el que el lugar que ocupan los inmigrantes en las sociedades de destino se encuentra determinado por las regulaciones normativas a las cuales se encuentran sometidos por parte de los Estados. Así, la situación histórica analizada, generó una percepción social del inmigrante que complejizó y dificultó los procesos de integración en la sociedad de destino, lo que resultó ser más complejo tratándose de aquellos que hasta hoy se encuentran en condición migratoria irregular.

Al llegar los años noventa, tales elementos fueron profundizados, principalmente por las características de la inmigración que en ese momento se estaba desarrollando, las que estaban conformadas por nacionales de países vecinos de menor desarrollo económico y con bajos niveles de escolaridad y de formación. De esta forma, durante la vigencia de la Ley Videla, se aprovechó la figura de la ilegalidad

---

502 Ibíd., Artículo 4°: "Para fomentar el asentamiento de pobladores que desarrollen actividades productivas en las zonas declaradas prioritarias, el Poder Ejecutivo dispondrá: a. La realización de inversiones en infraestructura económica y social; b. la exención de impuestos, concesión de créditos y otros beneficios especiales".

503 PEREIRA, Andrés, "La relación entre seguridad e inmigración durante las primeras décadas del siglo XX en Argentina", *Polis,* N° 44, 2016, p. 4.

para seleccionar a los inmigrantes. Al respecto, como destaca Pizarro, "Los inmigrantes limítrofes fueron presentados como un peligro para la población y su exclusión fue justificada por mecanismos racializantes y etnicizantes"[504]. La regulación de la migración de la década del noventa dio paso a la configuración de prácticas xenófobas, especialmente respecto de aquellos que provenían desde otros países latinoamericanos.

Así, durante la presidencia de Carlos Menem, se profundizaron y legitimaron las acciones restrictivas, las que se fundamentaron sobre la base de la ilegalidad de algunos inmigrantes, responsabilizando al fenómeno de las externalidades negativas generadas por los ajustes económicos que realizaba el gobierno. Como sostiene Domenech, "la figura del inmigrante como problema social, su presencia, en particular a través de su representación como ilegal, sirvió de pretexto para explicar las distintas situaciones sociales por las que atravesaba el país en esos años, justificando una serie de medidas económicas enmarcadas en las políticas de ajuste estructural del programa neoliberal que se pretendía consolidar"[505].

En síntesis, la política migratoria de los años noventa se caracterizó por excluir a los "nuevos" migrantes. Lo anterior, según sostiene Pizarro, "en un contexto global de flexibilización de la producción y de precarización laboral, en donde las biopolíticas migratorias restrictivas y la retórica de la excusión fueron subsidiarias de las necesidades de las nuevas formas de acumulación del capital"[506]. Tal situación intentó ser corregida mediante la promulgación y publicación de la Ley N° 25.871 del año 2004, la que incorporó un enfoque de derechos, sin embargo, su operatividad reglamentaria demoró más

---

504 PIZARRO, Cynthia, "Clasificar a los otros migrantes: las políticas migratorias argentinas como productoras de etnicidad y de desigualdad", *Métis: Historia y Cultura*, Vol. II, N° 22, p. 225.

505 DOMENECH, Eduardo, "Crónica de una "amenaza" anunciada. Inmigración e "ilegalidad": Visiones de Estado en la Argentina contemporánea", en FELDMAN, Bela, RIVERA, Liliana, STEFONI, Carolina y VILLA, Marta, *La construcción social del sujeto migrante en América Latina: prácticas, representaciones y categorías*, Clacso, Ecuador, 2011, p. 57.

506 PIZARRO, Cynthia, "Clasificar a los otros migrantes: las políticas migratorias argentinas como productoras de etnicidad y de desigualdad", Ob. Cit., p. 225.

de seis años cuando se logró dictar el respectivo reglamento, mediante el Decreto N° 616 de 2010. Sobre este punto, Crescentino señala que, "la redacción del decreto reglamentario era fundamental para la operacionalización efectiva de las disposiciones de esta y para la corrección de imprecisiones"[507].

En efecto, la nueva ley incorporó un enfoque más cercano a los derechos, facilitando la movilidad de las personas, sobre la base de comprender a la migración como un derecho humano fundamental. No obstante, aquel elemento ha servido para legitimar el control de las migraciones, pero por otras vías tales como el desarrollo de programas de regularización migratoria, situación que ha sido nombrada como políticas de control con rostro humano[508].

En los últimos años, tal perspectiva ha cambiado. Lo anterior, a propósito de las acciones desarrolladas durante el gobierno presidido por Mauricio Macri, el que dificultó y burocratizó los tramites conducentes a la regularización de inmigrantes, lo que se manifestó en el aumento de los valores de certificaciones, mayor tiempo de espera en los procesos administrativos y de controles, junto con el término de programas sociales[509]. Al respecto, como precisa Jaramillo, asimilando tal situación con la de Chile "en los últimos años se redoblaron los esfuerzos estatales para expulsar a personas migrantes con antecedentes penales que ya habían cumplido condena, sin importar los vínculos familiares, el tipo de delito, ni los años de residencia de los mismos"[510]

Por su parte, en el caso de Brasil, al igual que en Chile y Argentina, con ocasión del desarrollo de la dictadura militar que tuvo lugar

---

507 CRESCENTINO, Diego, "La ley de migraciones en el contexto del multiculturalismo: la presencia de caracteres culturales en las políticas migratorias a partir de 2004", *Revista Brasileira de Historia y Ciencias Sociales*, Vol. 7, N° 14, 2015, p. 20.

508 Por DOMENECH, Eduardo, ""Las migraciones son como el agua": Hacia la instauración de políticas de "control con rostro humano": La gobernabilidad migratoria en la Argentina", *Polis*, Vol. 12, N° 35, 2013, pp. 119-142.

509 Para mayores antecedentes respecto de las cifras y tipos de programas cancelados, consultar JARAMILLO, Verónica, GIL, Sandra y ROSAS, Carolina, "Control migratorio y producción de irregularidad. Normas, prácticas y discursos sobre la migración en Argentina (2016-2019)", *Fórum*, N° 18, 2020, pp. 64-90.

510 Ibíd., pp. 64-67.

entre el año 1964 y 1985, la migración fue regulada bajo un prisma ideológico, centrado en el resguardo de la seguridad nacional que consideraba al inmigrante como una amenaza para la misma. Lo anterior quedó manifestado en la Ley de Extranjería Nº 6.815 del año 1980 que define el estatuto legal de extranjeros en Brasil y crea el Consejo Nacional de Inmigración, reglamentada por el Decreto Nº 86.715 de 1981 y que se mantuvo vigente hasta el año 2017.

La norma señalada, supeditaba la inmigración a los intereses y conveniencia del país, sin reconocer derechos en favor de los inmigrantes. En este sentido, el artículo 1º hacía referencia a la posibilidad de ingresar y residir en Brasil, "...salvaguardando los intereses nacionales"[511]. Por su parte, el artículo 2º confirmaba tal idea, al señalar que "En la aplicación de esta ley se tendrá en cuenta la seguridad nacional, organización institucional, intereses políticos, socioeconómicos culturales de Brasil así como la defensa de los trabajadores nacionales"[512]. En complemento con lo anterior, el enfoque selectivo vino determinado por aquello que consagraba el artículo 16, al indicar que, "La inmigración tendrá como objetivo, principalmente, brindar mano de obra especializada a los distintos sectores de la economía nacional, apuntando a la política nacional de desarrollo en todos los aspectos..."[513].

Los elementos contenidos en dichas disposiciones sirvieron como parámetros generales para resolver la concesión, renovación o denegación de los permisos de residencia que la ley establecía. Así, el artículo 7º establecía entre las causales más importantes de denegación de visados el "considerarse lesivo al orden público o a los intereses nacionales" o el haber sido "condenado o procesado en otros países por delito internacional"[514].

---

511 Ley Nº 6.815 de 19 de agosto de 1980, que define la situación jurídica de los extranjeros en Brasil, crea el Consejo Nacional de Inmigración, Artículo 1º: "En tiempos de paz, cualquier extranjero podrá, habiendo las condiciones de esta ley, entrar y permanecer en Brasil y salir de él, salvaguardando los intereses nacionales".

512 Ibíd., Artículo 2º.

513 Ibíd., Artículo 16º.

514 Ibíd., Artículo 7º.

Paralelamente, la ley fue reglamentada por medio del Decreto N° 86.715 de 1981, en el que se regularon temáticas tales como el procedimiento de expulsión y/o deportación de inmigrantes, además de la creación del Consejo Nacional de Migración, órgano de integración colectiva, el que en sus facultades no incluyó aspectos relacionados con los derechos de las personas migrantes, sino que destacó otras tales como los relativas a aspectos administrativos de la migración, formulación de objetivos para la elaboración de la política migratoria, selección de inmigrantes, identificación de las necesidades de mano de obra calificada.

En efecto, varias de sus acciones se enfocaron en relación con las necesidades del Estado, sin mayor consideración respecto del bienestar de los inmigrantes, lo que quedó expresamente señalado en el número III del artículo 144, al reconocer como facultad la relativa a "establecer reglas para la selección de inmigrantes, con el objetivo de brindar mano de obra especializada a los diversos sectores de la economía nacional y recaudar fondos para sectores específicos"[515].

La normativa comentada rigió hasta el año 2017, momento en el cual entró en vigor la nueva Ley de Migraciones N° 13.455, reglamentada por medio del Decreto N° 9.199 de 5 de noviembre de ese mismo año. Al igual que en el caso argentino, en relación con la génesis de la norma, como destaca Milton, hubo una presión desde movimientos sociales y colectividades organizadas de defensa de los derechos de las personas migrantes para que cambiar la regulación de las migraciones[516]. En principio, la nueva normativa constituyó un cambio en relación con la anterior que regía desde la dictadura, al incorporar el reconocimiento de derechos e intentando olvidar configurar un perfil del migrante relacionado con la seguridad nacional, estableciéndose, además, la realización de acciones estatales y el acuerdo de compromisos institucionales en torno a su influencia en lo relativo al tratamiento del fenómeno analizado. Por su parte,

---

515 Decreto N° 86.715 de 10 de diciembre de 1981, que reglamentó la Ley N° 6.815 de 19 de agosto de 1980, Artículo 144°.

516 MILTON, Tomas, "El camino hacia la formulación de una nueva política migratoria en Brasil. De la visión militar restrictiva a la apertura", *Desafíos*, N° 32-1, 2020, p. 26.

la ley también incluyó a la emigración, algo inédito en los tres países analizados.

De esta forma, habiendo revisado las circunstancias del pasado histórico común entre Chile, Argentina y Brasil, se evidencia que la perspectiva que se tenga acerca de las migraciones estará influenciada y condicionada por el tipo de regulación a la que esta se someta. Así, lo común de los tres países analizados es que durante muchos años mantuvieron una regulación de la migración a partir de leyes creadas en dictadura, las que compartían un enfoque centrado en el resguardo de la seguridad nacional, la selectividad y la criminalización de las migraciones, especialmente de la mal llamada "irregular" o "ilegal". En los tres países analizados, esta fue sustituida por una de tipo más progresista, anclada en un enfoque de reconocimiento de derechos, pero con una continuación y permanencia en lo relativo a las dificultades de ejercicio de estos, además de la importancia que revisten los estatus o categorizaciones jurídicas, que se fundamentan en la intención política de contar con una migración regular y ordenada. según se verá en el desarrollo de los otros puntos.

En este sentido, una regulación restrictiva no necesariamente se manifiesta por la posibilidad de reducir el flujo o el *stock* de inmigrantes o de establecer un régimen de puertas cerradas, sino que por fijar una serie de obstáculos que problematizan las condiciones para que los inmigrantes puedan acceder legalmente al territorio y/o residir de manera regular en él.

Finalmente, durante los últimos años, con la llegada de gobiernos de derecha, en los tres países analizados las leyes vigentes en la materia han sido alteradas con ocasión de nuevas reglamentaciones, vía decretos presidenciales que han contrariado el contenido de estas, principalmente en lo relativo al respeto y garantía de los derechos de las personas migrantes, significando lo anterior, un retroceso en aquello que se había podido avanzar. En el caso de Brasil, Bolsonaro ha dictado dos ordenanzas por medio de las cuales se crea la categoría especial de "persona peligrosa", indeterminada en su contenido, además de la modificación de plazos legales, reconocimiento de nuevas facultades a las policías, entre otros[517]. También crea un procedimiento de deportación sumaria en base a presunciones y sospechas de participación de los inmigrantes en la comisión de delitos. En Argentina, durante el gobierno de Mauricio Macri se dictó el DNU Nº 70/17 para efecto de modificar aspectos legales relativos a procedimientos, plazos, causales de cancelación y requisitos de residencia. En Chile, el gobierno de Piñera se ha enfocado en criminalizar la inmigración irregular, deportando masivamente a cientos de inmigrantes bajo condiciones indignas (esposados de pie y manos) en un contexto de pandemia y militarizando el tratamiento de las migraciones fronterizas al calificarla como una crisis migratoria. En fin, se trata de acciones y modificaciones cuyo ejercicio constituye una amenaza para el respeto de los derechos de las personas migrantes.

2.2. Categorizaciones, diferenciaciones jurídicas y generación de "irregularidad"

Uno de los elementos comunes de las regulaciones normativas de las migraciones contemporáneas y de su gobernabilidad radica en la búsqueda de la denominada migración ordenada y regular, vinculando a lo irregular, el no cumplimiento de los requisitos que estas establecen para ingresar y residir en el país. Lo anterior forma parte de las categorizaciones y del reconocimiento de estatus jurídicos con el que son etiquetadas las personas, especialmente respecto de aquellos que ven en la migración una oportunidad para mejorar sus condiciones de vida, principalmente socioeconómicas. En el marco de la expansión capitalista globalizada, las dificultades materiales y legales que deben enfrentar los migrantes, los convierte en sujetos vulnerables, susceptibles para convenir aquello que el capital está dispuesto a ofrecer.

Bajo una aparente objetividad y neutralidad, el orden jurídico se preocupará por configurar escenarios propicios para que grupos vulnerables, como los migrantes, mantengan tal carácter, utilizando diferentes dispositivos de control para lograrlo. Así, las regulaciones

---

[517] Ordenanza Nº 666 de 25 de junio de 2019 y Nº 770 de 11 de octubre de 2019.

normativas y las fronteras establecen una división funcional a la organización del poder, al instaurar delimitaciones territoriales que permiten sobre la base de aquello que en cada momento histórico determinado declaran proteger (seguridad nacional, soberanía, orden público interior, etc.), controlando a los sujetos que conformarán ejércitos de reserva, al asignar un estatus que será fundamental para la valoración y aceptación de las condiciones establecidas por el mercado de trabajo.

Respecto de las primeras, uno de los elementos que las caracterizarán, será la capacidad que estas tengan para fragmentar y diferenciar a los migrantes. Lo anterior, a partir de la configuración de categorizaciones y de figuras jurídicas que relegan a lo ilegal, todo aquello que no sea capaz de encuadrar en la estructura configurada por el orden jurídico. En dicho contexto, se configura al migrante como una amenaza, fundamentando el control migratorio de las fronteras, situación que separa cada vez más al inmigrante de la ciudadanía.

En el caso de la frontera, esta actúa como un mecanismo que consolida la segregación espacial entre los Estados, pero que, a la vez, como indica Mezzadra y Neilson, constituye un medio clave para la "producción del heterogéneo tiempo y espacio del capitalismo global y poscolonial contemporáneo"[518], al circunscribirse al tipo de relaciones que existe entre el capital y el trabajo, en donde el primero fija las condiciones del segundo, según los requerimientos y necesidades establecidas en cada momento. En este sentido, las fronteras no solo tienen un significado material, sino que también forman parte de la política organizacional del sistema socioeconómico dominante. Por tanto, en el marco del estudio crítico de las migraciones, estas deben ser analizadas en relación con la expansión del sistema mundial capitalista y la funcionalidad que cumplen para configurar una demarcación que favorezca al desarrollo de los procesos económicos[519].

En efecto, es el mismo orden jurídico el que a través de regulaciones normativas y de políticas migratorias concretas, va constru-

---

518 MEZZADRA, Sandro y NEILSON, Brett, *La frontera como método*, Traficantes de sueños, Madrid, 2017, p. 13.

519 Ibíd., p. 24.

yendo la llamada ilegalidad o irregularidad migratoria en la cual se fundamentan los controles hacia los sujetos que la conforman. Así, mientras más rígido y estrictos sean estos, mayor será el margen para que las personas mantengan una condición migratoria irregular. Se trata de una figura jurídica que incluso ha sido conceptualizada por el orden jurídico internacional. Al respecto, el artículo 5° de la Convención sobre la protección de los derechos de todos los trabajadores migratorios y de sus familias, consagra que, "...a) Serán considerados documentados o en situación regular si han sido autorizados para a ingresar, permanecer, y a ejercer una actividad remunerada en el Estado de empleo en conformidad con las leyes de ese Estado y los acuerdos internacionales en que ese Estado sea parte"[520]. Luego, en lo que sigue, la norma considera como no documentado o en situación irregular a todo aquel que no cumpla con las condiciones señaladas precedentemente.

De esta forma, se va generando la denominada crisis migratoria, caracterizada por los altos flujos migratorios especialmente en condición irregular, la que necesariamente se debe encuadrar con la desigualdad sistémica y estructural global[521], en donde el inmigrante indocumentado se convierte en una proyección de aquello configurado en el marco del capitalismo actual globalizado, esto es, una persona que es considerado por el Estado receptor como "fuera de la ley", vulnerable, expuesto a la explotación, precarizado, formalmente indeseado, obligado a vivir en la clandestinidad y ser funcional (por necesidad) a aquello que requiera el capital[522].

Sobre la expansión de la migración irregular, Álvarez sostiene que esto se debe a "la desigualdad socioeconómica entre las regiones del mundo y al anterior de los países, y el giro sin precedentes a un régi-

---

520 Convención sobre la protección de los derechos de todos los trabajadores migratorios y de sus familias, adoptada por Asamblea General de Naciones Unidas, Resolución 45/158 de 18 de diciembre de 1990, disponible en https://www.ohchr.org/sp/professionalinterest/pages/cmw.aspx

521 ÁLVAREZ, Soledad, "¿Crisis migratoria contemporánea? Complejizando dos corredores migratorios globales", *Ecuador Debate*, N° 97, 2016, p. 165.

522 MEZZADRA, Sandro, *Derecho de fuga. Migraciones, ciudadanía y globalización*, Traficantes de sueños, Madrid, 2005, p. 148.

men de seguridad y control fronterizo y migratorio global"[523]. Estos dos elementos están influenciados y relacionados con el desarrollo de la nueva fase del capitalismo global, en donde su instrumentalización ha contribuido a consolidar la desigualdad y la dependencia desde las económicas periféricas a las centrales y que en lo relativo a la gobernabilidad de las migraciones, ha fomentado el establecimiento de políticas de control que no consideran un enfoque de derechos, sino que muy por el contrario, debilita la figura del sujeto migrante.

Así, la fuerza de trabajo migrante que el orden jurídico categoriza como "ilegal", es doblemente aprovechada por el capital, ya que como sostiene Cabrera, "permite la reproducción de la relación capital-trabajo jerarquizando a la fuerza de trabajo"[524]. El capital requiere contar con relaciones precarizadas, siendo la inestabilidad de estas un elemento que la favorece, para efecto de inducir a la superexplotación[525]. En este sentido, siguiendo a Jaramillo, "...el empeño en presentar a los inmigrantes irregulares como parte de un círculo vicioso y a los regulares como producto de un círculo virtuoso, compone el proceso de clasificación de los inmigrantes legales e ilegales y abre la puerta a la criminalización de las migraciones, radicalizando la precariedad de cierta clase de fuerza de trabajo"[526]. Las categorizaciones diferenciales establecidas por el orden jurídico repercuten en la valoración del trabajo y neutraliza la fuerza emancipadora de los migrantes como trabajadores y sujetos políticos.

Las situaciones descritas, generarán mayor disciplina hacia aquello que exige el capital, lo que conductualmente se traduce en mayor tolerancia a la explotación, logrando un sometimiento hacia este por

---

523 ÁLVAREZ, Soledad, "Ecuador-México-Estados Unidos: la producción de una zona de tránsito entre políticas de control y la autonomía de la migración", Ob. Cit., p. 68.

524 CABRERA, Ada, "Coordenadas teórico-metodológicas para pensar las luchas migrantes contemporáneas en Arizona", en CORDERO, Blanca, MEZZADRA, Sandro y VARELA, Amarela (Coords.,), *América Latina en movimiento. Migraciones, límites a la movilidad y sus desbordamientos*, Ob. Cit., 192.

525 Ibíd., p. 199.

526 JARAMILLO, Verónica, GIL, Sandra y ROSAS, Carolina, "Control migratorio y producción de irregularidad. Normas, prácticas y discursos sobre la migración en Argentina (2016-2019)", Ob. Cit., p. 85.

la vía de la necesidad que tienen los sujetos. En tal sentido, cobra relevancia el denominado poder disciplinario, el que ha sido definido como "un poder que, en lugar de sacar y retirar, tiene como función principal "enderezar conductas""[527]. Lo anterior, en un contexto en donde el cuerpo viene a tomar un significado determinado. Así, siguiendo a Foucault, "La constitución (del cuerpo) como fuerza de trabajo sólo es posible si se halla inmerso en un sistema de sujeción"[528].

Por su parte, los instrumentos que utiliza el poder disciplinario son la inspección jerárquica, la sanción normalizadora y el examen[529]. En el campo de las migraciones, podemos ver presente al menos uno de ellos, como ocurre con la inspección jerárquica, la que se realiza sobre la base de los controles internos a los que permanentemente están sujetos los inmigrantes, tales como el relativo a los trámites administrativos que deben cumplir para mantener su situación migratoria regular (renovación de visados, autorizaciones, prórrogas de estancias). En efecto, están en permanente observación por parte de los órganos a los cuales las normas les reconocen competencia para controlarlos, como también, socialmente, se los vigila por las policías bajo una permanente condición de sospecha.

Paralelamente, para Foucault una cosa son las normas jurídicas las que califican a los sujetos y otras son las disciplinas, las que generan un tipo de conducta. En el caso de las migraciones encontramos ambas, ya que las primeras se manifiestan en las regulación de las migraciones y lo segundo se verifica a propósito de la generación de ciertas conductas derivadas del estado de necesidad de los inmigrantes, los que al verse enfrentados a situaciones adversas generadas por el condicionamiento y encasillamiento jurídico legal que de ellos hacen las normas, socialmente los ubican en lugares cercanos a la clandestinidad, generando mayor tolerancia a la explotación capitalista. Así, siguiendo a Domenech, las migraciones ilegales "constituyen una de

---

527 FOUCAULT, Michel, *Vigilar y castigar: Nacimiento de la prisión*, Ob. Cit., p. 199. Singularizado por OSORIO, Javier, "Biopoder y biocapital. El trabajador como moderno homo sacer", *Ob. Cit.*, p. 86.

528 Ibíd., p. 35.

529 Ibíd., p. 35.

las invenciones más efectivas de dominación y disciplinamiento de la población extranjera”[530].

Se trata de generar un marco legal que limita al trabajador, profundizando la dependencia hacia aquello que el capital le ofrece a tal punto de hacerlo sentir como una mercancía. Así, el capital logra controlar las formas de vida, en un contexto en donde las libertades son limitadas por el mismo.

2.2.1. Manifestaciones en la regulación normativa

Las categorizaciones y los estatus jurídicos con los que se etiquetan a los migrantes consolidan la estructura jurídica válida que permite otorgar legalidad a su residencia al interior de los Estados. Aquello que no encuadre en esas categorías, será relegado a la ilegalidad, legitimando el ejercicio de actos de autoridad que concretamente pueden finalizar en la deportación o expulsión del país.

En un contexto en el que las leyes migratorias segmentan y clasifican a los sujetos en migrantes y nacionales, en donde los primeros son socialmente considerados como ellos y los segundos como “nosotros”, las políticas migratorias se configuran para tipificar infracciones, sanciones y categorizaciones, las que son atendidas por las fuerzas policiales bajo un tratamiento y vigilancia similar a las establecidas en la legislación penal.

De esta forma, las leyes tienden a establecer diversas categorizaciones que refuerzan la fragmentación de los sujetos, al establecerse condiciones diferentes en relación con el tipo de visado, los que se presentan como mecanismos selectivos de inmigrantes y que, en ocasiones, se determinan por la conveniencia o utilidad que estos presentan al país. Así, la construcción de la ilegalidad, históricamente se encuentra asociada a la figura del inmigrante indeseado en donde el Estado, haciendo uso de instrumentos jurídico-políticos, tales como las políticas migratorias y el control de las fronteras, institucionaliza

---

530 DOMENECH, Eduardo “Las políticas de migración en Sudamérica: elementos para el análisis crítico del control migratorio y fronterizo”, *Terceiro Milenio: Revista Crítica de Sociología e Política*, Vol. 8, N° 1, 2017, p. 28.

el proceso de exclusión de todos aquellos que no cumplan con la deseabilidad establecida[531].

Por su parte, la regulación establece condiciones que propician la irregularidad de los migrantes, ya sea por el rechazo hacia estos (desde el ingreso al país) o porque los procedimientos para mantener la regularidad lo hacen imposible como ocurre con los requisitos para la concesión de los visados de trabajo. Sobre el punto, Stang explica que, "todos estos requisitos, restricciones y penalizaciones operan empujando al inmigrante a la irregularidad y, con ello, permitiendo (aunque sea por convicción) que sean utilizados como mano de obra en condiciones abusivas: con sueldos inferiores al mínimo estipulado, en jornadas de trabajo que exceden del máximo legal de horas, sin el pago de horas extras, sin acceso a los beneficios de previsión"[532].

Finalmente, frente a la verificación de la situación migratoria irregular, los Estados no contemplan mecanismos asistenciales que contribuyan a superarla, lo que sumado a las dificultades establecidas en las normas para lograr lo anterior, hace, como precisa Sabarots, que, "...la victoria de la política migratoria discriminatoria aparezca como moralmente responsable de su propia ilegalidad"[533].

¿Cómo se presentan estos elementos en las regulaciones normativas que durante las última décadas se han hecho de las migraciones en Chile, Argentina y Brasil?

En el caso de Chile, desde el año 1975 hasta febrero del año 2022 lo hizo una norma creada en dictadura. Se trató del Decreto Ley N° 1.094 de 1975 y su respectivo reglamento contenido en el Decreto Supremo N° 597 de 1984, norma que se centró en el inmigrante, sin consideración de los emigrantes, predominando principios de seguridad y de resguardo a la soberanía para efecto de justificar la

---

531 DOMENECH, Eduardo, "Crónica de una "amenaza" anunciada. Inmigración e "ilegalidad": Visiones de Estado en la Argentina contemporánea", Ob. Cit., p. 33.

532 STANG, María Fernanda, "Estado y migración internacional en el Chile de la postdictadura: una relación con cara de Jano", Ob. Cit., p. 182.

533 SABAROTS, Horacio, "La construcción de estereotipos en base a inmigrantes "legales" e "ilegales" en Argentina", *Intersecciones en Antropología*, N° 3, 2002, p.104.

imposición de restricciones que terminaran caracterizando al inmigrante como un enemigo social, justificando y legitimando el exceso de controles en las fronteras y dando paso a un Estado policial, cuyo objetivo consisitió en "combatir" la inmigración irregular. Para eso, la norma reguló casi en su totalidad, aspectos administrativos relacionados con los requisitos de ingreso y de permanencia legal en el país, estableciéndose una variedad de categorizaciones que se manifiestaron por los distintos tipos de visados que la ley reconoció, cada uno con sus respectivas problemáticas[534].

En términos generales, el otorgamiento de permisos de residencia o de visados, estuvo sujeto a la conveniencia o utilidad que los migrantes presentaban al país. Por tanto, la forma en cómo se reguló el tema, el ingresar y/o permanecer o residir en Chile, no se concibió como un derecho, sino como un beneficio que se otorgó por ser merecedor del mismo y en la medida en que se cumplieran con los requisitos legales para su concesión.

En efecto, la ley distinguió entre residentes oficiales y demás residentes. Los primeros correspondían a miembros del cuerpo diplomático, consulares y organizaciones internacionales, entre otros. Los segundos se determinaron en relación con el tipo de visas, esto fue, residente sujeto a contrato, estudiante, temporario, con asilo político o refugiado.

---

534 En el control de las migraciones, son autoridades competentes, el Ministerio del Interior y de Seguridad Pública, a cargo de la coordinación de éstas y responsable de la propuesta de política nacional migratoria, la supervigilancia al cumplimiento de la normativa y de la aplicación de las correspondientes sanciones administrativas. Esto último, en coordinación con el Departamento de Extranjería y Migración, dependiente del ministerio señalado, cuyas funciones radican en autorizar los visados de residencia temporal y garantizar el cumplimiento de la ley de migraciones. Además, la Policía Nacional de Investigaciones es el órgano que debe ejercer el control fronterizo. Por su parte, el Ministerio de Relaciones Exteriores es el encargado de la aprobación de visados solicitados en el extranjero, a través de los respectivos consulados. Como se puede apreciar, los órganos que están a cargo de la coordinación y cumplimiento de la política nacional migratoria son aquellas cuyas funciones están relacionadas con el resguardo de la seguridad nacional y del orden público, situación que refleja la falta de consideración respecto de aquello que se asocia al fenómeno, principalmente en lo relativo a la falta de enfoque social.

Como vimos en la segunda parte de esta investigación, la mayoría de los residentes en Chile, poseen el visado de residente sujeto a contrato. Sin embargo, el problema radica en las exigencias legales que se establecieron para obtener tal estatus jurídico. Así, para solicitar aquel visado, era necesario acompañar un contrato de trabajo en el que debían contar indicaciones especificas relativas a los compromisos que asumiría el empleador en lo relativo, principalmente, al pago del pasaje de regreso del trabajador inmigrante, situación que complejizó las condiciones para que estos fueran incorporados al mercado de trabajo formal, ya que en la realidad, muchos empleadores no estaban dispuestos a asumir una obligación de ese tipo, lo que incentivó a la generación de la informalidad laboral en la cual se debían desempeñar los inmigrantes[535]. Por su parte, una vez finalizado el contrato, el inmigrante debía pedir nuevamente un visado, salvo que hubiesen transcurrido dos años de relación laboral con el mismo empleador, en cuyo caso, podía solicitar la residencia definitiva.

Además, el visado por contrato de trabajo tenía una vigencia que se determinaba en razón de la duración de la relación laboral con el mismo empleador, por tanto se entiendía que, cuando este finalizaba, el trabajador inmigrante podía quedar en situación irregular en caso de no cumplir con el tiempo mínimo de vigencia que exigía la ley para acceder a la residencia definitiva, esto era, dos años bajo la dependencia y subordinación con el mismo empleador por el cual se otorgó el visado correspondiente.

Otra problemática que se presentaba con este tipo de visado decía relación con la posibilidad de establecerse como causal de rechazo de solicitudes de prorrogas, permanencias definitivas y visados en general, el hecho de que el contrato hubiese terminado por culpa imputable al solicitante[536]. En efecto, de lo anterior se desprendía

535 Decreto Ley N° 1.094 de 19 de julio de 1975 que establece normas sobre extranjeros en Chile, Artículo 24: "El contrato de trabajo que se acompañe para obtener esta visación deberá contener una cláusula por la que el empleador o patrón se comprometa a pagar el pasaje de regreso del trabajador y demás personas que estipule el contrato. Las formalidades y características del contrato serán señaladas en el reglamento".

536 Ibíd., Artículo 64 N° 7: "Pueden rechazarse las solicitudes que presenten los siguientes peticionarios: N° 7) Los residentes sujetos a contrato que por su culpa

la dependencia a la cual se encuentraba sujeto el inmigrante, con la finalidad de conservar las condiciones acordadas (en la mayoría de los casos) por su empleador, ya que, de lo contrario, el inmigrante no solo perdería su trabajo, sino que además arriesgaría su permanencia y la vigencia de su visado. En caso de finalizar la relación laboral, este tenía que presentar una nueva solicitud de visado, bajo la eventualidad de que fuese rechazada en caso de comprobarse que el contrato terminó por causa imputable al mismo.

Respecto de los otros tipos de residentes, también se observaban puntos débiles. En el caso del residente temporario, entendido como aquel que poseía interes de radicarse en el país o que mantuviese vínculos familiares con alguien de nacionalidad chilena, la ley consagraba que, en cualquiera de los dos casos, necesariamente su residencia tenía que ser considerada útil y ventajosa[537].

Paralelamente, para que los inmigrantes puediesen optar a la residencia definitiva, era necesario haber tenido previamente una residencia temporal, a la que se accedía por medio de un contrato de trabajo con una vigencia mínima de dos años con el mismo empleador. En este sentido, si durante ese periodo de tiempo el inmigrante cambiaba de trabajo, automáticamente se le interrumpía el plazo para el cómputo mínimo exigido, lo que obligaba al trabajador a seguir vinculado con el mismo empleo hasta completar el tiempo requerido. Lo anterior, significó que muchos se vieran obligados a aceptar las condiciones de trabajo establecidas por el mismo, quien podía aprovecharse de la necesidad del trabajador inmigrante.

Además, la ley establecía costos económicos para los residentes no oficiales, consistente en pagar una determinada cantidad de dinero por concepto de certificado de registro, cuyo monto era fijado anualmente por el Ministerio del Interior.

En este sentido, las situaciones descritas, proyectaron un panorama complejo para los inmigrantes, en torno al cumplimiento de

---

dieren lugar a la terminación del respectivo contrato de trabajo".

537 Ibíd., Artículo 29: "Se otorgará visación de residente temporario al extranjero que tenga el propósito de radicarse en Chile, siempre que acredite vínculos de familia o intereses en el país o cuya residencia sea estimada útil o ventajosa, visación que se hará extensiva a los miembros de su familia que vivan con él".

las condiciones y requisitos que establecía la ley, configurándose una susceptibilidad para que estos residieran en condición migratoria irregular y, en consecuencia, ser objeto de explotación al tener que desempeñarse en el mercado de trabajo informal.

Por su parte, la ley establecía causales de prohibición de ingreso al país, las que se podían sistematizar en tres grupos[538]:

a) De carácter político, determinadas por aquellos que fomentaran o propagaran doctrinas que tendieran a deteriorar el sistema de gobierno, alterar la seguridad de la nación, la soberanía y el orden público.

b) Las que se justificaron por presencia de antecedentes penales, es decir, personas condenadas por la comisión de delitos.

c) Las que se fundaron en aspectos selectivos basados en el oficio, profesión, recursos y que podrían haber constituido una carga

---

538 Ibíd., Artículo 15: "Se prohíbe el ingreso al país de los siguientes extranjeros: 1.- Los que propaguen o fomenten de palabra o por escrito o por cualquier otro medio, doctrinas que tiendan a destruir o alterar por la violencia, el orden social del país o su sistema de gobierno, los que estén sindicados o tengan reputación de ser agitadores o activistas de tales doctrinas y, en general, los que ejecuten hechos que las leyes chilenas califiquen de delito contra la seguridad exterior, la soberanía nacional, la seguridad interior o el orden público del país y los que realicen actos contrarios a los intereses de Chile o constituyan un peligro para el Estado; 2.- Los que se dediquen al comercio o tráfico ilícito de drogas o armas, al contrabando, al tráfico ilegal de migrantes y trata de personas y, en general, los que ejecuten actos contrarios a la moral o a las buenas costumbres; 3.- Los condenados o actualmente procesados por delitos comunes que la ley chilena califique de crímenes y los prófugos de la justicia por delitos no políticos; 4.- Los que no tengan o no puedan ejercer profesión u oficio, o carezcan de recursos que les permitan vivir en Chile sin constituir carga social; 5.- Los que sufran enfermedades respecto de las cuales la autoridad sanitaria chilena determine que constituyen causal de impedimento para ingresar al territorio nacional; 6.- Los que hayan sido expulsados u obligados al abandono del país por decreto supremo sin que previamente se haya derogado el respectivo decreto; 7.- Los que no cumplan con los requisitos de ingreso establecidos en este decreto ley y su reglamento, sin perjuicio de lo dispuesto en el N° 4 del artículo siguiente y en los artículos 35 y 83, y 8.- Los que habiendo incurrido en la comisión de los delitos tipificados en el inciso primero del artículo 68 y en el artículo 69, y a su respecto hubieren prescrito las acciones penales o las penas correspondientes, en su caso, encontrándose fuera del territorio nacional".

social para el Estado, incluyendo a aquellos que tuviesen enfermedades que implicaban un actuar asistencial por parte del Estado.

Lo común entre las causales, es que estas se reconocieron a partir de conceptos jurídicos indeterminados que quedaron entregados a la interpretación discrecional de la autoridad administrativa, situación que configuró un terreno apto para el actuar arbitrario de la misma. Además, los tres grupos de causales apuntaron a perfilar al inmigrante como un sujeto indeseado y como una eventual amenaza para el resguardo de la seguridad nacional del orden público y, en ocasiones, como una carga social para el Estado.

Respecto al régimen de sanciones, la ley contempló sanciones que podían ir desde una multa, hasta otras más rigurosas como la privación de libertad o la expulsión. Las primeras estaban asociadas a la comisión de ciertas infracciones tales como la realización de actividades remuneradas sin contar con las respectivas autorizaciones o aquellos que las realizaran sin contar con residencia legal, mientras que las segundas se vinculaban con la presentación de documentación falsa o el ingreso al país por pasos clandestinos.

Sin perjuicio de lo anterior, en el caso de la expulsión, esta podía admitir una doble naturaleza. Por un lado, como sanción administrativa por infracción y no cumplimiento de los deberes establecidos en la ley de extranjería, especialmente en lo relativo a la inmigración irregular. Por otro, la sanción podía derivar de un pronunciamiento judicial, al aplicarse como una sustitución de penas privativas o restrictivas de libertad por condena derivada de la comisión de delitos cometidos por inmigrantes y que no excedieran de los cinco años[539].

---

539 Ley Nº 20.063 de 27 de junio de 2012 que modifica la Ley Nº 18.16, que establece medidas alternativas a las penas privativas de libertad, Artículo 34º: "Si el condenado a una pena igual o inferior a cinco años de presidio o reclusión menor en su grado máximo fuere un extranjero que no residiere legalmente en el país, el juez, de oficio o a petición de parte, podrá sustituir el cumplimiento de dicha pena por la expulsión de aquél del territorio nacional.

A la audiencia que tenga por objetivo resolver acerca de la posible sustitución de la pena privativa de libertad por la expulsión del territorio nacional deberá ser citado el Ministerio del Interior y Seguridad Pública, a fin de ser oído. Si se ordenare la expulsión, deberá oficiarse al Departamento de Extranjería del

En fin, la fusión de ambas dimensiones profundizó la consideración social de peligrosidad hacia los inmigrantes.

Cabe señalar que, las sanciones eran aplicadas bajo absoluta discrecionalidad de las autoridades competentes. Además, algunas de ellas no responden a criterios de proporcionalidad, en el sentido de que para las faltas administrativas tales como el no registro o no obtención de la cédula de identidad pueden significar el abandono o expulsión del país[540]. Así, los órganos competentes en la materia no miden las consecuencias que tal situación puede significar para el ejercicio de los derechos de las personas migrantes, sin perjuicio que, al ser actos de autoridad, le sean aplicable los requisitos y exigencias contenidas en la Ley Nº 19.880 que establece las bases de los procedimientos de la administración del Estado.

En efecto, la ley estableció un régimen muy estricto de sanciones, especialmente en lo relativo a aquellas que estaban vinculadas con la ilegalidad o irregularidad de la residencia, la que muchas veces se generaba por las dificultosas condiciones establecidas por la misma norma y que impulsaban a la generación de aquella situación migratoria. En este sentido, las prohibiciones también alcanzaban a terceros. Las empresas de transporte que trasladaran a inmigrantes sin la documentación correspondiente que acreditara su situación legal,

---

Ministerio mencionado para efectos de que lleve a cabo la implementación de esta pena y se ordenará la internación del condenado hasta la ejecución de la misma.

El condenado extranjero al que se le aplicare la pena de expulsión no podrá regresar al territorio nacional en un plazo de diez años, contado desde la fecha de la sustitución de la pena.

En caso que el condenado regresare al territorio nacional dentro del plazo señalado en el inciso anterior, se revocará la pena de expulsión, debiendo cumplirse el saldo de la pena privativa de libertad originalmente impuesta.".

540 Decreto Ley Nº 1.094 de 19 de julio de 1975 que establece normas sobre extranjeros en Chile, Artículo 72º: "Los extranjeros que durante su permanencia en el país no dieren cumplimiento oportuno a la obligación de registrarse, de obtener cédula de identidad, de comunicar a la autoridad, cuando corresponda, el cambio de domicilio o actividades, serán sancionados con multas de 1 a 20 sueldos vitales, sin perjuicio de disponerse en caso de infracciones graves o reiteradas a las disposiciones de este decreto ley, el abandono del país o su expulsión".

podían ser multados por la autoridad competente[541]. De la misma forma, se estableció la prohibición de dar ocupación a los extranjeros que no acreditasen su residencia legal, estableciéndose el deber de informar a la autoridad migratoria (Ministerio del Interior y de Seguridad Pública), acerca de las situaciones que alteraren o modificaran la condición de residencia de los inmigrantes, bajo el apercibimiento de aplicar una multa en caso de que esto no se cumpliera[542]. Lo mismo se exigió en el rubro de la hostelería, ya que se estableció la obligación de solicitar la correspondiente documentación legal a los inmigrantes que se alojaren en los centros o lugares destinados al efecto[543].

---

541 Ibíd., Artículo 73°: "Las empresas de transporte que conduzcan al territorio nacional a extranjeros que no cuenten con la documentación necesaria, serán multados con 1 a 20 sueldos vitales por cada pasajero infractor. En caso de reiteración, el Ministerio del Interior, además de aplicar la multa que corresponda, informará al de Transportes, para que éste adopte las medidas o sanciones que sean de su competencia.
A las empresas cuyos medios de transporte abandonen el territorio nacional antes de realizarse la inspección de salida por la autoridad que corresponda, se les aplicará una multa de 10 a 50 sueldos vitales".

542 Ibíd., Artículo 74°: "No se podrá dar ocupación a los extranjeros que no acrediten previamente su residencia o permanencia legal en el país o que están debidamente autorizados para trabajar o habilitados para ello.
Todo aquel que tenga a su servicio o bajo su dependencia a extranjeros, deberá informar, por escrito, al Ministerio del Interior en Santiago y a los Intendentes Regionales o Gobernadores Provinciales, en su caso, en el término de 15 días, cualquier circunstancia que altere o modifique su condición de residencia. Además, deberá sufragar los gastos que origine la expulsión de los citados extranjeros cuando el Ministerio del Interior así lo ordene.
La infracción a lo dispuesto en este artículo será sancionada con multas de 1 a 50 sueldos vitales por cada infracción".

543 Ibíd., Artículo 77°: "Los propietarios, administradores, gerentes, encargados o responsables de hoteles, residenciales o casas de hospedaje que alojen a extranjeros, como, asimismo, los propietarios o arrendadores que convengan o contraten con ellos arrendamiento, deberán exigirles previamente que acrediten su residencia legal en el país.
El incumplimiento de esta obligación será sancionada con multa de uno a veinte sueldos vitales.
Los particulares que dieren alojamiento a extranjeros en situación irregular serán sancionados con la multa de 1 a 10 sueldos vitales".

Tal circunstancia era manifestación de la forma en cómo la condición migratoria irregular se veía condenada y criminalizada, al establecerse la tipificación de infracciones y sanciones relacionadas con tal situación, comprometiendo no solo a los inmigrantes que la poseen, sino que también a terceros. Se trató de circunstancias que empujaban al inmigrante a vivir en una permanente clandestinidad. Por tanto, la precariedad de los inmigrantes no solo se veía consolidada por la etiqueta y estatus jurídicos que determinaban las normas que lo regulaban, sino que por las sanciones a las cuales se encuentraban sujetos en caso de haber estado en situación de ilegalidad, por haber infringido los deberes que establecía la legislación migratoria.

A la luz de los procedimientos administrativos existentes hasta ese momento, el Estado no facilitó las regularizaciones de los inmigrantes, sino que, por el contrario, las complejizó. En este sentido, interesó más el estatus jurídico administrativo antes que la condición de titular de derechos. Lo anterior, sin perjuicio de aquellos planes de regularización que ocasionalmente fueron implementados por algunos gobiernos, los que, de todas formas, como sostiene Domenech, son parte del mecanismo que refuerzan las diferenciaciones entre los inmigrantes, debiendo ser entendidos como "un mecanismo de control y vigilancia estatales para regular la inmigración en general y lo construido como "ilegal" en particular"[544].

---

544 Por DOMENECH, Eduardo, ""Las migraciones son como el agua": Hacia la instauración de políticas de "control con rostro humano": La gobernabilidad migratoria en la Argentina", Ob. Cit., p. 12. Cabe señalar que, en el caso de Chile, destacan los siguientes planes, Resolución Exenta N° 1965 de 2018, dictada por el Ministerio del Interior y Seguridad Pública, que dispuso un plan de regularización extraordinaria y que pretendió regularizar a cerca de trescientos mil inmigrantes; Resolución Exenta N° 2071 de 1998, dictada por el Ministerio del Interior y Seguridad Pública, la que se aplicó a cerca de veintidós mil inmigrantes, en su mayoría, provenientes de países limítrofes tales como Argentina, Bolivia, Brasil, Uruguay, Paraguay, Colombia y Venezuela). También, la Resolución Exenta N° 36.339 de 2003, dictada por el Ministerio del Interior y que se aplicó a cerca de cincuenta mil inmigrantes, provenientes de Perú, Argentina, Bolivia, Brasil, Colombia, Paraguay y Uruguay, disponible en GURRIERI, Jorge, CAMINO, Ángel y TRINIDAD, Natalia, *La experiencia de los países sudamericanos en materia de regularización migratoria*, OIM, Argentina, 2013, p. 49. A lo anterior hay que agregar la Resolución Exenta N° 5744 de 26 de octubre de 2018 del

Por su parte, la nueva Ley de Migración y Extranjería Nº 21.325, publicada el 20 de abril de 2021, si bien constituye un avance en relación con la regulación actual efectuada por el Decreto Nº 1094 y su reglamento, por cuanto la primera reconoce principios y algunos derechos, además de un apartado dedicado a los chilenos en el exterior, igual termina centrando su contenido en el tratamiento de cuestiones de naturaleza administrativa, tales como el ingreso, salida y permanencia de los migrantes, además de la consagración de prohibiciones, revocaciones, infracciones, sanciones y cuestiones vinculadas con las categorizaciones a través del reconocimiento de una serie de permisos de permanencia. Se trata de elementos que permiten evidenciar la importancia que existe en torno a la migración legal y regular, a la que en reiteradas ocasiones se sujeta el acceso y ejercicio de algunos derechos reconocidos en la norma[545].

Lo anterior forma parte del contexto en el que se aceleró la tramitación de la mencionada ley, consistente en el aumento de la inmigración de personas en situación administrativa irregular durante el desarrollo de la pandemia y la pretensión del gobierno de Sebastián Piñera de agilizar las expulsiones de aquellos que se encontraban en tal situación migratoria. En este sentido, hasta antes de su entrada en vigencia, una de sus disposiciones transitorias dispuso que a todos aquellos que hubiesen ingresado al país por pasos no habilitados, se les autorizaría su egreso, por tanto, tendrían que solicitar su permiso de residencia desde el extranjero a través de los respectivos servicios consulares, sin que existan alternativas para su regularización[546]. Por

Ministerio del Interior y Seguridad Pública, la que dispuso el "Plan humanitario de regreso ordenado al país de origen de ciudadanos extranjeros", disponible en https://www.bcn.cl/leychile/navegar?idNorma=1124596.

545 Algunas contradicciones relativas al ejercicio de los derechos, será analizada en el punto siguiente, titulado "Problemas de enfoque y de suficiencia: tensiones en el reconocimiento y ejercicio de los derechos de los migrantes".

546 Ley Nº 21.235 de 20 de abril de 2021, Ley de Migración y Extranjería, Artículo 8º inciso 2º: "Se autoriza el egreso del territorio nacional de aquellos extranjeros que hubieren ingresado al país por pasos no habilitados, dentro del plazo de ciento ochenta días contados a partir de la publicación de la presente ley, sin que se les aplique sanción ni prohibición de ingreso al país. Tales extranjeros, de forma posterior a su egreso, podrán ingresar al país o solicitar residencia temporal, según corresponda, conforme a la normativa aplicable".

tal motivo, uno de los principios fundamentales de la ley, lo constituye el de la migración segura, ordenada y regular[547].

En cuanto a su contenido, uno de los aspectos a destacar dice relación con la autorización de ingreso al país, el que se está vinculado a las categorías y subcategorías migratorias[548], entre las que se encuentra la permanencia transitoria[549], residencia oficial[550], residencia temporal[551] y residencia definitiva[552].

---

547 Ibíd., Artículo 7°: "Migración segura, ordenada y regular. El Estado promoverá que los extranjeros cuenten con las autorizaciones y permisos de residencia o permanencia necesarios para su estadía en el país, y para el desarrollo de sus actividades y el ejercicio de sus derechos, de conformidad con la Constitución Política de la República, la ley y los tratados internacionales ratificados por Chile que se encuentren vigentes. De igual forma, promoverá la migración segura y las acciones tendientes a prevenir, reprimir y sancionar el tráfico ilícito de migrantes y la trata de personas, y velará por la persecución de quienes cometan estos delitos, en conformidad con la legislación y los tratados internacionales ratificados por Chile sobre la materia y que se encuentren vigentes. Además, buscará que las víctimas de trata puedan regularizar la situación migratoria en la que se encuentren en el país".

548 Las subcategorías serán establecidas por decreto supremo.

549 Ibíd., Artículo 47°: "Definición. La permanencia transitoria es el permiso otorgado por el Servicio a los extranjeros que ingresan al país sin intenciones de establecerse en él, que los autoriza a permanecer en territorio nacional por un periodo limitado.
El Servicio podrá delegar la facultad de otorgar el permiso de permanencia transitoria a las autoridades señaladas en el artículo 166 para su ejercicio en los pasos habilitados a que hace referencia el artículo 25.
Todo extranjero que ingrese al país en calidad de titular de permanencia transitoria deberá acreditar los medios lícitos de subsistencia que permitan su permanencia en el país, conforme al monto que fije al efecto el Servicio mediante resolución. En cualquier caso, dicho monto no podrá ser superior al promedio de gasto diario individual según motivo del viaje, correspondiente al año inmediatamente anterior, informado por la Subsecretaría de Turismo".

550 Ibíd., Artículo 59°: "Definición. La residencia oficial es el permiso de residencia otorgado a los extranjeros que se encuentran en misión oficial reconocida por Chile, y a los dependientes de los mismos. El otorgamiento y rechazo de este permiso de residencia será competencia del Ministerio de Relaciones Exteriores".

551 Ibíd., Artículo 68°: "Definición. La residencia temporal es el permiso de residencia otorgado por el Servicio a los extranjeros que tengan el propósito de establecerse en Chile por un tiempo limitado".

552 Ibíd., Artículo 78°: "Definición. Residencia definitiva es el permiso para radicarse indefinidamente en Chile, que autoriza a desarrollar cualquier actividad

Respecto a las contradicciones de la ley, ésta establece que los titulares que hayan ingresado al país con un permiso de residencia transitorio de 90 días no podrán cambiar de categoría migratoria y tampoco podrán desarrollar actividades económicas. Por tanto, en aquellos casos de personas que ingresan al país buscando nuevas oportunidades laborales, al no contar con el respectivo permiso de residencia que los habilitaría a desarrollar actividades remuneradas, las personas incurrirán en ilegalidad migratoria, sin contemplar la ley algún mecanismo que permita superarla, siendo la única opción, la de salir del país y solicitar el permiso correspondiente en el respectivo consulado chileno[553].

En idéntico sentido, para optar a la residencia definitiva, se requiere haber estado en posesión de un permiso de residencia temporal por al menos veinticuatro meses. Algunos de los antecedentes para otorgar dicho permiso son el tener ingresos suficientes para satisfacer las necesidades básicas, la estabilidad laboral, la inexistencia de infracciones migratorias, laborales, tributarias, aduaneras, entre otras[554]. Al respecto, el reglamento de la ley, establece una diferencia en cuanto al plazo por el que previamente se debe haber residido en el país, el que, ante la constatación de insuficiencia de medios econó-

---

lícita, sin otras limitaciones que las que establezcan las disposiciones legales y reglamentarias.

La residencia definitiva sólo se podrá otorgar a los extranjeros poseedores de un permiso de residencia temporal que expresamente admita postular a ella y que cumplan con los requisitos establecidos en la presente ley, su reglamento y el decreto supremo que fija las subcategorías señalado en el artículo 70.

Los titulares de un permiso de residencia definitiva no requerirán de autorización previa o visa para ingresar al país".

553 Ibíd., Artículo 58°: "Cambio de categoría o subcategoría migratoria. Los titulares de permiso de permanencia transitoria que se encuentren en el país no podrán postular a un permiso de residencia, salvo que cumplan con los requisitos establecidos en el artículo 69".

554 dependiente, que permita acreditar ingresos, al menos, la mitad de los meses de residencia temporal en el país. 2. Número de ausencias del país y su duración. 3. Comisión de infracciones migratorias de las señaladas en el Título VII y su gravedad. 4. Comisión de infracciones de la normativa laboral, de seguridad social, medioambiental, sanitaria, tributaria, aduanera u otra infracción al ordenamiento jurídico chileno, y su gravedad".

micos, inestabilidad laboral y ausencia del país, será mayor al general reconocido en la ley[555].

Además, la ley contempla prohibiciones de ingreso, las que se clasifican en imperativas y facultativas[556]. Ambas categorías se encuentran basadas en causas de naturaleza penal y administrativa, esta última referida al no cumplimiento de las normas migratorias. Por su parte, en materia de rechazo de solicitudes de residencia[557], algunas de estas se fundan en las causales consideradas para las prohibiciones, además del no cumplimiento de los requisitos de las categorías migratorias, de obligaciones tributarias y presupuestarias, y la imposibilidad que a juicio de la autoridad migratoria exista para ejercer una profesión u oficio. Esto último demuestra la forma en cómo la ley cierra la posibilidad a buscar otras alternativas para los migrantes, ya que limita a aquellos que por diversas razones no se cuentan con las condiciones para poder trabajar o no tengan los medios para subsistir, algo que se encuentra sujeto a la interpretación discrecional de la autoridad migratoria. De la misma forma, la ley consagra revocaciones imperativas y facultativas, ambas vinculadas a las causales de prohibiciones de naturaleza penal y administrativas[558]. Cabe señalar

---

555 Artículo 65°, Decreto N° 296 de 12 de febrero de 2022, que aprueba Reglamento de la Ley N° 21.325 de Migración y Extranjería.

556 Causales reconocidas en los artículos 32 y 33 de la ley comentada.

557 Ibíd., Artículo 88°: "Causales de rechazo. Deben rechazarse por resolución fundada las solicitudes de residencias de quienes: 1. No cumplan los requisitos de cada categoría y subcategoría migratoria fijados en el respectivo decreto, en conformidad con lo establecido en el artículo 70. 2. Queden comprendidos en alguna de las prohibiciones previstas en el artículo 32, con excepción de su numeral 2. 3. Realicen declaraciones o presenten documentación falsa o adulterada al efectuar cualquier gestión ante las autoridades chilenas para obtener un beneficio migratorio para sí o para otro. 4. No puedan ejercer una profesión u oficio y carezcan de medios de sustento que les permitan vivir en Chile, según lo establecido en el numeral 1 del inciso segundo del artículo 79. 5. Hayan sido sancionados reiteradamente por no haber cumplido sus obligaciones tributarias o previsionales. Sin perjuicio de lo anterior, la autoridad migratoria estará facultada para rechazar a quienes se encuentren comprendidos en alguna de las causales del artículo 33".

558 Ibíd., Artículo 89°: "Revocación imperativa. Se revocarán las residencias o permanencias de quienes: 1. Queden comprendidos en alguna de las prohibiciones previstas en el artículo 32, con excepción de su numeral 2. 2. Realicen declaraciones o presenten documentación falsa o adulterada para obtener un bene-

que, las resoluciones de revocación y rechazo no se encuentran sujetas a control de legalidad, al no estar sometidas al trámite de toma de razón.

En lo relativo a las expulsiones, estas se distinguen si son aplicadas a residentes con permanencia transitoria, de aquellos que cuentan con permiso de residencia, cuya verificación se analiza en base a las causales referidas a las prohibiciones e infracciones[559].

---

ficio migratorio para sí o para otro. rtículo 90.- Revocación facultativa. Podrán revocarse los permisos de residencia o permanencia de quienes: 1. Queden comprendidos en alguna de las prohibiciones previstas en el artículo 33. 2. No cumplan con los requisitos que habilitan para obtener o conservar los permisos de residencia o permanencia establecidos en esta ley, su reglamento y los decretos respectivos que fijen las subcategorías migratorias. 3. Tengan un proceso penal suspendido condicionalmente por los delitos del número 5 del artículo 32. En estos casos, deberá sustituirse el abandono obligado por una residencia temporal de vigencia limitada, hasta que la causa respectiva sea sobreseída definitivamente conforme a los artículos 240 y 242 del Código Procesal Penal, debiendo disponerse a su respecto una de las medidas de control administrativo migratorio. 4. No paguen las multas por infracciones graves impuestas por el Servicio en el plazo que éste determine. 5. No cumplan con la medida de control establecida en el numeral 3 del artículo 137".

559 Ibíd., Artículo 127°: "Causales de expulsión en caso de permanencia transitoria. Son causales de expulsión del país para los titulares de un permiso de permanencia transitoria y para aquellos que carezcan de un permiso que los habilite para residir legalmente en el país, exceptuando los casos señalados en el inciso séptimo del artículo 131, los que se regirán por dicha norma, las siguientes: 1. Ingresar al país no obstante configurarse a su respecto una causal de prohibición de ingreso de las señaladas en el artículo 32, con excepción de lo dispuesto en el No 2 de dicho artículo, salvo que respecto a las primeras se hayan verificado las excepciones consignadas en el artículo 29. 2. Incurrir durante su permanencia en el país en alguna de las causales del artículo 32, con excepción de la señalada en el número 2 de dicho artículo. 3. No haber dado cumplimiento a la orden de abandono del país señalada en el artículo 91, dentro del plazo fijado por resolución del Director Nacional del Servicio. 4. Encontrarse en Chile no obstante haber vencido su permiso de permanencia transitoria. 5. Reincidir en la conducta de ejercer actividades remuneradas sin tener autorización o estar habilitado para ello, habiendo sido sancionado previamente por esta misma conducta. 6. Efectuar declaraciones falsas, adulteración o falsificación en cualquier clase de documento al efectuar cualquier gestión ante las autoridades chilenas o para obtener un beneficio migratorio para sí o para un tercero". Artículo 128°.- "Causales de expulsión de residentes. Son causales de expulsión del país para los titulares de un permiso de residencia: 1. Ingresar al país no obstante configurarse a su respecto una causal de prohibición de ingreso de las

En efecto, lo anterior demuestra que gran parte del contenido de la ley está referido a la regulación de cuestiones administrativas, a partir de las cuales se configuran categorizaciones y estatus jurídicos que, en caso de no llegar a cumplirse, supondrán la aplicación de sanciones por infracción al orden migratorio o el rechazo de solicitudes para residir en el país. En este sentido, del contenido del reglamento de la ley, se evidencia la centralidad que para la regulación de las migraciones asume el control migratorio, el que como indica su artículo 1°, corresponde a aquel procedimiento que se aplica "....respecto de la entrada y salida de personas del territorio nacional, que consiste en registrar el ingreso de la persona, consultar sus antecedentes, fiscalizar la legalidad de la estadía de extranjeros en el país y cuando corresponda, corroborar el motivo del viaje en el evento de tratarse de un extranjero, junto a la forma de subsistencia durante su estadía, entre otros aspectos"[560]. Como se puede apreciar, el control se reduce a la realización y fiscalización de cuestiones administrativas que no dicen relación con los derechos y la integración de los migrantes.

De la misma forma, el artículo 2° del reglamento, hace referencia a la migración regular, ordenada y segura, vinculando la realización de lo anterior con las autorizaciones y permisos de residencia, además de la persecución de aquellos que cometan delitos. Por tanto, se percibe la relación que normativamente se hace entre la migración y el campo de lo delictivo, junto con la prescindencia del establecimiento de lo legal/administrativo como parte de lo regular[561].

---

señaladas en los números 1 u 8 del artículo 32, salvo que se hayan verificado las excepciones consignadas en el artículo 29. 2. Incurrir durante su residencia en el país en alguno de los actos u omisiones señalados en los números 1, 5 u 8 del artículo 32. 3. No haber dado cumplimiento a la orden de abandono del país señalada en el artículo 91, dentro del plazo fijado por resolución del Servicio. 4. Encontrarse en Chile no obstante haber vencido su permiso de residencia sin haber solicitado su renovación en el plazo de nueve meses, sin perjuicio de lo señalado en el artículo 37, contado desde el vencimiento del mismo, salvo que por caso fortuito o fuerza mayor el extranjero no pudo realizar tal renovación".

560 Artículo 1°, inciso 2° del Decreto N° 296 de 12 de febrero de 2022, que aprueba Reglamento de la Ley N° 21.325 de Migración y Extranjería.

561 Decreto N° 296 de 12 de febrero de 2022, que aprueba Reglamento de la Ley N° 21.325 de Migración y Extranjería, Artículo 2°: "Es deber del Estado promover una migración regular y ordenada, orientada a que los extranjeros cuenten con

Paralelamente, en el sentido de privilegiar el desarrollo de la migración ordenada y regular, la ley reconoce algunos derechos, cuyo acceso y ejercicio (en algunos casos) quedan condicionados a la legalidad de la situación migratoria y en otros, al tipo de permiso de residencia. El derecho a circular libremente, de elegir la residencia y la posibilidad de salir del país, se reconoce para aquellos que se encuentran legalmente en él[562]. Respecto a la posibilidad de recibir prestaciones o beneficios en seguridad social, su otorgamiento se limita a los residentes que hayan permanecido en el país por al menos veinticuatro meses en tal calidad. Así, se condiciona el ejercicio de un derecho a la categoría migratoria y al hecho de residir en Chile por un plazo determinado[563]. Otros derechos como el de acceso a la

las autorizaciones y permisos de residencia o permanencia necesarios para su estadía en el país, y para el desarrollo de sus actividades y el ejercicio de sus derechos, de conformidad con la Constitución Política de la República, la ley y los tratados internacionales ratificados por Chile que se encuentren vigentes. De igual forma, el Estado debe instar por una migración segura, manifestada en las acciones tendientes a prevenir, reprimir y sancionar el tráfico ilícito de migrantes y la trata de personas, y velará a su vez por la persecución de quienes cometan estos delitos, en conformidad con la legislación y los tratados internacionales ratificados por Chile sobre la materia y que se encuentren vigentes. En tal sentido, corresponde al Estado de Chile promover, respetar y garantizar los derechos que les asisten a los extranjeros en Chile, así como también velar por la observancia de los deberes y obligaciones establecidos en la Constitución Política de la República, las leyes y los tratados internacionales ratificados por Chile y que se encuentren vigentes".

562 Ibíd., Artículo 3°, inciso 2°: "Toda persona que se encuentre legalmente en el territorio nacional tiene el derecho a circular libremente por él, elegir su residencia en el mismo y a salir del país, sin perjuicio de lo establecido en el inciso segundo del artículo 126 bis de la Constitución Política de la República". Mientras tanto, el inciso 4° del mismo artículo lo confirma, al señalar que "Una vez que un extranjero se encuentra lícitamente dentro del territorio nacional, su libertad de circulación en el territorio y su derecho a salir del mismo sólo podrán limitarse de conformidad con lo consagrado en la Constitución Política de la República, las leyes y los tratados internacionales ratificados por Chile y que se encuentren vigentes".

563 Ibíd., Artículo 16°, inciso 2°: "Respecto de aquellas prestaciones y beneficios de seguridad social no contributivos financiados en su totalidad con recursos fiscales, que impliquen transferencias monetarias directas, respecto de los cuales no se establezcan, en forma directa o indirecta, requisitos de acceso que involucren una cierta permanencia mínima en el país, se entenderá que sólo tendrán derecho a ellas aquellos residentes, ya sea en su calidad de titular o dependientes,

vivienda, solo se reconoce en favor de los titulares de residencia definitiva[564], mientras que la reunificación familiar está contemplado a favor de los residentes[565].

Adicionalmente, en el marco de la pretendida migración regular, la ley consagra multas para terceros, tales como los centros de educación superior que no informen el abandono o la expulsión de los centros a un extranjero[566]. También se sancionará a las empresas de transporte que no cuenten con la documentación de las personas a las que transporta[567], además de aquellos empleadores que contraten

---

que hayan permanecido en Chile, en tal calidad, por un período mínimo de veinticuatro meses". Cabe señalar que, el artículo 1 N° 17 de la ley, conceptualiza al residente como "Extranjero beneficiario de un permiso de residencia temporal, oficial o definitiva".

564 Ibíd., Artículo 18°: "Derecho de acceso a la vivienda propia. Los extranjeros titulares de residencia definitiva gozarán de los mismos derechos en materia de vivienda propia que los nacionales, cumpliendo los demás requisitos legales".

565 Ibíd., Artículo 19°: "Reunificación familiar. Los residentes podrán solicitar la reunificación familiar con su cónyuge o con aquella persona que mantenga una relación que, de conformidad con el derecho aplicable, produzca efectos equivalentes al matrimonio, padres, hijos menores de edad, hijos con discapacidad, hijos solteros menores de 24 años que se encuentren estudiando y menores de edad que se encuentren bajo su cuidado personal o curaduría, debiendo el Estado promover la protección de la unidad de la familia.
Las solicitudes de reunificación familiar de niños, niñas y adolescentes con extranjeros residentes se tramitarán de manera prioritaria".

566 Ibíd., Artículo 104°: "Obligación de las instituciones de educación superior. Las instituciones de educación superior deberán comunicar anualmente al Servicio la nómina de extranjeros titulares de permiso de residencia temporal de estudio matriculados en éstas, así como de los que finalizaron sus estudios, hicieron abandono de ellos o fueron expulsados del establecimiento".

567 Ibíd., Artículo 113°.- "Omisión del control de documentación. Las empresas de transporte y transportistas que conduzcan desde y hacia el territorio nacional a extranjeros que no cuenten con la documentación necesaria serán multadas con diez a veinte unidades tributarias mensuales, por cada pasajero infractor. El Servicio, además de aplicar la multa que corresponda, informará al Ministerio de Transportes y Telecomunicaciones para que adopte las medidas que, en su caso, sean de su competencia.
No se impondrán las multas establecidas en el inciso precedente cuando las personas lleguen al país documentadas inapropiadamente, si las empresas de transporte pueden demostrar que tomaron precauciones adecuadas para asegurarse de que dichas personas tuvieran los documentos exigidos para entrar en el Estado receptor".

a inmigrantes que no cuenten con la respectiva autorización de trabajo o con permiso de residencia[568].

En efecto, la ley mantiene su centralidad respecto de la situación administrativa migratoria, lo que se refleja no solo a partir de la extensa regulación que se contempla para cumplir con tal propósito, sino que, además, condicionando el acceso y ejercicio de algunos derechos a los permisos de residencia y categorías migratorias reconocidas en ella.

En materia de institucionalidad migratoria, la ley establece que la elaboración, actualización, supervisión e implementación de la Política Nacional Migratoria y Extranjería, será de cargo del Ministerio del Interior y Seguridad Pública, como órgano encargado de colaborar con el Presidente de la República en la materia[569]. De la misma forma, se crea el Servicio Nacional de Migraciones, el que será supervigilado por el Presidente a través del Ministerio del Interior, el que deberá conocer las reclamaciones, autorizaciones, denegaciones, ingreso, expulsiones de inmigrantes y aplicación de normas. También se crea el Consejo de Política Migratoria, órgano asesor del Presidente de la República y del Ministerio del Interior para la elaboración de la Política Migratoria[570]. Este último integrado por los representantes de otros ministerios, tales como el de desarrollo, trabajo, salud, ha-

---

568 Ibíd., Artículo 117°: "Empleo de extranjeros sin autorización. Para efectos de las sanciones más abajo indicadas, los empleadores personas naturales o jurídicas que contraten a extranjeros que no estén en posesión de algún permiso de residencia o permanencia que los habilite para trabajar, o no se encuentren debidamente autorizados para ello, se clasificarán en micro, pequeña, mediana y gran empresa de acuerdo a lo establecido en el artículo 505 bis del Código del Trabajo".

569 Ibíd., Artículo 153°: "Elaboración de la Política Nacional de Migración y Extranjería. El Ministerio del Interior y Seguridad Pública será la Secretaría de Estado encargada de colaborar con el Presidente de la República en la formulación, implementación y supervisión de políticas, planes y programas en materia de migración, con especial énfasis en la protección de los derechos de los extranjeros. Le corresponderá especialmente proponer al Presidente de la República la Política Nacional de Migración y Extranjería, coordinarla, actualizarla y evaluarla periódicamente".

570 Ibíd., Artículo 159°: "Creación. Créase el Consejo de Política Migratoria, como instancia multisectorial responsable de asesorar al Presidente de la República, a través del Ministro del Interior y Seguridad Pública, en la elaboración de la

cienda, justicia y el presidente de asociaciones municipales. Adicionalmente, existirá el Registro Nacional de Extranjeros y se mantiene a la autoridad policial a cargo del control migratorio.

Como se puede apreciar, la ley mantiene una institucionalidad centralizada en el poder ejecutivo, sin considerar a otros actores tales como organizaciones de migrantes, gobiernos locales, municipalidades e integrantes de la sociedad civil. Las autoridades encargadas de la elaboración, implementación y registro de la Política Nacional de Migración y Extranjería son las mismas que están llamadas a ejercer el control migratorio y los temas relativos a seguridad pública.

Finalmente, como se mencionó al inicio, la ley incorporó un título de chilenos residentes en el exterior, el que contiene normas genéricas en torno a las posibilidades de promoción de sus derechos, la firma de acuerdos y convenios con los países en los que estos se encuentren, la eventual promoción de retorno en una futura política migratoria, el deber de otorgar información a través de embajadas y consulados, además de la administración de un registro de chilenos en el exterior a cargo del Ministerio de Relaciones Exteriores. Sin perjuicio de tales declaraciones, su contenido asume un significado programático, sin reconocer mayores compromisos en torno a cuestiones vinculadas con el establecimiento de mecanismos asistenciales en caso de retorno o de apoyos concretos vinculados al ejercicio y defensa de sus derechos en el exterior[571]. Cabe señalar que en el reglamento de la ley tampoco existe una regulación relativa a los chilenos residentes en el exterior.

En el caso de Argentina, si bien desde el año 2003 existe una nueva ley de migraciones, las categorizaciones, la regulación de aspectos administrativos relacionados con el ingreso y permanencia de inmigrantes y la consecuente generación de irregularidad, es algo que aún se mantiene, constituyendo lo anterior, el grueso de la norma.

No obstante, esta forma de gobernabilidad es algo que se arrastra desde hace varios años. En efecto, en la antigua ley de migraciones,

---

Política Nacional de Migración y Extranjería y en la actualización de su contenido y definiciones, de acuerdo a las necesidades y requerimientos del país".

571 Ibíd., Artículos 149 a 152.

Nº 22.439 de 23 de mayo de 1981, se evidenciaba una preferencia por el desarrollo de una inmigración dirigida sobre la base de la selección de inmigrantes deseados. Así, para fomentar la inmigración de cierto tipo de inmigrantes se reconocieron diversas opciones, tales como la celebración de convenios de inmigración, elaboración de programas de promoción en el exterior, designación de delegados en el extranjero encargados de la selección de inmigrantes, otorgamiento de beneficios a "residentes permanentes", ya sea en lo relativo a la exención de impuestos, alojamiento, entre otros[572].

---

[572] Ley Nº 22.439 de 23 de mayo de 1981, Ley General de Migraciones y de Fomento de la Inmigración, Artículo 7º: "Para alcanzar los fines previstos en el Artículo 2º y con sujeción a las pautas generales que fije el Poder Ejecutivo, el Ministerio del Interior podrá: a) celebrar convenios de inmigración, con intervención del Ministerio de Relaciones Exteriores y Culto; b) llevar a cabo programas de promoción en el exterior, destinados a atraer inmigración hacia la República, mediante la acción de las representaciones diplomáticas y consulares, de las empresas de transporte del Estado, de otros entes públicos que actúen en el exterior, de organismos internacionales a los que esté adherida la República y de los enviados especiales a los que se refiere el inciso siguiente; c) destacar y designar delegados especiales en el exterior, permanentes o transitorios, con la función de fomentar la inmigración extranjera, seleccionar a los interesados y autorizar su admisión a la República en condición de 'residentes permanentes'; d) extender a los extranjeros a quienes se les otorgue la calidad de 'residentes permanentes', las certificaciones y documentación necesaria para el despacho a plaza, exentos del pago de derechos de importación, tasas, contribuciones y demás gravámenes, de los bienes destinados a desarrollar actividades agropecuarias, mineras, extractivas, pesqueras, industriales, de investigación científica o de ejercicio profesional. Los bienes que puede autorizarse a introducir con esos beneficios pueden ser: ganados, semillas, herramientas, útiles, equipos de producción, topadoras, niveladoras, tractores, vehículos y otras maquinarias, así como viviendas armables o transportables, aparatos e instrumentos científicos, y las piezas de repuesto y recambio necesarias para su mantenimiento y reparación. Las certificaciones serán otorgadas previa aprobación de planes especiales de radicación y asentamiento de los titulares en el interior de la República, en forma individual, por núcleos familiares o por núcleos colectivos. El Poder Ejecutivo establecerá los montos por los que podrán otorgarse los beneficios establecidos en el presente; e) organizar un servicio de información y asesoramiento para la orientación de los inmigrantes que deseen instalarse en la República, inclusive con la colaboración de entidades públicas y privadas; f) proveer de alojamiento temporario a los inmigrantes; g) celebrar acuerdos administrativos u operativos con organismos extranjeros o internacionales de migración; h) convenir programas para el encauzamiento y orientación de inmigrantes con los gobiernos de Provincias interesados, así como con entes públicos y privados

La norma categorizó a los inmigrantes en residentes permanentes, temporarios y transitorios, reconociendo la igualdad de derechos civiles entre los residentes permanentes y los nacionales. Lo anterior, condicionado al territorio en el que hayan sido autorizados para residir[573]. En el caso de los residentes temporarios y transitorios, la permanencia también se encontraba condicionada a la zona que determinara la autoridad residir. Es más, tratándose de los segundos, adicionalmente les estaba prohibido "transitar" por otras zonas, salvo que contaran con la autorización de la autoridad respectiva[574]. Se trató de una situación que evidentemente vulneraba el ejercicio de la libertad de circulación y la igualdad ante la ley.

Además, para los residentes permanentes y temporarios, la ley reconoció la posibilidad de realizar actividades económicas y lucrativas por cuenta propia o dependiente, a diferencia de los transitorios, cuyo desarrollo les estaba prohibido, salvo que contaran con la respectiva autorización por parte de la autoridad competente[575].

---

con intervención de los gobiernos provinciales que corresponda; i) con intervención de las Provincias interesadas y de los organismos nacionales competentes, auspiciar la actividad pública y privada destinada a la colonización con inmigrantes y establecer los mecanismos necesarios para el registro y contralor de tales actividades, a fin de asegurar que se desarrollen de manera beneficiosa para el país y para los inmigrantes que se instalen por su intermedio; j) en coordinación con el Ministerio de Economía, gestionar ante los organismos nacionales, extranjeros o internacionales, los créditos necesarios para la realización de los programas aprobados de instalación de inmigrantes".

573 Ibíd., Artículo 15°: "Los extranjeros admitidos en la República como 'residentes permanentes', así como los que obtengan autorización de permanencia en tal carácter, gozan en su territorio de los derechos civiles de los argentinos, sujetos a iguales obligaciones y deberes. El ejercicio del derecho de entrar, permanecer, transitar y salir del territorio, se subordinará a las disposiciones de la presente ley y de sus reglamentaciones".

574 Ibíd., Artículo 19°: "La autoridad de migración podrá condicionar la permanencia de un extranjero en determinada zona del país, al concederle la autorización de permanencia como 'temporario' o 'transitorio'. En estos casos los temporarios no podrán residir, ni los transitorios transitar, fuera de ella, sin previa autorización de esa autoridad".

575 Ibíd., Artículo 27°: "Los extranjeros admitidos o autorizados como 'residentes temporarios' podrán desarrollar, solamente durante el período de su permanencia autorizada, tareas o actividades remuneradas o lucrativas, por cuenta propia o en relación de dependencia, gozando de la protección de las leyes que rigen la materia"; Artículo 28°: "Los extranjeros admitidos o autorizados

Respecto del inmigrante ilegal, este podía ser aquel que no cumplía con los requisitos para ingresar y permanecer en el país, el que hubiese sido admitido excediendo el plazo autorizado para permanecer en el país, o el que ingresara por paso no habilitado[576]. Desde el punto de vista del ejercicio de los derechos, al no encontrarse en ninguna de las categorías señaladas, la ley no le reconocía titularidad de derechos sociales, estableciéndose, además, la prohibición para trabajar y desarrollar actividades remuneradas o lucrativas, por cuenta propia o en relación de dependencia[577]. De la misma forma, se contemplaban prohibiciones para terceros, quienes estaban impedidos de contratar a personas que residieran ilegalmente en el país. Tampoco podían brindarles alojamiento a título oneroso y en caso de hacerlo de manera gratuita, existía obligación de dar aviso a la autoridad[578], bajo apercibimiento de aplicársele una sanción de multa. Además, se contempló la obligación de comunicación a la autoridad migratoria cuando se contratara con inmigrantes "ilegales" para la venta, adquisición de derechos de inmuebles y constitución de sociedades civiles o comerciales[579].

---

como 'residentes transitorios' no podrán realizar tareas remunerativas o lucrativas, ya sea por cuenta propia o en relación de dependencia, salvo que fueran expresamente autorizados por la autoridad de migración"; Artículo 29: "Los extranjeros a los que se les hubiera autorizado una residencia precaria, podrán excepcionalmente ser habilitados para trabajar, por el plazo, en los lugares, y con las modalidades que establezca la autoridad de migración".

576 Ibíd., Artículo 33°: "Será legal el ingreso o la permanencia en la República de aquellos extranjeros que: a) cumplieran los requisitos que condicionan su admisión para ingresar y permanecer en la República; b) habiendo sido admitidos, ingresaran al país por lugar habilitado al efecto sometiéndose a contralor migratorio, y no excedieren el plazo de permanencia autorizado". Artículo 34°: "Será considerado ilegal el ingreso o la permanencia de aquéllos que no acrediten el cumplimiento de las condiciones del artículo anterior".

577 Ibíd., Artículo 30°: "Los extranjeros que residan ilegalmente en la República no podrán trabajar o realizar tareas remuneradas o lucrativas, ya sea por cuenta propia o ajena, con o sin relación de dependencia".

578 Ibíd., Artículo 31°: "Ninguna persona de existencia visible o ideal, pública o privada, podrá proporcionar trabajo u ocupación remunerada, con o sin relación de dependencia, a los extranjeros que residan ilegalmente o que, residiendo legalmente, no estuvieran habilitados para hacerlo, ni contratarlos, convenir u obtener sus servicios".

579 Ibíd., Artículo 35°: "Quien contrate o convenga con extranjeros que residan ilegalmente en la República la adquisición o venta, o constitución de gravamen

En lo relativo a sanciones, la ley consagró diversas sanciones, entre las que destacaban la expulsión y las privativas de libertad, aplicable esta última en el caso de reingreso no autorizado de aquel que haya sido expulsado, la que podía ir desde tres meses a dos años, dependiendo si el reingreso se produjo evadiendo los controles migratorios y/o lugares no habilitados. Paralelamente, respecto de la expulsión, se estableció la posibilidad de ordenarse su detención hasta que se cumpliera la medida[580]. En fin, se trató de una regulación que propiciaba y criminalizaba a la denominada inmigración ilegal.

Por su parte, la nueva ley de migraciones, N° 25.871 de 2004 si bien incorporó un enfoque distinto a la anterior, al integrar una parte relativa a los derechos de las personas migrantes, atenuando la desconfianza que existía respecto de estos, lo cierto es que continuó centrando su regulación en aspectos administrativos, cuya finalidad radica en resaltar la importancia de la regularidad migratoria y la condena de todo aquello que no sea capaz de encuadrar en la estructura jurídica que valida la residencia, justificando el establecimiento de controles[581]. En este sentido, como destaca Domenech, analizando los problemas de la ley, se trata de "Colocarlos como sujetos en el lugar de la "ilegalidad (o su equivalente "irregularidad", término utilizado con aires de neutralidad, extirpándole la idea de "delito", pero que no deja de ubicarlos en el lugar de la falta, el error, la infracción), como transgresores de las leyes del Estado, es uno de los modos más violentos de legitimar la desigualdad y la exclusión de quienes han sido producidos histórica y socialmente como sujetos indeseables"[582].

---

sobre bienes inmuebles, derechos o muebles registrables, o la constitución o integración de sociedades civiles o comerciales, deberá comunicarlo fehacientemente a la autoridad de migración".

580 Ibíd., Artículo 40°: "Decretada la expulsión de un extranjero, el Ministerio del Interior o la Dirección Nacional de Migraciones, podrán ordenar su detención mediante resolución fundada, al solo y único efecto de cumplir aquélla".

581 La ley comentada, en su artículo 2°, define al inmigrante como "Todo aquel extranjero que desee ingresar, transitar, residir o establecerse definitiva, temporaria o transitoriamente en el país conforme a la legislación vigente".

582 DOMENECH, Eduardo, ""Las migraciones son como el agua": Hacia la instauración de políticas de "control con rostro humano": La gobernabilidad migratoria en la Argentina", Ob. Cit., p. 12.

En términos generales, si bien la actual ley incorpora un capítulo relativo a principios, derechos y obligaciones, la mayor parte de la norma está destinada a regular aspectos de detalle en torno a plazos, requisitos de ingreso y de permanencia, facultades y atribuciones de la autoridad migratoria, entre otros. Así, se reconocen categorizaciones diferenciales entre "residentes permanentes", "residentes temporarios" y "residentes transitorios"[583]. De la misma forma, para aquellos que presentan recursos en contra de resoluciones que declaren la irregularidad de la situación migratoria, la autoridad podrá otorgar un "permiso de permanencia transitoria", cuya vigencia es de noventa días[584]. Por su parte, a los residentes temporarios y transitorios se les define a partir de subcategorías[585].

Como se puede observar, la nueva ley reproduce las categorizaciones de los inmigrantes que hacía la ley antigua, ya derogada. Lo

---

583 Ley Nº 25.871 de 20 de enero de 2004, Ley de migraciones, Artículo 20º: "Los extranjeros serán admitidos para ingresar y permanecer en el país en las categorías de 'residentes permanentes', 'residentes temporarios', o 'residentes transitorios'. Hasta tanto se formalice el trámite correspondiente, la autoridad de aplicación podrá conceder una autorización de 'residencia precaria', que será revocable por la misma, cuando se desnaturalicen los motivos que se tuvieron en cuenta para su otorgamiento. Su validez será de hasta ciento ochenta (180) días corridos, pudiendo ser renovables hasta la resolución de la admisión solicitada, y habilitará a sus titulares para permanecer, salir y reingresar al territorio nacional, trabajar y estudiar durante su período de vigencia.
La extensión y renovación de 'residencia precaria' no genera derecho a una resolución favorable respecto de la admisión solicitada".

584 Ibíd., Artículo 22º: "Se considerará 'residente permanente' a todo extranjero que, con el propósito de establecerse definitivamente en el país, obtenga de la Dirección Nacional de Migraciones una admisión en tal carácter. Asimismo, se considerarán residentes permanentes los inmigrantes parientes de ciudadanos argentinos, nativos o por opción, entendiéndose como tales al cónyuge, hijos y padres".

585 De acuerdo con lo señalado en el artículo 23 de la citada ley, en el caso de los residentes temporarios, se considera al trabajador migrante, rentista, pensionado, inversionista, científicos y personal especializado, deportista y artistas, parientes bajo tratamientos médicos, académicos, estudiantes, asilados y refugiados, nacionales de países del Mercosur, razones humanitarias y otras especiales. Por su parte, en el caso del artículo 24, en la categoría residentes transitorios se integran a los turistas, pasajeros en tránsito, transito nacional fronterizo, tripulantes del transporte internacional, trabajadores migrantes estacionales, académicos, entre otros.

anterior, sobre la base del establecimiento de motivos para ingresar y permanecer en el país. En este sentido, la norma incrementa significativamente los tipos de permisos al introducir una serie de subcategorías que terminan configurado distintos perfiles de inmigrantes.

Además, la norma comentada regula cuestiones tales como las causales de impedimento de ingreso y permanencia en el país. Entre ellos llama la atención algunos, tales como el relativo a mantener antecedentes penales en Argentina o en el extranjero por penas "privativas de libertad o delitos específicos tales como tráfico de armas, de personas, estupefacientes, de órganos o tejidos, lavado de dinero o inversiones en actividades ilícitas". También respecto de aquellos que hayan promovido la prostitución y condenados por delitos de corrupción[586].

Para los inmigrantes que residen ilegalmente, se suma la prohibición de trabajar por cuenta propia o bajo relación de dependencia[587]. De la misma forma, existe prohibición de otorgar alojamiento a título oneroso, trabajo y celebrar contratos, ya sea para la adquisición, venta de bienes muebles o inmuebles con inmigrantes que se encuentren en dicha situación migratoria[588], además de la obligación

586 Ley N° 25.871 de 20 de enero de 2004, Ley de migraciones, Artículo 29°: "Serán causas impedientes del ingreso y permanencia de extranjeros al Territorio Nacional: c) Haber sido condenado o estar cumpliendo condena, en la Argentina o en el exterior, o tener antecedentes por tráfico de armas, de personas, de estupefacientes o por lavado de dinero o inversiones en actividades ilícitas o delito que merezca para la legislación argentina pena privativa de la libertad de tres (3) años o más; d) Haber incurrido o participado en actos de gobierno o de otro tipo, que constituyan genocidio, crímenes de guerra, actos de terrorismo o delitos de lesa humanidad y de todo otro acto susceptible de ser juzgado por el Tribunal Penal Internacional".

587 Ibíd., Artículo 29°: "Los extranjeros que residan irregularmente en el país no podrán trabajar o realizar tareas remuneradas o lucrativas, ya sea por cuenta propia o ajena, con o sin relación de dependencia".

588 Ibíd., Artículo 55°: "No podrá proporcionarse alojamiento a título oneroso a los extranjeros que se encuentren residiendo irregularmente en el país. Asimismo, ninguna persona de existencia visible o ideal, pública o privada, podrá proporcionar trabajo u ocupación remunerada, con o sin relación de dependencia, a los extranjeros que residan irregularmente". Artículo 57°: "Quien contrate o convenga con extranjeros que residan irregularmente en el país, la adquisición, venta o constitución de gravamen sobre bienes inmuebles, derechos o muebles

de comunicarlo a la autoridad, bajo apercibimiento de ser sancionados con una multa.

Con aquellas prohibiciones no solo se evidencia el carácter negativo que se asocia al inmigrante debido a su situación o condición migratoria, precarizándolo aun más al impedir el acceso a derechos como el relativo a la vivienda y la posibilidad de acceder a servicios sociales que permitan hacer frente a sus necesidades materiales básicas de sobrevivencia por el solo hecho de no cumplir con el estatus jurídico que la ley determina. También se afecta al principio de igualdad y no discriminación, al establecer una diferenciación en base a elementos jurídicamente irrelevantes, tales como el relativo a la situación administrativa y no constitutiva de delito en la que se puede encontrar los inmigrantes.

Finalmente, la ley tipifica delitos al orden migratorio con penas privativas de libertad, las que pueden ir de uno a seis años, en casos de "promover o facilitar el tráfico ilegal de personas hacia Argentina"[589], o para aquel que "facilite la permanencia ilegal con el fin de obtener directa o indirectamente algún beneficio"[590]. Si bien lo que se quiere es prevenir el tráfico ilícito de personas, lo cierto es que tales tipificaciones olvidan la posibilidad de asistencia y de auxilio hacia aquellos inmigrantes que en estas circunstancias hayan arribado al país, al centrarse en un aspecto punitivo aplicable a aquellos que, a propósito del tránsito de inmigrantes ilegales, obtengan algún provecho. La ley también regula las causales de cancelación de la residencia, situación que conlleva la obligación de hacer abandono del país[591].

---

registrables, o la constitución o integración de sociedades civiles o comerciales, deberá comunicarlo fehacientemente a la autoridad migratoria".

589 Ibíd., Artículo 117°: "Será reprimido con prisión o reclusión de uno (1) a seis (6) años el que promoviere o facilitare la permanencia ilegal de extranjeros en el Territorio de la República Argentina con el fin de obtener directa o indirectamente un beneficio".

590 Ibíd., Artículo 118°: "Igual pena se impondrá a quien mediante la presentación de documentación material o ideológicamente falsa peticione para un tercero algún tipo de beneficio migratorio".

591 Ibíd., Artículo 62°: "La Dirección Nacional de Migraciones, sin perjuicio de las acciones judiciales que correspondieran deducir, cancelará la residencia que hubiese otorgado, con efecto suspensivo, cualquiera fuese su antigüedad, categoría o causa de la admisión y dispondrá la posterior expulsión, cuando: a) Con

Sin perjuicio de lo anterior, respecto de la constatación de la irregularidad migratoria, se establece que la autoridad migratoria deberá otorgar un plazo a los inmigrantes para efecto de regularizar su situación, bajo apercibimiento de expulsión, pero atendiendo a factores tales como la profesión, parentesco con nacionales y otras condicio-

---

la finalidad de obtener un beneficio migratorio o la ciudadanía argentina se hubiese articulado un hecho o un acto simulado o éste hubiese sido celebrado en fraude a la ley o con vicio del consentimiento o se hubiere presentado documentación material o ideológicamente falsa o adulterada; b) El residente hubiese sido condenado judicialmente en la República por delito doloso que merezca pena privativa de libertad mayor de cinco (5) años o registrase una conducta reiterante en la comisión de delitos. En el primer supuesto cumplida la condena, deberá transcurrir un plazo de dos (2) años para que se dicte la resolución definitiva de cancelación de residencia, la que se fundamentará en la posible incursión por parte del extranjero en los impedimentos previstos en el artículo 29 de la presente ley. En caso de silencio de la Administración, durante los treinta (30) días posteriores al vencimiento de dicho plazo, se considerará que la residencia queda firme; c) El beneficiario de una radicación permanente hubiese permanecido fuera del Territorio Nacional por un período superior a los dos (2) años o la mitad del plazo acordado, si se tratara de residencia temporaria, excepto que la ausencia obedeciere al ejercicio de una función pública argentina o se hubiese generado en razón de actividades, estudios o investigaciones que a juicio de la Dirección Nacional de Migraciones pudieran ser de interés o beneficiosa para la República Argentina o que mediara autorización expresa de la autoridad migratoria la que podrá ser solicitada por intermedio de las autoridades consulares argentinas; d) Asimismo será cancelada la residencia permanente, temporaria o transitoria concedida cuando se hayan desnaturalizado las razones que motivaron su concesión o cuando la instalación en el país hubiera sido subvencionada total o parcialmente, directa o indirectamente por el Estado Argentino y no se cumplieran o se violaren las condiciones expresamente establecidas para la subvención; e) El Ministerio del Interior podrá disponer la cancelación de la residencia permanente o temporaria y la expulsión de la República de todo extranjero, cualquiera sea la situación de residencia, cuando realizare en el país o en el exterior, cualquiera de las actividades previstas en los incisos d) y e) del artículo 29 de la presente.

El Ministerio del Interior dispensará el cumplimiento de la cancelación prevista en virtud del presente artículo cuando el extranjero fuese padre, hijo o cónyuge de argentino, salvo decisión debidamente fundada por parte de la autoridad migratoria.

Asimismo, dicha dispensa podrá ser otorgada teniendo en cuenta el plazo de permanencia, legal inmediata anterior a la ocurrencia de alguna de las causales previstas en los incisos a) a d) del presente artículo, el que no podrá ser inferior a dos (2) años, debiendo tenerse en cuenta las circunstancias personales y sociales del beneficiario".

nes sociales y personales[592]. No obstante, como sostiene Acosta, esto no se aplica en el caso de personas que hayan ingresado al país de manera clandestina, debiendo el inmigrante probar su entrada legal para regularizar su situación migratoria[593].

Paralelamente, como medida cautelar, la Dirección Nacional de Migraciones puede solicitar a la autoridad judicial, la retención del inmigrante aún cuando la resolución que ordene la expulsión no se encuentre firme[594]. Esto es algo que atenta contra el ejercicio de la libertad personal, estableciéndose una medida excesiva por el no cumplimiento de una condición migratoria que tampoco se encuentra tipificada como delito. Cabe señalar que, en cuanto a los recursos disponibles, se reconoce una vía administrativa, en la que se puede presentar recurso de reconsideración, jerárquico o de alzada, los que tendrán efecto suspensivo, quedando expedita la vía judicial[595].

---

592 Ibíd., Artículo 61°: "Al constatar la irregularidad de la permanencia de un extranjero en el país, y atendiendo a las circunstancias de profesión del extranjero, su parentesco con nacionales argentinos, el plazo de permanencia acreditado y demás condiciones personales y sociales, la Dirección Nacional de Migraciones deberá conminarlo a regularizar su situación en el plazo perentorio que fije para tal efecto, bajo apercibimiento de decretar su expulsión. Vencido el plazo sin que se regularice la situación, la Dirección Nacional de Migraciones decretará su expulsión con efecto suspensivo y dará intervención y actuará como parte ante el Juez o Tribunal con competencia en la materia, a efectos de la revisión de la decisión administrativa de expulsión".

593 ACOSTA, Diego y FELINE, Luisa, "Discursos y políticas de inmigración en Sudamérica ¿Hacia un nuevo paradigma o la confirmación de una retórica sin contenido?, *REMHU, Revista Interdisciplinaria Mobil. Hum*, Año XXIII, N° 44, 2015, p. 184.

594 Ley N° 25.871 de 20 de enero de 2004, Ley de migraciones, Artículo 71°: "Hecha efectiva la retención de un extranjero, la autoridad de aplicación, podrá disponer su libertad provisoria bajo caución real o juratoria que fijen en cada caso, cuando no pueda realizarse la expulsión en un plazo prudencial o medien causas que lo justifiquen. Dicha decisión deberá ser puesta en conocimiento del Juez Federal competente en forma inmediata".

595 Ibíd., Artículo 82°: "La interposición de recursos, administrativos o judiciales, en los casos previstos en el artículo 74, suspenderá la ejecución de la medida dictada hasta tanto la misma quede firme". Artículo 84: "Agotada la vía administrativa a través de los Recursos de Reconsideración, Jerárquico o Alzada, queda expedita la vía recursiva judicial".

Por su parte, como afirma Domenech, en la nueva ley la irregularidad/ilegalidad es considerada como el mayor problema de las migraciones y el carácter regular asociada a estas es tratada como el gran desafío de los Estados a nivel global[596]. De lo anterior se desprende que durante los últimos años hayan estado enfocados en implementar y ejecutar constantes planes de regularización, los que eran llamados "amnistías", haciendo un evidente mal uso del término, ya que éste se encuentra asociado a un delito y a la exención de responsabilidad penal, en circunstancias que el estar en condición migratoria irregular no es algo que se encuentre tipificado como delito. Al respecto, uno de los planes más importantes fue el llamado Programa de normalización documentaria migratoria del año 2004, el que consideró dos etapas. La primera estuvo dirigida a inmigrantes originarios de países que no formaban parte del Mercosur. La segunda estuvo dirigida a inmigrantes provenientes desde países del Mercosur, popularmente conocido como Plan Patria Grande[597].

Sin perjuicio de los efectos positivos que para muchos puedan suponer la implementación de los programas de regularización, lo cierto es que, desde un enfoque crítico, los resultados que han asumido los procesos de regularización migratoria han generado una limitación en lo relativo a las actuaciones y al eventual rol asistencial que deben cumplir los Estados. Así, como indica Domenech, "El hecho de que la "regularización migratoria" sea el principio rector de los modos de intervención estatal en materia de migraciones, hace que

---

596 DOMENECH, Eduardo, "La visión estatal sobre las migraciones en la Argentina reciente. De la retórica de la exclusión a la retórica de la inclusión", en Domenech, Eduardo (Comp.), *Migración y política: el Estado interrogado. Procesos actuales en Argentina y Sudamérica*, Córdoba, UNC, 2009, p. 50.

597 Con la implementación de aquel programa, se lograron regularizar 1.198.280 inmigrantes, en GURRIERI, Jorge, CAMINO, Ángel y TRINIDAD, Natalia, *La experiencia de los países sudamericanos en materia de regularización migratoria*, Ob. Cit., p. 38. Por su parte, como sistematiza Gurrieri, también destacan otros planes, los que fueron oficializados mediante los siguientes decretos: Año 1978, Decreto N° 3364 de 1978; Decreto N° 49 de 1964; Decreto N° 11982 de 1965; Decreto N° 780 de 1984; Decreto N° 1033 de 1992; Decreto N° 864 de 1993; Decreto N° 1169 de 2004 que dispuso el "Programa de normalización documentaria migratoria", en GURRIERI, Jorge, CAMINO, Ángel y TRINIDAD, Natalia, *La experiencia de los países sudamericanos en materia de regularización migratoria*, Ob. Cit., p. 20.

la compleja "problemática migratoria" sea simplificada en términos de una "problemática de (ir)regularidad migratoria"[598].

Finalmente, en el caso de Brasil, si bien desde el año 2017 la nueva ley de migraciones se acerca al enfoque de derechos, al reconocerles la titularidad de los mismos a los inmigrantes, igual existe una inclinación en torno en continuar la tendencia de la gobernabilidad migratoria global, en orden a regular una serie de aspectos administrativos relacionados con el ingreso y permanencia de inmigrantes, además del establecimiento de categorizaciones que complejizan el ejercicio de los derechos y las posibilidades para mantener un estatus jurídico determinado.

Cabe señalar que, según se indicó en la sección anterior, previo a la mencionada norma, desde el año 1980 rigió una ley que, al igual que en el caso chileno y argentino fue creada durante el desarrollo de la última dictadura militar (Ley N° 6.815, reglamentada por el Decreto N° 86.715 de 1981), la que recogió un enfoque restrictivo de la inmigración, criminalizando lo ilegal, sin reconocimiento de derechos y bajo atribuciones, cuyo ejercicio por parte de las autoridades correspondientes fueron absolutamente discrecionales. Además de los aspectos administrativos relativos al ingreso y permanencia, la ley reguló cuestiones relativas a las causales de expulsión y deportación, facultades radicadas en los órganos de gobierno, principalmente el Presidente de la República, sanciones, extradición y naturalización, entre otros.

Así, algunos puntos críticos lo constituyó:

- El reconocimiento de causales de expulsión, fundadas en la conservación de la seguridad nacional, el orden político o social, tranquilidad o moral pública y la economía nacional[599]. Las causales eran interpretadas y decididas por el Presidente de la República, bajo absoluta discrecionalidad. En este sentido, el artículo 66 disponía que, "El Presidente de la República

598 DOMENECH, Eduardo, "La visión estatal sobre las migraciones en la Argentina reciente. De la retórica de la exclusión a la retórica de la inclusión", Ob. Cit., p. 54.

599 Ley N° 6.815 de 19 de agosto de 1980, que define la situación jurídica de los extranjeros en Brasil, crea el Consejo Nacional de Inmigración, Artículo 65°.

decidirá exclusivamente sobre la conveniencia y oportunidad de expulsión o revocación"[600].

- El condicionamiento del ejercicio de algunos derechos, tales como el derecho a la educación, al cumplimiento de la obligación de registro ante el Ministerio de Justicia. En efecto, el artículo 48 consagraba que "...la matricula en un establecimiento educativo de cualquier titulación, sólo será efectiva si está debidamente registrado"[601].
- La prohibición de regularización migratoria. Al respecto el artículo 38 dispuso que, "Se prohíbe legalizar las estancias ilegales y transformarlas en visado permanente, de tránsito, temporales, turísticas y de cortesía"[602].
- La consagración de un régimen estricto de sanciones, entre las que destacaban la privación de libertad, deportación, expulsión y multa, las que estaban ligadas a infracciones de registro, ingreso por pasos no habilitados, permanencia en el país por mayor tiempo del autorizado. Algunas podían ser aplicadas a terceros que ayudaran a inmigrantes en situación irregular[603]. Sobre este último aspecto, se reconoció la obligación de terceros (hoteles, arrendadores, inmobiliarias, entre otros) de comunicar al ministerio señalado, los datos de inmigrantes que hayan sido admitidos en calidad de inquilinos y de otras calidades contractuales[604], además de la responsabilidad por el transporte de inmigrantes en situación irregular.
- Por último, la ley puso mucho énfasis en la deportación, destacando como causales, el ingreso o permanencia ilegal. Por su parte, la ley contemplaba que el inmigrante deportado sería

---

600 Ibíd., Artículo 66°.

601 Ibíd., Artículo 48°.

602 Ibíd., Artículo 38°.

603 Ibíd., Articulo 125°.

604 Ibíd., Artículo 47°: "El establecimiento hotelero, la inmobiliaria, propietario, arrendador, subarrendatario, o arrendatario del inmueble, remitirán al Ministerio de Justicia, cuando así se solicite, los datos identificativos del extranjero admitido como huésped, arrendatario subarrendamiento o huésped.

privado de libertad hasta por sesenta días[605]. En este sentido, al igual que en el caso de la deportación, la ley contempló la posibilidad que, por orden del Ministerio de Justicia, se pudiera privar de libertad al inmigrante que se encontrare en proceso de expulsión[606].

A diferencia de lo anterior, y como se verá en el siguiente punto, la nueva ley de migraciones incorporó un enfoque de derechos, sin embargo, mantuvo una serie de categorizaciones, manifestadas en el régimen de visados y en el otorgamiento de estatus jurídicos que actúan como dispositivos de diferenciación entre los sujetos[607].

De esta forma, la ley condiciona el ingreso y permanencia al otorgamiento del visado, a partir de lo cual, se genera una clasificación de inmigrantes residentes, entre los que destacan el visitante, temporal, diplomático, oficial y de cortesía[608]. Cada uno se define por la finalidad y motivo que tenga el solicitante para ingresar y permanecer en el país. Sin perjuicio de lo anterior, en el caso del visado temporal para personas que vengan a trabajar, la ley dificulta la obtención de este, al condicionarse a la existencia de una oferta previa de trabajo, realizada por persona jurídica que funcione en el país, no siendo necesario cumplir con tal requisito si se acredita la posesión de un título de educación superior[609]. Adicionalmente, la ley contempla alterna-

---

605 Ibíd., Artículo 61°. Cabe señalar que la deportación fue definida en el artículo 58 de la ley como "la salida obligatoria del extranjero".

606 Ibíd., Artículo 64°.

607 Respecto al control migratorio en legislación migratoria de Brasil, como destaca Bertolo, éste se convierte en "una forma de expandir la explotación de trabajo de los migrantes, dado que la actual política migratoria brasileña (dificultad para la obtención de documentos, acceso a derechos, falta de referencias, distancia de las familias) los somete a relaciones laborales más susceptibles de abuso, aislamiento y discriminación", en BERTOLO, Jaqueline, "Migracao con rostro femenino: múltiplas vulnerabilidades, trabalho domestico e desafíos de políticas e direitos", *Katál*, Vol. 21, N° 2, 2018, p. 321.

608 Ley N° 13.445 de 24 de mayo de 2017, "que establece la ley de migración", Artículo 12°: "Al solicitante que pretenda ingresar o permanecer en territorio nacional se puede otorgar visa: I. Visitante; II. Temporal; III. Diplomático; IV. Oficial; V. De cortesía".

609 Ibíd., Artículo 14° III N° 5: "Sujeto a los supuestos previstos en el reglamento, la visa temporal se puede conceder trabajo al inmigrante que viene a ejercer la actividad laboral, con o sin empleo en Brasil, siempre que acredite una oferta de

tivas de regularización de la condición migratoria. En este sentido, para el caso de aquellos a los que se les notifique una orden de deportación, contarán con un plazo de sesenta días para regularizar su situación[610]. Sin perjuicio de lo anterior, la ley no consagra un apoyo estatal en caso de que esto no se cumpla para que la persona pueda salir de tal condición migratoria.

Cabe señalar que la ley también contempla un régimen de sanciones por infracciones al orden jurídico migratorio, entre la que destaca la expulsión[611]. Vinculado con tal situación, la norma reconoce el derecho a defensa y recursos en contra de la resolución que decrete la expulsión[612].

---

trabajo formalizado por una persona jurídica que opera en el país, este requisito renunciaba si el inmigrante puede acreditar su título en un curso de educación superior o equivalente".

610 Ibíd., Artículo 50°: "La deportación irá precedida de una notificación personal al deportado, de la cual mencionar expresamente las irregularidades encontradas y el plazo de regularización no menos de 60 (sesenta) días, prorrogables, por igual período, por orden razonado y con el compromiso de la persona de mantenerse actualizado la información de su hogar".

611 Ibíd., Artículo 54°: "La expulsión es una medida administrativa para el retiro obligatorio de migrante o visitante del territorio nacional, combinado con el impedimento de reingreso por un período específico.
1°. La condena podrá dar lugar a la expulsión con sentencia firme e inapelable. sobre la práctica de: I. Crimen de genocidio, crimen de lesa humanidad, crimen de guerra o crimen de agresión, tal como la define el Estatuto de Roma de la Corte Penal Internacional de 1998, promulgado por Decreto nº 4.388, de 25 de septiembre de 2002; o II. Delito común sancionado con privación de libertad, considerado el severidad y posibilidades de resocialización en territorio nacional.
2°. Corresponderá a la autoridad competente decidir sobre la expulsión, la duración de la impedir el reingreso y suspender o revocar los efectos de la expulsión, observando las disposiciones de esta ley.
3°. La tramitación de la expulsión en caso de delito común no perjudicará al Progresión del régimen, cumplimiento de condena, suspensión condicional del proceso, la conmutación de la pena o el otorgamiento de una pena alternativa, de indulto colectivo o amnistía o cualquier beneficio otorgado en igualdad de condiciones al brasileño.
4°. El plazo de vigencia de la medida impedimento vinculado a los efectos de la expulsión será proporcional a la duración total de la pena aplicada y nunca excederá el doble de tu tiempo".

612 Ibíd., Artículo 110: "Las sanciones aplicadas serán objeto de una solicitud de reconsideración y apelación, en los términos del reglamento".

Finalmente, al igual que en el caso de Chile y Argentina, en Brasil se ha implementado planes de regularización migratoria, los que en su mayoría han sido aprovechados por inmigrantes de nacionalidades de países sudamericanos. Al respecto, destaca la Ley N° 9.675 de 1998, que extendió el plazo para solicitar el registro provisional extranjeros en situación ilegal en el territorio nacional, la que benefició a cerca de cuarenta mil inmigrantes, en su mayoría de países limítrofes (Bolivia, Argentina, Uruguay, Perú, Chile y Paraguay)[613] y la Ley N° 11.961 de 2009, que estableció la residencia provisional para extranjeros en situación irregular el territorio nacional, regularizando a cerca de cuarenta y cinco mil inmigrantes[614]. Sin perjuicio de las ventajas que en cada momento pueda suponer el desarrollo de tales planes para los inmigrantes en situación irregular, lo cierto es que tal como indica Domenech, "la regularización migratoria forma parte del régimen de control instituido paulatinamente por el Estado para regular el ingreso, la permanencia y la expulsión de la población extranjera"[615].

Para concluir el presente apartado, considero que es importante destacar que la regulación de las migraciones y las políticas plasmadas en ellas, han servido como instrumentos de jerarquización y de diferenciación de los sujetos, los que son categorizados según el cumplimiento de su situación migratoria. En este sentido, lo que esconde la llamada gobernabilidad migratoria en la regulación de la migración ordenada es el "encontrar estrategias de control mas sutiles que permitan conducir, direccionar y canalizar los flujos migratorios"[616]. En tal objetivo radican las políticas migratorias y los planes de regularización configurados e implementados durante los últimos años en los tres países analizados. Así, la verdadera y principal finalidad es la de conducir y mantener el control sobre los flujos migratorios, antes

---

613 GURRIERI, Jorge, CAMINO, Ángel y TRINIDAD, Natalia, *La experiencia de los países sudamericanos en materia de regularización migratoria*, Ob. Cit., p. 45.

614 Ibíd., p. 46.

615 DOMENECH, Eduardo, "Crónica de una "amenaza" anunciada. Inmigración e "ilegalidad", visiones de Estado en la Argentina contemporánea", Ob. Cit., p. 33.

616 DOMENECH, Eduardo "Las migraciones son como el agua: Hacia la instauración de políticas de "control con rostro humano": La gobernabilidad migratoria en la Argentina", Ob. Cit., p. 12.

que la preocupación por el respeto y garantía de los derechos de las personas migrantes. Lo anterior, en un contexto en como indica Valim, "...el control basado en la exteriorización y criminalización de los inmigrantes como trabajadores ilegales es un instrumento de clase del Estado en el proceso estructural de expansión y transformación del sistema capitalista"[617].

Por su parte, la migración irregular es configurada por las mismas normas que establecen categorizaciones y diferenciaciones entre regular/irregular, documentado/indocumentado, legal/ilegal, entre otros. Sobre el punto, como precisa Domenech, "la denominada migración ilegal no es un fenómeno social dado, fijo o independiente, sino un constructo producido social, política y legalmente"[618].

2.3. Problemas de enfoque y de suficiencia: tensiones en el reconocimiento y ejercicio de los derechos de las personas migrantes

Como se ha venido señalando, uno de los elementos que más destacan en la regulación de las migraciones es el relativo al tratamiento de la situación jurídica de los migrantes, estableciéndose estructuras y etiquetas diferenciales que repercuten negativamente en aquellos que no son capaces de encuadrar en estas, los que son relegados a lo ilegal, cuestión que, en el marco del desarrollo de la sociedad capitalista, genera marginación, precariedad y exclusión social.

Así, desde el punto de vista de aquello que significa el estar "fuera de la ley", se evidencia que a la condición de irregular no solo se asocian las dificultades para el ejercicio de derechos respecto de los cuales son titulares, tales como la vivienda, educación, salud, reagrupación familiar, trabajo, entre otros, sino que además, se entorpece la posibilidad que los migrantes puedan constituirse como fuerza social capaz de organizarse y defender sus derechos, ya que son condenados a vivir en la clandestinidad con el objetivo de no ser vistos por el

---

617 VALIM, Rafael, "Estado de excepción. La forma jurídica del neoliberalismo", Ob. Cit., p. 148.

618 DOMENECH, Eduardo "Las políticas de migración en Sudamérica: elementos para el análisis crítico del control migratorio y fronterizo", Ob. Cit., p. 30.

propio Estado receptor, el que a través de diversos mecanismos, como indica García "...interviene oficializando la ilegalidad (por la vía de declarar situaciones de irregularidad, de rechazar permisos de residencia, entre otros), dándole a esa ilegalidad ontológica una inteligibilidad asible y hasta reconfortante para el nacional, lo que permite la apropiación del discurso de los migrantes como delincuentes"[619]. A partir de lo anterior, y sobre la base de prácticas discursivas que fomentan la xenofobia, el racismo y el clasismo, el migrante, y especialmente aquel que se encuentra en situación irregular o ilegal, se va construyendo social y jurídicamente como una amenaza, culpable de todos los males asociados a los fracasos de las estructuras socioeconómicas. Al respecto, como indica Domenech, "la condición de ilegalidad de los inmigrantes, caracterizados en tanto "amenaza" como portadores o propagadores de enfermedades; invasores del territorio nacional; usurpadores de trabajos y viviendas; competidores desleales en el mercado laboral; delincuentes peligrosos; beneficiarios ilegítimos de los servicios públicos, operó como justificación para perseguirlos, a la vez que se legitimaba el accionar estatal represivo y punitivo frente a la inmigración"[620].

Tal irregularidad se convierte en el gran problema de los Estados, los que tienden a justificar el establecimiento de medidas de control más restrictivas y de condiciones que dificultan la libertad para residir en un determinado territorio.

A lo anterior se suma la forma en cómo se construye la ciudadanía y el efecto diferenciador que esta puede generar entre aquellos que la posean y los migrantes[621], independiente de su situación adminis-

619 GARCÍA, Lila, "Migraciones, Estado y una política del derecho humano a migrar: ¿Hacia una nueva era en América Latina?", Ob. Cit., p. 122.

620 DOMENECH, Eduardo y BOITO, María Eugenia, "Luchas migrantes en Sudamérica: reflexiones críticas desde la mirada de la autonomía de las migraciones", en CORDERO, Blanca, MEZZADRA, Sandro y VARELA, Amarela (coords.), *América Latina en movimiento. Migraciones, límites a la movilidad y sus desbordamientos*, Ob. Cit., p.178.

621 Al respecto, la ciudadanía entendida como "Aquel estatus que se concede a los miembros de pleno derecho de una comunidad. Todo el que la posee disfruta de igualdad tanto en los derechos como en las obligaciones que impone la propia concesión", MARSHALL, Tomas y BOTTOMORE, Tom, *Ciudadanía y clase social*, Alianza, Madrid, 1998, p. 37.

trativa migratoria, en circunstancias que tales estatus jurídicos asignados por la regulación de las migraciones, no pueden suponer una exclusión para aquellos que no cumplen con las condiciones para poder optar a las mismas, más aún cuando su concepto, como indica Mezzadra, "...involucra especialmente las cuestiones de adhesión subjetiva a un ordenamiento: identidad y participación, derechos y deberes"[622].

En este sentido, la idea es no supeditar el ejercicio de los derechos a estatutos jurídicos que vengan determinados por la ciudadanía, ya que las diferenciaciones entre migrantes y nacionales, tensionaría con el carácter universal de los derechos humanos, la que estaría vinculada a la titularidad en la que recae, esto es, las personas, independientemente de su categorización jurídica (ciudadano o migrante), en los términos planteados por Velasco, esto es, "...contemplarse el empeño por desvincular completamente el disfrute integral de los derechos humanos de la posesión del estatus de ciudadano nacional"[623].

De esta forma, las políticas migratorias favorecen la selectividad en atención a los intereses que se tengan respecto de la función que estas deban cumplir en cada momento histórico determinado. En el caso analizado, lo relevante se encuentra en la generación y criminalización de la irregularidad, a la que se asocia la falta de garantías en el ejercicio de derechos sociales, económicos y políticos, obstaculizando el rol que los migrantes puedan cumplir en la adopción de decisiones políticas que los afecten, invisibilizando las necesidades que estos posean y las condiciones en las que arriban al país de destino, desconociendo su calidad de sujetos de derechos y obviando que la

---

622 MEZZADRA, Sandro, *Derecho de fuga. Migraciones, ciudadanía y globalización*, Ob. Cit., p. 95.

623 VELASCO, Juan Carlos, *El azar de las fronteras. Políticas migratorias, ciudadanía y justicia*, Ob. Cit., p. 279. Por su parte, se trata que la ciudadanía no constituya un riesgo de exclusión, en el sentido expresado por Moreno, esto es "...operar como un mecanismo de exclusión que marca la frontera entre el nosotros/as ciudadanos y ellos/as no ciudadanos; nosotros/as habitantes de pleno derecho, ellos/as habitantes de segunda categoría", en MORENO, Rebeca, "Sexismo y racismo en la gestión neoliberal de las migraciones: subtextos del control social", *Oxímora, Revista Internacional de Ética y Política*, N° 1, 2012, p. 158.

migración es parte de la reestructuración de procesos económicos y sociales que se verifican a nivel global.

En este sentido, se evidencia una relación de determinación problemática entre la regulación normativa de las migraciones y el ejercicio de los derechos fundamentales de los migrantes. Al respecto, como indica García, "...el privilegio legal que permite asignar derechos distintos a nacionales frente a extranjeros —y dentro de estos, a personas en situación regular frente a aquellos en situación irregular— presenta serias dudas desde la misma lógica de derechos humanos"[624]. Lo anterior, sin perjuicio que, en los últimos años, los tres países analizados hayan incluido en sus normas migratorias, una redacción más amigable con los derechos de las personas migrantes. Sin embargo, se trataría de una técnica que utilizarían los Estados para legitimar y neutralizar el establecimiento de controles sobre las migraciones, conceptualizada por Domenech como política de control con rostro humano, la que estaría representada por "el universo de ideas y prácticas que, enmarcadas en el discurso de los derechos humanos como fuente de legitimación, persiguen la misma finalidad que las políticamente más restrictivas, prometiendo ser más eficaces en la consecución de un objetivo: controlar los flujos migratorios internacionales"[625].

---

624 GARCÍA, Lila, "Migraciones, Estado y una política del derecho humano a migrar: ¿Hacia una nueva era en América Latina?", Ob. Cit., p. 115.

625 DOMENECH, Eduardo, "La gobernabilidad migratoria en la Argentina: hacia la instauración de políticas de control con "rostro humano", IV Congreso de la Red Internacional de Migración y Desarrollo, Quito, 2011, disponible en https://www.flacsoandes.edu.ec/agora/la-gobernabilidad-migratoria-en-la-argentina-hacia-la-instauracion-de-politicas-de-control-con. En este sentido, el autor citado sostiene que, "bajo la cobertura ideológica de esta nueva perspectiva teórica política se desarrolla una política de control con rostro humano: amparado en el discurso de los derechos humanos para obtener legitimación necesaria para su instrumentalización. El control sobre la inmigración desplaza (no elimina) formas restrictivas o coercitivas, pero no con el propósito de hacer efectivos los derechos humanos de los inmigrantes, sino para obtener mayores resultados en la administración eficaz de los flujos migratorios", en DOMENECH, Eduardo ""Las migraciones son como el agua": Hacia la instauración de políticas de "control con rostro humano": La gobernabilidad migratoria en la Argentina", Ob. Cit., p. 2.

Así, aquellos que no encasillan en las categorizaciones que el orden jurídico estima como válida, justificaría la vigilancia y el control sobre las migraciones, prácticas que han sido amparadas bajo la incorporación de un discurso de respeto de derechos, manteniendo un enfoque restrictivo y desconfiando acerca de las migraciones. En efecto, se trata de una consideración superficial en la regulación del fenómeno analizado, manifestado en el tímido reconocimiento de derechos básicos, sin mayores compromisos y obligaciones para los Estados, seguido de una amplia reglamentación de aspectos administrativos que terminan consolidando una estructura jurídica sobre la cual se construye legalmente al sujeto migrante.

De esta forma, las normas en las que descansan las políticas migratorias, se han esforzado en combatir la migración irregular, obviando el enfoque de derechos de los sujetos que la conforman, el que en palabras de Moreno, implica "...la protección de los derechos básicos en el lugar de origen (salud, educación, vivienda, derecho a una vida libre de violencia, derecho a la sexualidad propia, a la autonomía, a la conciliación, a cuidar y a no cuidar, al tiempo libre, entre otros) y también en el lugar de destino"[626].

En base a lo señalado, el enfoque de derechos va más allá de reconocer en las normas, la igualdad entre migrantes y ciudadanos nacionales de un Estado. También supone superar las distinciones entre migrantes regulares e irregulares para efecto del ejercicio de los derechos, ya que si bien en las legislaciones tiende a existir un reconocimiento de titularidad de carácter horizontal y universal, independiente de la condición migratoria, lo cierto es que, desde el punto de vista de la operatividad, es algo que se torna complejo, lo que en ocasiones puede significar poner en riesgo el ejercicio de estos.

Por su parte, el derecho a migrar no solo se debe limitar en su contenido, a identificarse con la libre circulación de personas, sino que debe considerar acciones políticas de los Estados de origen y receptor. Así, el ejercicio pleno del derecho a migrar se verá realizado cuando existan otras condiciones sociales que permitan su desarro-

---

626 MORENO, Rebeca, "Sexismo y racismo en la gestión neoliberal de las migraciones: subtextos del control social", Ob. Cit., p. 162.

llo, independiente de la condición o estatus jurídico de su titular. De lo contrario, el ejercicio de estos quedará establecido solo para algunos sujetos ya que si este derecho se entiende limitadamente sobre la base de las libertades, solamente se configuraría un derecho a emigrar y no uno a inmigrar.

En ese sentido, una cosa es el derecho a circular libremente y otro es el derecho a residir en un lugar determinado. La migración se vincula preferentemente con éste, ya que supone algo más complejo que la libre movilidad al relacionarse con otros derechos que, para su ejercicio, no solo requieren de abstenciones, sino de un rol (principalmente estatal) activo o prestacional. En efecto, si el derecho a migrar no va vinculado con otro tipo de acciones de tipo estructurales y de programas de integración social que favorezcan el ejercicio de otros derechos determinantes para la satisfacción de necesidades básicas, el contenido de este quedaría vacío.

Los elementos descritos invitan a superar el enfoque liberal en la regulación de las migraciones y en el gobierno de éstas, el que en gran parte se determina por el reconocimiento y respeto de derechos de ese tipo, mas no con obligaciones concretas para los Estados. Lo anterior se desarrolla en un contexto marcado por la incidencia del mercado en la organización social y política de las sociedades, cuestión que ha significado debilitar el posicionamiento de los derechos y el rol del Estado en la garantía de estos, viendo en lo transnacional la oportunidad para concentrar riqueza sin mayor consideración de aspectos relativos a los sujetos políticos que lo conforman. En el caso de los inmigrantes (especialmente aquellos en condición irregular), tal situación se traduce en el ser objeto de exclusión diferencial, ya que como indica López singularizando a Castles, "son incorporados a ciertas áreas sociales (fundamentalmente el mercado laboral), pero se les niegan el acceso a otras esferas, tales como la ciudadanía o la participación política"[627].

En definitiva, estos no son integrados al espacio ciudadano, convirtiéndolos en sujetos susceptibles de ser explotados como eventual

---

627 LÓPEZ, Ana María, *Inmigrantes y Estados: la respuesta política ante la cuestión migratoria*, Ob. Cit., p. 79.

fuerza de trabajo, al ser más rentables para el capital, ya que este último fija condiciones laborales al margen de lo permitido por las normas del país de destino, prescindiendo del respeto de sus derechos y de condiciones mínimas de seguridad. Un panorama que se torna tolerable ante la necesidad que estos tienen para sobrevivir en el marco de la clandestinidad.

2.3.1. Los derechos de las personas migrantes en la regulación jurídica de las migraciones

Los elementos comentados anteriormente han servido para evidenciar un acercamiento hacia la caracterización generalizada y abstracta acerca del tratamiento que reciben los derechos de las personas migrantes en el modelo de gobernabilidad migratoria construido durante los últimos años. Sin embargo, resulta muy importante concretizar estas ideas, revisando desde una dimensión crítica, la forma en cómo lo han hecho las regulaciones normativas de Chile, Argentina y Brasil. Lo anterior, para efecto de dilucidar las deficiencias a partir de las cuales se puedan generar propuestas, conducentes a lograr avances en el tratamiento y en el ejercicio de los derechos de las personas migrantes.

En Chile, la normativa de extranjería que hasta febrero de 2022 rigió por más de cuarenta años, la que estuvo consagrada en el Decreto Ley N° 1094 de 1975 y su reglamento, contenido en el Decreto Supremo N° 597 de 1984 y posteriormente modificado por el Decreto Supremo N° 1930 de 7 de marzo de 2015 del Ministerio del Interior y Seguridad, no incorporó ninguna mención relativa al reconocimiento de los derechos de las personas migrantes.

En efecto, como se había planteado al inicio de este capítulo, la fuente normativa de la regulación de las migraciones que rigió durante décadas, fue un decreto creado en dictadura, motivo en el cual radicaba una critica de legitimidad de origen y de garantía ya que en él se regularon aspectos que incidieron en el ejercicio de los derechos de las personas migrantes, tal como la libertad de circulación. Lo anterior, a propósito de la forma en cómo fueron controladas las migraciones. En el caso planteado, el decreto de extranjería formalmente no fue una ley, pero aún así, contempló facultades discrecionales de la autoridad migratoria y sanciones cuya aplicación significaron una afectación al ejercicio de los derechos de las personas migrantes, como ocurrió con la consideración de las penas privativas de libertad por infracción al orden migratorio.

Por su parte, la normativa fue absolutamente excluyente desde el punto de vista de la participación en cuestiones o espacios de naturaleza política, neutralizando la fuerza emancipadora y el agenciamiento político por parte de los migrantes. Así, la ley estableció que todo aquel que deseara residir en el país, debía asumir compromisos específicos, tales como "…no participar durante su permanencia en Chile en la política interna ni en actos que puedan inferir molestias a los gobiernos con los cuales se mantiene relaciones amistosas…"[628].

Paralelamente, la norma no solo se limitó a obviar el reconocimiento de los derechos de las personas migrantes, sino que, además, contemplaba varias disposiciones que amenazaban el ejercicio de estos, muchas de ellas determinadas por las amplias facultades discrecionales establecidas en favor de la autoridad migratoria, a la cual se le reconocieron competencias para efecto de determinar aspectos relacionados con la calificación jurídica de los inmigrantes[629]. Así, en el

---

628 Decreto Ley N° 1.094 de 19 de julio de 1975 que establece normas sobre extranjeros en Chile, Artículo 15°, letra d.

629 Ibíd., Artículo 91°: "Corresponderá al Ministerio del Interior la aplicación de las disposiciones del presente decreto ley y su reglamento.
Ejercerá, especialmente, las siguientes atribuciones:
1. Proponer la política nacional migratoria o de extranjeros con informe de los organismos que tengan injerencia en cada caso;
2. Supervigilar el cumplimiento de la legislación de extranjería y proponer su modificación o complementación y aplicar, a través del Departamento de Extranjería y Migración, las disposiciones del presente decreto ley y su reglamento;
3. Conocer e informar al Ministerio de Relaciones Exteriores sobre los tratados o Convenios internacionales que contengan disposiciones sobre materias de carácter migratorio o de extranjería;
4. Habilitar, en la forma señalada en el artículo 3°, los lugares de ingreso y egreso de extranjeros;
5. Establecer, organizar y mantener el Registro Nacional de Extranjeros;
6. Prevenir y reprimir la inmigración o emigración clandestinas;
7. Aplicar las sanciones administrativas que correspondan a los infractores de las normas establecidas en este decreto ley;

marco de la aplicación del régimen de sanciones, no se cumplían las condiciones y garantías del debido proceso (motivación de la resolución, bilateralidad, publicidad, entre otros). De la misma forma, en el ámbito de los recursos que contemplaba la norma para impugnar las decisiones de la autoridad migratoria frente a los casos de interposición de sanciones de multa o amonestación, la ley reconoció el recurso de reconsideración, el que se debía interponer ante la misma autoridad que cursaba la sanción, estableciéndose como exigencia, el deber de consignar un 50% de la multa[630].

Por su parte, ante la resolución que decretaba la expulsión de los inmigrantes, procedía el recurso de reclamación ante la Corte Suprema, el que debía ser presentado en un plazo breve de 24 horas desde que se notificaba la resolución respectiva[631]. Además, dicho trámite se debía realizar en Santiago ya que es en esa ciudad donde funciona el tribunal superior de justicia ante el cual se tenía que interponer, el que si bien suspendía la ejecución de la resolución, se

---

8. Disponer la regularización de la permanencia de los extranjeros que hubieren ingresado o residan en Chile irregularmente u ordenar su salida o expulsión;
9. Impartir instrucciones para la mejor aplicación de este decreto ley;
10. Delegar en las autoridades de Gobierno Interior las facultades que sean procedentes;
11. Declarar, en caso de duda, si una persona tiene la calidad de extranjera.

Por su parte, la ley entrega al Departamento de Extranjería, amplias atribuciones en lo relativo a la aplicación del presente reglamento. Así, el artículo 92, dispone: "Corresponderá al Departamento de Extranjería del Ministerio del Interior, el que en adelante se denominará Departamento de Extranjería y Migración, aplicar y supervigilar directamente el cumplimiento de las normas del presente decreto ley y su reglamento". El el artículo 93, consagra: "Al Departamento de Extranjería y Migración le corresponderá ejecutar los decretos, resoluciones, órdenes e instrucciones que dicte el Ministerio del Interior en conformidad a este decreto ley y a su reglamento".

630 Ibíd., Artículo 79, inciso 3°: "Será requisito previo para la interposición del recurso que el afectado deposite, cuando corresponda el 50% del importe de la multa, mediante vale vista tomado a la orden del Ministerio del Interior".

631 Ibíd., Artículo 89°: "El extranjero cuya expulsión hubiere sido dispuesta por decreto supremo, podrá reclamar judicialmente por sí o por medio de algún miembro de su familia, ante la Corte Suprema dentro del plazo de 24 horas, contado desde que hubiere tomado conocimiento de él. Dicho recurso deberá ser fundado y la Corte Suprema procediendo breve y sumariamente fallará la reclamación dentro del plazo de 5 días, contado desde su presentación".

establecía que el afectado tenía que permanecer privado de libertad en un recinto carcelario o donde dispusiera la autoridad migratoria[632], lo que demostraba la criminalización que existía respecto de la inmigración irregular, al aplicarse los efectos de una sanción penal. De esta forma, en ambos casos estábamos ante situaciones que amenazaban el ejercicio del derecho al recurso y del derecho a defensa. En el primero ya que tales derechos estaban condicionados al pago previo que hiciera el sancionado, respecto de una parte de la multa, constituyendo tal exigencia una infracción a la regla *solve et repete*[633]. En el segundo caso, el plazo breve que se establecía para recurrir y las dificultades generadas por el lugar en donde debía ser presentado, significaba la eventualidad a que este no fuese presentado. Sin embargo, no solo estos derechos eran los que estaban amenazados, ya que el resultado de no poder impugnar una resolución de expulsión, necesariamente significaba poner en riesgo el ejercicio de otros derechos tales como la libertad de locomoción, la seguridad individual, la reunificación familiar, entre otros. En virtud de tal circunstancia es que, en los últimos años, frente a las resoluciones de expulsión, los inmigrantes presentaban la acción constitucional de amparo, encargada de resguardar la libertad personal y la seguridad individual frente a actos u omisiones ilegales provenientes de particulares o del Estado[634]. En el campo de las migraciones, como destaca Henríquez, su aplicación ha sido oportuna respecto de los casos de inmigrantes afectados en su facultad de residir, transitar, salir o ingresar al país,

---

632 Ibíd., Artículo 89, inciso 2°: "La interposición del recurso suspenderá la ejecución de la orden de expulsión, y durante su tramitación el extranjero afectado permanecerá privado de su libertad en un establecimiento carcelario o en el lugar que el Ministro del Interior o el Intendente determinen".

633 Para consultar un análisis acerca de la regla solve et repete en Chile (legislación, doctrina y jurisprudencia del Tribunal Constitucional), ver LEWIS, Sebastián, "La regla solve et repete en Chile", *Estudios Constitucionales*, Vol. 12, N° 2, 2014, pp. 239-272.

634 Constitución Política de la República de Chile, 1980, Artículo 21°: "Todo individuo que se hallare arrestado, detenido o preso con infracción de lo dispuesto en la Constitución o en las leyes, podrá ocurrir por sí, o por cualquiera a su nombre, a la magistratura que señale la ley, a fin de que ésta ordene se guarden las formalidades legales y adopte de inmediato las providencias que juzgue necesarias para restablecer el imperio del derecho y asegurar la debida protección del afectado".

entendiendo que tal acción constituiría un medio idóneo para "impedir la expulsión del país de un extranjero, por orden dispuesta por la autoridad administrativa, cuando la misma ha sido dictada o ejecutada ilegalmente"[635]. Finalmente, es importante destacar que por la importancia que reviste su aplicación en el ámbito de los derechos de los afectados, una medida de expulsión no correspondería aplicarla de manera abstracta, sino que la autoridad migratoria debería evaluar cada caso, integrando un ejercicio de proporcionalidad que tenga presente la eventual afectación a los derechos que ésta podría significar, tales como la reunificación familiar, derecho a la educación, a la salud, interés superior del niño, entre otros. En efecto, la autoridad migratoria que aplique la medida debería considerar la eventual afectación de derechos que se produciría con su aplicación, debiendo ser el resultado de un ejercicio de proporcionalidad y respetando las garantías de un debido proceso.

No obstante que la norma de extranjería comentada no incluyera un enfoque mínimo de derechos, marcado por el reconocimiento y garantía de estos, en los últimos años se fueron estableciendo medidas que intentaron compensar el déficit que existía en la materia. Así, desde los ministerios se dictaron instrucciones y oficios circulares que disponían garantías mínimas y limitadas en materia de ejercicio de derechos sociales[636]. Sin perjuicio de la existencia de aquellos

---

635 HENRÍQUEZ, Miriam, "¿Hacia una ampliación del hábeas corpus por la Corte Suprema?", *Revista de Derecho*, UCN, Año 20, N° 2, 2013, p. 437. En este sentido, se puede consultar los siguientes fallos dictados por la Corte Suprema: Rol N° 51/2013, Rol N° 1651/2013, Rol N° 66/2013, Rol N° 2341/2013, Rol N° 7018/2012, Rol N° 866/2011 y Rol N° 8228/2009.

636 Entre ellas destacó el dictado por el Departamento de Extranjería y Migración, oficio circular N° 1.179 de 28 de enero de 2003 sobre "Atención de salud a mujeres embarazadas inmigrantes", complementado por ese mismo servicio, mediante oficio N° 6.232 de 26 de mayo de 2003 en el cual se establecieron condiciones para el acceso a la salud y educación de inmigrantes menores en situación irregular, disponible en https://oig.cepal.org/sites/default/files/2003_oficiocircular6232_chi.pdf. Además del oficio circular N° 3.229 de 2008 del Ministerio de Salud, sobre "Atención en salud población inmigrante en riesgo social y situación de permanencia no regular", disponible en https://www.minsal.cl/portal/url/item/71821af88f80fda7e04001011f0164f3.pdf. También el oficio circular N° 1.008 del 4 de agosto de 2005, dictado por el Ministerio de Educación, para efecto de facilitar la incorporación de niños y niñas

instrumentos, la crítica se sustenta en que un tema relativo a reconocimiento y ejercicio de derechos no debería quedar regulado en oficios o instrucciones internas de los ministerios, cuya permanencia e iniciativa queda entregada a la voluntad de los gobiernos de turno, sin lograr mayor incidencia en la construcción de su contenido y de su garantía.

Por su parte, la nueva Ley de Migración y Extranjería chilena constituye un avance en relación con la anterior normativa analizada, ya que incorpora una sección titulada "Derechos y obligaciones de los extranjeros"[637], entre los que destacan el derecho de acceso a la salud, vivienda, seguridad social, reunificación familiar, educación, derechos laborales y debido proceso. Tales derechos se encuentran articulados sobre la base del reconocimiento de principios fundamentales de protección que establecen el deber de promoción, respeto y garantía de los derechos, además de otros como el interés superior del niño, niña y adolescente, integración e inclusión, no criminalización de la migración irregular e interpretación conforme a la Constitución, entre otros[638].

Sin perjuicio de lo anterior, el tratamiento que hace la ley en cuestiones concretas vinculadas a derechos pone en tensión y amenaza el ejercicio de estos, especialmente en consideración de la condición migratoria, como también de elementos vinculados al reconocimiento de las prohibiciones de ingreso, además de la falta de reconocimiento de derechos que constituyen parte importante para alcanzar la integración e inclusión de los migrantes.

En relación con el primer aspecto señalado, como se explicó en el punto anterior, la ley reconoce derechos, cuyo ejercicio y acceso se encuentra condicionados con la calidad de residente, es decir, estar en posesión de determinados permisos o contar con una situación administrativa migratoria legal. Así ocurre con los derechos labora-

---

inmigrantes al sistema educacional, disponible en https://migrantes.mineduc.cl/wp-content/uploads/sites/88/2017/04/7-ORD.894-Mineduc-Migrante.pdf.

637 Ley N° 21.325 de 20 de abril de 2021, Ley de Migración y Extranjería, Artículos 13 a 21.

638 Ibíd., Artículos 3 a 12.

les, de acceso a la salud, vivienda, seguridad social y reunificación familiar.

En cuanto al reconocimiento de prohibiciones imperativas de ingreso, la aplicación de algunas de ellas podría significar una amenaza al ejercicio de los derechos de las personas migrantes. Así se verifica respecto de aquellas que están fundamentadas en aspectos de naturaleza penal, tal como el haber sido condenado, imputado o procesado en Chile o en el extranjero por delitos como robo con intimidación o violencia, secuestro, homicidio, entre otros[639]. En efecto, la norma no es clara, en el sentido de lo que ocurriría con personas que, habiendo sido condenadas, hubiesen cumplido la pena. De ser así, la aplicación de una prohibición como esta, significaría un juzgamiento para aquellos que ya cumplieron su condena y que eventualmente se encuentran reintegrados en la sociedad, estableciéndose una especie de doble sanción por un mismo hecho, con la diferencia que la relativa al orden migratorio, no tendría límites en cuanto al tiempo para ser considerada. En sentido similar, también se hace referencia de manera imprecisa a todos aquellos que "no cumplan con los requisitos de ingreso establecidos en la ley y en el reglamento relativo a las categorías migratorias[640] y de aquellos que hubiesen contrariado

---

639 Ibíd., Artículo 32°: "Prohibiciones imperativas. Se prohíbe el ingreso al país a los extranjeros que: 5. Hayan sido condenados en Chile o en el extranjero, o se encuentren en procesos judiciales pendientes en el extranjero informados por la Organización Internacional de Policía Criminal (INTERPOL) o por los organismos de justicia con que Chile tiene convenios, por los delitos de tráfico ilícito de estupefacientes o de armas, lavado de activos, tráfico ilícito de migrantes o trata de personas, trata de personas según lo dispuesto en el artículo 411 quáter inciso segundo del Código Penal, lesa humanidad, genocidio, tortura, terrorismo, homicidio, femicidio, parricidio, infanticidio, secuestro, sustracción o secuestro de menores considerando lo prescrito en el artículo 141 inciso quinto e inciso final del Código Penal, robo con intimidación o violencia, robo con homicidio y robo con violación; la comercialización, producción, importación, exportación, distribución, difusión, adquisición, almacenamiento o exhibición de material pornográfico, cualquiera sea su soporte, donde se utilice menores de edad; aquellos contemplados en los párrafos V y VI del Título séptimo y en los artículos 395, 396 y 397 numeral 1o, todos del Libro II del Código Penal".

640 Ibíd., Artículo 32 N° 8: "No cumplan los requisitos de ingreso establecidos en esta ley y su reglamento y en los decretos respectivos que fijan las categorías migratorias".

"las normas fundamentales del derecho internacional"[641]. Se trata de causales genéricas, cuyo contenido abierto quedará entregado a la interpretación discrecional de la autoridad migratoria.

En lo relativo a las prohibiciones facultativas, la ley consagra que no podrán ingresar al país, los extranjeros que hubiesen sido condenados por crimen, simple delito o que mantengan antecedentes penales, además de aquellos que hayan sido deportados o expulsados de otros países. Este último punto constituye una amenaza al ejercicio del derecho a migrar, la libertad de circulación y la igualdad ante la ley, por cuanto el contenido de esos derechos se afecta por el hecho de haber infringido el orden migratorio de otros países. Adicionalmente, entre las causales se incorpora otra que podría constituir una vulneración al principio de presunción de inocencia, al establecer que se podrá negar el ingreso a "...los que realicen declaraciones, ejecuten actos o porten elementos que constituyan indicios de que se dispone a cometer un crimen o simple delito"[642]. En este sentido, sorprende que la sola presencia de algún elemento o el significado de declaraciones, configuren una presunción en orden a que se pueda cometer un delito. Otra causal es la relativa a aquellos que hayan sido condenados en los últimos 10 o 5 años, o que registren antecedentes

641 Ibíd., Artículo 32 Nº 9: "Hubieren contravenido normas fundamentales del derecho internacional, o estén procesados o condenados por el Tribunal Penal Internacional".

642 Ibíd., Artículo 33º: "Prohibiciones facultativas. Podrá impedirse el ingreso al territorio nacional a los extranjeros que: 1. Hayan sido condenados en el extranjero en los últimos diez años por actos que la ley chilena califique de crimen o en los últimos cinco años por actos que la ley chilena califique de simple delito. También se podrá impedir el ingreso a aquellos extranjeros que, respecto de crímenes o simples delitos, se encuentren con procesos judiciales pendientes en el extranjero o se encuentren prófugos de la justicia. 2. Registren antecedentes penales en los archivos o registros de la autoridad policial, canalizados a través de la Organización Internacional de Policía Criminal (INTERPOL). 3. Hayan sido expulsados o deportados de otro país por autoridad competente, en los últimos cinco años, por actos que la ley chilena sancione con expulsión o deportación. 4. Realicen declaraciones, ejecuten actos o porten elementos que constituyan indicios de que se disponen a cometer un crimen o simple delito de acuerdo con la legislación penal chilena. 5. Realicen declaraciones o porten elementos que acrediten que el motivo de su viaje difiere de aquel para el cual se obtuvo la visa correspondiente o se solicitó el ingreso al país".

penales[643], situación que altera y contraviene el principio de igualdad ante la ley, al establecerse una doble sanción que se encuentra basada en los antecedentes penales de aquellos que ya cumplieron condena.

Paralelamente, en caso de prohibirse el ingreso al país, la ley consagra que en contra de dicha resolución se podrá recurrir en un plazo de 15 días, pero desde el extranjero, a través de los respectivos servicios consulares chilenos. Tal factor de territorialidad y tipo amenaza y limita el ejercicio del derecho al recurso, como parte de la tutela judicial[644]. De la misma forma, la norma comentada establece que, una vez ejecutoriada la orden de expulsión, se podrá restringir o privar de libertad en sus domicilios o establecimientos policiales, ejecución que podrá quedar suspendida por la interposición de recursos ante los tribunales de justicia[645].

---

643 Ibíd., Artículo 33 N° 1: "Hayan sido condenados en el extranjero en los últimos diez años por actos que la ley chilena califique de crimen o en los últimos cinco años por actos que la ley chilena califique de simple delito. También se podrá impedir el ingreso a aquellos extranjeros que, respecto de crímenes o simples delitos, se encuentren con procesos judiciales pendientes en el extranjero o se encuentren prófugos de la justicia. N° 2. Registren antecedentes penales en los archivos o registros de la autoridad policial, canalizados a través de la Organización Internacional de Policía Criminal (INTERPOL)".

644 Ibíd., Artículo 35°: "Aplicación de prohibición de ingreso y recurso administrativo especial. En los casos previstos en los artículos 32 y 33, la Policía podrá permitir el ingreso previa autorización del Servicio, la que deberá realizarse de forma inmediata y por la vía más rápida, debiendo quedar registro de esta comunicación. Para estos efectos, la Subsecretaría del Interior podrá dictar instrucciones generales señalando los casos y condiciones en que la autorización previa no será necesaria. La Policía deberá informar al Servicio de las medidas adoptadas respecto de los extranjeros que ingresaren conforme a este inciso.
En caso de prohibirse el ingreso de extranjeros al territorio nacional por parte de la Policía en aplicación de las causales previstas en los artículos 32 y 33, tal decisión podrá ser recurrible desde el exterior para ante el Servicio, mediante presentación escrita efectuada por el afectado ante los consulados chilenos, los que deberán remitir los antecedentes al Servicio dentro de décimo día. El plazo para presentar el recurso será de quince días contado desde la notificación de la medida, y el procedimiento se regirá por las normas de la ley No 19.880.
Todo lo anterior, sin perjuicio de lo establecido en la ley No 20.430 y de los demás recursos y acciones que procedan y que puedan ejercerse dentro del territorio nacional".

645 Ibíd., Artículo 134°: "Ejecución de la medida de expulsión. Una vez que se encuentre firme y ejecutoriada la resolución que ordena la expulsión, se podrá

Finalmente, la ley no incorpora derechos de participación política, los que son claves para alcanzar la integración e inclusión de los migrantes en las sociedades de destino. Tampoco consagra explícitamente el derecho a migrar. En este aspecto, la norma solo reconoce para los migrantes en condición migratoria legal o regular, el derecho a circular por el país.

Si bien la nueva ley avanza en el reconocimiento de principios y derechos de las personas migrantes, otorgándole una apariencia protectora, lo cierto es que la mayor parte de su contenido se encarga de regular cuestiones administrativas, establecer categorizaciones y fragmentaciones que se configuran para efecto de lograr la migración regular, relegando a la ilegalidad y al desamparo a aquellos que no se encuentran en ella, tensionando el ejercicio de sus derechos.

De la misma forma, el reglamento de la ley solamente regula el derecho a un procedimiento migratorio informado, lo que se hace mediante el establecimiento de deberes estatales que se deben efectuar a través del Servicio Nacional de Migraciones[646]. En lo demás, existe una remisión general a los derechos de las personas migrantes, a propósito de la migración regular y ordenada[647], además del caso de niños, niñas y adolescentes[648], y cuando el reglamento menciona

---

someter al afectado a restricciones y privaciones de libertad. Esta medida sólo podrá practicarse en el domicilio del afectado o en dependencias de la Policía, habilitadas especialmente al efecto, separados entre hombres y mujeres e independientes de las instalaciones destinadas a personas detenidas por otras causas legales y dando cumplimiento a los estándares de salud, higiene y habitabilidad que establecerá el reglamento. En ningún caso se aplicará esta medida a niños, niñas o adolescentes".

646 Decreto Nº 296 de 12 de febrero de 2022, que aprueba Reglamento de la Ley Nº 21.325 de Migración y Extranjería, Artículo 5º: "Es deber del Estado proporcionar a los extranjeros información íntegra. oportuna y eficaz acerca de sus derechos y deberes, los requisitos y procedimientos para su admisión, estadía y egreso del país, y cualquier otra información relevante en idiomas español, inglés y lenguaje de señas. Esto último, sin perjuicio de los elementos adicionales que se definan en la Política Nacional de Migración y Extranjería".

647 Artículo 2º, Decreto Nº 296 de 12 de febrero de 2022, que aprueba Reglamento de la Ley Nº 21.325 de Migración y Extranjería.

648 Decreto Nº 296 de 12 de febrero de 2022, que aprueba Reglamento de la Ley Nº 21.325 de Migración y Extranjería, Artículo 3º: "En el caso de los niños, niñas y adolescentes, la acción estatal se orientará siempre a asegurar el pleno ejercicio

los derechos de las personas migrantes sometidos a procedimiento administrativo de expulsión[649] (artículos 139 y siguientes).

Por su parte, en lo relativo a la regulación de las relaciones laborales, determinada por el Código del Trabajo, se reconoce genéricamente la prohibición de discriminación en base a elementos fundados en la ascendencia nacional, entre otros. Así, el inciso tercero del artículo 2°, entiende por actos de discriminación:

> "...las distinciones, exclusiones o preferencias basadas en motivos de raza, color, sexo, maternidad, lactancia materna, amamantamiento, edad, estado civil, sindicación, religión, opinión política, nacionalidad, ascendencia nacional, situación socioeconómica, idioma, creencias, participación en organizaciones gremiales, orientación sexual, identidad de género, filiación, apariencia personal, enfermedad o discapacidad u origen social, que tengan por objeto anular o alterar la igualdad de oportunidades o de trato en el empleo y la ocupación"[650].

La otra norma del código que dice relación con la migración es una limitante de contratación por nacionalidad distinta a la chilena. En efecto, el artículo 19 consagra que, "...el 85%, a lo menos, de los trabajadores que sirvan a un mismo empleador será de nacionalidad chilena"[651]. Se trata de una reglamentación limitante que podría dar lugar a un mercado informal de trabajo conformado por inmigrantes, especialmente de aquellos que se encuentran en situación irregular.

Desde el punto de vista constitucional, existe un reconocimiento genérico de los derechos, pero no específicamente en favor de los migrantes, sino que la asociación se configura por aquello que contiene el artículo 19, en el que se estipula un listado de derechos, ga-

---

y goce de los derechos que consagren en su favor la Constitución Política de la República, las leyes y los tratados internacionales ratificados por Chile y que se encuentren vigentes; todo ello desde su ingreso al país y cualquiera sea la situación migratoria de sus padres o de los adultos que lo tengan a su cuidado, o bien, cuando se trate de niños, niñas o adolescentes no acompañados".

649 Artículo 133 y siguientes del Decreto N° 296 de 12 de febrero de 2022, que aprueba Reglamento de la Ley N° 21.325 de Migración y Extranjería.

650 Decreto con Fuerza de Ley N° 1 de 31 de julio de 2002, que fija texto refundido, coordinado y sistematizado del Código del Trabajo, Artículo 2°.

651 Ibíd., Artículo 19°.

rantizados a todas las personas. Así, al estar relacionada la titularidad de estos a la persona, por el solo hecho de serlo, se entendería que los mismos se aplican y aprovechan a los inmigrantes. No obstante, no se reconoce el derecho a migrar y lo único que existe vinculado a la movilidad de las personas es el derecho a la libertad de locomoción del N° 7, letra a, del artículo señalado[652]. Sin embargo, como ya he venido señalando, considero que entender el derecho a migrar solo sobre la base del ejercicio de la libertad de circulación, es insuficiente.

Como es posible verificar, durante varias décadas el tratamiento de los derechos de las personas migrantes en la regulación normativa chilena fue absolutamente deficiente. Además, la forma en cómo fueron reguladas las migraciones por la norma creada en dictadura, hizo que los derechos que a los migrantes les pertenecían por el solo hecho de ser persona, se pusieran en tensión en lo relativo a su respeto y garantía, apoyándose en oficios y circulares que carecían de valor normativo, pero que reconocían la posibilidad de acceder a ciertos servicios vinculados a derechos tales como la educación y salud.

Por su parte, si bien la nueva ley de migraciones reconoce derechos en favor de los migrantes, persisten problemas vinculados a su ejercicio, al ceder ante las categorizaciones y estatus migratorios considerados en la norma. En este sentido, la falta de compromiso y de responsabilidad del Estado con los migrantes hacen que estos se transformen en sujetos aún más precarios y vulnerables. Lo anterior se presenta como un panorama mucho más complejo, si atendemos al contexto que actualmente determina el panorama en el cual se ejercen los derechos sociales en Chile, caracterizado por la abstención generalizada del Estado y el tratamiento diferenciado que estos tiene en comparación con los libertarios de contenido económico. En fin, se trata de una situación que como indica Aceituno "es concordante con la carencia de derechos sociales que tiene la mayoría

---

652 Al respecto, el artículo 19 N° 7, letra a de la Constitución Política de la República de Chile, consagra: "Toda persona tiene derecho de residir y permanecer en cualquier lugar de la República, trasladarse de uno a otro y entrar y salir de su territorio, a condición de que se guarden las normas establecidas en la ley y salvo siempre el perjuicio de terceros".

de los chilenos con poco poder adquisitivo, pero que se vuelve aún más dramática en el contexto de la migración, sufriendo una doble exclusión y marginalidad"[653].

En el caso de Argentina, el enfoque de derechos en la regulación de las migraciones es algo que no siempre estuvo presente. Si observamos el tratamiento que la ley N° 22.439 de 1981 hizo de aquel fenomeno, nos daremos cuenta que al igual que la legislación chilena, la norma practicamente no contempló reconocimiento alguno de derechos en favor de los migrantes. Solo se consagró la igualdad general para optar a beneficios relacionados con la producción, pero limitado y condicionado a la zona geografica en la cual se estaba autorizado residir[654].

Por su parte, dependiendo de la causal por la que se haya recurrido, se estableció la obligatoriedad del depósito de la multa o caución que se hubiese aplicado, situación que tensionaba absolutamente con el ejercicio de derechos tales como el de acceso a la justicia y al recurso, consagrados en diversos tratados internacionales de derechos humanos[655]. Sin perjuicio de lo anterior, la ley contempló un sistema de recursos (de reconsideración o revocatorio) anta la denegación de ingreso, permanencia y cancelación de residencia[656]. Estos se debían presentar ante la Dirección Nacional de Migraciones, reconociéndose la opción de apelación ante el Ministerio del Interior[657].

---

653 ACEITUNO, David y QUINTEROS, José Manuel, "Antecedentes y herencias de la dictadura chilena en las ideas y legislación sobre la migración (1953-2018)", Ob. Cit., p. 64.

654 Ley N° 22.439 de 23 de mayo de 1981, Ley general de migraciones y de fomento de la inmigración, Artículo 5°: "Los inmigrantes que se radiquen en las zonas declaradas prioritarias, tendrán igualdad de condiciones para acceder a los beneficios que en ellas concedan las leyes a los productores nacionales".

655 Ibíd., Artículo 79°. Por su parte, los derechos señalados encuentran su reconocimiento en diversos instrumentos internacionales, entre los que destacan: Declaración Universal de Derechos Humanos (Art. 8), Declaración Americana de Derechos del Hombre (Art. XVIII), Convención Americana de Derechos Humanos (Art. 8, inciso 1°) y el Pacto Internacional de Derechos Civiles y Políticos (Art. 14).

656 Ibíd., Artículo 79°.

657 Ibíd., Artículo 78°. Según dicha disposición, el recurso de apelación se podía presentar directamente ante el Ministerio del Interior cuando se haya resuelto acerca de "a) la cancelación de la residencia en los casos del Artículo 16; b) la

No obstante, a diferencia de lo dispuesto por la regulación normativa creada en dictadura, la nueva ley de migraciones Nº 25.871 de 20 de enero de 2004, intentó establecer un cambio de paradigma en el sentido de pasar de uno que estaba basado en el control y el resguardo de la seguridad y el orden público interno, a otro que tuvo por objeto integrar una visión de respeto de los derechos.

De esta forma, aquella norma constituyó un avance histórico, no solo porque su génesis se haya articulado sobre la base de la participación de actores sociales y de organizaciones de migrantes que reclamaban cambios en la regulación del fenómeno migratorio, especialmente de su decreto regulatorio, sino que por el reconocimiento que hizo de una serie de derechos y libertades, cuyo ejercicio, en principio, prescindía de la situación migratoria. Entre estos destacó el derecho humano a migrar, entendiéndose como esencial e inalienable a la persona. También se consagró el derecho de acceso a la educación, a la salud, asistencia social, a la información, reunificación familiar, no discriminación, el derecho a participar en decisiones relativas a la vida pública y la estipulación de que la irregularidad migratoria no condicionará el acceso a la admisión a establecimientos educacionales, tampoco el acceso al derecho a la salud[658].

---

expulsión, la detención o la libertad provisional de un extranjero; c) la aplicación de cauciones".

658 Los derechos y libertades fueron reconocidas en el capítulo I del Título I de la ley, titulado "Derechos y libertades de los extranjeros", artículos 4 a 17 de la Ley Nº 25.871 de 20 de enero de 2004, "Ley de migraciones". Cabe señalar que en el capítulo II del título preliminar de la norma, se consagraron una serie de principios generales, los que adoptan un enfoque de respeto de derechos en favor de los inmigrantes. Así, el artículo 3º de dicha norma, en sus objetivos, destaca: "a) Fijar las líneas políticas fundamentales y sentar las bases estratégicas en materia migratoria, y dar cumplimiento a los compromisos internacionales de la República en materia de derechos humanos, integración y movilidad de los migrantes; b) Contribuir al logro de las políticas demográficas que establezca el Gobierno Nacional con respecto a la magnitud, tasa de crecimiento y distribución geográfica de la población del país; c) Contribuir al enriquecimiento y fortalecimiento del tejido cultural y social del país; d) Garantizar el ejercicio del derecho a la reunificación familiar; e) Promover la integración en la sociedad argentina de las personas que hayan sido admitidas como residentes permanentes; f) Asegurar a toda persona que solicite ser admitida en la República Argentina de manera permanente o temporaria, el goce de criterios y procedimientos de admisión no discriminatorios en términos de los derechos y ga-

En lo relativo a la integración, se estableció el deber del Estado en propender a su desarrollo a través de acciones tales como la realización de indicadores, difusión de información relativa a sus derechos y obligaciones, valoración de expresiones culturales y organización de cursos de formación[659].

Sin perjuicio de la presentación de aquellos elementos que constituyen los aspectos positivos de la ley, lo cierto es que a partir de un análisis crítico, se evidencian puntos negativos que debilitan la configuración del llamado "enfoque de derechos". Así, se observan problemas de concreción y operatividad, lo que puede venir dado por la falta de consagración de condiciones básicas que contribuyan a lograr su ejercicio. En efecto, la ley se limita a enumerar una serie de derechos que no son dotados de un contenido mínimo esencial que

---

rantías establecidos por la Constitución Nacional, los tratados internacionales, los convenios bilaterales vigentes y las leyes; g) Promover y difundir las obligaciones, derechos y garantías de los migrantes, conforme a lo establecido en la Constitución Nacional, los compromisos internacionales y las leyes, manteniendo en alto su tradición humanitaria y abierta con relación a los migrantes y sus familias; h) Promover la inserción e integración laboral de los inmigrantes que residan en forma legal para el mejor aprovechamiento de sus capacidades personales y laborales a fin de contribuir al desarrollo económico y social de país; i) Facilitar la entrada de visitantes a la República Argentina para los propósitos de impulsar el comercio, el turismo, las actividades culturales, científicas, tecnológicas y las relaciones internacionales; j) Promover el orden internacional y la justicia, denegando el ingreso y/o la permanencia en el territorio argentino a personas involucradas en actos reprimidos penalmente por nuestra legislación; k) Promover el intercambio de información en el ámbito internacional, y la asistencia técnica y capacitación de los recursos humanos, para prevenir y combatir eficazmente a la delincuencia organizada trasnacional".

659 Ley Nº 25.871 de 20 de enero de 2004, Ley de migraciones, Artículo 14º: "El Estado en todas sus jurisdicciones, ya sea nacional, provincial o municipal, favorecerá las iniciativas tendientes a la integración de los extranjeros en su comunidad de residencia, especialmente las tendientes a: a) La realización de cursos de idioma castellano en las escuelas e instituciones culturales extranjeras legalmente reconocidas; b) La difusión de información útil para la adecuada inserción de los extranjeros en la sociedad argentina, en particular aquella relativa a sus derechos y obligaciones; c) Al conocimiento y la valoración de las expresiones culturales, recreativas, sociales, económicas y religiosas de los inmigrantes; d) La organización de cursos de formación, inspirados en criterios de convivencia en una sociedad multicultural y de prevención de comportamientos discriminatorios, destinados a los funcionarios y empleados públicos y de entes privados".

supongan mayores compromisos para el Estado, lo que sumado a la realización de trámites administrativos, a propósito de la revalorización de las caracterizaciones jurídicas, terminan siendo, como indica Thayer, simples declaraciones garantistas que se problematizan con el entramado burocrático de los trámites migratorios[660]. Además, en ese mismo sentido, la mayoría de los derechos reconocidos, son de tipo libertarios, más no de prestacionales que supongan un mayor compromiso asistencial por parte del Estado. Ahora, si bien derechos sociales tales como el acceso a la educación y a la salud, no quedan condicionados a la situación migratoria, hay otros que sí se ven afectados por el hecho de que algunos migrantes no cuenten con cierto estatus jurídico. Así ocurre con el derecho al trabajo y el derecho a la vivienda. En el caso del primero por la prohibición que en la ley se establece para desarrollar actividades lucrativas y remuneradas, mientras que, en el caso del segundo, por la prohibición para otorgar alojamiento[661].

---

660 THAYER, Luis, STANG, Fernanda y ABARCA, Cristóbal, "Estatus legal precario y condicionalidad en el acceso a derechos. Una aproximación a la regulación migratoria de Argentina y Canadá", *Si somos americanos, Revista de Estudios Transfronterizos*, Vol. 16, N° 2, 2016, p. 25.

661 Ley N° 25.871 de 20 de enero de 2004, Ley de migraciones, Artículo 52°: "Los extranjeros admitidos o autorizados como 'residentes transitorios' no podrán realizar tareas remuneradas o lucrativas, ya sea por cuenta propia o en relación de dependencia, con excepción de los incluidos en la subcategoría de 'trabajadores migrantes estacionales', o salvo que fueran expresamente autorizados por la Dirección Nacional de Migraciones de conformidad con lo dispuesto por la presente ley o en Convenios de Migraciones suscriptos por la República Argentina. Los extranjeros a los que se le hubiera autorizado una residencia precaria podrán ser habilitados para trabajar por el plazo y con las modalidades que establezca la Dirección Nacional de Migraciones". En el mismo sentido, el artículo 53°, dispone "Los extranjeros que residan irregularmente en el país no podrán trabajar o realizar tareas remuneradas o lucrativas, ya sea por cuenta propia o ajena, con o sin relación de dependencia". Por su parte, el artículo 55°, consagra "No podrá proporcionarse alojamiento a título oneroso a los extranjeros que se encuentren residiendo irregularmente en el país. Asimismo, ninguna persona de existencia visible o ideal, pública o privada, podrá proporcionar trabajo u ocupación remunerada, con o sin relación de dependencia, a los extranjeros que residan irregularmente".

Por su parte, en relación con la integración e inclusión de los migrantes, como sostiene Domenech, se trata de temáticas que muchas veces se encuentran condicionados por el tipo de residencia que estos posean, no reconociéndose mecanismos que permitan a los inmigrantes participar en la esfera política. En efecto, de manera genérica se consagra una "tolerancia cultural" y no medidas concretas que tengan por objeto integrar a los inmigrantes en distintas esferas de funcionamiento de los lugares en los que residen[662]. En el mismo sentido, la ley establece para estos, la obligación de respetar "la identidad cultural de la Argentina", lo que genera una división en torno a su integración al pretender marcar una diferencia entre estos y obviando una eventual asimilación[663].

Además, la ley no incluye el reconocimiento de derechos políticos, tales como el derecho a sufragio, ya que estos se encuentran ligados a la ciudadanía. En efecto, tales derechos se perfilan fundamentales para lograr la anhelada integración de los migrantes, sin perjuicio que a nivel local los puedan ejercer, dependiendo de la autoridad local. En tal perspectiva, siguiendo a Ceriani, tal exclusión y marginación de participación en procesos políticos, "obstruye los procesos de integración y cohesión social en sociedades multiculturales receptoras de migrantes"[664].

Finalmente, la ley establece algunos impedimentos de ingreso al país, los que estarían fundamentados por registrar antecedentes penales por la comisión de cierto tipo de delitos. En relación con dichas causales, la Federación Internacional de Derechos Humanos sostiene que se debe tener cuidado con su aplicación, indicando que en "en muchos casos se trata de una segunda sanción a una condena

---

662 DOMENECH, Eduardo y MAGLIANO, María José, "Migración e inmigrantes en la Argentina reciente: políticas y discursos de exclusión/inclusión", en ZABALA, María del Carmen, *Pobreza, exclusión social y discriminación étnica-racial en América Latina y el Caribe*, Clacso, Bogotá, 2008, pp. 434 a 436.

663 Ley N° 25.871 de 20 de enero de 2004, Ley de Migraciones, Artículo 125°: "Ninguna de las disposiciones de la presente ley tendrá por efecto eximir a los extranjeros de la obligación de cumplir con la legislación nacional ni de la obligación de respetar la identidad cultural de los argentinos".

664 CERIANI, Pablo, "Luces y sombras en la legislación migratoria latinoamericana", *Nueva Sociedad*, N° 233, 2011, p. 83.

ya cumplida y, por ende, implica una violación del derecho a la igualdad ante la ley"[665].

Respecto a la discrecionalidad de la autoridad migratoria, esta fue disminuida al integrarse el deber de consideración de ciertos factores casuísticos al momento de decidir sobre cuestiones complejas relativas a la aplicación de medidas cautelares o de la propia expulsión, con posibilidad de revisión judicial, sin embargo, la forma en cómo la ley los regula, termina dejando un amplio margen para que la autoridad pueda imponer una determinada decisión sin mayor aplicación de situaciones concretas que, eventualmente, signifiquen una afectación o amenaza al ejercicio de los derechos de las personas migrantes[666].

---

665 CERIANI, Pablo, y MORALES, Diego, "Avances y asignaturas pendientes en la consolidación de una política migratoria basada en los derechos humanos", *Federación Internacional de Derechos Humanos y Centro de Estudios Legales y Sociales*, N° 559, 2011, p. 73. Así, entre las causales de impedimentos, consagradas en el artículo 29 de la mencionada ley, se reconocen: "c) Haber sido condenado o estar cumpliendo condena, en la Argentina o en el exterior, o tener antecedentes por tráfico de armas, de personas, de estupefacientes o por lavado de dinero o inversiones en actividades ilícitas o delito que merezca para la legislación argentina pena privativa de la libertad de tres (3) años o más; f) Haber sido condenado en la Argentina o tener antecedentes por promover o facilitar, con fines de lucro, el ingreso, la permanencia o el egreso ilegales de extranjeros en el Territorio Nacional; g) Haber sido condenado en la Argentina o tener antecedentes por haber presentado documentación material o ideológicamente falsa, para obtener para sí o para un tercero un beneficio migratorio; h) Promover la prostitución; lucrar con ello; haber sido condenado o tener antecedentes, en la Argentina o en el exterior por haber promovido la prostitución; por lucrar con ello o por desarrollar actividades relacionadas con el tráfico o la explotación sexual de personas...", en Ley N° 25.871 de 20 de enero de 2004, Ley de migraciones.

666 El Decreto Nacional N° 616/2010 que reglamenta la ley de migraciones, reconoce al Ministerio del Interior, la competencia para fijar las directrices generales de la política migratoria. Por su parte, persiste la lógica consistente en establecer como eje centra, la funcionalidad de las migraciones, en atención a los beneficios que estas reportarían al país. En este sentido, el artículo 3°, señala: "El Ministerio del Interior será la autoridad competente para establecer los lineamientos y pautas generales de la política de población y migraciones, pudiendo determinar las zonas del país que se consideren prioritarias para el desarrollo de aquéllas y adoptar las medidas necesarias para su promoción y fomento. Asimismo, a través de la Dirección Nacional de Migraciones y la Dirección Nacional de Población, se podrá convocar a las organizaciones que actúan

En efecto, si bien la ley comentada integra un reconocimiento de derechos de las personas migrantes, articulado sobre la base de objetivos que optan por un enfoque de respeto hacia la titularidad y ejercicio de estos, lo cierto es que dicho contenido constituye el mínimo en la norma, ya que en lo que sigue, se regulan aspectos administrativos que finalmente terminan por categorizar a los inmigrantes bajo estatus jurídicos determinados que no son indiferentes en la política migratoria argentina y que no obstante el reconocimiento universal de derechos, la garantía de estos y las acciones estatales para lograr lo anterior, continúan condicionadas a tales elementos legales. En este sentido, el artículo 5° lo reconoce, al señalar que "El Estado asegurará las condiciones que garanticen una efectiva igualdad de trato a fin de que los extranjeros puedan gozar de sus derechos y cumplir con sus obligaciones, siempre que satisfagan las condiciones establecidas para su ingreso y permanencia, de acuerdo a las leyes vigentes"[667].

En lo que respecta a la consideración de la migración en el Código del Trabajo, al igual que en el caso de Chile, se evidencia un reconocimiento generalizado del principio de no discriminación por motivos de nacionalidad, el que se encuentra contenido en el artículo 17 de dicho cuerpo normativo, el que estipula lo siguiente: "Por esta ley se prohíbe cualquier tipo de discriminación entre los trabajadores por motivo de sexo, raza, nacionalidad, religiosos, políticos, gremial o edad"[668]. Cabe señalar que, la falta de mención hacia la inmigración en las leyes laborales no es indiferente, considerando que, de acuerdo con lo revisado en el segundo capítulo, la mayoría de los inmigrantes están sujetos a permisos de residencia por contrato de trabajo.

A nivel constitucional, las disposiciones relativas a la migración lo hacen estableciendo una igualdad general de derechos civiles entre nacionales e inmigrantes, sin consagrar compromisos que signifiquen para el Estado, asumir un rol asistencial. Así, el artículo 20,

---

en el ámbito migratorio a fin de que propongan planes e iniciativas concretas para la consecución de los objetivos establecidos en la Ley N° 25.871, autorizándose al referido Ministerio a suscribir convenios de colaboración con tales organizaciones".

667 Ley N° 25.871 de 20 de enero de 2004, Ley de migraciones, Artículo 5°.

668 Ley N° 20.744 de 13 de mayo de 1976, Ley de contrato de trabajo, Artículo 17°.

dispone: "Los extranjeros gozan en el territorio de la Nación de todos los derechos civiles del ciudadano; pueden ejercer su industria, comercio y profesión; poseer bienes raíces, comprarlos y enajenarlos; navegas los ríos y costas; ejercer libremente su culto; testar y casarse conforme a las leyes…"[669]. Sin perjuicio de lo anterior, en atención a las prohibiciones establecidas en la ley actual, aquellos que se encuentren en situación migratoria irregular, no podrían ejercer alguno de los derechos señalados en el citado artículo.

Por su parte, en la Constitución se reconoce el fomento de la inmigración europea y el carácter funcional con la que se considera al inmigrante. Así, el artículo 25 dispone "El gobierno federal fomentará la inmigración europea; y no podrá restringir, limitar ni gravar con impuesto alguno la entrada en el territorio argentino de los extranjeros que traigan por objeto labrar la tierra, mejorar las industrias, e introducir y enseñar las ciencias y las artes"[670]. En efecto, se trata de una norma que se ha mantenido desde hace muchos años, de aquella etapa en la que existía una inmigración selectiva que tuvo por objeto favorecer la llegada de europeos.

Además, de la lectura del texto se evidencia la forma en cómo es presentada la migración para efecto de cubrir las necesidades y beneficios del país. En este aspecto, el artículo 75 Nº 18 reconoce como atribución del Congreso Nacional "Proveer lo conducente a la prosperidad del país, al adelanto y bienestar de todas las provincias, y al progreso de la ilustración, dictando planes de instrucción general y unitario, y promoviendo la industria, la inmigración…"[671]. Tal incorporación se da en un contexto de fijación de lineamientos que contribuyan a hacer de Argentina un país más próspero. Así, el tratamiento constitucional de la migración se determina en relación con los beneficios que ésta podría generar, despreocupándose de las necesidades y condiciones de los migrantes, respecto de los cuales no existen disposiciones relativas al reconocimiento de sus derechos, con excepción de la mención genérica acerca de la igualdad de los derechos civiles.

---

669 Constitución de la Nación Argentina de 3 de enero de 1995, Artículo 20.

670 Ibíd., Artículo 25°.

671 Ibíd., Artículo 75° Nº 18.

En efecto, del análisis de las principales normas que regulan la migración en Argentina, es posible evidenciar que el gran avance en el tratamiento de esta, vino determinado por la creación de la nueva ley, la que reconoció derechos y objetivos más progresistas, en relación con la norma anterior creada en dictadura. No obstante, aquellos elementos no son suficientes para pensar en la existencia de una política migratoria integral que garantice el ejercicio de los derechos de las personas migrantes. Se torna necesario avanzar en la construcción del contenido del derecho humano a migrar, en la concretización de aquello que la norma de manera genérica reconoce, desplazando las condicionalidades del disfrute de estos a los estatus determinados por el orden jurídico, paradigma sobre el cual se articula la gobernabilidad migratoria de los últimos años. Paralelamente, a nivel normativo, será necesario armonizar el contenido de otras normas relevantes en la materia, tal como la Constitución de la Nación y la ley que regula a las relaciones laborales, ya que estas, especialmente la primera, se encuentran desfasadas respecto de la realidad migratoria desarrollada en los últimos años.

Finalmente, en Brasil, desde el año 2017 la nueva ley de migraciones ha incorporado un reconocimiento de los derechos de las personas migrantes, sin embargo, tal realidad no siempre fue así. En efecto, como se indicó al inicio de este capítulo, la antigua ley N° 6.815 de 1980 creada en dictadura, contuvo un enfoque restrictivo del fenómeno y una consideración negativa acerca de los inmigrantes, lo que, en el ámbito de los derechos, se tradujo en el tratamiento debilitado de estos.

En este sentido, si bien la ley reconoció un título dedicado a los deberes y derechos de los inmigrantes (Título X, artículos 95 y siguientes), en su contenido solo se incorporó una disposición relativa a los derechos, ya que el resto del articulado se centró en la estipulación de deberes y prohibiciones. Respecto de estas últimas, la ley estableció prohibiciones de tipo económica-laborales y políticas. Entre las primeras destacaban el ser propietario de algunas empresas, participar en la administración de sindicatos y de asociaciones profesionales[672].

---

672 Ley N° 6.815 de 19 de agosto de 1980, que define la situación jurídica de los extranjeros en Brasil, crea el Consejo Nacional de Migración, Artículo 106°:

Las segundas consideraban el ejercicio y participación en actividades y asuntos de naturaleza política[673]. Como se puede evidenciar, la ley no reconoció la titularidad de derechos políticos, y dificultaba el ejercicio de derechos relacionados con la libertad de expresión, reunión y asociación. Así, como sostiene Cantoral, "expresamente les prohíbe en casos como el de asociación sindical y política, el derecho de reunión"[674].

"Se prohíbe a los extranjeros: I. ser propietario, armador o comandante de un buque nacional, incluidos los servicios de navegación fluvial y lacustre; II. ser propietario de una empresa periodística de cualquier tipo, y de empresas de televisión y radiodifusión, socio o accionista de una empresa propietaria de estas empresas; III. ser asesor responsable, intelectual o administrativo de las empresas mencionadas en el ítem anterior; IV. obtener una concesión o autorización para la investigación, prospección, exploración y aprovechamiento de yacimientos, minas y otros recursos minerales y potenciales de energía hidráulica; V. ser propietario u operador de una aeronave brasileña, excepto en los casos previstos en la legislación específica; VI. ser corredor de buques, fondos públicos, subastador y corredor de aduanas; VII. participar en la administración o representación de un sindicato o asociación profesional, así como de un organismo de control para el ejercicio de una profesión regulada; VIII. ser práctico en bares, puertos, ríos, lagos y canales; IX. poseer, mantener u operar, incluso como aficionado, un aparato de radiodifusión, radiotelegrafía y similares, salvo reciprocidad de trato; y X. brindar asistencia religiosa a las Fuerzas Armadas y auxiliares, así como a los centros de detención colectiva…".

673 Ibíd., Artículo 107°: "El extranjero admitido en el territorio nacional no puede ejercer actividad política, ni interferir, directa o indirectamente, en los asuntos públicos de Brasil, quedando especialmente prohibido:
I. organizar, crear o mantener una sociedad o cualesquiera entidades de carácter político, aunque tengan como fin únicamente la propaganda o difusión, exclusivamente entre compatriotas, de ideas, programas o reglas de acción de los partidos políticos en el país de origen;
II. ejercer la acción individual, con compatriotas o no, a fin de obtener, mediante coacción o coacción de cualquier naturaleza, la adhesión a ideas, programas o reglas de actuación de partidos políticos o facciones de cualquier país;
III. Organizar desfiles, marchas, concentraciones y encuentros de cualquier naturaleza, o participar en ellos, para los fines a que se refieren los incisos I y II de este artículo".

674 CANTORAL, Luis, "Análisis de la ley N° 6815/80, Estatuto del extranjero de Brasil y los derechos de los inmigrantes a la libertad de expresión, de asociación y de reunión", *Solonik, Revista de Políticas Públicas y Derechos Humanos*, N° 1, 2017, p. 79.

Por su parte, los criterios para categorizar a los inmigrantes en relación con el tipo de visado se establecieron sobre la base de la funcionalidad que estos podrían significar para el país, principalmente en lo relativo a la capacidad del Estado para reclutar mano de obra. Al respecto, el párrafo único del artículo 16 consagraba "La inmigración tendrá como objetivo, principalmente, proporcionar mano de obra especializada a los diversos sectores de la economía nacional, con miras a la Política Nacional de Desarrollo en todos aspectos y, en particular, al aumento la productividad, asimilación tecnología y recursos para sectores específicos"[675]. En el mismo sentido, el Decreto N° 9.199 de 20 de noviembre de 2017 que reglamentó a la nueva ley de migraciones, estableció que, "Con el fin de atraer mano de obra en áreas estratégicas para el desarrollo nacional o con déficit de competencias profesionales para el país, en acto conjunto, los ministros de Justicia y seguridad pública, relaciones exteriores y del trabajo en consulta con el Consejo Nacional de Inmigración, establecerán condiciones simplificadas para el otorgamiento de un visado temporal por motivos laborales"[676]. Cabe agregar que, en este aspecto, la ley ampara el actuar discrecional del Ministerio de Justicia, reconociendo que, la concesión de los visados, solo constituyen una expectativa de derecho. Así, el artículo 26 señala que, "El ingreso, estadía o registro del extranjero podrá verse impedido en cualquiera de los casos del artículo 7°, o la inconveniencia de su presencia en el territorio nacional a decisión del Ministerio de Justicia"[677].

Respecto al contenido de la nueva ley, al igual que en el caso de Argentina, esta constituyó un cambio en relación con la regulación que había sido creada en dictadura, ya que se incorporaron derechos y no se configuró un perfil de inmigrante desde la óptica de la seguridad nacional, reconociéndose, además, el desarrollo de acciones estatales y el establecimiento de compromisos institucionales en torno a la migración. También la ley hizo referencia a la emigración, algo

---

675 Ley N° 6.815 de 19 de agosto de 1980, que define la situación jurídica de los extranjeros en Brasil, Artículo 6°.

676 Decreto N° 9.199 de 20 de noviembre de 2017, que reglamenta la Ley N° 13.445 de 24 de mayo de 2017, artículo 38 N° 16.

677 Ley N° 6.815 de 19 de agosto de 1980, que define la situación jurídica de los extranjeros en Brasil, Artículo 6°.

que hasta ese momento era inédito en el país y en comparación con la legislación del resto de los países de la región. Así, sobre el punto, la ley define al emigrante y contempla un capítulo relativo a los principios y directrices de las políticas públicas para ellos, tal como la asistencia consular, la promoción de condiciones dignas de vida y de educación, atención diplomática, entre otros. Además, también incorpora una sección relativa a los derechos de los emigrantes, los que están enfocados en la situación de aquellos que deseen regresar al país, otorgándoles beneficios aduaneros y exención del pago de derechos por concepto de costos asociados a la importación de sus cosas, como también la asistencia y representación en el exterior en caso de amenaza a la paz social, grave inestabilidad social o calamidad derivada de catástrofes naturales[678]. De la misma forma, en cuanto a la génesis de la ley, como destaca Milton, hubo una presión des-

---

678 Ley Nº 13.445 de 24 de mayo de 2017, "que establece la ley de migración":
Artículo 1º III: "Emigrante: brasileño que se instala temporal o permanentemente en el exterior".
Artículo 77: "Las políticas públicas para emigrantes observarán los siguientes principios y lineamientos:
I. Protección y prestación de asistencia consular a través de representaciones brasileñas en el exterior; II. Promoción de condiciones de vida digna, mediante, entre otros, la facilitación del registro consular y la prestación de servicios consulares relacionados con las áreas de educación, salud, trabajo, seguridad social y cultura; III. Promoción de estudios e investigaciones sobre emigrantes y comunidades brasileñas en el exterior, con el fin de apoyar la formulación de políticas públicas; IV. Acción diplomática, en los ámbitos bilateral, regional y multilateral, en defensa de los derechos de los emigrantes brasileños, según el derecho internacional; V. Acción gubernamental integrada, con participación de los órganos de gobierno que actúan en las áreas temáticas mencionadas en los incisos I, II, III y IV, con el objetivo de asistir a las comunidades brasileñas en el exterior; y VI. Esfuerzo permanente para reducir la burocracia, actualizar y modernizar el sistema de atención, con el objetivo de mejorar la atención a los emigrantes".
Artículo 78: "Todo emigrante que decida regresar a Brasil con intención de residencia podrá introducir en el país, con exención de derechos de importación y tasas aduaneras, mercancías nuevas o usadas que el viajero, en compatibilidad con las circunstancias de su viaje, podrá utilizar para sí mismo. uso o consumo personal y profesional, siempre que, por su cantidad, naturaleza o variedad, no permitan presumir la importación o exportación con fines comerciales o industriales".
Artículo 79: "En caso de amenaza a la paz social y al orden público por inestabilidad institucional grave o inminente o por calamidad de gran magnitud, las

de movimientos sociales de defensa de los derechos de las personas migrantes para que se configurara un nuevo estatuto que regulara al fenómeno migratorio[679].

Sin perjuicio de lo anterior, la ley no ha planteado el derecho a migrar desde una perspectiva de respeto y de vinculación con los derechos sociales o de aquellos que en general requieren acciones prestacionales estatales, conducentes a materializar mejores condiciones de vida para los migrantes. En este sentido, se reconocen una serie de principios y derechos, sin mayor concretización que supongan obligaciones y compromisos específicos para el Estado[680]. Por

---

representaciones brasileñas en el exterior deberán prestar especial asistencia al emigrante".
Artículo 80: "El tripulante brasileño contratado por buque o armador extranjero, de cabotaje o de larga distancia y con sede o sucursal en Brasil, que explore económicamente el mar territorial y el litoral brasileño, tendrá derecho a un seguro a cargo del contratante, válido por el todo el período de contratación, de acuerdo con las disposiciones del Registro Nacional de Embarcaciones (REB), contra accidentes de trabajo, invalidez total o parcial y muerte, sin perjuicio de los beneficios de una póliza más favorable vigente en el exterior".

679 MILTON, Tomas, "El camino hacia la formulación de una nueva política migratoria en Brasil. De la visión militar restrictiva a la apertura", Ob. Cit., p. 26.

680 Ley N° 13.445 de 24 de mayo de 2017, "que establece la ley de migración", Artículo 4°: "El migrante está garantizado en el territorio nacional, en condiciones de igualdad con nacionales, la inviolabilidad del derecho a la vida, la libertad, la igualdad, la seguridad y propiedad, así como están garantizados: I. derechos y libertades civiles, sociales, culturales y económicos; II. derecho a la libertad de circulación en el territorio nacional; III. derecho a la reagrupación familiar del migrante con su cónyuge o pareja y su hijos, familia y dependientes; IV. medidas para proteger a víctimas y testigos de delitos y violaciones de derechos; V. derecho a transferir recursos provenientes de sus ingresos y ahorros personales a otro país, sujeto a la legislación aplicable; VI. derecho de reunión con fines pacíficos; VII. derecho de asociación, incluida la unión, para fines lícitos; VIII. acceso a la salud pública, los servicios de asistencia social y la seguridad social conforme a la ley, sin discriminación por razón de nacionalidad y condición migratoria; IX. amplio acceso a la justicia y asistencia jurídica plena y gratuita a quienes demostrar recursos insuficientes; X. el derecho a la educación pública, sin discriminación por nacionalidad y por condición migratoria; XI. garantía de cumplimiento de las obligaciones laborales legales y contractuales y aplicación de las normas de protección al trabajador, sin discriminación por la nacionalidad y situación migratoria; XII. exención de los derechos a que se refiere esta ley, previa declaración de hipoacusia económico, en forma de reglamento; XIII. derecho de acceso a la información y garantía de confidencialidad sobre

su parte, de la lectura del contenido del artículo 4° de la norma, se aprecia que el ejercicio de algunos derechos tales como el acceso a la salud pública y seguridad social, no estará condicionado a la situación migratoria. No obstante, resulta necesario presentar la solicitud de registro de identificación para que se garanticen los derechos reconocidos en la ley[681].

Además, la ley incorpora una prohibición para otorgar permisos de residencia a aquellos que hayan sido condenados penalmente[682], la que se suma al impedimento de ingreso al país a aquel que haya sido condenado o que se encuentre sometido a proceso penal por delito grave en otro país[683]. Se trata de situaciones que para el caso de la primera hipótesis podría ser tensionales con el respeto del principio "*Non bis in ídem*", en el sentido que si bien la presente ley no sanciona ni tampoco supone un nuevo procesamiento, sí condiciona y afecta a aquellos que anteriormente hayan sido condenados y cumplido su pena. En el caso de la segunda situación, el establecer un

---

la datos personales del migrante, en los términos de la Ley N ° 12.527, de 18 de noviembre de 2011; XIV. derecho a abrir una cuenta bancaria; XV. derecho a salir, permanecer y reingresar al territorio nacional, incluso pendiente de solicitud de permiso de residencia, prórroga de estancia o transformar una visa en un permiso de residencia; y XVI. el derecho del inmigrante a ser informado sobre las garantías que se le brindan garantizados con fines de regularización migratoria. §1 Los derechos y garantías previstos en esta ley se ejercerán de conformidad con las Constitución Federal, independientemente de la situación migratoria, observando las disposiciones del § 4 de este artículo, y no excluye otras derivadas de un tratado de la que Brasil es parte".

681 Ibíd., Artículo 19 III: "Mientras no se emita una identificación civil, el documento acreditativo de que el inmigrante lo haya solicitado a la autoridad competente, garantizará al titular el acceso a derechos establecidos en esta ley".

682 Ibíd., Artículo 30 N° 1: "No se concederá permiso de residencia al condenado penalmente en Brasil o en el extranjero por sentencia firme e inapelable, siempre que la conducta se encuentre tipificada en el derecho penal brasileño...".

683 Ibíd., Artículo 45 III: "Podrá impedirse el ingreso al país, previa entrevista individual y por acto razonado, la persona: I. expulsado previamente del país, mientras estén vigentes los efectos de la expulsión; II. condenado o respondiendo a un proceso por un acto de terrorismo o un delito de genocidio, crimen de lesa humanidad, crimen de guerra o crimen de agresión, en el términos definidos por el Estatuto de Roma de la Corte Penal Internacional de 1998, promulgado por Decreto 4.388, de 25 de septiembre de 2002; III. condenado o respondiendo a un enjuiciamiento en otro país por delito grave responsable extradición bajo la ley brasileña".

impedimento fundado en el procesamiento penal, sin existir sentencia que declare su culpabilidad, podría significar una vulneración al principio de presunción de inocencia.

Por su parte, la ley reconoce la libertad como uno de los derechos que deber ser ejercidos, independiente de la condición migratoria, sin embargo, el Decreto N° 9.199 de 20 de noviembre de 2017, que reglamenta la ley de migraciones, contempla la posibilidad de arresto de personas en caso de entrada condicional al país. Al respecto, el artículo 172 establece que "en caso de entrada condicional prevista en la ley, la Policía Federal determinará el periodo de estadía, las condiciones a observar y el lugar donde permanecerá el inmigrante detenido o clandestino"[684].

En efecto, de manera similar al caso de Argentina, la nueva ley de migraciones constituyó un avance en lo relativo a la incorporación de derechos de los migrantes. Sin embargo, su reconocimiento se hace a partir de la enumeración de un listado, sin mayores concretizaciones que los caractericen y que signifiquen la obligatoriedad y exigibilidad de acciones concretas para lograr su ejercicio. En este sentido, el contenido mayoritario de la ley continúa centrándose en la regulación de aspectos administrativos que terminan por categorizar a los inmigrantes, sobre la base de una estructura jurídica que valida y legitima el control de las migraciones.

Paralelamente, a nivel constitucional, se establece como objetivo fundamental de la República, el promover el bien de todos, sin distinción de elementos jurídicamente irrelevantes tales como el origen[685]. Así, se reconoce el principio de igualdad entre brasileños y extranjeros residentes en el país, disposición que consagra también otros derechos que les son aplicables, entre los que destacan la libertad de locomoción y el de entrar, salir y permanecer en el territorio

---

684 Decreto N° 9.199 de 20 de noviembre de 2017, que reglamenta la Ley N° 13.445 de 24 de mayo de 2017 "que establece la ley de migración".

685 Constitución Política de Brasil, 1988, Artículo 3°: "Constituyen objetivos fundamentales de la República Federal de Brasil: N° 4. Promover el bien de todos, sin prejuicios de origen, raza, sexo, color edad o cualesquiera otras formas de discriminación".

nacional[686]. No obstante, en lo relativo al reconocimiento de derechos políticos, se excluye a los inmigrantes para ejercer el derecho a voto. Por su parte, entre las condiciones de elegibilidad se establece la nacionalidad como requisito para poder optar a cargos de elección popular.

En efecto, la Constitución brasileña hace referencia al principio de igualdad que puede aprovechar a los inmigrantes, excluyéndolo del reconocimiento de derechos positivos en su favor, no integrando derechos específicos y obligaciones o compromisos para el Estado en cuanto al tema migratorio.

Así, en lo relativo a los derechos de las personas migrantes, se torna necesario avanzar en la consolidación de la política migratoria que se sustenta sobre la base de la nueva ley de migraciones, ya que al igual que en el caso de los otros dos países analizados, la gobernabilidad migratoria continúa centrándose en aspectos de control, en donde el enfoque de derechos no suele ser lo más relevante.

En síntesis, de lo analizado, se puede concluir que, las políticas migratorias configuradas en el marco de la regulación del fenómeno han cambiado en relación con aquellas que habían sido creadas en dictadura y que se mantuvieron vigentes durante más de tres décadas, al incluir el reconocimiento de los derechos de las personas migrantes, situación que puede tener distintas lecturas y significados. Así, según García nos encontraríamos ante una humanización de las migraciones[687]. Por su parte, para Mármora, lo anterior obedecería a la explotación de una dimensión ética de las migraciones[688]. Sin

---

686 Ibíd., Artículo 5º: "Todos son iguales ante la ley, sin distinción de cualquier naturaliza, garantizándose a los brasileños y a los extranjeros residentes en el País la inviolabilidad del derecho a la vida, a la libertad, a la igualdad, a la seguridad y a la prioridad, en los siguientes términos: Nº 15. Es libre el desplazamiento en el territorio nacional en tiempo de paz, pudiendo cualquier persona, en los términos de la ley, entrar en él, permanecer o salir de él con sus bienes".

687 GARCÍA, Lila, "Migraciones, Estado y una política del derecho humano a migrar: ¿Hacia una nueva era en América Latina?", Ob. Cit., p. 110.

688 MÁRMORA, Lelio, *Las políticas de migraciones internacionales*, Paidós, Buenos Aires, 1997, singularizado en GARCÍA, Lila, "Migraciones, Estado y una política del derecho humano a migrar: ¿Hacia una nueva era en América Latina?", Ob. Cit., p. 114.

embargo, para Domenech se trataría de políticas migratorias con rostro humano, cuyo discurso integrador de los derechos, tendría por objeto neutralizar el ejercicio de controles migratorios.

A mi juicio, si consideramos la forma en cómo las regulaciones normativas incluyen el enfoque de derechos en las nuevas legislaciones, además de la incidencia que actualmente tiene el discurso de la migración ordenada y regular, el reforzamiento de los controles, la criminalización de la migración irregular, la centralidad de las categorizaciones y el encasillamiento de los migrantes en estatus jurídicos y las dificultades que se plantean entre estos y el ejercicio de los derechos, nos daremos cuenta que la incorporación de aquel enfoque cumpliría un rol justificante respecto de las medidas que se aplican para que las migraciones cumplan su funcionalidad en los países analizados, los que se asocian a los objetivos económicos que regionalmente, han sido acordados e institucionalizados en el marco del Mercosur.

El enfoque de derechos tiende a estar limitado sobre la base de declaraciones abstractas de derechos en favor de los migrantes, las que no vienen acompañadas de acciones exigibles para el Estado que tengan por objeto contribuir al ejercicio de estos. Por su parte, el derecho a migrar no solo se debe analizar desde un aspecto estrictamente libertario, vinculándolo con la libertad de desplazamiento y de residencia, necesariamente debe incluir la atención de otros aspectos relacionados con el reconocimiento y el ejercicio de derechos sociales, escenario ante el cual estaríamos frente a un derecho a migrar dotado de mayor contenido.

De la misma forma, en los tres países las actuales regulaciones que las normas legales hacen de la migración no consideran la participación de estos como una voz activa en torno al orden que se les aplicará, siendo absolutamente excluidos al interior de las sociedades de destino de instancias políticas de decisión. Tampoco consideran el reconocimiento de derechos políticos en favor de los migrantes, cuestión que imposibilita poner en desarrollo la eventual potencialidad transformadora que estos pudiesen tener para efecto de luchar por la protección y garantía de sus derechos en las sociedades de destino.

Si bien las nuevas leyes migratorias han hecho un reconocimiento general de los derechos de las personas migrantes, tal situación debe ser concebida como un elemento básico para lograr la integración de estos, la que tiene que ser complementada con políticas que sean capaces de concretizarlo, para poder pasar desde la titularidad y acceso capaces de materializar mejores condiciones de vida.

Lo anterior resulta fundamental en un contexto en donde los migrantes están sujetos a una permanente exclusión diferencial, lo que en palabras de Navarrete implica que, "los inmigrantes son incorporados en ciertas áreas de la sociedad (sobre todo del mercado laboral), pero se les niega el acceso a otros (sistemas de bienestar, ciudadanía y participación política)"[689].

En efecto, las condiciones establecidas en la regulación de las migraciones continúan asumiendo una perspectiva represiva, al centrarse en aspectos de control que intentan ser neutralizados por la incorporación de un discurso aparentemente respetuoso y garantista de los derechos de las personas migrantes, asociando sanciones y castigos a aquel que no se encuentre en la situación establecida por el orden jurídico. Se trata de distinciones elaboradas por la normativa y que han sido susceptibles de generar efectos jurídicos (ilegalidad); materiales, por la afectación en el ejercicio de las condiciones materiales de los migrantes, y sociales, al producir un encasillamiento que se traduce o se convierte en discriminación y exclusión.

Mientras menos se atienda a los derechos de las personas migrantes y más rígido sea el orden jurídico con el establecimiento de estructuras que determinan la legalidad de los sujetos regulados, mayor será la generación de irregularidad migratoria a la cual estos puedan quedar expuestos, los que continuarán viviendo en torno a la exclusión y la precariedad que aprovechan las estructuras socioeconómicas configuradas en el marco de la expansión capitalista y del desarrollo del neoliberalismo en los países de la región.

---

689 NAVARRETE, Bernardo, "Percepciones sobre inmigración en Chile: Lecciones para una política migratoria", *Migraciones Internacionales*, Vol. 9, N° 1, 2017, p. 184.

2.4. La migración segura, ordenada y regular como fundamento de consolidación en la aplicación de medidas de control

A partir del año 2000, una de las tendencias de la gobernabilidad migratoria en países del Cono Sur, consistió en la configuración de estándares y patrones globales aplicables al control migratorio, los que incluyeron un aparente discurso de respeto de los derechos de las personas migrantes, pero a la vez, se preocuparon por el establecimiento del cumplimiento de un objetivo común, consistente en el logro de la migración segura, ordenada y regular, elementos que permitieron justificar la consolidación del control sobre los flujos migratorios, ya sea en lo relativo a su direccionamiento, como también, respecto de las condiciones legales de permanencia en un territorio determinado. En efecto, como indica Santi, se trató de una categoría que, históricamente, tuvo por objeto "perseguir la relocalización de una porción de migrantes económicos y el reasentamiento de refugiados y desplazados"[690].

Por su parte, la determinación de la migración ordenada y regular, lo constituyen los acuerdos transnacionales y regionales, en orden a que los Estados puedan combatir aquello que se oponga a lo anterior, es decir, la llamada migración irregular o ilegal. En efecto, el incumplimiento de aquel estándar establecido justificaría el control que se desarrollaría en el marco de la regulación de las migraciones y de la frontera, imponiendo medidas coercitivas y punitivas, tales como la expulsión de inmigrantes, sin mayor consideración del respeto y garantía de sus derechos. Lo anterior, en un contexto de reforzamiento de los controles fronterizos, situación que como indica Velasco, "representa la perpetración de una estratificación social que propicia una situación estructural de violación a los derechos humanos muy poco acorde con los presupuestos mínimos de una sociedad bien ordenada"[691].

---

690 SANTI, Silvana, "¿Qué es la migración ordenada? Hacia el multiculturalismo asimétrico como motor de las políticas de control migratorio", *Colomb. Int*, 104, 2020, p. 9.

691 VELASCO, Juan Carlos, *El azar de las fronteras. Políticas migratorias, ciudadanía y justicia*, Ob. Cit., p. 311.

En este sentido, la referencia al uso de aquella categoría o concepto, resulta pertinente y oportuno, en atención a las medidas que en los tres países analizados han tomado los últimos gobiernos de derecha, los que, pese a contar con instrumentos jurídicos que justificarían el desarrollo de acciones estatales para hacer frente a la migración irregular, han radicalizado el control sobre estas, alejándose de un enfoque de derechos y acercándose a uno centrado en la securitización.

En el caso de Chile, tal situación se ha intensificado a propósito del desarrollo de la inmigración que ha tenido lugar en el norte del país, a propósito del arribo de personas provenientes desde países vecinos, quienes han tenido que ingresar por pasos no habilitados para hacer frente a sus necesidades ante el contexto de crisis sanitaria y económica generada por el desarrollo de la pandemia. En efecto, ante tal panorama, una de las primeras acciones de Piñera consistió en autorizar al ejército para que se encargara del control fronterizo, militarizando el tratamiento de la denominada "crisis migratoria" sobre la base de expresiones tales como "Ordenar la casa"[692], "No te arriesgues"[693] y la vinculación entre inmigrantes y Covid, los primeros como fuente de riesgo directo[694]. A lo anterior se sumó la promulgación y publicación de la nueva Ley de Migración y Extranjería, la que según se explicó en los puntos anteriores, mantiene una regulación que en su mayor parte se encarga de perseguir la migra-

---

692 Declaraciones disponibles en https://www.efe.com/efe/america/sociedad/pinera-llama-a-ordenar-la-casa-ante-crisis-migratoria-en-el-norte-de-chile/20000013-4460280

693 Campaña en contra de la inmigración ilegal, difundida en países sudamericanos, disponible en https://www.youtube.com/watch?v=YzOPplpPbes

694 Carta abierta de rechazo a toda forma de discriminación hacia poblaciones migrantes internacionales por parte de las autoridades del país en torno a COVID19, firmada por organizaciones migrantes, ONG y académicos/as, 17 de abril de 2020, Chile, disponible en: https://media.elmostrador.cl/2020/04/carta-rechazo-migrante-a-discurso-publico-1.pdf. En este sentido, como sostiene Vargas, "esta estrategia de tratar la migración como crisis para generar una sintonía afectiva es propia del nacionalismo exacerbado y de los regímenes autoritarios, pues la idea de un enemigo peligroso fortalece la búsqueda de su protector, alguien fuerte e implacable en el poder, en VARGAS, Ana María y BORELLI, Silvia, "Migración y fronteras en el gobierno brasilero", *Ponto e Virgula*, N° 25, 2019, p. 75.

ción irregular, poniendo en tensión y amenaza el ejercicio de los derechos de las personas migrantes que se encuentren en tal situación administrativa, agilizando su egreso a través de la aplicación de uno de sus artículos transitorios.

En el caso de Argentina, durante la presidencia de Mauricio Macri, se dictó el Decreto Nacional de Urgencia N° 70/2017, norma infralegal que realizó diversas modificaciones al contenido de la Ley N° 25.871, al sustituir, eliminar y agregar nuevas disposiciones relativas a las categorías migratorias, impedimentos de ingreso y permanencia, causales de cancelación de residencia, plazos, procedimientos, la consolidación de las facultades de la Dirección Nacional de Migraciones, órgano dependiente del Ministerio del Interior y la tipificación de nuevos delitos relacionados con las migraciones[695]. Sobre esto último, se vuelve a construir un perfil del inmigrante en términos de peligrosidad y de amenaza. Al respecto, como indica González, "Se vincula a las migraciones con una serie de delitos, recreando así representaciones sociales acerca de los migrantes que las constituyen como sujetos potencialmente peligrosos..."[696].

Así, en la parte considerativa del decreto, se hace mención al tiempo excesivo que demoraba la ejecución de las órdenes de expulsión, estableciendo una causalidad entre estas y el registro de antecedentes penales en las que se fundamentarían dichas medidas. En tales motivos y circunstancias se justificó la regulación de un procedimiento migratorio sumarísimo, el que como indica el decreto, se aplicaría a "aquellos casos en los que personas de nacionalidad extranjera se encontrasen involucradas en hechos delictivos y a quienes hubiesen ingresado en forma clandestina al territorio nacional, eludiendo el control migratorio"[697].

De esta forma, se crea un procedimiento especial sumarísimo establecido para agilizar la ejecución de las órdenes de expulsión, estableciéndose plazos más breves, limitando la existencia de recursos que disponen los inmigrantes para recurrir en contra de la re-

---

695 Decreto Nacional de Urgencia N° 70 de 27 de enero de 2017.

696 GONZÁLEZ, Anahí y TAVERNELLI, Romina, "Leyes migratorias y representaciones sociales: el caso argentino", *Autoctonía*, Vol. II, N° 1, 2018, p. 86.

697 Decreto Nacional de Urgencia N° 70 de 27 de enero de 2017, Párrafo N° 22.

solución que le afecta. Si bien se consagra un recurso jerárquico, el plazo para su presentación es de tres días desde la notificación de la resolución respectiva[698]. En efecto, el plazo es tan breve que hace casi imposible la presentación de estos. Además, firme la resolución, se estipula que procederá la retención del inmigrante. Cabe señalar que, se contempla la posibilidad de recurrir por la vía judicial, cuyo plazo es igual que el anterior, es decir, tres días, debiendo comparecer patrocinado por letrado. En contra de la resolución del juez que conoció del recurso judicial, procederá la apelación, cuyo plazo es igual que el anterior[699].

En efecto, como plantea García y Nejamkis, con ocasión de la dictación de este decreto, Argentina se encuentra más cerca de tener un modelo securitario de migraciones[700], viendo en estas, problemas de seguridad en los que se intentan legitimar que dan paso a la aplicación de medidas represivas de control.

Finalmente, en Brasil, en el marco del gobierno de Bolsonaro, se han dictado dos ordenanzas que tensionan parte del contenido de la nueva ley de migraciones. La primera corresponde a la N° 666 de 25

---

698 Ibíd., Artículo 14°: "Incorpórese como artículo 69 quinquies de la Ley N° 25.871 y su modificatoria el siguiente: "ARTÍCULO 69 quinquies.- En el marco del Procedimiento Migratorio Especial Sumarísimo, dispuesta la expulsión de un extranjero del territorio nacional, el interesado podrá interponer recurso jerárquico en un plazo improrrogable de TRES (3) días hábiles desde su notificación. Dicho recurso será resuelto por el Director Nacional de Migraciones. Resuelto el recurso jerárquico se tendrá por agotada la vía administrativa".

699 Ibíd., Artículo 18°: "Incorpórese como artículo 69 nonies de la Ley N° 25.871 y su modificatoria el siguiente: "ARTÍCULO 69 nonies.- Contra la resolución del juez dictada en los términos del ARTÍCULO 69 septies procederá el recurso de apelación ante la Cámara Federal correspondiente, el cual deberá ser interpuesto y fundado en el plazo improrrogable de TRES (3) días hábiles desde su notificación, ante el juez de primera instancia, quien dará traslado por el mismo plazo. Contestado el traslado, se elevarán las actuaciones en el plazo improrrogable de TRES (3) días hábiles a la Cámara Federal correspondiente, que deberá expedirse en el mismo plazo. Dictada la sentencia por la Cámara Federal correspondiente y habiendo quedado firme o denegado el recurso extraordinario federal, la DIRECCIÓN NACIONAL DE MIGRACIONES, en caso de corresponder, ejecutará la medida de expulsión sin más trámite".

700 GARCÍA, Lila y NEJAMKIS, Lucila, "Regulación migratoria en la Argentina actual: del "modelo regional al recorte de derechos", *Autoctonía*, Vol. II, N° 2, 2018, p. 232.

de junio de 2019 del Ministerio de Justicia y Seguridad Pública, cuyo objetivo radicó en regular el impedimento de entrada, repatriación y deportación sumaria de persona peligrosa o que haya realizado actos contrarios a los principios y objetivos establecidos en la Constitución Federal[701]. Así, se reconoció la categoría especial de "persona peligrosa", la cual fue construida sobre la base de la participación en ciertos delitos por parte de migrantes[702], los que ameritarían ser evaluados por la autoridad migratoria para efecto de justificar la prohibición de ingreso al país, la repatriación y/o deportación sumaria, al considerarse un peligro para la seguridad de la nación. Por su parte, la norma estableció un plazo sumario de 48 horas desde la notificación de la orden de deportación para efecto de defenderse o para salir voluntariamente del país[703]. Cabe señalar que, el mismo plazo se establece para presentar recurso de apelación en contra de la resolución definitiva que ordene la deportación. Vinculado a lo anterior, la ordenanza estipuló competencias a la Policía Federal en lo relativo a la ejecución del procedimiento de deportación.

---

701 Ordenanza Nº 666 de 25 de junio de 2019, Artículo 1º: "Esta Ordenanza regula el impedimento de entrada, repatriación, deportación sumaria, la reducción o cancelación del período de estadía de una persona peligrosa para la seguridad de Brasil o de una persona que haya practicado un acto contrario a los principios y objetivos establecidos. previsto en la Constitución Federal".

702 Ibíd., Artículo 2º: "A los efectos de esta Ordenanza, los sospechosos de estar involucrados en: I. terrorismo, de conformidad con la Ley N ° 13.260, de 16 de marzo de 2016; II. grupo delictivo organizado o asociación delictiva armada o que tenga armas a su disposición, de conformidad con la Ley N ° 12.850, de 2 de agosto de 2013; III. tráfico de drogas, personas o armas de fuego; IV. pornografía o explotación sexual de niños y adolescentes; y V. aficionados con antecedentes de violencia en los estadios. § 1 Las hipótesis mencionadas en los ítems de este artículo podrán ser conocidas y evaluadas por la autoridad migratoria a través de: I. difusión o información oficial sobre acciones de cooperación internacional; II. lista de restricciones dictadas por orden judicial o por compromiso asumido por la República Federativa de Brasil ante un organismo internacional o estado extranjero; III. información de inteligencia de autoridades brasileñas o extranjeras; IV. investigación criminal en curso; y V. sentencia penal condenatoria".

703 Ibíd., Artículo 3º: "La persona sobre quien recaiga la medida de deportación a que se refiere esta Ordenanza será notificada personalmente para que presente una defensa o salga voluntariamente del país, en un plazo de hasta cuarenta y ocho horas, contadas a partir de la notificación".

La segunda ordenanza dictada por el mismo Ministerio corresponde a la N° 770 de 11 de octubre de 2019, la que a su vez derogó a la anterior, sin perjuicio que su contenido sea prácticamente el mismo en la mayoría de sus aspectos. En este sentido, la norma también regula "...la entrada, repatriación y deportación de una persona que sea peligrosa para la seguridad de Brasil"[704]. Además, se mantiene lo relativo a la consagración de la categoría "persona peligrosa", en similares términos que la anterior[705].

En lo relativo al procedimiento de deportación y el reconocimiento, se reconoce la competencia de la Policía Federal para que pueda iniciar y decidir acerca de la deportación de inmigrantes que se encuentren en la categoría que la norma contempla. Al respecto, como sostiene Oliveira, "se da vía libre a la posibilidad de que un delegado de policía federal solicite ante el tribunal federal el arresto u otra medida de precaución, en cualquier etapa del proceso de deportación reglamentado en la ordenanza"[706].

---

704 Ordenanza N° 770 de 11 de octubre de 2019, Artículo 1°: "Esta Ordenanza regula el impedimento de entrada, repatriación y deportación de una persona que sea peligrosa para la seguridad de Brasil o que haya practicado un acto contrario a los principios y objetivos establecidos en la Constitución Federal...".

705 Ibíd., Ordenanza N° 770 de 11 de octubre de 2019, Artículo 2°: "Para los efectos de esta Ordenanza, se considera que quien ha cometido un acto contrario a los principios y objetivos previstos en la Constitución Federal es aquel sobre quien recaen motivos graves que indiquen su participación en: I. terrorismo, de conformidad con la Ley N ° 13.260, de 16 de marzo de 2016; II. grupo delictivo organizado o asociación delictiva armada o que tenga armas a su disposición, de conformidad con la Ley N ° 12.850, de 2 de agosto de 2013; III. tráfico de drogas, personas o armas de fuego; o IV. pornografía o explotación sexual de niños, niñas y adolescentes. § 1 Las hipótesis mencionadas en los encabezamientos del caput de este artículo podrán ser conocidas y evaluadas por la autoridad migratoria a través de: I. difusión o información oficial sobre acciones de cooperación internacional; II. lista de restricciones establecidas en una orden judicial o en un compromiso asumido por la República Federativa de Brasil ante un organismo internacional o Estado extranjero; III. información de inteligencia de autoridades brasileñas o extranjeras; IV. investigación criminal en curso; o V. sentencia penal condenatoria".

706 OLIVEIRA, Thiago, "El regreso de la crimigración y el desvanecimiento del carácter humanista de la Ley de Migración Brasilera", *Latin American Law Review*, N° 5, 2020, p 115.

Además, la ordenanza amplía el plazo de defensa o salida y de apelación a cinco días[707], también se establece que las medidas que esta consagre, no se aplicarán a residentes en situación migratoria regular, tampoco a los refugiados, ya que a ellos les rige la ley de refugio[708].

Así, ambas ordenanzas no solo alteran cuestiones relativas a la regulación de materias que hacía la nueva ley de migraciones, sino que, además, por la naturaleza jurídica de estas, se pone en tensión el propio principio de reserva legal, al tratar temáticas que deberían ser abordadas por ley, en normas infralegales.

De esta forma, las últimas medidas tomadas por los gobiernos de los tres países analizados, han coincidido en el sentido de reducir el objetivo de la regulación de las migraciones y de las políticas migratorias, al cumplimiento de la denominada migración ordenada, segura y regular, entendiendo que sobre este fenómeno, pesan problemas que se torna necesario solucionar[709]. Lo anterior, con especial énfasis en la situación de la migración que por las categorizaciones establecidas por los órdenes jurídicos, son relegadas a lo ilegal, elementos que justificarían el reforzamiento del control sobre el fenómeno analizado y que seguiría patrones comunes desarrollados en el marco

---

707 Ordenanza N° 770 de 11 de octubre de 2019, Artículo 6°.

708 Ibíd., Artículo 80°: "Las medidas disciplinadas en esta Ordenanza no se llevarán a cabo de manera colectiva y no se aplicarán: I. a los residentes en el país registrados regularmente en los términos de la Ley N ° 13.445, de 2017; y II. a la persona reconocida como refugiada por el Estado brasileño, en los términos de la Ley No. 9.474, de 1997".

709 La mejor manifestación de la tendencia consistente en establecer un orden global de las migraciones o de los desplazamientos de los migrantes, fue el Pacto Mundial para la Migración Segura, Ordenada y Regular. Se trata de generar un tipo de regulación global de las migraciones, elevando la importancia de organismos internacionales tales como la OIM, Naciones Unidas, ACNUR, entre otros. El Pacto fue acordado por algunos Estados y miembros de la ONU y aprobado por la Conferencia Intergubernamental de Naciones Unidas, el que estableció 23 objetivos para la gestión de las migraciones a nivel global en sus distintos ámbitos, principalmente en lo relativo a los derechos de los migrantes y a la regularización de las migraciones. Cabe señalar que este no tuvo un carácter vinculante y fue rechazado por Chile y Brasil, ya que sus gobiernos platearon que sus normas podrían tensionar con las contenidas en los ordenamientos jurídicos internos y con la soberanía de ambos Estados.

de la búsqueda de una gobernabilidad migratoria global, no necesariamente enfocada en el respeto de los derechos de las personas migrantes, sino que en la funcionalidad que estos cumplan para el progreso de procesos determinados sobre las estructuras socioeconómicas determinadas por desiguales relaciones de poder.

2.5. *Consideraciones en torno a la gobernabilidad migratoria internacional*

Durante la década del 90, una de las tendencias que se impusieron en la región, fue el de ir configurando acuerdos y declaraciones programáticas acerca de la gestión de las migraciones. Lo anterior, en el marco del desarrollo de instancias de cooperación económica, como fue el Mercosur y las preocupaciones derivadas en relación con dicha temática, las que se centraron de manera limitada en ciertos aspectos que no necesariamente significaron un avance en el respeto y garantía de los derechos de las personas migrantes. Así, en el contexto de la reestructuración capitalista, marcada por la instalación del neoliberalismo en países de la región, se trató de establecer un modelo de gobernabilidad migratoria, caracterizado por la búsqueda de la migración segura, ordenada y regular, lo que se hizo manteniendo la vigencia de regulaciones normativas que habían sido creadas en dictadura y la consecuente problematización del ejercicio de la libre circulación y residencia de las personas.

Paralelamente, para efecto de identificar las problemáticas asociadas a la regulación de las migraciones, se fue construyendo estándares que tuvieron como fuente al derecho internacional ya que, desde el retorno a la democracia, los Estados analizados firmaron y ratificaron diversos instrumentos internacionales de derechos humanos. No obstante, desde un enfoque crítico, creo que tanto los acuerdos y declaraciones asumidos en el marco del funcionamiento de instancias económicas regionales, como aquello que actualmente se eleva al estándar que internamente se quiere alcanzar, no se encuentran exentos de objeciones en torno a su génesis, funcionamiento y desarrollo.

En este sentido, como he venido señalando, las migraciones no escapan de las estructuras socioeconómicas globales, capaces de incidir en su desarrollo y tratamiento. Por su parte, el derecho internacional, a cargo de la regulación de fenómenos como el analizado, no se encuentra al margen de la construcción de las relaciones de poder que se verifican entre los Estados, tampoco lo hacen respecto de la globalización económica que sirve de base para su configuración y desarrollo, condicionando el funcionamiento y el rol de los organismos con competencia internacional encargados de su supervisión. Así, las relaciones entre los Estados y los acuerdos a los que estos arriban, en la base, se ven influenciados por el ejercicio de las fuerzas de poder, principalmente económicas.

No está en discusión que, desde final del siglo XX, se ha venido configurando una estructura global de poder, la que ejerce una presión que es compensada con el reconocimiento de una aparente autonomía y libertad de la que gozan los Estados para generar sus propias reglas, pero que, con ocasión de la globalización, no hacen más que uniformar el sistema económico, las relaciones internacionales y el derecho, sometiéndolos a un orden jurídico que intenta legitimar y validar un modelo de autoridad determinado, compuesto por instituciones que ejercen autoridad que tiende a ser legitimada por su carácter técnico, pero que sin embargo, como destaca Noguera, "se trata, de instituciones no electas funcionales a los intereses de los capitales transnacionales y que mediante la creación privada de normas de derecho privado (*Lex mercatoria*) imponen su poder sobre los Estados y los ciudadanos"[710].

En el marco de lo anterior, se construye una institucionalidad global que es funcional al actual orden político y económico soberano. En este sentido, como indica Hardt y Negri, "La soberanía ha adquirido una forma nueva, compuesta por una serie de organismos nacionales y supranacionales unidos por una única lógica de dominio. Esta nueva forma global de dominación, se llama imperio"[711]. En

---

[710] NOGUERA, Albert, *La ideología de la soberanía. Hacia una reconstrucción emancipadora del constitucionalismo*, Ob. Cit., p. 28.

[711] HARDT, Michael y NEGRI, Antonio, *Imperio*, Ob. Cit., p. 14. Llevado al ámbito de las migraciones, los autores citados señalan que los actuales controles físicos,

el contexto de existencia de un modelo de autoridad imperial, esta queda representada en un nuevo paradigma, el que se manifestaría en "un sistema como una jerarquía, una construcción centralizada de normas y una extensa producción de legitimidad, difundida a lo largo y a lo ancho del espacio mundial"[712].

De esta forma, la legitimidad del orden imperial se establece a través de normas jurídicas internacionales. Se trata de un derecho global que blanquea el poder hegemónico ejercido por las potencias capitalistas y que es capaz de influir en la configuración del derecho interno de los Estados, especialmente sobre los más débiles, los que se sienten formar parte de un orden global, pero bajo la asignación y desarrollo de históricos roles diferenciados y funcionales hacia los económica y políticamente superiores.

Tales elementos permiten evidenciar que, aquella institucionalidad global no necesariamente ha sido el resultado de actos desinteresados que ponen a la persona en el centro de sus preocupaciones, sino que, muy por el contrario, se estructura sobre la base de relaciones de poder que ven en fenómenos como la migración, una oportunidad de la cual es posible extraer algún beneficio.

Por su parte, es posible observar otros problemas y/o dificultades ligadas al orden jurídico internacional. Sin pretender desvalorizar las contribuciones del derecho internacional de los derechos humanos, lo cierto es que este aún mantiene deficiencias en lo relativo a su coercibilidad. Además, en la mayoría de los casos, la aplicación de sus instrumentos está entregada a las formas jurídicas que establezcan los propios Estados, verificándose problemas que vienen determinados por las diferencias respecto a la jerarquía e integración de estos en sus ordenamientos internos. Paralelamente, las imprecisiones y la ambigüedad del contenido de aquellos instrumentos hacen que

---

se dan en un contexto en el que aparentemente no existen fronteras territoriales que determinan el ámbito del Imperio, ya que este abarca la totalidad del espacio, en p. 16.

712 Ibíd., p. 30. En este sentido, siguiendo a lo propuesto por ambos autores, los organismos internacionales tales como el Banco Mundial, Fondo Monetario Internacional y GATT, forman parte de la constitución jurídica supranacional del que se hace valer el orden mundial, en p. 16.

sus objetivos se terminen convirtiendo compromisos aplicados "en la medida de lo posible" por parte de los Estados.

En el ámbito de las migraciones, no abundan los instrumentos que se refieren a los derechos de las personas migrantes. Los que existen se han preocupado, principalmente, en centrar su atención en el reconocimiento de la libre circulación de personas, antes que en otros factores relacionados con condiciones sociales que impliquen un determinado compromiso para los Estados, obviando entender que las migraciones constituyen un fenómeno que se ubica en la órbita de algo más complejo de analizar, relacionado con el ejercicio de otros derechos, tales como los sociales, políticos y culturales. Además, como se verá, varios de los instrumentos firmados y ratificados por los países analizados realzan la importancia de la situación migratoria de los sujetos, a partir de la cual, se fundamentarían las diferenciaciones en torno a la titularidad y ejercicio de algunos de sus derechos.

2.5.1. Instancias de cooperación regional y migraciones

Desde hace algunos años, la mayoría de los países del cono sur, generaron instancias que tuviesen por objeto integrarlos económicamente al mercado global, siendo uno de los más importantes, el Mercosur. A partir de lo anterior, paralelamente se fueron planteando desafíos en diversas áreas que se estimaron fundamentales para lograr el objetivo principal mencionado, entre ellos, la gobernabilidad de las migraciones, pero limitándose a ciertos aspectos en donde la preocupación por los derechos y las condiciones materiales de vida de los migrantes no fue lo más importante o urgente de tratar. En tal contexto, hunden sus raíces acuerdos y declaraciones que durante estos últimos años han adoptado los Estados de la región, no exentos de dificultades de aplicación, los que, a juicio de Rho, estarían determinados por "falta de voluntad política e infraestructura institucional adecuada y realidades migratorias disímiles..."[713]. No obs-

[713] RHO, María Gabriela, "Visiones políticas y perspectivas de Mercosur, CAN y Unasur en la construcción de una ciudadanía regional (2002-2016)", *Estudios Fronterizos*, Vol. 19, 2018, p. 5.

tante, las instancias señaladas han influido en la construcción de un modelo de gobernabilidad migratoria que aparenta una libertad de desplazamientos, pero que complejiza la estabilidad y el ejercicio de la residencia de aquellos que emigran a otro Estado, las que, a su vez, han ido integrando elementos de derechos, como medio de legitimación de mecanismos de control sobre el desarrollo del fenómeno y de las personas que lo componen.

En las próximas páginas revisaré algunos aspectos que permitirán evidenciar el tratamiento que aquellas instancias que han hecho de las migraciones desarrolladas en algunos países de la región, entre las que destacan el Mercosur y la Conferencia Sudamericana sobre Migraciones (CSM), entre otros.

Respecto al primero de ellos, este se constituyó por el Tratado de Asunción, firmado el año 1991 y se conformó el año 1994[714]. Su principal objetivo radica en "...propiciar un espacio común que generara mayores oportunidades comerciales y de inversiones a través de la integración competitiva de las economías nacionales al mercado internacional"[715], reconociéndose entre otras prioridades, el favorecimiento de la libre circulación de bienes y servicios, la coordinación de una política macroeconómica y comercial, además del compromiso de los Estados para adaptar sus legislaciones internas para efecto de cumplir con dichos propósitos vinculados a la integración[716].

En este sentido, el Mercosur se creó con la idea de fortalecer un espacio económico en la región, siendo rápidamente validado por los gobiernos, al haberse constituido en una etapa posterior al término de las dictaduras militares. Sin embargo, lo anterior se desarrolló en un contexto de configuración y aplicación de directrices neoliberales. Así, desde sus inicios, sus motivaciones se han encontrado más cercanas a la aplicación de un enfoque económico de ciertos

---

714 Lo integra Argentina, Brasil, Paraguay, Uruguay y Venezuela. Bolivia se encuentra en proceso de adhesión. Por su parte, los Estados asociados son Chile, Perú, Colombia y Ecuador.

715 Disponible en https://www.mercosur.int/quienes-somos/objetivos-del-mercosur/

716 Disponible en https://www.mercosur.int/quienes-somos/objetivos-del-mercosur/

fenómenos, tales como el relativo a las migraciones, el que ha sido un factor central para efecto de lograr la circulación de fuerza de trabajo, pero sin atender mayormente a la dimensión relacionada con los derechos de quienes las integran.

Sobre el punto, las discusiones generadas en el marco del Mercosur se han centrado en la posibilidad de favorecer la libre circulación de las personas y la migración regular, más no en el establecimiento de acciones sociales, relacionadas con las condiciones materiales de los migrantes. En efecto, el avance y desarrollo de la integración económica, no se ha desarrollado con la misma intensidad que el relativo a la preocupación por las migraciones. Tratándose de estas, se ha operado con mayor flexibilidad, cuestión que también se encuentra determinada por el sentido que se propone aquella instancia, sumado a la importancia que cumple la voluntariedad con la que actúan los gobiernos de los Estados miembros y asociados[717].

De esta forma, las acciones desarrolladas se articulan sobre aquella realidad, entre las que destacan la conformación de un foro especializado migratorio, el que, a través de reuniones entre los Estados asociados, analizan el impacto de las migraciones en la región, proyectando acuerdos y desafíos en dicha temática. Solamente forman parte de él Chile, Colombia, Ecuador, Perú, Venezuela y Bolivia[718].

A lo anterior se suma un gran número de acuerdos y declaraciones. En el caso de los primeros, destaca el Acuerdo de Residencia, a partir de la creación de un visado Mercosur[719], reconociendo el

---

717 NOVICK, Susana, "La reciente política migratoria argentina en el contexto del Mercosur", en NOVICK, Susana, HENER, Alejandro y DALLE, Pablo, *El proceso de integración Mercosur: las políticas migratorias de seguridad las trayectorias los inmigrantes*, Instituto de Investigaciones Gino Germani, Universidad de Buenos Aires, Argentina, 2005, p. 10.

718 Disponible en https://www.mercosur.int/quienes-somos/objetivos-del-mercosur/

719 Decisión N° 16/03: Acuerdo sobre residencia para nacionales de los Estados Partes del Mercosur, Bolivia y Chile. Otros acuerdos que destacan: Acuerdo de exención de traducción de documentos administrativos (Decisión N° 44/2000); Acuerdo para la concesión de 90 días a turistas nacionales de los Estados Partes del Mercosur y Estados Asociados (Decisión N° 10/06); Acuerdo para facilitar el desarrollo de actividades empresariales (Decisión N° 32/04); Acuerdo de admisión de títulos, certificados y diplomas para el ejercicio de la docencia (Decisión

derecho que tienen las personas para solicitar residencia temporal por un plazo máximo de dos años, garantizando el ingreso, salida y permanencia en el Estado en el que pretenda residir. Por su parte, una vez cumplida la residencia temporaria, el acuerdo contempla la posibilidad de optar a la definitiva, sin embargo, para verificarse lo anterior es necesario dar cumplimiento a exigencias relativas a la carencia de antecedentes no solo penales, sino que judiciales, además de acreditar medios económicos de subsistencia y el pago de tasas. De igual forma, se reconocen derechos en favor de los inmigrantes, alguno de los cuales están reconocidos en favor de aquellos que hayan obtenido residencia en las condiciones planteadas en el pacto. En términos generales, el contenido de este se proyecta sobre la lógica de favorecer la libre circulación de personas, más no en lo relativo a la protección y garantía de sus derechos.

Respecto de las declaraciones, una de las más importantes es la Declaración de Santiago sobre principios migratorios, suscrito el 17 de mayo de 2004, en virtud de la reunión de ministros del interior del Mercosur y Estados asociados y en el que asumieron compromisos en lo relativo a la regulación de la migración, estableciéndose acciones conducentes a la regularización de los flujos migratorios, la garantía de los derechos reconocidos en instrumentos internacionales, la reunificación familiar, el apoyo a los refugiados, la condena a la xenofobia y la generación de mecanismos de cooperación, entre otros[720].

Nº 09/05); Acuerdo sobre gratuidad de visados para estudiantes y docentes de los Estados Partes y Estados Asociados (Decisión Nº 21/06); Documentos de viaje de los Estados Partes y asociados (Decisión Nº 18/2008); Plan de acción, Estatuto de la Ciudadanía del Mercosur (Decisión Nº 64/2010) y Acuerdo sobre registro migratorio electrónico (Decisión Nº 53/2015). Para mayor detalle, consultar estudio realizado por NICOLAO, Julieta, "La integración regional en la política migratoria argentina", *Ánfora*, Vol. 18, Nº 31, 2011, p. 114. En el mismo sentido, GRANJA, Lorena, "Mercosur migrante: enfoques y evolución del tratamiento de la movilidad humana en el Mercosur", *Terceiro Milénio: Revista Crítica de Sociología e Política*, Vol. 8, Nº 1, 2017, pp. 66 y 67.

720 Otras declaraciones destacadas son: la Declaración de principios del Mercosur sobre protección internacional de los refugiados (2012); Declaración especial de los Estados Partes y asociados del Mercosur sobre la crisis humanitaria de gestión de movimientos migratorios (2015) y Declaración especial sobre el pro-

Sin perjuicio de la existencia de tales acuerdos y declaraciones, es difícil considerar que, desde instancias regionales como el Mercosur, se haya podido configurar un modelo de gobernabilidad migratoria con un enfoque de derechos. Lo anterior no solo porque los objetivos y prioridades de este se encuentren relacionadas con el favorecimiento de aspectos económicos, sino que, además, por el relativo grado de cumplimiento y de cambio que, en virtud de los compromisos asumidos en dichos bloques, se han generado al interior de los Estados asociados. En este sentido, en palabras de Dardanelli, pensar la construcción de una ciudadanía común, supondría "la libre circulación de personas en un espacio común donde se garantice el derecho al trabajo, el acceso a políticas públicas de empleo, la seguridad social, la formación profesional, la salud, la educación y la vivienda en todos los ámbitos nacionales..."[721].

En efecto, en torno a tal instancia de cooperación regional, no se han creado políticas integrales que establezcan obligaciones uniformes para los Estados que signifiquen un impulso para generar cambios institucionales relevantes y uniformes. Las acciones han estado marcadas por el establecimiento de acuerdos generales que no comprometen mayores esfuerzos estatales, los que muchas veces quedan condicionados a la agenda política de los gobiernos de turno, situación que como indica Novick, permite concluir que, "...el tratamiento del tema migratorio dentro de los órganos del Mercosur ha sido marginal, dado que no se creó un grupo de trabajo específicamente dedicado a esta materia, solo se debatió en espacios relacionados con cuestiones laborales, fronteras y previsión social"[722].

---

tocolo de Asunción sobre el compromiso con la promoción y protección de los derechos humanos en el Mercosur (2015).

721 DARDANELLO, Mariela, "La circulación de personas en los procesos de integración regional y los desafíos para las zonas fronterizas: el caso del Mercosur", en FURLONG, Aurea, NETZAHUALCOYOTZI, Raúl y SANDOVAL, Juan Manuel (Coord.), *Integración en el continente americano. Fronteras, migraciones y desplazamientos forzados*, Vol. III, Benemérita Universidad de Puebla, México, 2015, p. 105.

722 NOVICK, Susana, "La reciente política migratoria argentina en el contexto del Mercosur", Ob. Cit., p. 10.

Por su parte, otra instancia de cooperación e integración regional lo constituye la Conferencia Sudamericana sobre Migraciones (CSM)[723], cuyo objetivo radica en "Facilitar un foro de consulta para los países de América del Sur en las principales esferas de desarrollo, los derechos de los migrantes, la integración, el intercambio de información, las estadísticas sobre migraciones y la lucha contra el trato y el tráfico de personas"[724].

Sus ejes de actuación se enmarcan en la línea de la promoción y respeto de los derechos de las personas migrantes. A través de su declaración de principios, se establecen orientaciones a los Estados miembros en lo relativo a la gestión de las migraciones. Hasta hace algún tiempo, cada año se realizaban conferencias que reunían a los Estados asociados para reafirmar los compromisos en dicha temática. En este sentido, como lo destaca el informe de la OIM, "es un espacio intergubernamental no vinculante que surge a partir de la necesidad que tienen los países sudamericanos de buscar consensos y armonizar sus políticas migratorias"[725].

Uno de los mayores avances estuvo determinado por la configuración del Plan Sudamericano de Desarrollo Humano de las Migraciones, aprobado el año 2010, cuyo objetivo consistía en priorizar el enfoque de derechos en las migraciones. Por su parte, el último se realizó el año 2018 en Sucre, Bolivia, instancia en la cual los Estados suscribieron una declaración acerca de "Ciudadanía suramericana:

---

723 Para un análisis más completo acerca de los alcances de la Conferencia Sudamericana sobre Migraciones, ver DOÑA, Cristian y FEDDERSEN, Mayra, "Regímenes migratorios en América del Sur: la Conferencia Sudamericana sobre Migraciones", en CAICEDO, Natalia (Coord.), *Tendencias y retos de las políticas y reformas migratorias en América Latina. Un estudio comparado*, Fondo Editorial, Universidad del Pacífico, Lima, 2020, pp. 392-440.

724 Los Estados miembro son: Argentina, Bolivia, Brasil, Chile, Colombia, Ecuador, Guayana, Paraguay, Perú, Surinam, Uruguay y Venezuela, disponible en https://www.iom.int/es/conferencia-suramericana-sobre-migraciones. Para una sistematización acerca de las conferencias realizadas entre el año 2000 y 2015, ver MEJÍA, William, "Elementos básicos de la construcción de un discurso oficial consensuado sobre migraciones internacionales en América del Sur", *Huella de la migración*, Vol. 1, N° 1, 2016, p. 39.

725 TEXIDÓ, Ezequiel y GURRIERI, Jorge, *Panorama migratorio de América del Sur 2012*, OIM, Buenos Aires, 2012, p. 94.

nueva cultura de libre movilidad humana hacia la ciudadanía universal".

Respecto a su influencia en países de la región, García destaca que tal instancia ha impulsado la configuración de nuevas políticas migratorias, incorporando un enfoque de derechos, a partir del reconocimiento explícito del derecho a migrar. Así ocurrió en Argentina (2004), Ecuador (2007), Uruguay (2006), Bolivia (2013)[726]. Sin perjuicio de lo anterior, como se ha visto, el tipo de regulaciones ha estado marcado por la revalorización de elementos críticos que ponen en tensión la garantía en el ejercicio de los derechos de las personas migrantes.

Además de las instancias mencionadas, también se encuentra la Unión de Naciones Suramericanas (UNASUR), integrada por Argentina, Chile, Bolivia, Brasil, Colombia, Ecuador, Guayana, Paraguay, Perú, Surinam, Uruguay y Venezuela, cuyo objetivo consiste en generar un especio de integración en distintas áreas, tales como la económica, social, política y cultural[727].

En el ámbito de las migraciones, se han logrado arribar a acuerdos para constituir una ciudadanía suramericana, mediante resolución N° 27/2012, en Lima, Perú. Mas tarde, el año 2017, la OIM y UNASUR, acordaron bases para la promoción de los derechos de las personas migrantes, con el fin de establecer en países de América del Sur, modelos de gobernanza migratoria con enfoque proteccionista de los derechos de las personas migrantes.

De esta forma, no está en discusión la existencia de instancias formales e institucionales de cooperación y de integración, fruto de las cuales se han formulado acuerdos, declaraciones y conferencias en torno a los desafíos que supone la gobernabilidad de las migraciones que desde hace algunos años se vienen desarrollando intensamente

---

726 GARCÍA, Lila, "Migraciones, Estado y una política del derecho humano a migrar: ¿Hacia una nueva era en América Latina?", Ob. Cit., p. 112.

727 Cabe señalar que el año 2018, Argentina, Brasil, Chile, Colombia, Paraguay y Perú, han suspendido su participación. Lo anterior, fundamentado en la falta de consensos y de resultados concretos. Información disponible en: http://observatorio.repri.org/2018/05/07/unasur-se-queda-temporalmente-sin-la-participacion-de-la-mitad-de-sus-paises-miembros/

en varios países de la región. Sin perjuicio de lo anterior, las decisiones tomadas siempre han tenido como antecedente y contexto, elementos que se determinan en base a la interacción que en el mercado global tienen los países con economías emergentes y periféricas, con otros que poseen economías desarrolladas. En este sentido, los procesos de integración regional se han encargado de reproducir un enfoque que se determina a partir de elementos que son determinados por las relaciones económicas de poder, dejando en segundo plano, el aspecto social y cultural que suponen el desarrollo del fenómeno analizado.

2.5.2. Comentarios acerca del tratamiento de la migración en instrumentos internacionales de derechos humanos

Como se indicó al inicio del presente apartado, a propósito de la firma y ratificación de tratados internacionales que varios países de la región hicieron una vez retornadas las democracias, se abrió una puerta para que, respecto de la regulación de fenómenos tales como la migración, se tuviese en consideración aquello que reconoce el orden jurídico internacional.

Sin pretender desvalorizar el significado y el aporte que constituye el derecho internacional de los derechos humanos, específicamente, en lo relativo a sus fuentes, determinadas por la existencia de tratados internacionales, recomendaciones y observaciones de sus órganos de aplicación, lo cierto es que, en relación con la migración, los instrumentos más relevantes en la materia poseen ciertas características que generan como resultado, la problematización en el tratamiento del fenómeno analizado, tales como el reconocimiento generalizado de los derechos ligados a la migración, la concepción libertaria con la que estos se encuentran reconocidos, la importancia de condiciones jurídicas que en algunos casos puede dificultar el ejercicio de los derechos por parte de ciertos sujetos (inmigrantes en situación irregular) y la falta de reconocimiento de derechos prestacionales que supongan una relación directa con el cumplimiento de condiciones materiales de los inmigrantes y el consecuente compromiso de los Estados para el desarrollo de acciones que contribuyan a lograr lo anterior.

Así, respecto a la generalidad con la que los instrumentos internacionales reconocen los derechos, se debe señalar que, la mayoría se centran en aspectos ligados a la libre circulación de la cual son titulares las personas para salir de un territorio, sin mayor consideración de elementos vinculados a otros derechos de naturaleza social y política, cuyo ejercicio signifique dar paso a la integración de los migrantes en los lugares de destino. Por su parte, se evidencia que varios tratados no incluyen derechos específicos relacionados con la migración. Se trata de catálogos generales de derechos, que se entienden atribuidos a los migrantes, no por tal condición, sino que por el hecho de ser personas.

De esta forma, tratándose de la Declaración Universal de Derechos Humanos, hay una referencia a la titularidad de los derechos y libertades contenidas en dicho instrumento, por el solo hecho de ser persona, independiente de elementos que no son jurídicamente relevantes, tales como el origen[728]. Aquel instrumento también reconoce la libertad de circulación y de residencia, haciendo referencia al derecho que tienen las personas para salir de su territorio, más no aquel que implique ingresar a otro[729].

En lo relativo al ejercicio para participar en funciones públicas, la declaración solamente se limita a reconocer aquel derecho, pero "en su país". Sobre esta última expresión pesa un amplio grado de indeterminación sujeto a interpretación, ya que se le atribuye un elemento propio relacionado con la titularidad de esos derechos, los

---

728 Declaración Universal de Derechos Humanos, adoptada y promulgada por la Asamblea General en su resolución 217 A (III), de 10 de diciembre de 1948, Artículo 2°: "Toda persona tiene los derechos y libertades proclamados en esta Declaración, sin distinción alguna de raza, color, sexo, idioma, religión, opinión política o de cualquier otra índole, origen nacional o social, posición económica, nacimiento o cualquier otra condición. Además, no se hará distinción alguna fundada en la condición política, jurídica o internacional del país o territorio de cuya jurisdicción dependa una persona, tanto si se trata de un país independiente, como de un territorio bajo administración fiduciaria, no autónomo o sometido a cualquier otra limitación de soberanía".

729 Ibíd., Artículo 13°: "1. Toda persona tiene derecho a circular libremente y a elegir su residencia en el territorio de un Estado. 2. Toda persona tiene derecho a salir de cualquier país, incluso el propio, y a regresar a su país".

que en principio estarían condicionados a la relación que tengan con el Estado en el cual pretenden ser ejercidos[730].

En similares términos, el Pacto Internacional de Derechos Civiles y Políticos (PIDCP), reconoce la obligación para los Estados Partes de garantizar los derechos contenidos en aquel instrumento, sin distinción de elementos tales como el origen[731]. En este sentido, se consagra la igualdad ante la ley, sin distinción de elementos como el "origen nacional" o "nacimiento"[732].

El Pacto también reconoce el derecho que tiene toda persona a circular libremente y elegir el lugar de residencia, el que es complementado con el derecho de salir de cualquier país[733]. Sin perjuicio de lo anterior, aquel derecho se encuentra consagrado en favor de aquellos que se hallen legalmente en el país. Además, en el Pacto se reconoce la posibilidad de establecer (por la vía legal), restric-

---

730 Ibíd., Artículo 21°: "1. Toda persona tiene derecho a participar en el gobierno de su país, directamente o por medio de representantes libremente escogidos. 2. Toda persona tiene el derecho de acceso, en condiciones de igualdad, a las funciones públicas de su país".

731 Pacto Internacional de Derechos Civiles y Políticos, adoptado y abierto a firma, ratificación y adhesión por la Asamblea General en su resolución 2200 A (XXI), de 16 de diciembre de 1966, Artículo 2°: "1. Cada uno de los Estados Partes en el presente Pacto se compromete a respetar y a garantizar a todos los individuos que se encuentren en su territorio y estén sujetos a su jurisdicción los derechos reconocidos en el presente Pacto, sin distinción alguna de raza, color, sexo, idioma, religión, opinión política o de otra índole, origen nacional o social, posición económica, nacimiento o cualquier otra condición social...".

732 Ibíd., Artículo 26°: "Todas las personas son iguales ante la ley y tienen derecho sin discriminación a igual protección de la ley. A este respecto, la ley prohibirá toda discriminación y garantizará a todas las personas protección igual y efectiva contra cualquier discriminación por motivos de raza, color, sexo, idioma, religión, opiniones políticas o de cualquier índole, origen nacional o social, posición económica, nacimiento o cualquier otra condición social".

733 Ibíd., Artículo 12°: "1. Toda persona que se halle legalmente en el territorio de un Estado tendrá derecho a circular libremente por él y a escoger libremente en él su residencia. 2. Toda persona tendrá derecho a salir libremente de cualquier país, incluso del propio. 3. Los derechos antes mencionados no podrán ser objeto de restricciones salvo cuando éstas se hallen previstas en la ley, sean necesarias para proteger la seguridad nacional, el orden público, la salud o la moral públicas o los derechos y libertades de terceros, y sean compatibles con los demás derechos reconocidos en el presente Pacto. 4. Nadie podrá ser arbitrariamente privado del derecho a entrar en su propio país".

ciones al ejercicio de tales derechos, las que deben estar fundadas o justificadas para efecto de preservar "…la seguridad nacional, el orden público, la salud, la moral pública o los derechos y libertades de terceros…"[734].

Por su parte, tratándose de la expulsión de inmigrantes, el Pacto circunscribe el establecimiento de algunas garantías en favor de aquellos que se hallen legalmente en el territorio de un Estado. En este sentido, el artículo 13, estipula que: "El extranjero que se halle legalmente en el territorio de un Estado Parte en el presente Pacto solo podrá ser expulsado de él en cumplimiento de una decisión adoptada conforme a la ley; y, a menos que razones imperiosas de seguridad nacional se opongan a ello, se permitirá a tal extranjero exponer las razones que lo asistan en contra de su expulsión, así como someter su caso a revisión ante la autoridad competente o bien ante la persona o personas designadas especialmente por dicha autoridad competente, y hacerse representar con tal fin ante ellas"[735].

De la redacción de este, pareciera que, al hacer referencia a la situación migratoria de aquellos que deban ser expulsados, las garantías vinculadas a aquel proceso, solamente se encuentran establecidas en favor de aquellos que residen legalmente. En efecto, es el propio Pacto el que reconoce motivos de los que se pueden hacer valer las legislaciones migratorias para limitar el ejercicio de sus derechos.

De la misma forma, el Pacto Internacional de Derechos Económicos, Sociales y Culturales (PIDESC), reconoce la obligación y deber para los Estados Partes de garantizar los derechos contenidos en aquel instrumento, sin distinción de elementos tales como el "origen nacional" y "nacimiento"[736]. Al igual que los otros instrumentos,

---

734 Ibíd.

735 Ibíd., Artículo 13.

736 Pacto Internacional de Derechos Económicos, Sociales y Culturales, adoptado y abierto a firma, ratificación y adhesión por la Asamblea General en su resolución 2200 A (XXI), de 16 de diciembre de 1966, Artículo 2º: "1. Cada uno de los Estados Partes en el presente Pacto se compromete a adoptar medidas, tanto por separado como mediante la asistencia y la cooperación internacionales, especialmente económicas y técnicas, hasta el máximo de los recursos de que disponga, para lograr progresivamente, por todos los medios apropiados, inclusive en particular la adopción de medidas legislativas, la plena efectividad

existe un reconocimiento de derechos, cuya titularidad se encuentra consagrada en favor de las personas, pero sujeta a limitaciones que pueden hacer los Estados por ley y en virtud del resguardo del bienestar general[737]. En el Pacto no se reconoce el derecho a migrar, tampoco derechos relativos a los inmigrantes.

Por su parte, la Convención Americana sobre Derechos Humanos, consagra algunos derechos tales como a la nacionalidad[738], el derecho a circular y residir en el territorio de un Estado. Sin embargo, su ejercicio puede verse limitado por ley, fundamentado para "... prevenir infracciones penales o para proteger la seguridad nacional, orden público, moral o la salud pública o los derechos y libertades de los demás"[739]. Adicionalmente, el mismo artículo dispone el derecho de asilo y la prohibición de expulsión colectiva[740]. Sin perjuicio de lo

de los derechos aquí reconocidos. 2. Los Estados Partes en el presente Pacto se comprometen a garantizar el ejercicio de los derechos que en él se enuncian, sin discriminación alguna por motivos de raza, color, sexo, idioma, religión, opinión política o de otra índole, origen nacional o social, posición económica, nacimiento o cualquier otra condición social.3. Los países en desarrollo, teniendo debidamente en cuenta los derechos humanos y su economía nacional, podrán determinar en qué medida garantizarán los derechos económicos reconocidos en el presente Pacto a personas que no sean nacionales suyos".

737 Ibíd., Artículo 4º: "Los Estados Partes en el presente Pacto reconocen que, en ejercicio de los derechos garantizados conforme al presente Pacto por el Estado, éste podrá someter tales derechos únicamente a limitaciones determinadas por ley, solo en la medida compatible con la naturaleza de esos derechos y con el exclusivo objeto de promover el bienestar general en una sociedad democrática".

738 Convención Americana sobre Derechos Humanos, suscrita en conferencia especializada interamericana sobre derechos humanos (B-32), San José de Costa Rica, 7 al 22 de noviembre de 1969, Artículo 20º: "1. Toda persona tiene derecho a una nacionalidad. 2. Toda persona tiene derecho a la nacionalidad del Estado en cuyo territorio nació si no tiene derecho a otra. 3. A nadie se privará arbitrariamente de su nacionalidad ni del derecho a cambiarla".

739 Ibíd., Artículo 22º Nº 3: "El ejercicio de los derechos anteriores no puede ser restringido sino en virtud de una ley, en la medida indispensable en una sociedad democrática, para prevenir infracciones penales o para proteger la seguridad nacional, la seguridad o el orden públicos, la moral o la salud públicas o los derechos y libertades de los demás".

740 Ibíd., Artículo 22º Nº 7: "Toda persona tiene el derecho de buscar y recibir asilo en territorio extranjero en caso de persecución por delitos políticos o comunes conexos con los políticos y de acuerdo con la

anterior, y en el mismo sentido de cómo lo establece el PIDCP, la presente Convención hace referencia a la expulsión de extranjeros que se hallen legalmente en el territorio de un Estado del que no se es nacional, la que deberá ser motivada y respetando la ley. Tal derecho no se reconoce tratándose de los inmigrantes en situación irregular[741].

Otro instrumento internacional que resulta pertinente comentar es el "Convención Internacional sobre la Protección de los Derechos de Todos los Trabajadores Migratorios y de sus Familias"[742]. En lo relativo al ámbito de aplicación, considera que este aprovecha a todos los trabajadores migrantes y sus familias, entendiendo a los primeros como "...toda persona que vaya a realizar, realice o haya realizado una actividad remunerada en un Estado del que no sea nacional"[743] y a los segundos como "...a las personas casadas con trabajadores migratorios o que mantengan con ellos una relación que, de conformidad con el derecho aplicable, produzca efectos equivalentes al matrimonio, así como a los hijos a su cargo y a otras personas a su cargo reconocidas como familiares por la legislación aplicable o por acuerdos bilaterales o multilaterales aplicables entre los Estados de que se trate"[744].

Luego, el mismo artículo consagra una clasificación de trabajadores migratorios, según la función o labor que realicen en el país de destino, destacando la categoría de trabajador fronterizo, de tempo-

---

legislación de cada Estado y los convenios internacio8. En ningún caso el extranjero puede ser expulsado o devuelto a otro país, sea o no de origen, donde su derecho a la vida o a la libertad personal está en riesgo de violación a causa de raza, nacionalidad, religión, condición social o de sus opiniones políticas. 9. Es prohibida la expulsión colectiva de extranjeros".

741 Ibíd., Artículo 22° N° 6: "El extranjero que se halle legalmente en el territorio de un Estado parte en la presente Convención, solo podrá ser expulsado de él en cumplimiento de una decisión adoptada conforme a la ley".

742 Cabe señalar que, dicha Convención no ha sido ratificada por Brasil.

743 Convención Internacional sobre la Protección de los Derechos de Todos los Trabajadores Migratorios y de sus Familias, adoptada y promulgada por la Asamblea General en su resolución 45/158 de 18 de diciembre de 1990, Artículo 2° N° 1.

744 Ibíd., Artículo 4°.

rada, marino, itinerante, vinculado a proyecto, con empleo concreto, entre otros[745].

La Convención reconoce derechos tales como la prohibición de trabajo forzoso y libertad de movimiento, religiosa, pensamiento, conciencia, derecho de opinión, la igualdad de trato, al trabajo, derechos laborales tales como el de integrar sindicatos, derecho al recurso, asociación, derechos de participación en asuntos públicos, a la educación, acceso a vivienda, salud, servicios sociales, vida cultural, todos respecto de los cuales se reconoce igualdad de trato[746]. Sin perjuicio de lo anterior, de la misma forma en cómo lo estable-

---

745 Ibíd., Artículo 2° N° 2: "a) Se entenderá por "trabajador fronterizo" todo trabajador migratorio que conserve su residencia habitual en un Estado vecino, al que normalmente regrese cada día o al menos una vez por semana; b) Se entenderá por "trabajador de temporada" todo trabajador migratorio cuyo trabajo, por su propia naturaleza, dependa de condiciones estacionales y solo se realice durante parte del año; c) Se entenderá por "marino", término que incluye a los pescadores, todo trabajador migratorio empleado a bordo de una embarcación registrada en un Estado del que no sea nacional; d) Se entenderá por "trabajador en una estructura marina" todo trabajador migratorio empleado en una estructura marina que se encuentre bajo la jurisdicción de un Estado del que no sea nacional; e) Se entenderá por "trabajador itinerante" todo trabajador migratorio que, aun teniendo su residencia habitual en un Estado, tenga que viajar a otro Estado u otros Estados por períodos breves, debido a su ocupación; f) Se entenderá por "trabajador vinculado a un proyecto" todo trabajador migratorio admitido a un Estado de empleo por un plazo definido para trabajar solamente en un proyecto concreto que realice en ese Estado su empleador; g) Se entenderá por "trabajador con empleo concreto" todo trabajador migratorio: i) Que haya sido enviado por su empleador por un plazo limitado y definido a un Estado de empleo para realizar una tarea o función concreta; ii) Que realice, por un plazo limitado y definido, un trabajo que requiera conocimientos profesionales, comerciales, técnicos o altamente especializados de otra índole; o iii) Que, a solicitud de su empleador en el Estado de empleo, realice por un plazo limitado y definido un trabajo de carácter transitorio o breve; y que deba salir del Estado de empleo al expirar el plazo autorizado de su estancia, o antes, si deja de realizar la tarea o función concreta o el trabajo a que se ha hecho referencia; h) Se entenderá por "trabajador por cuenta propia" todo trabajador migratorio que realice una actividad remunerada sin tener un contrato de trabajo y obtenga su subsistencia mediante esta actividad, trabajando normalmente solo o junto con sus familiares, así como todo otro trabajador migratorio reconocido como trabajador por cuenta propia por la legislación aplicable del Estado de empleo o por acuerdos bilaterales o multilaterales".

746 Ibíd., Artículos 8° a 35°.

cen los otros instrumentos comentados, existen ciertos derechos que pueden verse limitados por ley. Así, tratándose de la libertad de circulación para salir de un Estado, esta puede quedar sometida a restricciones que se fundamenten en el resguardo de la "...seguridad nacional, orden público, la salud o la moral pública..."[747].

En relación con la migración irregular, la Convención reconoce el problema asociado a la misma, planteándose como desafío, la adopción de medidas tendientes a eliminarla. Por su parte, se reconoce la realidad que aqueja a los trabajadores migrantes en condición irregular, al señalar que estos son requeridos para ejercer funciones de trabajo menos favorables[748].

Adicionalmente, en la parte IV, se hace una distinción en lo relativo a la condición migratoria, la que se titula "Otros derechos de los trabajadores migratorios y sus familias que están documentados o se encuentran en situación regular". En efecto, la Convención distingue en cuanto al reconocimiento de derechos entre trabajadores migratorios en condición regular e irregular, desfavoreciendo a estos últimos, al limitar la cantidad de derechos respecto de los cuales pueden ser titulares, tales como el derecho a recibir información del Estado receptor[749]. Respecto a la diferencia que hace el instrumento

---

747 Ibíd., Artículo 8°: "1. Los trabajadores migratorios y sus familiares podrán salir libremente de cualquier Estado, incluido su Estado de origen. Ese derecho no estará sometido a restricción alguna, salvo las que sean establecidas por ley, sean necesarias para proteger la seguridad nacional, el orden público, la salud o la moral públicas o los derechos y libertades ajenos y sean compatibles con otros derechos reconocidos en la presente parte de la Convención".

748 Ibíd., Preámbulo, Párrafo 13 y 14: "Considerando que los trabajadores no documentados o que se hallan en situación irregular son empleados frecuentemente en condiciones de trabajo menos favorables que las de otros trabajadores y que para determinadas empresas ello constituye un aliciente para buscar ese tipo de mano de obra con el objeto de obtener los beneficios de una competencia desleal, considerando también que la práctica de emplear a trabajadores migratorios que se hallen en situación irregular será desalentada si se reconocen más ampliamente los derechos humanos fundamentales de todos los trabajadores migratorios y, además, que la concesión de determinados derechos adicionales a los trabajadores migratorios y a sus familiares que se hallen en situación regular alentará a todos los trabajadores migratorios a respetar y cumplir las leyes y procedimientos establecidos por los Estados interesados".

749 Ibíd., Artículos 36° y ss.

comentado, García y Caicedo destacan el carácter ambivalente asociado a este, especialmente respecto a los trabajadores migrantes en situación irregular, en el sentido que "Esta concepción deriva del hecho de estar los Estados Partes obligados a asegurar a este colectivo un trato digno, pero no a otorgarles los mismos derechos que a los inmigrantes que han sido admitidos por los procedimientos legalmente establecidos" [750].

Cabe señalar que, el instrumento comentado no reconoce medidas o acciones que contribuyan a resguardar o apoyar el proceso de regularización de inmigrantes. En este sentido, solo se consideran algunas que hacen referencia a la eliminación de movimientos ilegales, mediante el establecimiento de sanciones y no respecto de acciones del Estado, conducentes a superar tal situación, cuestión que queda entregada a lo que disponga la legislación de cada Estado[751].

De la misma forma, el artículo 70 establece compromisos concretos para los Estados, pero respecto de inmigrantes que se encuentren en situación regular. Así, tal disposición establece que "...los Estados deberán garantizar que las condiciones de trabajo y de vida de los trabajadores migratorios y sus familiares en situación regular estén en consonancia con las normas de idoneidad, seguridad y salud, así como con los principios de la dignidad humana"[752].

El contenido de tales disposiciones deja en evidencia las diferenciaciones consagradas en el instrumento comentado, las que se fundarían en la situación de los inmigrantes, afectando a todos aquellos

---

750 GARCÍA, Laura y CAICEDO, Natalia, "El estatuto jurídico del trabajador migrante internacional en el sistema interamericano de derechos humanos", *Boletín Mexicano de Derecho Comparado*, Nueva Serie, Año XLX, Nº 152, 2018, p. 543.

751 Ibíd., Artículo 69º: "1. Los Estados Partes en cuyo territorio haya trabajadores migratorios y familiares suyos en situación irregular tomarán medidas apropiadas para asegurar que esa situación no persista. 2. Cuando los Estados Partes interesados consideren la posibilidad de regularizar la situación de dichas personas de conformidad con la legislación nacional y los acuerdos bilaterales o multilaterales aplicables, se tendrán debidamente en cuenta las circunstancias de su entrada, la duración de su estancia en los Estados de empleo y otras consideraciones pertinentes, en particular las relacionadas con su situación familiar".

752 Ibíd., Artículo 70º.

que por diferentes circunstancias no se encuentran en el lado de lo regular o de lo legal.

Por su parte, la Convención Internacional sobre Eliminación de Todas las Formas de Discriminación Racial, también consagra el derecho a la libre circulación para salir y residir en cualquier Estado, además del derecho a la nacionalidad[753]. En efecto, dicho instrumento realiza un reconocimiento del derecho a circular y de residir en otros Estados, de la misma forma en cómo lo hacen las declaraciones e instrumentos analizados anteriormente.

Tratándose de los instrumentos de la Organización Internacional del Trabajo, existen dos convenios que dicen relación con los trabajadores migrantes. Se trata del convenio N° 97 de 27 de enero de 1952 y el N° 143 de 24 de junio de 1975[754]. El primero de ellos consagra compromisos para los Estados miembros para efecto de dar cumplimiento a deberes de información, respeto y garantizar los derechos de los trabajadores migrantes, entre otros[755]. En idéntico sentido, el

---

753 Convención Internacional sobre Eliminación de todas las Formas de Discriminación Racial, adoptado y abierto a firma, ratificación y adhesión por la Asamblea General en su resolución 2106 A (XX), de 21 de diciembre de 1965, Artículo 5, letra d: "i) El derecho a circular libremente y a elegir su residencia en el territorio de un Estado; ii) El derecho a salir de cualquier país, incluso del propio, y a regresar a su país; iii) El derecho a una nacionalidad...". Cabe señalar que en su artículo 1, "En la presente Convención la expresión "discriminación racial" denotará toda distinción, exclusión, restricción o preferencia basada en motivos de raza, color, linaje u origen nacional o étnico que tenga por objeto o por resultado anular o menoscabar el reconocimiento, goce o ejercicio, en condiciones de igualdad, de los derechos humanos y libertades fundamentales en las esferas política, económica, social, cultural o en cualquier otra esfera de la vida pública....".

754 Cabe señalar que, Chile y Brasil no han ratificado ninguno de los dos convenios señalados. Por su parte, Brasil solo ha ratificado el N° 143.

755 Convenio N° 97 de 27 de enero de 1952, sobre los trabajadores migrantes, OIT, Artículo 1: "Todo Miembro de la Organización Internacional del Trabajo para el cual se halle en vigor el presente Convenio se obliga a poner a disposición de la Oficina Internacional del Trabajo y de cualquier otro Miembro, cuando lo soliciten: (a) información sobre la política y la legislación nacionales referentes a la emigración y a la inmigración; (b) información sobre las disposiciones especiales relativas al movimiento de trabajadores migrantes y a sus condiciones de trabajo y de vida; (c) información sobre los acuerdos generales y los arreglos especiales en estas materias, celebrados por el Miembro en cuestión". Por su par-

Convenio N° 143 establece compromisos para los Estados miembros consistentes en respetar los derechos humanos de los trabajadores migrantes, informar de manera sistemática la existencia de trabajadores empleados ilegalmente, además de la obligación de adopción de medidas conducentes a eliminar la migración clandestina y el intercambio de información[756].

Sin perjuicio de lo estipulado en ambos convenios, al igual que los instrumentos internacionales anteriormente comentados, tratándose de la inmigración clandestina, se establecen medidas que tienen por objeto eliminarla, sin considerar acciones que permitan apoyar a los inmigrantes que se encuentran en tal situación y que les permita salir de esta, dejando en claro que los compromisos y obligaciones centran su atención en el Estado y no en el resguardo de los derechos de los trabajadores migrantes.

En relación con esta última problemática asociada a las migraciones, al igual como lo hacen los instrumentos internacionales comentados y algunas de las normas internas analizadas que regulan a las migraciones, se reconoce que, en principio, la condición migratoria no debe ser relevante para efecto de hacer una diferenciación en lo relativo a la titularidad y ejercicio de los derechos, sin embargo, esto último se ve superado cuando tales diferenciaciones son realizadas por los Estados, a través de su propio orden jurídico interno.

---

te, el convenio conceptualiza al trabajador migrante como: "...toda persona que emigra de un país a otro para ocupar un empleo que no habrá de ejercer por su propia cuenta, e incluye a cualquier persona normalmente admitida como trabajador migrante. 2. El presente Convenio no se aplica: (a) a los trabajadores fronterizos; (b) a la entrada, por un corto período, de artistas y de personas que ejerzan una profesión liberal; (c) a la gente de mar", Artículo 11°.

756 Convenio N° 143 de 24 de junio de 1975, sobre los trabajadores migrantes, OIT, Artículo 3°: "Todo Miembro deberá adoptar todas las medidas necesarias y convenientes, tanto en el ámbito de su propia jurisdicción como en colaboración con otros Miembros: (a) para suprimir las migraciones clandestinas con fines de empleo y el empleo ilegal de migrantes; (b) contra los organizadores de movimientos ilegales o clandestinos de migrantes con fines de empleo, que procedan de su territorio, se dirijan a él o transiten por el mismo, y contra los que empleen a trabajadores que hayan inmigrado en condiciones ilegales, a fin de evitar y suprimir los abusos a que se refiere el artículo 2 del presente Convenio".

De esta forma, la Corte Interamericana de Derechos Humanos ha señalado que "La calidad regular o irregular, desde la perspectiva jurídica migratoria, no modula o afecta el alcance de la obligación de los Estados de respeto y garantía de los derechos humanos"[757]. En similares términos, también ha entendido que, "La protección internacional de los derechos humanos pone de relieve la obligación general de los Estados Partes de tratados como la Convención Americana, de respetar y asegurar los derechos protegidos a todos los individuos bajo sus respectivas jurisdicciones, independiente del vínculo de nacionalidad"[758].

Sin perjuicio de lo anterior, esto es algo que tensiona con aquello que ha considerado la Comisión Interamericana de Derechos Humanos, en torno a la relación entre la elaboración de las políticas migratorias y la regulación del mercado de trabajo, señalando que: "1) Ciertos derechos no son denegables; 2) Hay derechos que se reservan exclusivamente a los ciudadanos; 3) Otros derechos están condicionados al estatus del migrante documentado, como los referidos a la libertad de movimiento y de permanencia; 4) Ciertos derechos pueden restringirse siempre que se cumplan las siguientes condiciones: a) La restricción debe estar establecida por ley; b) Debe responder a un interés legítimo del Estado, explícitamente manifestado; c) La restricción debe estar racionalmente relacionada con un objetivo legítimo y d) No deben existir otros medios de conseguir esos fines que sean menos onerosos para los afectados"[759].

Al respecto, como bien sistematiza y explica Díaz, existen observaciones generales del Comité de Derechos Humanos que permiten identificar algunos elementos claves en torno a la facultad soberana

---

757 Corte Interamericana de Derechos Humanos, Opinión consultiva N° 18, párrafo 134, de 17 de septiembre de 2003, p. 82. De la misma forma, ha señalado que, "La obligación general de respetar y garantizar los derechos humanos vincula a los Estados, independientemente de cualquier circunstancia o consideración, inclusive el estatus migratorio de las personas", párrafo 106.

758 Corte Interamericana de Derechos Humanos, Caso Yean y Bosico v/s República Dominicana, sentencia de 8 de septiembre de 2005, párrafo 12.

759 Cuarto informe de progreso de la relatoría sobre trabajadores migratorios y miembros de sus familias en el Hemisferio, Comisión Interamericana de Derechos Humanos, 7 de marzo de 2003, párrafo 100, disponible en: https://www.acnur.org/fileadmin/Documentos/BDL/2003/2235.pdf

que tendrían los Estados para regular las migraciones[760]. En este sentido, la autora destaca que el Comité ha señalado que "...el pacto no reconoce a los extranjeros el derecho a entrar en el territorio de un Estado parte ni de residir en él. En principio, corresponde al Estado decidir a quien ha de admitir en su territorio"[761]. Años más tarde, el comité consideró que, "...la cuestión de si un extranjero se encuentra legalmente dentro del territorio de un Estado es una cuestión regida por el derecho interno que puede someter a restricciones la entrada de un extranjero al territorio de un Estado"[762]. No obstante, se trata de pronunciamientos que se distancian de aquello que en los últimos años ha señalado el mismo Comité, a propósito de los principios generales relativos a los derechos de los niños migrantes. Así,

---

760 Las observaciones incorporadas, fueron extraídas del trabajo de DÍAZ, Regina "Ingreso y permanencia de las personas inmigrantes en Chile: compatibilidad de la normativa chilena con los estándares internacionales", *Estudios Constitucionales*, Año 14, N° 1, 2016, p. 185. En él, la autora efectúa una brillante selección y sistematización acerca de los pronunciamientos de órganos internacionales, a propósito del análisis que hace del derecho a inmigrar en el derecho internacional. Sin perjuicio de lo anterior, tratándose de otros sujetos migrantes, conviene destacar las siguientes observaciones generales: Observación General N° 30 de 5 de octubre de 2004, sobre discriminación contra los no ciudadanos, Comité para la Eliminación de la Discriminación Racial; Observación General N° 6 de 1 de septiembre de 2005, sobre trato de menores no acompañados y separados de su familia fuera de su país de origen, Comité de Derechos del Niño; Recomendación General N° 26 de 5 de diciembre de 2008, sobre las trabajadoras migrantes, Comité para la Eliminación de la Discriminación contra la Mujer; Recomendación General N° 32 de 5 de noviembre de 2014, sobre las dimensiones de género del estatuto de refugiado, el asilo, la nacionalidad y la apatridia de las mujeres, Comité para la Eliminación de la Discriminación contra la Mujer. Observaciones sistematizadas en GARCÍA, Lila, *Migración, derechos humanos y política migratoria*, serie Migración y derechos humanos, OIM, Buenos Aires, 2016.

761 Observación General N° 15 de 11 de abril de 1986, acerca de la situación de los extranjeros con arreglo al Pacto, Comité de Derechos Humanos, párrafo 5°. Singularizado en DÍAZ, Regina "Ingreso y permanencia de las personas inmigrantes en Chile: compatibilidad de la normativa chilena con los estándares internacionales", Ob. Cit., p. 185.

762 Observación General N° 27 de 2 de noviembre de 1999, sobre la libertad de circulación, Comité de Derechos Humanos, párrafo 4. Singularizado en DÍAZ, Regina "Ingreso y permanencia de las personas inmigrantes en Chile: compatibilidad de la normativa chilena con los estándares internacionales", Ob. Cit., p. 185.

recientemente ha indicado que "...La entrada y estancia irregulares no constituyen en sí mismas delitos contra las personas, los bienes o la seguridad nacional. Criminalizar la entrada y estancia irregulares va más allá del interés legítimo de los Estados Partes por controlar y regular la migración y da lugar a detenciones arbitrarias"[763]. En el mismo sentido, ha entendido que "...las infracciones relativas a la entrada o estancia irregulares no pueden tener en ninguna circunstancia consecuencias similares a las que se derivan de la comisión de un delito"[764]. Cabe señalar que, actualmente, el Comité trabaja en la elaboración de la Observación General N° 5, sobre la libertad personal de los migrantes y su protección en contra de la detención arbitraria.

Por su parte, en una de las últimas observaciones generales del Comité de Derechos Humanos, a propósito de la libertad y seguridad personal, en el caso de los inmigrantes, ha entendido que las detenciones que se realicen en el marco de la ejecución de procedimientos de controles migratorios no son arbitrarias en la medida que se encuentren justificadas bajo criterios de proporcionalidad, necesidad y razonabilidad, para lo cual se deben considerar las eventuales afectaciones que la privación de libertad signifique para la salud de los recluidos[765]. Pese a que el Comité lo excluya expresamente, lo

---

763 Observación General N° 4 de 16 de noviembre de 2017, sobre las obligaciones de los Estados relativas a los derechos humanos de los niños en el contexto de la migración internacional en los países de origen, tránsito, destino y retorno, párrafo 7.

764 Observación General N° 4 de 16 de noviembre de 2017, sobre las obligaciones de los Estados relativas a los derechos humanos de los niños en el contexto de la migración internacional en los países de origen, tránsito, destino y retorno, párrafo 10.

765 Observación General N° 35 de 16 de diciembre de 2014, sobre el artículo 9 (Libertad y seguridad personales), Comité de Derechos Humanos, párrafo 18: "La detención durante los procedimientos de control de la inmigración no es per se arbitraria, pero deberá justificarse que es razonable, necesaria y proporcionada a la luz de las circunstancias, y revisarse a medida que se prolongue. Los solicitantes de asilo que entran ilegalmente en el territorio de un Estado parte pueden ser privados de libertad durante un breve período inicial con el fin de documentar su entrada, dejar constancia de sus alegaciones, y determinar su identidad si hay dudas sobre ella. Prolongar su privación de libertad mientras se resuelven sus alegaciones sería arbitrario de no existir razones particulares específicamente en relación con esa persona, como una probabilidad concreta

anterior es algo que no resulta coherente con la idea central que se desarrolla en la observación, en torno a que "...cuando los Estados Partes imponen la reclusión (a veces denominada detención administrativa o internamiento) por motivos de seguridad y no con miras a un procesamiento por la imputación de un delito, esta presenta un gran riesgo de privación de libertad arbitraria"[766].

En síntesis, en lo relativo al contenido de los principales instrumentos internacionales de derechos humanos, la mayoría reconocen limitadamente derechos asociados a la migración, los que generalmente se manifiestan en la consagración de libertades relacionadas con la circulación y residencia, además de las referencias a la igualdad ante la ley respecto a la titularidad de los derechos que en éstos se establecen. Por su parte, se evidenció que la condición jurídica migratoria, no es indiferente para la garantía de algunos derechos, tales como el relativo a la fundamentación de una eventual expulsión.

Finalmente, a mi juicio, es importante el poder de adaptación que tengan los tratados internacionales y los organismos encargados de vigilar su aplicación a los distintos contextos en el que se desa-

---

de fuga, el peligro de que cometa un delito contra otras personas, o el riesgo de que lleve a cabo actos contra la seguridad nacional. La decisión deberá considerar los factores pertinentes de cada caso y no basarse en una norma obligatoria aplicable a una categoría amplia de personas; deberá tener en cuenta la posibilidad de utilizar medios menos invasivos para alcanzar el mismo fin, como la obligación de presentarse periódicamente en un lugar, la imposición de una fianza u otras condiciones para evitar la fuga; y deberá ser objeto de reevaluación periódica y de revisión judicial. Las decisiones sobre el internamiento de migrantes también deberán tener en cuenta las consecuencias de la privación de libertad para la salud física o mental de los recluidos. Toda privación de libertad necesaria debe llevarse a cabo en dependencias apropiadas, higiénicas y que no sean de castigo, y no en prisiones. La incapacidad de un Estado parte para llevar a cabo la expulsión de una persona porque sea apátrida o por otros obstáculos no justifica que se prive de libertad al interesado de forma indefinida. Los niños no deben ser privados de libertad, salvo como medida de último recurso, y ello debe hacerse por el período de tiempo apropiado más breve posible, teniendo en cuenta como consideración principal el interés superior del niño para determinar la duración y las condiciones de la privación de libertad y teniendo igualmente en cuenta la extrema vulnerabilidad de los menores no acompañados y su necesidad de atención".

766 Ibíd., Párrafo 15.

rrollan fenómenos como la migración. Así, respecto al Convenio Internacional sobre la Protección de los Derechos de Todos los Trabajadores Migratorios y de sus Familias, Ghosh entiende que aquel instrumento no ha integrado los cambios ligados a la mano de obra migrante de los últimos años, marcadas por las transformaciones de la organización del trabajo, la que estaría caracterizada por "...la creciente mano de obra por periodos cortos; la creciente importación de agentes e intermediarios privados respecto al papel del Estado en el reclutamiento de trabajadores migrantes; la feminización de la mano de obra migrante con grandes cantidades de mujeres empleadas en la industria del sexo y el trabajo domestico; y la urgente necesidad de los Estados por equilibrar medidas de control y aquellas que faciliten el movimiento ordenado de los migrantes laborales y su protección"[767].

Por tanto, el orden jurídico internacional debe ir compensando esa concepción libertaria acerca de los derechos ligados a las personas, ya que aquel enfoque no será suficiente para lograr la plena igualdad material en el ejercicio de estos. Se torna necesario que el derecho se constituya en un instrumento que contribuya a consolidar la posición política y social de los sujetos que viven la norma, problematizando el rol de los Estados y la forma en cómo se construyen nuestras relaciones, superando lo programático y el decisionismo de las voluntades de aquellos que concentran el poder político y económico.

De esta forma, en el marco de la incidencia que cumplen los factores estructurales sobre las migraciones, tales como el desarrollo del modelo socioeconómico vigente de naturaleza capitalista, es posible evidenciar que, el direccionamiento de los flujos migratorios puede verse condicionado a partir de la regulación que los órdenes normativos hacen de estos, los que en ocasiones se volverán más permisivos o restrictivos, según los requerimientos y pretensiones que tenga el poder hegemónico en cada momento histórico determinado. En el caso de la migración que ha tenido lugar en los países analizados, el contexto se encuentra determinado por los cambios asociados al

---

767 GHOSH, Bimal, "Derechos humanos y migración: el eslabón perdido", Op. Cit., p. 44.

periodo de crisis capitalista, cuestión que como indica Hardt y Negri, supuso un proceso que dio paso al sector de los servicios, desplazando geográficamente a la industria. Esto se generó, principalmente, en los países con mayor desarrollo capitalista, sin embargo, producto de tal reestructuración, la producción industrial se trasladó a países económicamente subdesarrollados y dependientes[768].

Por su parte, las normas que regulan las migraciones, en tanto derecho, construyen un marco de validez y de legitimidad que sirve para neutralizar el ejercicio de controles aplicables a los sujetos migrantes. Así, las condiciones jurídicas serán determinantes para empoderarlos o precarizarlos, incidiendo lo anterior en la materialidad de sus condiciones de vida y en la disponibilidad que tenga el capital para integrarlos como eventual fuerza de trabajo, situación que refleja la funcionalidad que cumple el paradigma jurídico moderno a la construcción de las relaciones de poder. Lo anterior, ante la desregulación de los mercados y de las condiciones laborales, elementos que fortalecen la posición del poder económico. En este sentido, como indica Noguera, "De la desregulación surgen los macropoderes económicos y financieros como nuevos poderes carentes de límites y controles legales, arrollando las garantías de los derechos de los trabajadores, los intereses públicos y derechos sociales…"[769].

Tratándose del tipo de gobernabilidad migratoria configurada desde final del siglo XX, en Chile, Argentina y Brasil se verifican algunos elementos comunes que constituyen puntos críticos en torno al respeto, protección y garantía de los derechos de las personas migrantes. Lo anterior, determinado sobre la base de las siguientes apreciaciones:

- La existencia de un pasado histórico común, marcado por el establecimiento de normar jurídicas creadas en dictadura, las que rigieron por más de tres décadas y respecto de las cuales es complejo divorciar la consideración jurídica, política y social asociada a los inmigrantes, ya que el orden jurídico se encargó de construirlos (en abstracto) a partir de la amenaza que estos

768 HARDT, Michael y NEGRI, Antonio, *Imperio*, Ob. Cit., pp. 265-267.

769 NOGUERA, Albert, *La ideología de la soberanía. Hacia una reconstrucción emancipadora del constitucionalismo*, Ob. Cit., p. 88.

podrían suponer para el resguardo de ciertos fines relevantes para los Estados, tales como la seguridad nacional y el orden público. Así, respecto de las regulaciones normativas gestadas en el marco del desarrollo de las dictaduras militares y que permanecieron vigentes hasta hace algunos años, como sostienen Caicedo et al., "...prima la visión de la seguridad nacional y el migrante es tratado como una persona sospechosa que distorsiona la idea de una sociedad homogeneizada y de la cual se presume un fuerte sentimiento nacional"[770].

- La centralidad que en la regulación de las migraciones cumple el establecimiento de las categorizaciones jurídicas, las que no están cumpliendo fines inclusivos, sino que por el contrario, están excluyendo a aquellos que no la detenta, lo que se traduce en un ejercicio diferenciado de los derechos, en un contexto tensional que como indica Thayer, "tiene su base en la institucionalización de la propia categoría de migrante como una serie de restricciones y condiciones que lo distinguen de la categoría de ciudadano"[771]. Se trata de diferenciaciones que al no venir acompañadas de mecanismos que propendan a su integración política, social y económica, los terminan fragmentando, imposibilitando el ejercicio de su eventual fuerza emancipadora de cambios, tendientes a velar por el reconocimiento y resguardo de sus derechos.
- Vinculado a lo anterior, se aprecia que, sin perjuicio de los cambios realizados en los tres países analizados al marco jurídico regulatorio de las migraciones, aún persisten problemáticas asociadas a la titularidad y al ejercicio de los derechos de las personas migrantes, cuestión que, en parte, es generada por la relación condicional que normativamente existe entre estos y la situación migratoria de los sujetos, además del predominio del enfoque libertario que se reconoce en el tratamiento de los

770 CAICEDO, Natalia, CASTILLA, Karlos, MOYA, David y ALONSO, Alba, "Evolución, rasgos comunes y tendencias de las políticas y reformas migratorias en América Latina", Ob. Cit., p. 19.

771 THAYER, Luis, "Migraciones, Estado y seguridad: tensiones no resueltas y paradojas persistentes", *Polis*, N° 44, 2016, p. 2.

derechos consagrados, restando espacio al rol prestacional y asistencial que puedan brindar los Estados. En este sentido, el derecho a migrar debe ser dotado de un contenido social y no restringirlo a la posibilidad de entrar y/o salir del territorio de un Estado, sin ser acompañado de acciones vinculadas a garantizar la residencia y el cumplimiento de condiciones materiales básicas de vida. A todo lo anterior se suma la debilidad en lo relativo a la consagración de derechos políticos de los migrantes, situación que afecta su integración en los lugares en donde deseen residir. En efecto, el reconocimiento y tratamiento de los derechos de las personas migrantes no debe ser una opción política condicionada por las voluntades de los gobiernos de turno, sino que es algo que debe quedar fortalecido en la base, en donde las políticas migratorias no solo incluyan mecanismos de control de ingreso, permanencia y regímenes de sanciones, sino que contengan sistemas que permitan integrar a los inmigrantes como sujetos titulares de derechos[772].

- Por su parte, si bien el derecho internacional de los derechos humanos se presenta con un estándar que los Estados pretenden alcanzar, lo cierto es que, en el ámbito de las migraciones, pocos son los instrumentos que hacen referencia a un enfoque garantista de los migrantes. Generalmente es un fenómeno que se vincula a la libertad de desplazamiento, sin atender a los factores sociales que impliquen mayores y mejores compromisos estatales en torno al tema. En tal perspectiva, el análisis permitió evidenciar que, desde una perspectiva de regulación global de las migraciones, persiste la centralidad respecto de la condición migratoria y de las categorizaciones jurídicas con las cuales se clasifican a los inmigrantes.
- En este sentido, sobre la base de la denominada migración segura, ordenada y regular, en los últimos años se ha consolida-

772 Se trata de incorporar un enfoque determinado por políticas de integración, las que son entendidas como el "Conjunto de acciones que inciden en las condiciones de vida de los extranjeros y en sus posibilidades de inserción en diferentes esferas de la sociedad de acogida", LÓPEZ, Ana María, *Inmigrantes y Estados: la respuesta política ante la cuestión migratoria*, Ob. Cit., p. 130.

> do el ejercicio de controles, relegando a lo ilegal a aquellos que no cumplen con la condicionalidad establecida por el orden jurídico. Se trata de factores que, junto a otros, terminan precarizando a los sujetos migrantes, situación que es aprovechada por el capital para integrarlos como fuerza de trabajo rentable, susceptible de ser explotada[773].

A través de la regulación de las migraciones se incorporan mecanismos que propician al capital establecer condiciones de explotación y dominación sobre el trabajo. Lo anterior, haciéndose valer de la necesidad de sobrevivencia radicada en el migrante, cuyo posicionamiento social está determinado por las mismas reglas jurídicas que le otorgan un estatus que consolida su carácter social precario.

Finalmente, como he venido señalando, se torna necesario dar al fenómeno migratorio, una lectura política, la que parece haber sido absorbida por el paradigma de lo jurídico, encontrando en esta última, una pretensión neutralizadora en torno a la posición de los migrantes como sujetos políticos. De esta forma, la consideración de eventuales alternativas de mejora no queda restringidas a ser pensadas (exclusivamente) desde el orden jurídico preestablecido, sino que es necesario que estas vengan acompañadas de un análisis que permita problematizar la existencia y el funcionamiento de las estructuras socioeconómicas sobre las cuales se articula el desarrollo de las migraciones.

---

[773] Al respecto, como indica Álvarez, "La producción de migrantes irregularizados y de redes de tráfico es funcional al proceso de acumulación capitalista y a la perpetración del régimen del Estado securutista global", en ÁLVAREZ, Soledad, "¿Crisis migratoria contemporánea? Complejizando dos corredores migratorios globales", *Ecuador Debate*, Op. Cit., p. 166.

Capítulo IV

Lineamientos y directrices para el resguardo y protección de los derechos de las personas migrantes

1. ANTE UN PROBLEMA ESTRUCTURAL, SOLUCIONES ESTRUCTURALES: EL REPLANTEAMIENTO DE LAS ESTRUCTURAS SOCIOECONÓMICAS EN CLAVE EMANCIPADORA

Las estructuras socioeconómicas determinadas por el modo de producción que ha imperado desde final del siglo XX y las transformaciones económicas impulsadas por este, no solo han proyectado sus efectos en una dimensión de carácter económica, sino que han sido capaces de influir sobre la realización de otros procesos y fenómenos, como las migraciones.

Lo anterior, en un contexto de consolidación de desigualdades, tanto al interior de los Estados como también de aquellas que se presentan a nivel mundial entre las economías centrales y periféricas. Así, estas últimas históricamente se han mantenido como exportadoras de materias primas que son adquiridas a bajo costo, además de servir como polos de atracción de la deslocalización de los procesos productivos y de la fuerza de trabajo. En este sentido, como indica Márquez, "...estos países participan como proveedores de materias primas y fuerza de trabajo barata según las necesidades de las cadenas globales de producción, a cambio de vulnerar sus capacidades internas de acumulación"[774].

---

[774] MÁRQUEZ, Humberto, "Crisis del sistema capitalista mundial: paradojas y respuestas", *Polis, Revista Latinoamericana*, N°27, 2010, p. 12. Al respecto, como sigue el autor, la relación está marcada por "...mecanismos de desarrollo desigual que desmantelan las bases nacionales de acumulación en la periferia y transfiere excedentes, recursos naturales y humanos en beneficio de la acumulación

De esta forma, se ha configurado un intercambio desigual y dependiente que se desarrolla en el marco de una crisis del capital que termina afectando a los Estados económica y políticamente más débiles, estableciéndose políticas de ajuste estructural, las que han incrementado la precarización de la fuerza de trabajo, disminuyendo su valor en la medida que paralelamente aumenta la concentración de riqueza y de poder. En efecto, como precisa Márquez, en el contexto de reacomodo neoliberal, la crisis ha supuesto "...concentrar capital, poder y riqueza en manos de una delgada élite de capitalistas transnacionalizados y, en contrapartida, ha deteriorado de manera drástica las condiciones de vida y trabajo de la mayoría de la población"[775].

La situación señalada se agudiza aún más si consideramos la permanencia de la estructura productiva común de las economías periféricas, basadas en el extractivismo exportador de recursos naturales que se pone al servicio de capitales extranjeros que actúan amparados en el marco de las libertades económicas que muchas veces reconocen los Estados, para efecto de favorecer la inversión, las que a su vez, se legitiman a través de la concientización de la globalización, sin medir las amenazas que sus acciones puedan suponer para las comunidades y los territorios. Al respecto, como indica Alburquenque, "...se lleva a cabo una apropiación privada por parte de las grandes corporaciones empresariales, de bienes naturales de propiedad co-

---

centralizada", p. 12. Por su parte, Romero y Vera-Colina entienden que "...se configura un intercambio desigual entre centro y periferia, que se mueve al vaivén de las oscilaciones de los precios de los bienes primarios en los mercados internacionales y de la creciente precarización del empleo en los países menos desarrollados, no solo por la flexibilización en la contratación, sino, sobre todo, por la brecha salarial que existe respecto a los centros del capitalismo mundial", en ROMERO, Alberto y VERA-COLINA, Mary, "La globalización posible: límites y alternativas", *Cuadernos de Economía*, N°3 (58), 2012, p. 53.

775 MÁRQUEZ, Humberto, "La gran crisis del capitalismo neoliberal", *Andamios*, Vol. 7, N° 13, 2010., p. 67. En el mismo sentido, el autor entiende que se trata de una crisis civilizatoria ya que "pone al desnudo los límites de la acumulación mundial centralizada basada en la superexplotación laboral, la devastación ambiental y la financiarización de la economía mundial", en MÁRQUEZ, Humberto, "Crisis capitalista mundial: paradojas y respuestas", *Polis, Revista Latinoamericana*, N°27, 2010, p. 3.

mún o colectiva, impidiendo la reproducción social de la vida local en determinados territorios"[776].

No obstante, lo anterior constituye la forma en cómo las estructuras productivas periféricas intentan encontrar afinidad con el funcionamiento del capitalismo global que opera bajo lógicas y estándares comunes y similares en dichos territorios, especialmente en lo relativo a los modos de inversión, condiciones laborales y técnicas extractivas que utilizan como parte de su reinvención.

Esas formas de funcionamiento del capital global, ha generado nuevos patrones de movilidad que dan lugar a la configuración de una nueva división internacional del trabajo que se nutre a partir del desarrollo de las migraciones y que se enmarcan en lo que Sassen denomina como "nuevas lógicas de expulsión"[777] que son generadas por el avance de la economía global y que en ocasiones tienden a ser toleradas al integrarse como parte de un orden institucional y sistémico en el sentido que "esas expulsiones pueden coexistir con el crecimiento económico, medidas en las formas habituales"[778]. Así, en el caso de las migraciones que han tenido lugar en la región, la autora entiende que la emigración constituye una de las formas de expulsión, destacando que, a partir del año 2002, las tasas más altas del fenómeno la constituyeron las de origen europeo y latinoamericano hacia América del Sur[779]. Aquella circunstancia, pone la necesidad de adoptar una visión crítica de las migraciones, comprendiendo que estas no solo se desarrollan sobre la base de elementos subjetivos, radicadas en la libre capacidad de los sujetos, sino que existen

---

776 ALBURQUENQUE, Francisco, "Crisis climática y desarrollo territorial. En busca de alternativas al capitalismo neoliberal desregulado", *Revista de Desarrollo Local*, N°6, 2020, p. 264.

777 SASSEN, Saskia, *Expulsiones. Brutalidad y complejidad en la economía global*, Katz editores, Madrid, 2015, p. 12.

778 Ibíd. Por su parte, algunos ejemplos de expulsiones serían "…el empobrecimiento de las clases medias en países ricos, la expulsión de millones de pequeños agricultores en países pobres debido a los 220 millones de hectáreas de tierras adquiridas por inversores y gobiernos extranjeros desde 2006, y las prácticas mineras destructivas en países tan diferentes como Estados Unidos y Rusia", p. 13.

779 Ibíd., p. 61.

elementos políticos que deben ser considerados en el análisis, sin los cuales resulta imposible identificar los factores que las determinan, sus puntos de tensión y las eventuales propuestas que contribuyan a mejorar la protección de los derechos de las personas migrantes.

Lo anterior, nos invita a criticar las bases estructurales representadas por el modelo socioeconómico dominante de naturaleza capitalista y neoliberal, pensando en lineamientos y directrices que conduzcan a neutralizar las consecuencias negativas que éste ha generado en la región, superar la relación de dependencia entre la periferia y los centros capitalistas, dotar de mayor autonomía a las primeras y generar un contexto de respeto y protección de derechos de las personas y comunidades que las integran.

En efecto, la tesis que se defiende en el presente capítulo es que, en tanto el fenómeno migratorio y la situación de vulnerabilidad de los derechos de las personas migrantes tienen un origen estructural, la primera medida garantista para mejorar sus condiciones de vida y de ejercicio, pasa por considerar opciones y alternativas estructurales conducentes a reformar el sistema en el que se desarrollan las migraciones analizadas. No obstante, en el cumplimiento de aquel objetivo, se deben considerar algunas premisas iniciales que serán fundamentales para articular los lineamientos y directrices temáticas que serán desarrolladas en la presente sección:

- La primera consiste en entender la complejidad que existe en pensar (al menos a corto y mediano plazo) en otro modelo socioeconómico que signifique una alternativa al capitalismo, ya que éste se ha consolidado estructuralmente, proyectándose en diversas dimensiones que sobrepasan a lo estrictamente económico. En este sentido, como precisa Noguera, "La ausencia de un proyecto de sociedad integral alternativo acabado que pueda suplantar de manera factible al capitalismo, hace que la superación de este último solo pueda llevarse a cabo mediante múltiples prácticas de ensayo-error en ámbitos diversos de la sociedad que vayan provocando transformaciones..."[780].

---

780 NOGUERA, Albert, *La ideología de la soberanía. Hacia una reconstrucción emancipadora del constitucionalismo*, Ob. Cit., p. 102.

Sin embargo, a mi juicio, es posible pensar en condiciones a las cuales deba adaptarse el capital, en miras a desligarse de él a través de un proceso progresivo y gradual.

- La segunda considera en aceptar que la lógica de funcionamiento y los estándares por los cuales se mide el éxito capitalista, se formula a partir de categorías universales que no atienden a la situación diferenciada que existe entre los países, especialmente en lo referente a sus relaciones de carácter desigual y dependientes. En tal perspectiva, se debe poner atención en aquellas particularidades que finalmente se proyectan internamente sobre fenómenos que tienen como principales actores a las personas, además de atender a los factores que están detrás de esas particularidades y de esa relación desigual. De esta forma, los desafíos no serán los mismos, tratándose de los países con economías centrales, de los que están ubicados en la periferia del sistema. Esto porque como ha quedado demostrado, en cada una de ellas, el capitalismo ha operado bajo modalidades distintas, generando consecuencias disímiles. Además, no todos los países se han insertado en la mundialización capitalista cumpliendo los mismos roles y funciones. En efecto, el tipo de actividades a partir de las cuales se fomenta el crecimiento y el desarrollo en el centro y en la periferia son diferentes. Esto, en atención a las decisiones que son tomadas desde las primeras en torno a las modalidades que asume el capitalismo en ellas. Así, como destaca Amin "la deslocalización en las periferias de producción materiales acentúa el crecimiento en los centros de las actividades inmateriales garantizando el control de las primeras"[781]. Por tanto, las estrategias políticas actuales y futuras de desarrollo no serán las mismas.
- Vinculado a lo anterior, la tercera premisa implica comprender que, el desarrollo del capitalismo en la periferia, adopta patrones y formas propias que se distinguen de las del centro. En este sentido, para entender el avance del capitalismo dependiente en la región, es necesario evidenciar al menos dos elementos centrales: la superexplotación de la fuerza de tra-

---

781 AMIN, Samir, *El capitalismo contemporáneo*, El Viejo Topo, España, 2012, p. 16.

bajo y la consolidación del extractivismo como modelo principal de la estructura productiva. En relación con el primer elemento, como sostiene Traspadini, "...este tiene en la superexplotación de la fuerza de trabajo la forma-contenido particular de la relación de sometimiento de América Latina en la economía mundial protagonizada por el capital financiero monopólico"[782]. Por su parte, respecto al segundo elemento, la mayoría de los países de la región basan sus economías en el extractivismo. Así, la periferia se ha convertido en un centro exportador de materias primas y de recursos naturales, controlado por capitales extranjeros, los que actúan en virtud de la libertad económica y la falta de control estatal.

En tal perspectiva, dichas premisas y particularidades serán claves para determinar los lineamientos y directrices conducentes a superar el modelo actual. Lo anterior, a través de una intensidad propia de transformaciones graduales y progresivas, entendiendo que hay un tránsito para evidenciar efectos y resultados. En definitiva, el punto relevante se traduce en intentar responder a la interrogante consistente en ¿hacia dónde debemos transitar? Para eso, considero necesario establecer en clave emancipadora, algunos lineamientos que contribuyan a cumplir el objetivo señalado al inicio de la presente sección, destacando los siguientes[783]:

El primero de ellos se refiere al cambio de la relación Estado/Capital. Como analicé en el segundo capítulo, la implementación de las políticas de ajuste estructural determinadas por el contexto neoliberal significó llevar a cabo el reconocimiento de un amplio margen de

---

782 TRASPADINI, Roberta, "Breve genealogía del capitalismo dependiente latinoamericano: la superexplotación como combustible del neodesarrollismo", en FÉLIZ, Mariano y PINASSI, María Orlanda (Comp.), *La farsa neodesarrollista y las alternativas populares en América Latina y el Caribe*, Herramienta editores, Buenos Aires, 2017, p. 16.

783 Para estos efectos, incorporaré una dimensión crítica que viene conjuga algunos elementos de la teoría crítica del desarrollo, principalmente en lo que ésta se plantea en torno a estar referida a "...enfoques que explican qué está mal en el actual orden social, identifica a los agentes de cambio social y proporciona metas prácticas para la transformación social" en MUNCK, Ronaldo, "La teoría crítica del desarrollo: resultados y prospectiva", *Migración y Desarrollo*, N°14, 2010, p. 36.

libertad a los centros capitalistas extranjeros. Así, el Estado se convirtió en un mero agente fiscalizador sin mayores facultades de control sobre el ejercicio del poder económico. Frente a tal circunstancia, se hace necesario que la relación Estado/Capital esté determinada sobre la base de las funciones de control que el primero pueda ejercer respecto del segundo, generando condiciones que sean establecidas en razón del resguardo del interés general.

El segundo lineamiento propuesto, consiste en establecer algunas definiciones claves de la estructura productiva que poseen los países de la región, la que durante años ha servido para mantener el tipo de relaciones de intercambio desigual y la dependencia entre el centro y la periferia. En efecto, de la mano del Estado y de la participación de las comunidades, es necesario ir generando alternativas conducentes a diversificar y complejizar los procesos productivos y la organización económica de los países que den paso a alcanzar mayores niveles de autonomía.

El tercero radica en reformular el contenido de la integración regional, cuyas bases han sido reconducidas a una faceta económica. Paralelamente, el carácter voluntarista y no vinculante de cuestiones que generalmente podrían comprometer las capacidades de inversión de capitales, no han sido capaces de ser concretizadas y proyectadas como acciones efectivas que signifiquen un avance en materia de cooperación regional y un cambio en el tipo de regionalismo dependiente y desigual que se verifica en relación con las economías centrales.

1.1. La mutación de la relación Estado/Capital

Uno de los elementos característicos de los procesos de instalación del neoliberalismo y de la expansión del capitalismo en la periferia latinoamericana, es el referido al rol del Estado en la sociedad y, particularmente, al tipo de relación que este mantiene con el mercado y los centros capitalistas. En este sentido, si evidenciamos la situación del caso chileno, ejemplo paradigmático de un país cuyas estructuras socioeconómicas se asientan sobre la base de un neoliberalismo exacerbado, veremos que la participación del Estado en la sociedad es de naturaleza subsidiaria, en el entendido que este interviene en aquellos casos en que los grupos no cuentan con las condiciones adecuadas para desarrollar sus actividades. Si bien se trata de un principio orientador de la economía que no cuenta con una consagración constitucional explícita, parte de la doctrina y de la jurisprudencia constitucional chilena ha comprendido que su reconocimiento se interpreta a partir de la autonomía que la Constitución asegura a los grupos intermedios a partir de los cuales se organiza y estructura la sociedad[784]. De la misma forma, ha sido un principio que ha condicionado el poder de acción estatal tanto en el ámbito económico, como en el relativo al ejercicio de los derechos, además del abandono estatal en su rol de agente de control político-jurídico sobre el poder económico y en la configuración y desarrollo de aquello que se deriva de la estructura productiva del país. Lo anterior ha significado poner en poder del capital no sólo aspectos económicos claves vinculados al dominio de la estructura productiva nacional, sino que también, cuestiones de organización política-territorial, jurídicas regulatorias y de establecimiento de condiciones contractuales de carácter laboral y civil-patrimonial. Al respecto, como sostiene Congilio, "...en su forma política, el capital encuentra en las instancias ideológicas y jurídicas del Estado, las condiciones estratégicas

---

784 En efecto, el artículo 1° inciso 3° de la Constitución chilena, consagra: "El Estado reconoce y ampara a los grupos intermedios a través de los cuales se organiza y estructura la sociedad y les garantiza la adecuada autonomía para cumplir sus propios fines específicos", en Decreto N°100 de 17 de septiembre de 2005, que fija el texto refundido, coordinado y sistematizado de la Constitución Política de la República de Chile. Paralelamente, parte de la doctrina autorizada cuyas investigaciones están referidas principalmente al análisis de la Constitución económica, la constituye VIERA, Christian, *Libre iniciativa económica y Estado social. Análisis al estatuto de la libertad de empresa en la Constitución chilena*, Legal Publishing, Chile, 2013; VIERA, Christian y BASSA, Jaime, "Una aproximación a la idea de "Constitución económica" y sus alcances en la Constitución chilena", *Boletín Mexicano de Derecho Comparado*, N°145, 2016; GUERRERO, José Luis, "Derecho y economía, una relación necesaria. Algunas aproximaciones en la Constitución económica chilena", *Revista de la Facultad de Derecho*, N°59, 2009; FERRADA, Juan Carlos, "La Constitución económica de 1980. Algunas reflexiones críticas", *Revista de Derecho*, N° 48, 2000. Sobre la jurisprudencia constitucional, ver Tribunal Constitucional, Sentencia Rol 352-02, Considerando N° 7.

que garantizan la expansión y consolidan la sociabilidad hegemónica del capitalismo sobre las demás formaciones sociales"[785].

Frente a tal situación, es necesario que la relación entre el Estado y el capital genere un cambio que, en lo macro, conduzca a reducir la dependencia y el desarrollo desigual entre las economías a las cuales se encuentran históricamente adscritos y que, en lo micro, se presente como una oportunidad de establecer límites que signifiquen una consecuente mejora en el ámbito de protección de los derechos de los sujetos que se vinculan con el funcionamiento del modelo, especialmente de aquellos que se encuentran en una posición de vulnerabilidad y precariedad en lo relativo al ejercicio de sus derechos.

De esta forma, a mi juicio, la mutación en la relación Estado/Capital, debería proyectarse en los siguientes sentidos:

1.1.1. El ejercicio del control basado en el resguardo de bienes colectivos

El Estado debe ejercer un control que signifique una fijación de las condiciones de ingreso y de operación del capital privado, tanto nacional como extranjero. En este sentido, para cumplir con ese rol, es prioritario reconocer bienes jurídicos colectivos, cuya realización constituya una garantía para el respeto de los derechos de las personas que habitan en los territorios y una orientación en el accionar estatal y particular.

Uno de ellos puede ser el interés general, cuya identificación se produzca en momentos históricos determinados a través de la habilitación constante y permanente de mecanismos democratizadores que permitan a los sujetos involucrados plantear sus posturas y pretensiones frente a casos concretos. Otro de los elementos, puede ser el relativo al "buen vivir", consagrado como derecho constitucional en algunos países latinoamericanos y que estaría relacionado con el

---

785 CONGILIO, Regina, "Dos caras de la minería en el sudeste paraense: la extracción minera como base material del neodesarrollismo", en FELIX, Mariano y PINASSI, Orlanda (Comp.), *La farsa neodesarrollista y las alternativas populares en América Latina y el Caribe*, Ob. Cit., p. 210.

desarrollo humano y la generación de "dignidad, equidad, justicia social y bien común"[786]. En idéntico sentido, como plantea Martínez, "El buen vivir es, no sólo un objetivo de los poderes públicos, sino un límite al ejercicio de gobierno que, en caso de actuar en contra de la previsión constitucional, estaría vulnerando la Constitución y activaría todos los mecanismos constitucionales previstos para paliar esta situación"[787]. Por su parte, Minteguiaga y Ubasart comprenden que "El buen vivir y el vivir bien tienen entonces a la vez un carácter utópico (de horizonte de sentido) y programático (de programa de políticas públicas), y este debe regir las actuaciones del Estado (entre otros actos), es decir, servir como brújula al accionar público"[788].

---

786 MÁRQUEZ, Humberto y DELGADO, Raúl, "Una perspectiva del sur sobre el capital global, migración forzada y desarrollo alternativo", Ob. Cit., p. 34. Por su parte, en lo concreto, para los autores, el buen vivir se caracterizaría por la idea de "...suprimir las relaciones de explotación, despojo, opresión, discriminación y criminalización, desplegar las capacidades personales y sociales de producción, creación, critica y participación; garantizar la producción y reproducción de la vida humana en conjunción con el entorno planteraio; configurar un Estado social y una red de protección popular; reorientar los múltiples esfuerzos, energías y recursos públicos y sociales que generen excedente económico, conocimiento, bienes públicos y cultura...", p. 38-39.

787 MARTÍNEZ, Rubén, "Vivir bien e innovación en el nuevo constitucionalismo: la Constitución ecuatoriana de 2008", *Actas Congreso Internacional América Latina: la autonomía de una región*, XV Encuentro de Latinoamericanistas Españoles, Madrid, 2012, p. 719.

788 MINTEGUIAGA, Analía y UBASART, Gemma, "Caminando hacia el buen vivir. El reto de definir el régimen de bienestar", *Revista Theomai, Estudios críticos sobre sociedad y desarrollo*, N°32, 2015, p. 59. En el trabajo citado, las autoras precisan que el régimen de bienestar y buen vivir no es lo mismo. En efecto, respecto al primero, comprenden que "...concebido originalmente para pensar países occidentales y de ciertas características en su desarrollo es una herramienta teórica-conceptual útil para realizar investigaciones de carácter descriptivo y/o interpretativo, que no comporta una perspectiva normativa concreta. No concibe un modelo de sociedad a alcanzar...", p. 62. Sin perjuicio de lo anterior, en otro de sus trabajos, desde una perspectiva general, las autoras consideran que "La idea de régimen de bienestar posibilita construir una mirada integral de las intervenciones sociales más allá de la fragmentación de los sectores de la política (educativa, sanitaria, seguridad social, etc.)", en UBASART, Gemma y MINTEGUIAGA, Analía, "Esping-Anderson en América Latina. El estudio de los regímenes de bienestar", Ob. Cit., p. 215.

Bajo la misma lógica, también importará el resguardo del medio ambiente y la conservación del patrimonio medioambiental, ya que se trata de un bien colectivo que a propósito de la estructura productiva que poseen las periferias por el desarrollo del extractivismo y la relocalización procesos industriales, siempre suele verse amenazado generando zonas de sacrificio que ponen en riesgo el respeto al medio ambiente y el ejercicio de los derechos de las comunidades que se asientan en los territorios en los que dichos procesos se desarrollan.

En fin, se trata de establecer condiciones de desarrollo a partir de la identificación de bienes comunes que durante décadas no han estado presentes para efecto de dar protección a los derechos de las comunidades, una fórmula que actualmente en ninguno de los tres países analizados existe, salvo en lo relativo al reconocimiento de libertades que han sido reconducidas al ámbito económico, sirviendo como mecanismo de legitimación para que el capital pueda actuar sin mayores límites que aquellos que las normas internas tienden a reconocer genéricamente. En este sentido, como propone Ramírez, a partir del análisis del caso ecuatoriano, lo anterior se debe expresar en "la capacidad del Estado para procurar las demandas populares y revertir las prioridades de intervención y redistribución y lo del conjunto de la acción pública dirigiéndola hacia la mayoría de la población"[789].

Paralelamente, toda inversión de capitales tiene claro desde el inicio los resultados esperados, los que generalmente son materializados en lo económico y no en otras dimensiones que signifiquen un beneficio para las comunidades. En efecto, estos elementos deben estar presentes, debiendo ser el Estado el agente que redirija las metas esperadas por los centros capitalistas a beneficio de los bienes que en momentos históricos sean consensuados de manera colectiva.

---

789 RAMÍREZ, René, "Izquierda y bien capitalismo. Un aporte crítico desde América Latina", *Nueva Sociedad*, N°237, 2012, p. 37.

1.1.2. El desarrollo en perspectiva muldimensional

Un segundo elemento que debe estar presente en la relación Estado/Capital y que se encuentra vinculado al punto anterior, se refiere a la idea de superar la lectura reduccionista que existe en torno al desarrollo y a los procesos que lo originan, al enfocarlos permanentemente en la lógica del crecimiento económico y no sobre la consideración de otros factores tal como el desequilibro fiscal, las desigualdades y los costos sociales generados por proyectos de inversión. Se trata de derribar el dogma neoliberal consistente en que el desarrollo se mide desde la perspectiva del crecimiento económico, lectura que constantemente ha servido para blanquear y neutralizar las externalidades negativas que genera su funcionamiento. Por tanto, resulta necesario establecer que, el parámetro de medición de aquello que positivamente se tiende a valorar desde el capital, no se encuentre únicamente centrado en clave de "crecimiento económico" y la fijación de los números, sino que en una visión integral que conjugue la realización de bienes colectivos que en su momento las comunidades y los sujetos determinen. Así, el crecimiento debe irradiar y amparar no solo a los actores económicos directamente interesados en virtud de su relación directa con el capital, sino que al resto de la población.

Los patrones de desarrollo deben ser pensados incluyendo a otros actores claves, tales como el Estado y las comunidades, los que deben ser atendidos para efecto de llevar a cabo la ejecución de proyecto de inversión que puedan suponer un detrimento para el bienestar de esos actores. De lo anterior, se derivarán controles y límites que configuren un terreno de acción condicionada del capital.

En tal perspectiva, el replanteamiento de las estructuras y del modelo socioeconómico dominante, nos lleva a decidir, como indica Márquez, el futuro y continuidad de los efectos vinculados a su desarrollo. Así, se trata de discutir y de optar por la "...maximización de ganancias, mercado total y control político, o, por el contrario, conceder centralidad política a los intereses que se ocupan de preservar la vida humana en el planeta, lo que implica la necesidad de mejorar sustancialmente las condiciones materiales y subjetivas de vida y trabajo de la mayoría de la población..."[790]. Lo anterior, si consideramos que la crisis del capital no solo es económica, sino que también ecológica y social, al extenderse a otros ámbitos que ponen en riesgo la vida de las personas y el destino de nuestras sociedades.

1.2.3. El establecimiento de las condiciones básicas laborales

Un tercer elemento que puede ser determinante en el ámbito del ejercicio de los derechos de uno de los actores que se vinculan con el capital, dice relación con el establecimiento de las condiciones mínimas laborales a las que se somete la fuerza de trabajo. En efecto, en la actualidad, si bien en este aspecto rigen las obligaciones, deberes y derechos contenidos en las respectivas leyes laborales, no es menos cierto que tratándose de ciertas actividades tales como las derivadas de la ejecución de proyectos extractivistas, las empresas tienden a recurrir a figuras jurídicas tales como la subcontratación o la contratación de servicios transitorios para externalizar las responsabilidades laborales y disminuir los eventuales costos que el cumplimiento de las condiciones mínimas de trabajo puedan significar para el capital[791]. En este sentido, como plantea Gandarillas, a propósito de la tercerización en el sector petrolero en la región, existe un aumento de las asimetrías ya que a su juicio "...externaliza áreas completas de la industria reduciendo al mínimo indispensable al personal de planta de las empresas extranjeras, el que está generalmente concentrado en las tareas administrativas y directivas"[792].

---

790 MÁRQUEZ, Humberto, "La gran crisis del capitalismo neoliberal", Ob. Cit., p. 70.

791 Pese a que no abundan los datos estadísticos en la materia, como destaca Leiva, en lo relativo al rubro de la minería en Chile, entre el año 1997 y 2006 se establecieron la mayoría de las empresas contratistas, pasando en dicho periodo desde un 69.5% a un 87%. Correlativamente, la contratación directa con las empresas mineras mandantes se redujo desde un 30.5% a un 13%, en LEIVA, Sandra, "La subcontratación en la minería en Chile: elementos teóricos para el análisis", *Polis, Revista de la Universidad Bolivariana*, Vol. 8, N°24, 2009, p. 122.

792 GANDARILLAS, Marco, "Empleo y derechos laborales en las actividades extractivas", *PetroPress*, N°30, 2013, p. 6.

Por tanto, frente a dicha realidad, en el ámbito del desarrollo de actividades derivadas de la ejecución de proyectos de inversión en los que durante los últimos años se ha recurrido al uso de estas figuras, sería necesario que existieran ciertos aspectos que sean convenidos directamente por el Estado, siendo una de ellas el relativo a la fijación de las condiciones laborales de la fuerza de trabajo. Lo anterior, no solo a partir de regulaciones legales intensas, sino que, a través de modelos concretos de protección laboral, según el área en el que el capital pretenda operar, ya que para estos casos la experiencia ha demostrado que la abstracción de la norma no ha sido suficiente para impedir y disminuir la explotación laboral, especialmente en el ámbito ligado al extractivismo[793]. Esos modelos de protección laboral deberían considerar aquellos grupos que se encuentren en condiciones de precariedad en lo relativo al ejercicio de sus derechos. Uno de ellos son los migrantes, los que en ocasiones son contratados bajo condiciones de explotación para servir en rubros ligados a la agricultura, la construcción y la minería.

En efecto, se trata de favorecer el rol estatal mediante su injerencia en ámbitos en los que la libertad (especialmente de empresa), ha servido para explotar y dominar a aquellos que, en razón de su posición social (como ocurre con los migrantes), tienden a formar parte del colectivo de sujetos precarizados. Se trata de reconducir las acciones del Estado, en torno al establecimiento de condiciones mínimas que impidan la explotación laboral por cuestiones de oportunidad o del resultado costo-beneficio que para los centros capitalistas puedan significar.

Así, frente al contexto en el que las desigualdades estructurales vienen determinadas por la función capitalista que cumplen los países de la región y las formas globales de acumulación, junto con el modelo socioeconómico que concentra poder, los cambios que se verifiquen en la relación Estado/Capital constituyen factor clave en el

---

793 En efecto, los modelos de protección laboral deberían establecer condiciones tales como jornadas de trabajo, remuneraciones, la obligatoriedad de contrataciones directas que favorezcan la continuidad del vínculo laboral, aspectos relativo a la operativización para el ejercicio de los derechos de la fuerza de trabajo, obligaciones y régimen de responsabilidades en caso de incumplimiento de las normas laborales.

establecimiento de una vía emancipadora consistente en replantear las bases del modelo.

1.2. Nuevas definiciones de la estructura productiva

Los procesos de expansión capitalista en la periferia latinoamericana no solo han supuesto una disminución del Estado en lo relativo al ejercicio de controles jurídico-políticos, sino que también ha implicado desligarse de la participación y dominio de actividades estratégicas para el crecimiento y desarrollo de los países, transfiriendo cuotas de poder al capital transnacional a través del fomento de la inversión extranjera, la privatización y mercantilización en áreas concretas. En este sentido, en el contexto de la integración de las economías periféricas al mercado mundial y de la relocalización de los procesos productivos, estas han venido a cumplir el rol de proveedoras tanto de fuerza de trabajo como de materias primas, acrecentando el desarrollo desigual ya que como indica Belloni y Wainer, "... el capital extranjero suele tener el control de los núcleos más dinámicos de la estructura industrial y, por el contrario, el capital nacional se asienta generalmente sobre las actividades con menores niveles de productividad"[794].

Por su parte, en el cumplimiento de las pretensiones y configuraciones perseguidas por el modelo socioeconómico vigente, la inversión de capitales ha estado centrada principalmente en el progresivo y sucesivo desarrollo del extractivismo y del neoextractivismo, ambos expresados en rubros ligados a la minería, hidrocarburos y la agri-

794 BELLONI, Paula y WAINER, Andrés, "El rol del capital extranjero y su inversión en la América del Sur posneoliberal", *Revista Problemas del Desarrollo*, N°177 (45), 2014, p. 97. En la misma línea, en relación con la influencia del capital extranjero por sobre el nacional, como sostiene Wainer y Schorr, "...este se tuvo que retirar de algunas actividades en las que estaba inserto anteriormente o, al menos, eliminar los procesos tecnológicamente más complejos, donde su desventaja a novel internacional es mayor", en WAINER, Andrés y SCHORR, Martín, "Concentración y extranjerización del capital en la Argentina reciente. ¿Mayor autonomía nacional o incremento de la dependencia?", *Latin American Reserch Review*, Vol. 49 N°3, 2014, p. 112.

cultura[795]. Es más, tratándose de este último, es interesante revisar la magnitud asociada a su desarrollo, desde la perspectiva de los empleos y la participación de diferentes actores sociales entre los que también se encuentran los migrantes[796], como también respecto a los efectos perjudiciales que genera sobre el medio ambiente, atendido a la contaminación horizontal que provoca su desarrollo, afectando a comunidades, las que en ocasiones son expulsadas de sus territorios en virtud de la ejecución de proyectos de inversión, restando espacio a la posibilidad de pensar y configurar un nuevo tipo de desarrollo con perspectivas locales.

Las formas anteriores explican la permanente y tradicional explotación de productos primarios y manufacturas desde la región, constituyendo las principales exportaciones desde Sudamérica. En efecto, desde 1990 hasta el año 2011, estas se incrementaron significativamente, especialmente en lo relativo a los aceites de petróleo, cobre y minerales de cobre[797]. Por su parte, durante dicho periodo, aquellas exportaciones de materias primas fueron dirigidas hacia los centros capitalistas, específicamente a Estados Unidos (67.3%), la

---

795 En este sentido, el extractivismo conceptualizado por De Leon como aquel en que "...la concepción de la explotación y exportación de recursos naturales se plantea como la principal palanca del desarrollo económico, entendido como aumento de la producción", en DE LEON, Omar, "Evolución económica y estrategias de desarrollo en América Latina", en SOTILLO, José Ángel y AYLLÓN, Bruno (Coords.)., *Las transformaciones de América Latina: cambios políticos, socioeconómicos y protagonismo internacional*, Catarata, Madrid, p. 57. En similares términos, Svampa caracteriza al neoextractivismo como "un patrón de acumulación basado en la sobreexplotación de bienes naturales, cada vez más escasos, en gran parte no renovables, así como por la expansión de las fronteras de explotación de territorios antes considerados como improductivos", en SVAMPA, Maristella y VIALE, Enrique, "Continuidad y radicalización del neoextractivismo en Argentina", *Perfiles Económicos*, N°3, 2017, p. 88.

796 Ibíd., p. 91.

797 BELLONI, Paula y WAINER, Andrés, "El rol del capital extranjero y su inversión en la América del Sur posneoliberal", Ob. Cit., p. 105. Como destacan, en el caso del aceite de petróleo durante el periodo señalado, su exportación pasó de 4.3% a 6.0%, los minerales de cobre de 1.5% a 4.4%. En total, considerando otros productos de igual categoría, la exportación subió de 37.9% a 51.6%, p. 105.

Unión Europea (54.7%) y China (67.7%). Correlativamente, la exportación de manufacturas fue muy menor[798].

En fin, estamos ante un modelo primario exportador, que tal como indica Lander "...representa la continuidad de las formas históricas coloniales de inserción en el mercado global basados en la exportación de naturaleza"[799], pero que sin embargo ha logrado mantenerse y proyectarse en el tiempo, incluso durante la época de los gobiernos progresistas. Así, durante dicha etapa, si bien se implementaron políticas centradas en el ámbito de la justicia social, estas no fueron suficientes para alterar las bases estructurales del sistema y superar el paradigma dominante del capitalismo, generando alternativas emancipadoras que significaran un cambio de la estructura productiva en esos países. Al respecto, como sostiene Traspadini, "...a partir del discurso neodesarrollista en Brasil, Argentina y en varios países de América Latina, los sujetos políticos crearon una atmosfera de cambio en medio de una estructura de continuidad"[800].

De esta forma, el desarrollo continuó siendo pensado desde las bases del modelo, específicamente en lo relativo a las medidas de producción centradas en el carácter extractivista primario exportador y la consecuente inversión extranjera. En efecto, durante la etapa neodesarrollista, el extractivismo alcanzó uno de sus aumentos más significativos. Tal fue el caso de Chile, en donde la exportación de materia primas entre el año 2007 y 2014 se mantuvo en niveles muy altos, oscilando entre el 87.6% y el 85.9%. Por su parte, en Brasil durante esos años pasó desde 52.2% a 65.2%, mientras que en Argentina dichas exportaciones también experimentaron un leve aumento

---

798 Así en el caso de Estados Unidos esta se ubicó en 32.7%, la Unión Europea en 45.3% y China 32.3%, en CEREZAL, Manuel, "Dialéctica de la integración latinoamericana", en LANG, Miriam, LÓPEZ, Claudia y SANTILLANA, Alejandra (Comp.), *Alternativas al capitalismo del siglo XXI*, Ediciones Abya Yala y Fundación Rosa Luxemburgo, Ecuador, 2013, p. 114.

799 LANDER, Eduardo, "Neoextractivismo. Debates y conflictos en los paises con gobiernos progresistas en Sudamérica", *Debates*, Vol. 20, N°37, 2016, p. 311.

800 TRASPADINI, Roberta, "Breve genealogía del capitalismo dependiente latinoamericano: la superexplotación como combustible del neodesarrollismo", Ob. Cit., p. 25.

al pasar desde un 68.7% a 69.7%[801]. En este último caso, la investigación de Wainer y Schorr evidencia que la mayoría de las empresas que desde el año 2000 han invertido en Argentina, mantiene la producción de equipos de alta tecnología y los gastos en investigación en los países donde se ubican sus oficinas centrales[802], agregando además que, "las empresas controladas por accionistas foráneos fueron los que registran los mayores márgenes de explotación y en las que capitalistas se apropiaron de una proporción mayor del excedente generado por los trabajadores…"[803].

Frente al panorama presentado, se torna necesario plantear nuevas definiciones acerca de las estructuras productivas de los países analizados, en la búsqueda de establecer mayores márgenes de autonomía, principalmente respecto del capital extranjero proveniente de las economías centrales. A mi juicio, lo anterior se podría lograr considerando al menos dos elementos.

1.2.1. El rol participativo del Estado y la diversificación de la estructura productiva

Se debe fomentar un rol participativo del Estado que no se desatienda acerca del tipo de desarrollo en áreas estratégicas de la estructura productiva, especialmente en lo relativo al control y propiedad de los recursos a partir de los cuales se ha sujetado el extractivismo y el modelo primario exportador. En este sentido, el Estado no se puede limitar a ser un tercero mediador que transfiere el dominio y las capacidades de explotación sobre sus recursos más preciados del capital, sino que debe ser un actor relevante y protagonista de los procesos productivos ya sea por el ejercicio de las acciones de control como también del impulso, iniciativa y dominio sobre aspectos claves de la estructura productiva, encontrando nuevas formas que comple-

---

801 Datos analizados en DE LEON, Omar, "Evolución económica y estrategias de desarrollo en América Latina", Ob. Cit., p. 50.

802 WAINER, Andrés y SCHORR, Martín, "Concentración y extranjerización del capital en la Argentina reciente. ¿Mayor autonomía nacional o incremento de la dependencia?", Ob. Cit., p. 118.

803 Ibíd., p. 120.

jicen esos procesos. En tal perspectiva, la posibilidad de establecer márgenes de acción al capital en estas áreas ya sea para efecto del ejercicio de derechos de explotación o de dominio, se debería hacer privilegiando la diversificación de inversiones para evitar una monopolización sobre la actividad extractiva. Así, como indica Gudynas, se trata de "...recuperar el control sobre los flujos de capital, no solo en cuanto a sus destinos productivos, a fin de superar el actual énfasis extractivista, sino para evitar usos especulativos"[804].

Por su parte, vinculado a la lectura no reduccionista que tradicionalmente ha existido acerca del desarrollo, en los términos indicados en el apartado anterior, es necesario desbordar las formas en las que se basa la estructura productiva, la que debe integrar mayor inversión tecnológica y científica que conduzca a la generación de nuevos bienes, ya que lo que hoy pagan los países con economías periféricas es valor, en el sentido que se centran en exportar materias primas que posteriormente son manufacturados por la industria del dominio del capital privado y luego adquiridos por las periferias a un alto valor. Así ocurre con los productos de cobre, la refinación del petróleo o la convertibilidad energética[805].

Paralelamente, el establecimiento de estándares de innovación que permitan o impliquen pasar desde el extractivismo a procesos que revistan mayor complejidad, es algo que se debe hacer bajo una lógica sustentable que no signifique tensionar o amenazar el ejercicio de derechos tal como el relativo a la protección y conservación del patrimonio medio ambiente.

---

804 GUDYNAS, Eduardo, "Transiciones hacia un nuevo regionalismo autónomo", en LANG, Miriam, LÓPEZ, Claudia y SANTILLANA, Alejandra (Comp.), *Alternativas al capitalismo del siglo XXI*, Ediciones Abya Yala, Fundación Rosa Luxemburgo, Ecuador, 2013, p. 142.

805 Para lograr mayores niveles de autonomía y desarrollo, será fundamental establecer alianzas estratégicas con los operadores de la ciencia y con una lógica descentralizadora. Un ejemplo de esto se verifica en la vinculación que existe entre las universidades y centros de investigación ubicados en zonas extremas de Chile, Argentina y Brasil, los que mantienen una comunicación científica permanente con las áreas en las que estas funcionan (Ej. El desierto de atacama y la antartica chilena, las amazonas en Brasil y la puna desértica argentina).

Los esfuerzos liderados por el Estado, las comunidades y los territorios se deben dirigir hacia lograr un mejoramiento de los niveles de innovación que permitan complejizar la estructura productiva de los países de la región y, de esta forma, intentar conseguir mayor autonomía entre sus economías y los centros capitalistas, además de pensar en una reducción de la actividad extractiva y sus efectos sobre el medio ambiente.

Finalmente, en lo relativo al reconocimiento del rol del Estado en las Constituciones, Viciano y Martínez entienden que aquel elemento constituiría una de las características materiales del nuevo constitucionalismo latinoamericano, quedando plasmado en las denominadas "Constituciones Económicas", Lo anterior, "...ante la necesidad de superar las desigualdades económicas y sociales y plantear constitucionalmente el nuevo papel del Estado en la economía..."[806].

1.2.2. La consideración política y social de otros actores

En América Latina, históricamente las políticas neoliberales y desarrollistas se configuraron desde arriba, desde un sistema político y económicamente consolidado, cuya estructura y orgánica solo consideró la relación Estado/Capital, excluyendo a otros actores para efecto de pensar en el desarrollo. Lo anterior, en un contexto en que el capital fue alterando las estructuras productivas locales y expulsando muchas veces a las poblaciones autóctonas de sus territorios. Así ha ocurrido en zonas en donde se han desarrollado proyectos extractivistas e inmobiliarios que han amenazado el medio ambiente, la conservación del patrimonio cultural y la calidad de vida de las personas que, por generaciones, han residido en ellos.

Aquella situación, pone la necesidad de que en la concretización de los elementos desarrollados precedentemente, se configure un terreno que propicie y reconozca derechos de participación de las comunidades y grupos que se vean relacionados con el tipo de desa-

---

806 VICIANO, Roberto y MARTÍNEZ, Rubén, "Aspectos generales del nuevo constitucionalismo latinoamericano", en ÁVILA, Luis, "Política, Justicia y Constitución", *Serie Crítica y Derecho*, N°2, 2012, p. 182.

rrollo por el cual se opte en cada momento histórico. Un ejemplo a seguir lo constituyen instrumentos como la consulta indígena, contemplada en el Convenio 169 de la Organización Internacional del Trabajo, la que establece como deber de los gobiernos, "...a) consultar a los pueblos interesados, mediante procedimientos apropiados y en particular a través de sus instituciones representativas, cada vez que se prevean medidas legislativas o administrativas susceptibles de afectarles directamente..."[807]. En el mismo sentido, la Declaración de las Naciones Unidas sobre los Derechos de los Pueblos Indígenas, consagra diversas instancias para llevar a cabo consultas con los pueblos[808], al igual que otras Constituciones latinoamericanas como la de Bolivia y Ecuador, las que consideran mecanismos de consulta nacional, ciudadana e indígenas[809].

De esta forma, a nivel general se podría considerar este tipo de consulta para llevar a cabo proyectos de inversión, haciendo partícipe a aquellos que tienen o que eventualmente tendrían una vinculación con estos, ya sea porque habitan en el mismo territorio (comunidades locales), trabajan para el sistema (fuerza de trabajo) o bien porque son afectados por sus externalidades negativas que su desarrollo provoca (pueblos originarios, organizaciones de defensa de bienes como el medio ambiente).

Este tipo de mecanismos deberían extenderse para fijar cuestiones relativas a los límites asociados a la ejecución de proyectos y, en general, en la configuración de los elementos que determinarán o que serán fundamentales para alcanzar el desarrollo o los cambios sociales que influyan y condicionen la materialidad de nuestras vidas. Paralelalemente, lo anterior permitiría otorgarle a este tipo de

---

807 Convenio N°169 de 27 de junio de 1989, sobre pueblos indígenas y tribales, OIT, Artículo 6°, letra a.

808 Declaración de las Naciones Unidas sobre los Derechos de los Pueblos Indígenas, aprobada por la Asamblea General de 13 de septiembre de 2007, artículos 15, 17, 19, 30, 32, 36 y 38.

809 Constitución de la República del Ecuador, Decreto legislativo publicado en el Registro Oficial N°449 de 20 de octubre de 2008, Artículos 57 N°7, N°17, 61 y 77 N°10. En idéntico sentido, Constitución Política del Estado Plurinacional de Bolivia, 7 de febrero de 2009, Artículos 11, 30 N°15, 202 N°8, 293, 294, 295, 300 N°3, 304 N°21, 316 N°1 y 9 y 352.

iniciativas, legitimidad jurídica (al estar configurados válidamente por normas generadas por los órganos establecidos para tal efecto), y político/democrática (al haber contado con la participación configurada de actores sociales claves).

Así, el desarrollo debe considerar la participación popular en sus distintos grados de organización y funcionamiento, especialmente de aquellos grupos que estructuralmente se encuentran en situación de precariedad y vulnerabilidad en lo relativo al ejercicio de sus derechos, y respecto de los cuales, el Estado debe otorgar certeza y protección. En este sentido, como indica Acosta, "los límites al desarrollo deben estar vinculados a la propia sociedad civil y su participación, no deben estar circunscritos a modelos donde los actores más poderosos (las transnacionales y los Estados) son los que deciden"[810]. En tal perspectiva, el reconocimiento y ejercicio de derechos de participación permitiría la actuación de un poder social que haga frente a los abusos perpetrados por el capitalismo.

1.3. Elementos de integración regional

Como adelanté en el tercer capítulo, la integración regional latinoamericana ha estado determinada por las fracciones políticas que desde final del siglo XX han ido sucediendo. Sin embargo, esta generalmente se ha planteado sobre la base del favorecimiento de una faceta de carácter económico para efecto de asegurar el reconocimiento y el ejercicio de la libertad de comercio, la generación de un mercado común y el establecimiento de un terreno propicio que permita la interacción de los centros capitalistas, los que han mantenido un control sobre las estructuras productivas de los países. Así, respecto al fracaso de las instancias de integración existentes en la región, hasta el momento se puede decir que "...la profundidad y el alcance de todos estos procesos han sido heterogéneos y las asimetrías se han profundizado con los años, llevando consigo la adopción de medidas unilaterales en materia de comercio e inversiones

---

810 ACOSTA, Alberto, "Extractivismo y neoextractivismo: dos caras de una misma maldición", en LANG, Miriam y MOKRANI, *Más allá del desarrollo*, Ediciones Abya Yala, Fundación Rosa Luxemburgo, México, 2012, p. 112.

extraregionales..."[811]. Tal circunstancia ha demostrado que independiente de las divisiones políticas que se han presentado en la región, ha sido el poder económico el que se ha impuesto en la definición de cuestiones claves para alcanzar la integración, quitando espacio al desarrollo de otras áreas y a la consecuente posibilidad de que Sudamérica se pueda fortalecer política, social y económicamente.

No obstante, durante la primera década del nuevo siglo, se establecieron acuerdos y alianzas que pretendieron resistir al neoliberalismo que había sido implementado con ocasión de los cambios y ajustes estructurales de la década del 90. Manifestación de tal resistencia la constituyó la configuración de instancias regionales tal como la Alianza Bolivariana para los Pueblos de Nuestra América (ALBA), la Unión de Naciones Suramericanas (UNASUR) y la Comunidad de Estados Latinoamericanos y Caribeños (CELAC). En el mismo sentido, se conformó Petroamérica, proyecto impulsado por el gobierno de Venezuela, el que como indica Mayobres, "...propone el control por parte de empresas estatales de las inversiones y del incremento de producción en el área energética..."[812], iniciativa que se sectorizó a través de las subregiones, dando lugar a Petrocaribe, Petrosur y Petroandina. Aquella etapa de integración regional que se configuró con ocasión de los simultáneos gobiernos progresistas en varios países permitió enfrentar la agenda de proyecciones económica que se venía desarrollando durante los años anteriores. Así, el enfoque estuvo puesto en reforzar a los Estados para enfrentar las desigualdades y asimetrías sociales al interior de éstos. Sin embargo, una de sus deficiencias estuvo en la falta de concretización de nuevas formas de desarrollo que permitieran ir superando (en bloque y bajo una visión común), las externalidades negativas generadas por el proceso de globalización neoliberal. De la misma forma, abundaron las declaraciones y acuerdos, pero estos no fueron mayormente ma-

---

811 OJEDA, Tahira, "Regionalismos e integración en América latina y el Caribe", en SOTILLO, José Ángel y AYLLÓN, Bruno (Coords.), Las transformaciones de América Latina. Cambios políticos, socioeconómicos y protagonismos internacionales, Catarata, Madrid, 2017, p. 172.

812 MAYOBRES, Eduardo, "El sueño de una compañía energética sudamericana: antecedentes y perspectivas políticas de Petroamérica", *Nueva Sociedad*, N°204, 2006, p. 173.

terializados, predominando el carácter voluntarista de los sucesivos gobiernos de turno. Se trato de acciones que no fueron capaces de superar una estructura que históricamente ha acrecentado la dependencia y el desarrollo desigual.

Por su parte, una vez finalizada la etapa de los gobiernos progresistas, ha existido una alternancia en los gobiernos, así ha ocurrido en Chile, Argentina y Brasil, sin que exista la posibilidad de pensar en la configuración de un proyecto y de una visión común que tenga por objetivo repensar el contenido de la integración regional bajo dimensiones distintas a la económica. En lo concreto, las agendas del gobierno de Piñera en Chile, de Macri en Argentina y de Bolsonaro en Brasil, consolidaron las políticas económicas liberales y desreguladas, mientras que, a nivel exterior, se desvincularon de organismos que habían sido creados con ocasión de los gobiernos progresistas. Un ejemplo de lo anterior lo constituyó el abandono de UNASUR el año 2019 por parte de Argentina, Brasil, Chile, Colombia, Ecuador, Paraguay, y Perú, además de la correlativa creación ese mismo año del Foro para el Progreso e Integración de América del Sur (PROSUR), integrado por los países mencionados y Guayana, cuyo objetivo declarado radica en avanzar hacia la integración regional que habilite al desarrollo, crecimiento y progreso de los países sudamericanos. Sin perjuicio de lo anterior, lo cierto es que habiendo transcurrido más de tres años desde su creación, en un contexto marcado por la intensa crisis sanitaria y migratoria, aún no se verifican resultados, siendo dichas situaciones resueltas de manera separada por los Estados sin una visión común de colaboración que repercuta positivamente en el bienestar de las personas que habitan sus territorios. En efecto, se trata de un organismo con declaraciones programáticas no vinculantes, a diferencia de aquello que fue pensado desde UNASUR, a partir de la cual se proyectó una institucionalidad interna que vincula a los Estados miembros, según el área temática, además de la incorporación en sus objetivos de derechos tales como de naturaleza social y política, estos últimos vinculados a la ciudadanía.

Por tanto, es evidente que la llegada simultánea de gobiernos de derecha al poder fraccionó y frenó los esfuerzos que se venían desarrollando a nivel regional, los que se han preocupado de llevar a cabo sus agendas políticas, sin considerar los avances logrado, situación que configura el contexto político actual. Lo anterior es sin perjuicio que en los próximos dos años pueda volver a existir una alineación, de la mano de la nueva correlación de fuerzas políticas progresistas en Chile, Argentina, Perú, Bolivia, México y, eventualmente, el cambio de gobierno en Brasil.

No obstante, volviendo al inicio, conviene oportuno presentar algunas ideas que se enmarquen en la línea de avanzar en el tipo de integración que históricamente se ha verificado en Sudamérica. Lo anterior, se torna fundamental para intentar superar la relación dependiente y desigual existente entre sus economías y aquellas en las que se ubican los centros capitalistas, en un contexto de problemas comunes entre las primeras, ligados al tipo de desarrollo, al aprovechamiento de recursos, a fenómenos sociales como la migración hasta la falta de mecanismos protectores de los derechos de las personas que habitan al interior de los territorios de sus Estados. Algunas de ellas, son las siguientes:

1.3.1. Reformular el carácter economicista de la integración

Como se ha venido señalando, los principales acuerdos y declaraciones generadas en el cono sur, responden a una impronta neoliberal, lo que ha supuesto la generación de una institucionalidad dependiente y respecto de la cual existen intereses provenientes desde los centros capitalistas, tal como ha sido la injerencia de Estados Unidos para impulsar el desarrollo de zonas de libre comercio o la Integración Energética Hemisférica para efecto de habilitar la cooperación que vinculara a las empresas transnacionales, principalmente norteamericanas y canadienses. Por su parte, tratándose de los acuerdos regionales, en el marco de la Alianza del Pacífico Sur, como indica Prado "estos responden a los fundamentos neoliberales emanados del consenso de Washington, es decir, la inserción internacional con énfasis en la liberalización comercial, básicamente de carácter intergubernamental, con un reducido contenido político-social"[813].

---

813 AYLLÓN, Bruno, OJEDA, Tahina y SURASKY, Javier, "La alianza del pacífico: integración vía comercio y cooperación Sur-Sur", en AYLLÓN, Bruno, OJEDA,

Las alianzas entre los países y la integración de la región, debe ser reconfigurada en su contenido, para efecto de abarcar una dimensión compleja que no solo se centre en el carácter económico, sino que incluya a otras tales como la política, social y cultural que permita atender a problemas comunes y, de esta forma, conducir a maximizar los beneficios y la protección de derechos en favor de la población, incluyendo, por tanto, a distintos actores. En tal sentido, se trata de establecer un contenido amplio de integración, capaz de convertirse como precisa Ojeda "en un proceso progresivo de articulación de políticas públicas en el que convergen distintos actores que intentan mediante mecanismos de cooperación de diversa naturaleza, crear espacios políticos, económicos y sociales que logren contribuir a incrementar el bienestar de las ciudades, mejorar las condiciones estructurales de desarrollo, optimizar la inserción internacional y ampliar las capacidades de negociación de las partes que impulsan dicho proceso"[814].

De esta forma, se propone que la integración considere principios rectores y acciones solidarias que permitan conducir a resolver problemas comunes de manera colaborativa y con participación de otros poderes internos de los Estados que legitimen políticamente las decisiones que en cada momento histórico tomen los gobiernos en la materia. Así, un tipo de acción concreta consistiría en el establecimiento de modelos de protección de derechos acordados entre los Estados para efecto de tratar aspectos críticos que se desarrollen en la región. Un ejemplo sería aquello que ocurre con la crisis migratoria, la que principalmente es planteada a partir de la ilegalidad que revestirían a una cantidad no menor de flujos migratorios. Así, los países podrían acordar condiciones comunes acerca del ingreso y salida de migrantes, programas de inserción, régimen sancionatorio y categorías migratorias. En efecto, se trata de aprovechar aspectos que se desprenden de lo que Beck denomina "espacios sociales trans-

---

Tahina y SURASKY, Javier (Coords.), *Cooperación Sur-Sur. Regionalismos e integración en América Latina*, Catarata, Madrid, 2014, p. 149.

814 OJEDA, Tahira, "Regionalismos e integración en América latina y el Caribe", Ob. Cit., p. 149.

nacionales" [815], en donde a partir de la globalización se piensa en la protección de derechos de los sujetos, ya que como indica el autor, "contra la barbarie, la civilización solo está protegida por tanto (y solo temporalmente) cuando los derechos fundamentales tienen validez global"[816]. Paralelamente, se trata de establecer mínimos comunes y consensos en torno al resguardo de los derechos establecidos o reconocidos en los tratados internacionales de derechos humanos que los mismos Estados han firmado y ratificado, especialmente en aquellos que resultan claves para el ejercicio de la materialidad de las condiciones de vida.

1.3.2. La generación de una institucionalidad regional con carácter vinculante

Hasta el momento, la configuración de la orgánica planteada a nivel regional, generalmente se ha formulado de un manera separatista y circunscrita a los acuerdos puntuales arribados[817]. Sin embargo, aún persiste el vacío de generar una estructura orgánica regional que unifique un proyecto capaz de recoger y articular una visión común que constituya un bloque para la defensa corporativa de los intereses regionales.

Por tanto, un elemento fundamental consiste en establecer una institucionalidad regional integradora que a su vez se centre en un proyecto que considere las distintas dimensiones planteadas en el punto anterior y respecto de la cual los Estados puedan encontrar un apoyo para satisfacer sus demandas y necesidades que los aquejen en cada momento histórico, tales como la presencia de un Banco Sudamericano, la existencia de Ministerios encargados de temas energéticos, derechos sociales, cultura, seguridad ciudadana, ciencia, pueblos originarios, protección de grupos vulnerables, entre otros.

---

815 BECK, Ulrich, *¿Qué es la globalización? Falacias del globalismo, respuestas a la globalización*, Ob. Cit., p. 55.

816 Ibíd., p. 134.

817 Así, la mayoría cuentan con una Presidencia Pro Témpore, una Secretaría General y Consejos focalizados sobre áreas temáticas concretas.

Por su parte si bien este tipo de iniciativas recogen una opción política acerca del tipo de desarrollo, del rol que cumplen los Estados en la sociedad y de la forma en cómo la región se incorpora en el mundo globalizado, la idea sería establecer amplios acuerdos para efecto de evitar que el prisma ideológico y las agendas políticas de los gobiernos de turno operen como factor condicional sobre el funcionamiento de aquella institucionalidad y sobre su continuidad existencial.

Relacionado con lo señalado anteriormente, de lograrse el establecimiento de una visión común y completa de integración regional que habilite la configuración de una orgánica institucional, será fundamental fijar un piso mínimo de materias en las que el margen de disposición política que eventualmente pueda significar una amenaza a estos, se vea limitado en virtud del carácter vinculante que exista respecto de los acuerdos en esos ámbitos, los que deben estar sujetos a revisión permanente por parte de los Estados. De manera similar a lo que ha ocurrido desde la integración del derecho internacional de los derechos humanos, uno de esos mecanismos, podría consistir en el deber que tengan los Estados en incorporar de manera progresiva mejoras consensuadas, las que se proyecten a nivel normativo interno y de políticas públicas que las concreticen y las lleven a cabo. Se trata de proteger estándares que los Estados no puedan desatender, indisponibles en cuanto a las posibilidades de retroceso, como resultado del desarrollo de las agendas políticas de los gobiernos de turno.

Al mismo tiempo, un eventual modelo de protección en esos ámbitos no solo debe dar preponderancia al poder ejecutivo, sino que además debe incluir a otros órganos que ejerzan poder, tal como el legislativo, para que tenga injerencia en temas relativos a la permanencia en organismos que cumplan con el enfoque de integración regional propuesto, como también en cuanto a la celeridad en el desarrollo y ejecución de acciones conducentes a cumplir con sus objetivos. Lo anterior se torna fundamental en un contexto en el que la falta del carácter vinculante de acuerdos e instrumentos regionales ha permitido que sucesivos gobiernos de derecha impulsen sus agendas políticas, frenando los esfuerzos que durante años se habían trabajado para efecto de configurar un regionalismo multifacético y complejo, capaz de favorecer la cohesión social, política y económica de las naciones y sus pueblos.

1.3.4. La autonomía a través del dominio de los recursos

Históricamente, una de las mayores riquezas de la región ha sido la existencia diversificada de recursos, tales como el petróleo, el gas natural, la agricultura, el agua y los minerales. Sin embargo, pareciera verificarse que, en un contexto de integración neoliberal, su explotación se haya puesto a disposición del capital privado y extranjero[818]. En tal sentido, el control en esas áreas ha sido fundamental para mantener la dependencia entre la periferia latinoamericana y el centro capitalista, además de los efectos perjudiciales que dicha situación ha generado para el medio ambiente y las complejidades vinculadas a su acceso, el que ha estado condicionado a factores económicos.

Para hacer frente a aquel panorama, se propone revalorizar y alcanzar mayores niveles de autonomía, lo que no solo se logra a través de los cambios relacionados con la estructura productiva de los países que conforman la región, sino que, además, por medio del control y propiedad que se establezca en materia de recursos energéticos. Al respecto, es importante incorporar lo pensado por Gudynas, en torno a lograr un regionalismo autónomo que debiera basarse en "aptitudes ecológicas y productivas de las distintas biorregiones en el continente, su complementación, la estructuración de cadenas de

---

818 En Chile, a partir de la década del 90 se produjo una de las mayores inversiones de capital extranjero, proveniente desde España y Bélgica. En diez años se introdujo cerca de cinco mil millones de dólares para controlar el sector de la energía eléctrica, mientras que durante dicho periodo también se fortaleció el control del capital extranjero (en su mayoría español) sobre gran parte de los gasoductos que operan a lo largo del país. En Argentina, durante los años 90 la mayoría de las empresas de energía eléctrica fueron controladas por empresas europeas, mientras que, en hidrocarburos, gran parte de las empresas del sector eran filiales de consorcios internacionales. Por su parte, en Brasil, a partir de esos años, en el sector dedicado a la electricidad y los hidrocarburos, hubo importantes transferencias a capitales portugueses y franceses, en ROZAS, Patricio, "La inversión europea en la industria energética de América Latina", *Serie Seminarios y Conferencias*, N°10, 2001, CEPAL, p. 53 a 84.

producción con eslabones compartidos entre los países, políticas sectoriales supranacionales y otras medidas"[819]. En este sentido, se trata de abarcar un desarrollo productivo que se determine sobre la base de la complementariedad de recursos y de la colaboración entre las naciones, como en su momento lo hizo la iniciativa impulsada durante la época de los gobiernos progresistas, consistente en la creación de un anillo energético sudamericano para mejorar el abastecimiento de gas de algunos países, pero que con el tiempo estaba destinado a incorporar otros recursos, según la capacidad que de estos tuviesen los Estados.

Paralelamente, acciones como estas deberían ser complementadas con la elaboración de planes de eficiencia y de modernización en el manejo y aprovechamiento de los recursos, pensando en un uso racional y tarifado que contribuya a garantizar el acceso y la cobertura de los suministros. Se trata de alcanzar una cooperación en la explotación conjunta de recursos que sirvan para favorecer la subsistencia y el bienestar de las poblaciones y cuya presencia en el mercado mundial también signifique un factor competitivo, no funcional al cumplimiento de los requerimientos del orden mundial capitalista.

En efecto, para enfrentar el desarrollo desigual y la dependencia con los centros capitalistas, no solo resulta suficiente la acción individualizada de los Estados. Este es un desafío que requiere generar relaciones de resistencia entre los países de la región[820]. Así, el desarrollo es algo que se puede lograr sobre la base de la realización de acciones colectivas y colaborativas.

Por su parte, otro aspecto relevante de la integración regional dice relación con el rol que tendrían las Constituciones, en orden a intentar avanzar hacia los nuevos valores del constitucionalismo, en donde la integración regional se establezca como un aspecto funda-

---

819 GUDYNAS, Eduardo, "Transiciones hacia un nuevo regionalismo autónomo", Ob. Cit., p. 140. Sobre las biorregiones, el autor señala que "estas son entendidas como regiones delimitadas por atributos ecológicos, sociales y productivos que cubren más de un país y se expresan en las grandes escalas continentales; ejemplo son los páramos, el altiplano...", p. 144.

820 AYLLÓN, Bruno, OJEDA, Tahina y SURASKY, Javier, "La alianza del pacífico: integración vía comercio y cooperación Sur-Sur", Ob. Cit., p. 165.

mental de los Estados, quedando plasmado en sus Constituciones, como ha ocurrido en Colombia, Venezuela, Ecuador y Bolivia. Lo anterior ante la necesidad de que la integración se encuentre articulada jurídicamente, en el término indicado por Viciano, en donde "...las integraciones supranacionales necesitan articularse, al menos en un primer momento, a través de instrumentos jurídicos propios del derecho internacional. Pero, dadas las características especiales que tienen esos mecanismos de integración supranacional, es necesario que se introduzcan determinadas garantías de corte constitucional"[821].

Tales elementos se insertan en el desarrollo del denominado nuevo constitucionalismo latinoamericano, el que, en el aspecto relativo a la integración regional, se evidencian claras diferencias con el constitucionalismo clásico latinoamericano. Así, este último lo aborda bajo un prisma liberal, limitado, mientras que el primero lo hace incorporando referencias explícitas acerca de la integración regional o incluyendo cláusulas de apertura[822]. Al respecto, como desta-

---

[821] VICIANO, Roberto, "Problemas de legitimidad supraconstitucional de las integraciones supranacionales", *Cuadernos de la Cátedra Fadrique Furió Ceriol*, N°67-68, 2009, p. 91.

[822] MARTÍNEZ, Rubén y TREMOLADA, Eric, "Integración latinoamericana: democracia y cláusulas de apertura en el nuevo constitucionalismo", en TREMOLADA, Eric (Ed.), *Los procesos de integración como factor de paz*, Universidad del Externado de Colombia, Colombia, 2014, p. 128. En este sentido, los autores precisan que "El nuevo constitucionalismo latinoamericano eleva la integración latinoamericana como uno de los ejes axiales de la Constitución", p. 133. Por su parte, como bien sistematizan, las Constituciones que en sus textos hacen referencia a la integración regional, son: – Constitución de Colombia, Artículo 227: "El Estado promoverá la integración económica, social y política con las demás naciones y especialmente, con los países de América Latina y del Caribe mediante la celebración de tratados que, sobre bases de equidad, igualdad y reciprocidad, creen organismos supranacionales, inclusive para conformar una comunidad latinoamericana de naciones. La ley podrá establecer elecciones directas para la constitución del Parlamento Andino y del Parlamento Latinoamericano". – Constitución de Ecuador, Artículo 423, N°1: "La integración, en especial con los países de Latinoamérica y el Caribe será un objetivo estratégico del Estado. En todas las instancias y procesos de integración, el Estado ecuatoriano se comprometerá a: 1. Impulsar la integración económica, equitativa, solidaria y complementaria; la unidad productiva, financiera y monetaria; la adopción de una política económica internacional común; el fomento de políticas de compensación para superar las asimetrías regionales; y el comercio regional, con énfasis en bienes de alto valor agregado". – Constitución de Bolivia, Artículo 265,

ca Martínez y Tremolada, "Las cartas del nuevo constitucionalismo, superan las previsiones del constitucionalismo clásico latinoamericano estableciendo esquemas regionales de integración, necesidad de control de constitucionalidad, mecanismos democráticos de decisión y demás condiciones que buscan la síntesis de la tensión entre democracia e integración"[823].

Para Viciano y Martínez, los elementos sobre los que se articula el nuevo constitucionalismo latinoamericano vendrían determinados por la existencia de Constituciones, cuyo factor de legitimidad viene dado por los procedimientos que dieron a estas, especialmente de la mano de las asambleas constituyentes, la habilitación de mecanismos de democracia material, la necesidad de los procesos para hacer

---

I: "El Estado promoverá, sobre los principios de una relación justa, equitativa y con reconocimiento de las asimetrías, las relaciones de integración social, política, cultural y económica con los demás estados, naciones y pueblos del mundo y, en particular, promoverá la integración latinoamericana". Por su parte, algunas Constituciones que incluyen cláuslas de apertura, son: – Constitución de Bolivia, Artículo 257: "Requerirán de aprobación mediante referendo popular vinculante previo a la ratificación los tratados internacionales que impliquen: N° 3. Integración económica estructural. N°4. Cesión de competencias institucionales a organismos internacionales o supranacionales, en el marco de procesos de integración". – Constitución de Venezuela, Artículo 153: "La República promoverá y favorecerá la integración latinoamericana y caribeña, en aras de avanzar hacia la creación de una comunidad de naciones, defendiendo los intereses económicos, sociales, culturales, políticos y ambientales de la región. La República podrá suscribir tratados internacionales que conjuguen y coordinen esfuerzos para promover el desarrollo común de nuestras naciones, y que garanticen el bienestar de los pueblos y la seguridad colectiva de sus habitantes. Para estos fines, la República podrá atribuir a organizaciones supranacionales, mediante tratados, el ejercicio de las competencias necesarias para llevar a cabo estos procesos de integración. Dentro de las políticas de integración y unión con Latinoamérica y el Caribe, la República privilegiará relaciones con Iberoamérica, procurando sea una política común de toda nuestra América Latina. Las normas que se adopten en el marco de los acuerdos de integración serán consideradas parte integrante del ordenamiento legal vigente y de aplicación directa y preferente a la legislación interna". – Constitución de Ecuador, Artículo 419: "La ratificación o denuncia de los tratados internacionales requerirá la aprobación previa de la Asamblea Nacional en los casos que: N° 6. Comprometan al país en acuerdos de integración y de comercio. N° 7. Atribuyan competencias propias del orden jurídico interno a un organismo internacional o supranacional", p. 133 a 136.

823 Ibíd., p. 127.

frente a la desigualdad social y la búsqueda de nuevas condiciones de vida, la sustitución de la continuidad por la ruptura con el modelo constitucional tradicional y clásico, depositario de los poderes constituidos[824]. En el caso relativo a la integración, ambos autores sostienen que "...el nuevo constitucionalismo latinoamericano plantea un compromiso con una determinada integración, la latinoamericana, más amplia que la puramente económica, que plantea posibilidades reales de integración de los pueblos y que, en definitiva, intenta compatibilizar la necesidad de integración"[825].

Por tanto, en el aspecto señalado, considero que la integración regional y otras transformaciones estructurales deberían considerar aquellos elementos constitucionales que formaron parte del nuevo constitucionalismo latinoamericano, especialmente en atención a dos aspectos generales en los que este se centró y que podrían ser retomados a nivel regional. En primer lugar, me refiero a su finalidad, en el sentido indicado por Viciano y Martínez, en torno a que las Constituciones que se crearon a partir de la década del noventa, "... se conformaron como un medio de construir un modelo propio de Estado social latinoamericano que, por cuanto intenta ir más allá del europeo, parece avanzar hacia la superación del Estado social hacia un Estado constitucional en sentido material"[826]. En segundo lugar, en cuanto el rol que asume el pueblo, cuyo papel fundamental bajo

---

824 VICIANO, Roberto y MARTÍNEZ, Rubén, "Aspectos generales del nuevo constitucionalismo latinoamericano", Ob. Cit., p. 171 y 172. Para ambos autores, las características formales del nuevo constitucionalismo latinoamericano serían, "...su contenido innovador (originalidad), la ya relevante extensión del articulado (amplitud), la capacidad de conjugar elementos técnicamente complejos con un lenguaje asequible (complejidad) y el hecho de que se apueste por la activación del poder constituyente del pueblo ante cualquier cambio constitucional (rigidez)", p. 172. Por su parte, las características materiales corresponden a, "Búsqueda de instrumentos que recompongan la relación entre soberanía popular y gobierno" (p. 179), "el reconocimiento de los derechos con especial referencia de la titularidad de los grupos vulnerables" (p. 180), "el establecimiento del rol del Estado en la economía para efecto de enfrentar las desigualdades económicas y sociales" (p. 182).

825 Ibíd., p. 182.

826 VICIANO, Roberto y MARTÍNEZ, Rubén, "Crisis del Estado social en Europa y dificultades para la generación del constitucionalismo social en América Latina", *Revista General de Derecho Público Comparado*, N°21, 2017, p. 16.

aquel modelo constitucional, consiste en impulsar y protagonizar a través de mecanismos directos de ejercicio del poder, procesos transformadores.

De esta forma, para finalizar, se evidencia que la configuración de los patrones de desarrollo es una tarea que incorpora diversas directrices y actores, los que deben ser considerados para efecto de pensar como indica Noguera, en el establecimiento de una eventual economía plural, la que a su juicio estaría determinada por "la existencia en el interior del país de múltiples formas de organización económica que se rigen por distintos principios materiales (tipo de producción, intercambio y consumo de bienes) y distintos principios participativos o decisionales (tipo de participación de los miembros de la comunidad en su interior)"[827].

Lo anterior, en un contexto de presencia de un modelo que históricamente ha concentrado poder, dando lugar a una estructura socioeconómica dentro de la cual se articula el desarrollo de una serie de fenómenos sociales, como son las migraciones. Al respecto, el análisis de estas no se puede divorciar de los elementos que las determinan, especialmente si consideramos, como sostiene Márquez, que "...la movilidad humana inherente a la expansión global del capital conjuga una maraña de flujos migratorios internos e internacionales que responden a las dinámicas del capital, en especial a la nueva división nacional e internacional de trabajo"[828].

Por tanto, el replanteamiento de las estructuras socioeconómicas en el que se desarrollan fenómenos como la migración, necesariamente supone aceptar que uno de los elementos que deben ser perfeccionados es el relativo al orden productivo. En tal sentido, los elementos mencionados hasta aquí se presentan como mecanismos de resistencia que pretenden desafiar la estructura de poder generada en su base por la implementación y el desarrollo del modelo socioeconómico vigente. Lo anterior, en un contexto de inserción de los países analizados a la economía global, a través de la permanencia

---

827 NOGUERA, Albert, *La ideología de la soberanía. Hacia una reconstrucción emancipadora del constitucionalismo*, Ob. Cit., p. 141.

828 MÁRQUEZ, Humberto y DELGADO, Raúl, "Una perspectiva del sur sobre capital global, migración forzada y desarrollo alternativo", Ob. Cit., p. 17.

histórica de sus estructuras productivas, generadoras de subordinación, dependencia y de un empeoramiento de las condiciones materiales internas vinculadas al ejercicio de los derechos de las personas que habitan en sus territorios.

En tal perspectiva y como se indicó al inicio de este apartado, en tanto a que el fenómeno migratorio y la situación de vulnerabilidad de los derechos de las personas migrantes tiene un origen estructural, una propuesta de lineamientos y de directrices conducente a contribuir a mejorar la protección y garantía de sus derechos, como grupo de sujetos precarizados a los que da lugar el modelo socioeconómico, necesariamente supone criticar y establecer una mirada emancipadora frente a la dominación ejercida por el poder hegemónico. Por eso, las ideas desarrolladas precedentemente, se insertan en esa línea, teniendo presente que debido al carácter complejo respecto de aquello de lo que se quiere tomar distancia y al tipo de fragmentaciones generadas por éste, difícilmente existirá una única alternativa y proyecto que permita hacer frente a la actual estructura de poder.

2. LA INTEGRACIÓN DE LOS MIGRANTES A TRAVÉS DEL ENFOQUE DE DERECHOS: CIUDADANÍA Y DERECHO A MIGRAR

Los aspectos coyunturales de las migraciones desarrolladas en la región y, especialmente en los tres países analizados, han estado determinados por la presencia de factores estructurales que no solo han influido sobre el direccionamiento y la intensidad de los flujos migratorios, sino que, además, han significado poner a los sujetos en situación de precariedad y de vulnerabilidad en lo relativo a sus posibilidades de integración y en cuanto a la titularidad y ejercicio de sus derechos.

De esta forma, la realidad de los migrantes se encuentra supeditada a una relación tripartita y causal que actualmente se verifica entre estatus jurídicos, integración/exclusión y disputa por sus derechos. Estos últimos dos elementos han estado ligados al modelo de gestión y a la regulación que han hecho los Estados de las migraciones, en donde uno de los mayores obstáculos que enfrentan los sujetos que conforman el fenómeno analizado, están representados por las condiciones que internamente se establecen en torno a la existencia de requisitos, categorizaciones y estatus jurídicos que dificultan la integración y el ejercicio de sus derechos. Al respecto, como indica Solanes, "...se concibe al reconocimiento y garantía de los derechos como un premio al inmigrante que ha conseguido obtener y mantener un permiso de residencia, olvidando que los derechos fundamentales van directamente unidos a la condición de persona y no a la de residente..."[829].

En este sentido, la exigencia de estatus jurídicos o el establecimiento de condiciones administrativas, conduce a pensar que sobre la persona existe un valor asociado, el que estaría vinculado a la posesión o al cumplimiento de aquellos estatus y condiciones, muchas veces, representadas a través de las categorizaciones de legal/ilegal o de otras como la ciudadanía o la nacionalidad, dando lugar a formas de fragmentación y de exclusión institucionalizada[830], cuyo fin como indica Ferrajoli, consiste en" ...poner fuera de la ley a la inmigración, condenarla a la clandestinidad y con ello privar a los clandestinos de todo derecho y expresarlo a toda forma de opresión y de explotación"[831].

Lo anterior, pone de manifiesto la forma en cómo han sido reguladas las migraciones, haciendo prevalecer una visión secutirista,

---

829 SOLANES, Ángeles, "El acceso a los derechos sociales por parte de los inmigrantes, un ejemplo: la vivienda", en AÑÓN, María José (Ed.), *La universalidad de los derechos sociales: el reto de la inmigración,* Tirant lo Blanch, Valencia, 2003, p. 252.

830 Al respecto, como indica Pedraza, acerca de la magnitud y los efectos de la exclusión, "Lo radical de la exclusión no radica en negar al sujeto el acceso a la representación política ni tampoco en la limitación, precarización o negación de derechos, sino en ser excluidos del derecho a luchar por sus derechos", en PEDRAZA, Alejandro, "La ciudadanía en términos de una paradoja política", *Endoxa: Series Filosóficas,* N°44, 2019, p. 307. Por su parte, Velasco entiende la exclusión como "...la situación de quienes no encuentran acomodo estable en las redes institucionales del sistema ni albergan perspectivas para alcanzarlo", en VELASCO, Juan Carlos, *El azar de las fronteras. Políticas migratorias, ciudadanía y justicia,* Ob. Cit., p. 208.

831 FERRAJOLI, Luigi, *Manifiesto por la igualdad,* Editorial Trotta, Madrid, 2019, p. 193.

formal y administrativa que olvida en este aspecto, el enfoque de derechos. En este sentido, las condiciones generadas por el orden jurídico regulador del fenómeno migratorio han relegado a la exclusión a los sujetos que lo conforman, limitándolos respecto del ejercicio de derechos que se encuentran ligados a la persona y marginándolos de los procesos de transformación política. En tal perspectiva como sostiene Bel y Gómez, "la exclusión se presenta como expresión y resultado de una determinada estructura social..."[832].

Ante aquel panorama, resulta fundamental alcanzar la integración de los migrantes a través de un enfoque de derechos, este último, capaz de extenderse tanto al ámbito del estudio de las migraciones como a la regulación y tratamiento que los Estados y otros actores hagan de ella. Por su parte, si bien el significado y el contenido de la integración no es univoco[833], al abarcar diversas dimensiones en las

---

832 BEL, Carmen y GÓMEZ, Josefa, "Integración versus exclusión: hacia una política de inmigración", *Nimbus*, N°3, 1999, p. 29.

833 Así, en una dimensión política, la integración puede ser entendida como "...el reconocimiento de las particularidades culturales y a la participación política colectiva de los migrantes para incidir en la política del país que los hospeda y en el de origen", en ESTÉVEZ, Ariadna, "La relación estructural entre la globalización y la migración: implicancias para una ciudadanía universal", *Foro Internacional*, Vol. 49, N°3, 2009, p. 580. Desde un enfoque cultural participativo, la integración se puede conceptualizar como "...el desarrollo de la participación de los nuevos ciudadanos en las diferentes esferas de la vida social, en igualdad de derechos y obligaciones y sin que se les imponga el precio de la renuncia a su cultura de origen", en DE LUCAS, Javier, "La ciudadanía basada en la residencia y el ejercicio de los derechos políticos de los inmigrantes", *Cuadernos Electrónicos de Filosofía del Derecho*, N°13, 2006, p. 44. Sin perjuicio de tal conceptualización, lo cierto es que su contenido igual condiciona esos espacios a la ciudadanía, ya que serían los nuevos ciudadanos los que podrían explotar dichas dimensiones. Finalmente, desde un enfoque que considera la vinculación entre los migrantes y la institucionalidad de los Estados receptores, la integración sería entendida considerando al menos tres enfoques "...la relación que el inmigrante establece con las instituciones públicas y con la sociedad del país receptor, los procesos de inserción social de los inmigrantes y de interacción entre éstos y la sociedad de acogida, además de la estabilización de determinado tipo de vínculo entre el inmigrante, las estructuras institucionales y la sociedad de establecimiento, referido al reconocimiento de derechos y obligaciones y a la gestión de la diferencia cultural", en DE LUCAS, Javier, *Los derechos de participación como elemento de integración de los inmigrantes*, España, Rubes editorial, España, 2008, p. 21. Por su parte, otros plantean la integración como la base para alcanzar otros modelos,

que se funda su carácter complejo, sí podríamos inducir a que esta se formule sobre la base de la consideración de los derechos de los sujetos que están siendo analizados. Así, desde una perspectiva formal, la integración debería estar relacionada con el reconocimiento de derechos de las personas migrantes, mientras que, en un sentido material, se deberían incluir todas aquellas acciones conducentes a generar las condiciones que permitan la igualdad en el ejercicio de estos. Por su parte, desde una perspectiva política, no solo sería suficiente el reconocimiento por ejemplo del derecho a sufragio o la igualdad ante la ley, sino que sería necesario establecer mecanismos efectivos que favorezcan la participación de los migrantes en otros procesos. Por tanto, ante tales elementos, la integración se deberá abordar a partir del desarrollo de políticas que tal como indica Cachón, "...además de garantizar la igualdad de trato (y no discriminación) en una sociedad libre y plural (es decir, de garantizar la igualdad de derechos civiles, sociales, económicos, culturales y políticos), fomenten la igualdad de oportunidades entre todas las personas y grupos que forman parte de la sociedad en la que esas políticas se aplican y reconocen el pluralismo cultural que incorporan distintos grupos sociales, fomentando su interacción"[834].

En efecto, el enfoque de derechos, basado en la lógica de alcanzar la protección y garantía en el reconocimiento y el ejercicio de los derechos de las personas migrantes[835], debería favorecer su inte-

---

tal como la asimilación, entendiendo a este último como "el contacto estrecho de los inmigrantes con la población autóctona cuyo resultado es la adquisición por parte de los primeros de la cultura de la sociedad receptora, eliminando todo vestigio de la cultura de origen, y el reemplazo de la identidad colectiva originaria por la identidad de la sociedad receptora", en BLANCO, Cristina, "Inmigración: reflexión en torno a una política de integración", *Revista de Servicios Sociales*, N°39, 2001, p. 63. En efecto, como se puede apreciar, la integración no solo se define a partir de una dimensión estrictamente política, sino que también se abre espacio a otras, tal como la cultural.

834 CACHÓN, Lorenzo, "La integración de y con los inmigrantes en España: debates teóricos, políticos y diversidad territorial", *Política y Sociedad*, Vol. 45 N°1, 2000, p. 210.

835 Al respecto, el concepto de garantía propuesto por Ferrajoli, considera "las técnicas previstas por el ordenamiento para reducir la distancia estructural entre normatividad y efectividad y, por tanto, para posibilitar la máxima eficacia de los derechos fundamentales en coherencia con su estipulación constitucional",

gración en las sociedades de destino, influyendo ambos elementos en aspectos materiales básicos de sus vidas. Por tanto, la integración de los migrantes estará radicada en la posibilidad que estos tengan para ejercer sus derechos en condiciones de igualdad, sin distinción por motivos de nacionalidad, residencia o condición administrativa migratoria (regular/irregular). Paralelamente, lo anterior debiera reforzar una dimensión política que consista en fomentar las capacidades de organización de los migrantes, habilitándolo en el orden político-jurídico con mayores poderes para luchar por el respeto de sus derechos y favoreciendo la potencialidad transformadora como agentes políticos.

En esto, los ordenamientos jurídicos deben cumplir una función integradora y no solo de control, revalorizando en la configuración de políticas de integración, la situación de los derechos de aquellos que estructuralmente se encuentran en posición de precariedad en lo relativo al ejercicio de estos. Lo anterior, partiendo de la base indicada por Ferrajoli en torno a que "...los derechos fundamentales al comprender intereses y expectativas de todos forman el fundamento y el parámetro de la igualdad jurídica"[836]. Así, los derechos deben servir como un mecanismo de protección de los más débiles[837], ya que como indica Prieto Sanchis "estos se formulan para atender carencias y requerimientos instalados en la esfera desigual de las relaciones sociales". En tal contexto, estas últimas se determinan o se desarrollan por sujetos diferentes, en el sentido de las necesidades que requieran en cada momento histórico determinado.

Así, la integración de los migrantes debe descansar en el reconocimiento y ejercicio de sus derechos, cuyo enfoque también implicará dotar de mayor contenido sustancial a la propia democracia[838], en el sentido planteado por Ferrajoli, en torno a que: "El significado profundo de la democracia consiste en la relación entre medios institu-

en FERAJOLI, Luigi, *Derechos y garantías. La ley del más débil*, Editorial Trotta, Madrid, 2001, p. 25.

836 Ibíd., p. 42.

837 FERRAJOLI, Luigi, "Sobre los Derechos Fundamentales", *Cuestiones Constitucionales*, N°15, 2006, p. 127.

838 FERAJOLI, Luigi, *Derechos y garantías. La ley del más débil*, Ob. Cit., p. 25.

cionales y fines sociales y en la consiguiente primacía de los derechos fundamentales".

Para concretizar aquellos elementos de relación entre integración y derechos, he considerado oportuno y necesario proponer tres ejes temáticos que a mi juicio contribuirían a proteger y resguardar su ejercicio.

El primero consistirá en plantear nuevas fuentes de adquisición de los estatus jurídicos, especialmente del referido a la ciudadanía, además de desvincular el reconocimiento de estos, del ejercicio y acceso a los derechos. Lo anterior, sobre la base de la consideración teórica que existe en torno a la titularidad de los derechos, la pretensión de universalidad y los límites que se deben tener presente para evitar la neutralización de los aspectos subjetivos de los sujetos que conforman el fenómeno.

El segundo eje propuesto, dice relación con reconstruir y complejizar el contenido del derecho a migrar, el que históricamente ha estado vinculado al ejercicio de la libertad de circulación, sin mayor consideración de otros factores que permitan su realización y que son determinantes para satisfacer condiciones materiales básicas de vida, tales como los derechos económicos, sociales, culturales y aquellos de naturaleza política a los que hacía mención anteriormente. En este sentido, ha predominado una concepción libertaria que resta espacio a lo prestacional y a otras dimensiones muy relevantes para efecto de lograr la integración de los migrantes. Por lo mismo, se propone un nuevo enfoque de su contenido que transite hacia lo social y político/participativo, rescatando la potencialidad transformadora de sus sujetos titulares.

El tercer elemento que por razones de extensión y de orden será desarrollado en una sección aparte, es el relativo al contenido que debieran abarcar las políticas migratorias. Se trata de pensar en aspectos mínimos que tienen que estar incorporados para velar por el resguardo al ejercicio de los derechos de las personas migrantes. En esto será fundamental contar con normas que reconozcan el acceso a estos, la forma en cómo debe ser concebido el sujeto migrante ante el Estado receptor, la flexibilidad o restricciones a partir de la cuales se configuran algunos estatutos jurídicos, la importancia que revisten los principios y su conjugación con otros elementos que conduzcan a su concreción, además del establecimiento de un sistema de garantías de los derechos, entre otros.

2.1. Estatus y categorizaciones jurídicas: nuevas fuentes de adquisición y su desvinculación con los derechos

Como se ha venido señalando, la regulación de las migraciones en los países analizados ha estado centrada en el fortalecimiento de una dimensión administrativa de control de los flujos, estableciendo insinuadas relaciones entre el establecimiento de categorizaciones y los derechos de las personas migrantes. Lo anterior ha significado contar con sujetos jurídicamente fuertes (que serían aquellos que cumplen con las condiciones establecidas en las normas para ser ciudadano o residente en situación legal) y los débiles (los que son relegados por el ordenamiento a estar fuera de la ley por el no cumplimiento las exigencias normativas para acceder a un cierto estatus). En este último grupo se encuentran los migrantes en condición irregular o aquellos que se ven excluidos y marginados por la categoría de ciudadano, en los casos en que esta se configura desde la nacionalidad u otros requisitos a los que no pueden optar los migrantes. Así, las diferenciaciones jurídicas se configuran y se articulan en el marco de una institucionalidad legalista generada por los propios Estados. Al respecto, como indica Mezzadra, "La posición de los migrantes irregulares forma parte de este mecanismo legal: la irregularidad es, simultáneamente, uno de sus productos y una condición clave para su funcionamiento"[839].

Por su parte, en ocasiones, las categorizaciones tienden a generar un tratamiento diferenciado en lo relativo al reconocimiento y ejer-

---

[839] MEZZADRA, Sandro, "Capitalismo, migraciones y luchas sociales. La mirada de la autonomía", *Nueva Sociedad*, N°237, 2012, p. 166. Al respecto, como precisan Caicedo et al., "Las legislaciones giran sobre una doble premisa: la presunción de un tipo de migración "deseada" y el control y la penalización de las migraciones "no deseadas", condenando a los inmigrantes a la irregularidad", en CAICEDO, Natalia, CASTILLA, Karlos, MOYA, David y ALONSO, Alba, "Evolución, rasgos comunes y tendencias de las políticas y reformas migratorias en América Latina", Ob. Cit., p. 15.

cicio de los derechos de las personas migrantes, al condicionarlos a la posesión de los estatus jurídicos, cuestión que no solo produce un efecto segregador, sino que además conforma un panorama complejo marcado por la tensión entre aquellos que tienen derechos y los que no, configurándose relaciones de poder derivada de la disputa por los derechos, lo que en el ámbito de las migraciones muchas veces se manifiesta en la percepción que socialmente se construye respecto del sujeto migrante, ya sea identificándolo como una amenaza, al ver en su presencia la posibilidad de que estos vengan a quitar trabajo, además del sentimiento confuso en torno al ver en el migrante una carga para el Estado, en circunstancias que por la estructura legal que condiciona el lugar al que estos pertenecen, generalmente ellos están obligados a asumir sus obligaciones sin mayor apoyo estatal.

En efecto, el reconocimiento de derechos a favor de los migrantes, tiende a ser considerado un beneficio, especialmente por aquellos Estados que poseen rigurosos sistemas de políticas migratorias, situación que puede conducir a alimentar el carácter de "no deseados", en donde su presencia se mide en relación con la utilidad que estos significan para el país receptor[840], tensionando y contradiciendo la pretensión universal de los derechos, en donde su titularidad se encuentra ligada a la persona.

Por su parte, uno de los estatus jurídicos que históricamente ha generado un efecto condicionante de derechos por la forma en cómo su contenido ha sido abarcado y construido, es la ciudadanía. Así, su vinculación con los derechos es algo que se atribuye a la conceptualización que de ella hizo Thomas Marshall, considerándola como "aquel estatus que se concede a los miembros de pleno derecho de una comunidad, y los derechos y deberes sobre los que se funda la igualdad de todos los que lo poseen son conferidos por tal estatus"[841].

---

840 GARCÍA, Lila, "Migraciones, Estado y una política del derecho humano a migrar: ¿Hacia una nueva era en América Latina?", *Colomb. Int*, N°88, 2016, p. 124.

841 MARSHALL, Thomas, "Ciudadanía y clase social", en MARSHALL, Thomas y BOTTOMORE, Tom (E eds.), *Ciudadanía y clase social*, Alianza, Madrid, 1992, p. 21. En un sentido similar, Wabgou, entiende por ciudadanía "la calidad de una persona dotada de un conjunto de derechos y deberes civiles, políticos y sociales, lo que le otorga un estatuto sociopolítico que determina su sentido de pertenencia a la comunidad nacional

En tal perspectiva, aquel concepto incluye a todos los derechos (civiles, sociales, políticos y económicos)[842]. Sin embargo, tal relación generó como indica Noguera "...un procedimiento regresivo de vaciamiento de derechos para los inmigrantes"[843]. En este sentido, bajo tal concepción, aquello que determinaría el sentido de pertenencia a una comunidad y la posibilidad de ejercicio de los derechos estaría supeditada a un estatuto sociopolítico y no a la persona, a tal punto de considerarla, como precisa Velasco, en "...el mecanismo legal del que se vale el Estado para distinguir entre los miembros de una asociación política y los que no pertenecen a ella"[844].

Esta forma de entender la ciudadanía también tensiona con el ejercicio de la igualdad y con la posibilidad de dar lugar a modelos de integración, ya que como indica Ferrajoli, "...la ciudadanía ya no es, como en los orígenes del Estado moderno, un factor de inclusión y de igualdad... contradice no solo el universalismo de los derechos tal como han sido recogidos por las constituciones estatales, sino también el de los derechos mismos"[845]. Bajo esta dimensión, se tra-

---

y favorece su participación en la vida social", en WABGOU, Maguemati, "¿Es posible pensar las migraciones internacionales desde el enfoque universal de ciudadanía? El Estado y la ciudadanía ante el desafío de la inmigración", *Ciencia Política*, N°14, 2012, p. 117.

842 Al respecto, como precisa Ferrajoli "la ciudadanía sería el estatus al que se asocia ex lege todos los derechos, de forma que esta se convierte en dominación omnicomprensiva y en presupuesto común de todo ese conjunto de derechos que él llamó de ciudadanía: los derechos civiles, los derechos políticos y los derechos sociales", en FERAJOLI, Luigi, *Derechos y garantías. La ley del más débil*, Ob. Cit., p. 99.

843 Esto, a propósito del tratamiento de los derechos en europea desde 1789, en donde estaríamos ante una trayectoria regresiva, opuesta a la trayectoria progresiva aplicable a los ciudadanos nacionales europeos, en NOGUERA, Albert, "Constitución del trabajo e inmigración irregular: una articulación necesaria para el reconocimiento de los derechos humanos", *Revista de Derecho Migratorio y Extranjería*, N°26, 2011, p. 57. Por su parte, para Aguerre, la vinculación entre ciudadanía y derechos se trataría de uno de los ideales típicos sobre el cual se construiría la concepción moderna de ciudadanía, en AGUERRE, Lucía, *El fenómeno migratorio y su relación con la crisis de la noción moderna de ciudadanía. Análisis de tres propuestas*, Libro Digital, Buenos Aires, 2016, p. 27.

844 VELASCO, Juan Carlos, "Desafíos políticos de los países de inmigración", *Confluencia XXI, Revista de Pensamiento Político*, N°3, 2008, p. 29.

845 FERAJOLI, Luigi, *Derechos y garantías. La ley del más débil*, Ob. Cit., p. 117.

taría de un estatuto que genera exclusión y fragmentación entre los sujetos, "…al operar como una brecha legal dentro de la comunidad política, separando los miembros de pleno derecho de las personas que se encuentran en el territorio nacional, pero que no están reconocidas oficialmente como miembros de pleno derecho"[846].

Por su parte, hay que tener presente que la tesis de Marshall se desarrolló en un contexto diferente al actual, este último, marcado por relaciones transnacionales que facilitan e intensifican el desarrollo de los flujos migratorios, pero que, a la vez, complejiza el acomodo de estos en las sociedades de destino, haciendo del fenómeno mismo, una crisis. Al respecto, como sostiene Ferrajoli, "hasta la Declaración Universal de 1948 y los años en que escribió Marshall, la disociación entre persona y ciudadano no planteaba ningún problema, al no pasar sobre nuestros países la amenaza de la presión migratoria"[847].

No obstante, la ciudadanía debe ser comprendida como una categoría multidimensional[848], cuyo contenido varía en cada momento histórico. Sin embargo, independiente de sus significados, su esencia siempre ha estado asociada a elementos que generan tensión en su comprensión y aplicación. En tal sentido, De Lucas destaca que, "en cada una de esas etapas históricas, la semántica de la categoría ha connotado un privilegio, un límite jurídico, social, ético, político, económico o cultural frente a otro no incluido en su campo de significación"[849].

Bajo estas condiciones, el concepto comentado estaría en crisis, cuestión que no solo vendría relacionada con la problematización de

---

846 BOSNIAK, Linda, "Universal Citizenship ant the Problema of Alienage", *Northwestern University Law Review*, N°94, 2000, p. 973, singularizado en VOOREND, Koen, "¿Universal o excluyente? Derechos sociales y control migratorio interno en Costa Rica", Clacso, Buenos Aires, 2013, p. 9.

847 FERAJOLI, Luigi, *Derechos y garantías. La ley del más débil*, Ob. Cit., p. 57.

848 Así la caracteriza De Lucas a propósito de los diferentes sentidos a partir de los que puede entenderse y entre los cuales destaca el jurídico y el político. El primero asociado al reconocimiento y ejercicio de los derechos, mientras que el segundo referido a la posibilidad de participación de las decisiones, en DE LUCAS, Javier, *Los derechos de participación como elemento de integración de los inmigrantes*, Ob. Cit., p. 33.

849 Ibíd.

sus efectos, sino que por el contexto actual que la determina, esto es, el proceso de globalización y la contradicción entre el orden jurídico internacional y el interno establecido por los Estados para efecto de controlar las migraciones[850]. Paralelamente, lo anterior ha derivado en una mercantilización de la ciudadanía con efectos concretos sobre el desarrollo de las democracias, ya que como destaca Barbero y González "...el alejamiento del ciudadano o ciudadana de la participación política autentica y activa, pasa a limitarse a la participación formal y pasiva"[851]. En este sentido, las democracias se ven disminuidas a una dimensión formal representativa en donde su contenido se ve limitado en razón de la moderación de los espacios de participación, los que son restringidos al ejercicio del derecho a voto, además de la consideración de los sujetos que pueden participar, excluyendo a aquellos que no la ostentan.

Por tal motivo, en la búsqueda de otorgar mayor protección al ejercicio de los derechos de las personas migrantes, a la ya señalada complejización del proceso de integración, se debe sumar lo relativo a la discusión acerca del contenido de la ciudadanía y la emancipación de los derechos respecto de los estatus jurídicos, para lo cual, resultará necesario apuntar a dos ejes propositivos que a mi juicio se deben tener en cuenta. El primero está relacionado con el replanteamiento de las vías de adquisición de estatus jurídico, especialmente de la ciudadanía y la determinación de las prácticas sociales como una de las fuentes para acceder a ella. Se trata de alcanzar lo que sostiene De Lucas, en torno a que "la transformación del modelo excluyente y monista de ciudadanía en una plural e inclusiva pasa por una redefinición del proceso de integración y del vínculo de ciudadanía"[852].

El segundo planteará la desvinculación entre estatus jurídicos y derechos y la consecuente revalorización de la persona como titular

---

850 AGUERRE, Lucía, *El fenómeno migratorio y su relación con la crisis de la noción moderna de ciudadanía. Análisis de tres propuestas*, Ob. Cit., p. 30.

851 BARBERO, Iker y GONZÁLEZ, Ana Rosa, "Estado, migraciones y derecho(s) en la era de la globalización", *Nómadas*, Vol. 21 N°1, 2009, p. 223.

852 DE LUCAS, Javier, "Hacia una ciudadanía inclusiva. Su extensión a los inmigrantes", *Afers International*, N°53, 2001, p. 53.

de estos, rescatando sus efectos en materia de universalidad e igualdad.

2.1.1. Las prácticas sociales como fuente de adquisición de estatus jurídico

Históricamente, las fuentes con las que se identifica la ciudadanía, ha sido la nacionalidad y la residencia. Sin embargo, la primera fue generadora de un amplio margen de fragmentación y de exclusión de los sujetos que no la detentaban, especialmente de los migrantes, quienes bajo ese criterio difícilmente serían ciudadanos de un Estado. Así, como sostiene Amador y Guerrero, "La identidad conceptual entre nacionalidad y ciudadanía, ha sido el resultado de un proceso histórico de construcción que ha concluido con la exclusión de ciertas categorías de personas..."[853]. Por tal circunstancia, la residencia ha sido uno de los criterios mayormente considerados como fuente de la ciudadanía[854]. Lo anterior, como parte de la flexibilización de los mecanismos que posibilitarían adquirirla, lo que a juicio de Solanes, "...permitiría la extensión de los derechos políticos a las personas inmigrantes..."[855].

Sin perjuicio de las fuentes mencionadas, como parte del proceso de transformación del contenido de la ciudadanía, a mi juicio es necesario avanzar hacia la desterritorialización de la ciudadanía, más aún frente al desarrollo de la globalización. Lo anterior, no obstante la autonomía que tengan los Estados para decidir en torno a los requisitos para optar a la ciudadanía, en virtud de las facultades establecidas en la Convención de La Haya de 1954.

---

853 AMADOR, Juan Carlos y GUERRERO, Alejandro, "El derecho al voto de los inmigrantes: dilema para las democracias contemporáneas", *Política y Sociedad*, Vol. 6, N°30, 2016, p. 25.

854 Sobre el punto, De Lucas plantea que se torna necesario repensar la ciudadanía, la que debe estar ligada a otros elementos que no necesariamente están relacionados con la adquisición de la nacionalidad, sino con la residencia, en DE LUCAS, Javier, "Inmigración, diversidad cultural, reconocimiento político", *Papers*, N°94, 2009, p. 19.

855 SOLANES, Ángeles, "La participación política de las personas inmigrantes: cuestiones para el debate", *Derechos y Libertades*, N°18, 2006, p. 84.

De esta forma, la determinación de las fuentes de adquisición de la ciudadanía se podría establecer atendiendo a una conjunción de elementos, sin necesidad de limitarlo a la nacionalidad o a la residencia. Así, para aquellos ordenamientos que decidan regular las migraciones desde la perspectiva de la aplicación de categorizaciones y de estatus jurídicos, una propuesta de dimensión interesante consiste en atender a la participación de hecho de los migrantes. En efecto, los Estados lo integran diferentes sujetos, de diversas nacionalidades, en situaciones migratorias distintas, cuyas relaciones están marcadas por el desarrollo de permanentes prácticas sociales, independiente de sus estatus jurídicos. Pese a que algunos no cumplirán con los criterios tradicionales para optar a la ciudadanía (nacionalidad o residencia), ellos igual participan en las sociedades de destino a través del ejercicio de prácticas cotidianas que deberían ser tomadas en cuenta para regularizar su situación administrativa o para adquirir la ciudadanía[856]. Por tanto, siguiendo a Sassen, desde una perspectiva postnacional, lo anterior implicaría "plantear la cuestión de que la representación de la condición de ciudadanía debe determinarse a la luz de prácticas sociales que continuamente están recomponiendo su ejercicio efectivo"[857]. Bajo tal circunstancia, para aquellos migrantes que jurídica y formalmente no ostentan ciertos estatus jurídicos, tal como el relativo a la ciudadanía o migrantes en situación legal/regular, igual podrían optar a estos en la medida que se consideren las prácticas sociales y ciudadanas con ánimo de residencia, elementos que, a diferencia del factor territorial, serían los determinantes para esas categorías[858].

En este sentido, se trata de atender a las transformaciones que en el contexto de la globalización se generan en lo relativo a la institu-

---

856 SASSEN, Saskia, *Contrageografías de la globalización. Género y ciudadanía en los circuitos transfronterizos*, Traficantes de sueños, Madrid, 2003, p. 121.

857 Ibíd., p. 126.

858 Al respecto, se trataría de reconocer lo que autores como Isin, Nielsen y Nyers entienden como "Actos de ciudadanía", los que son realizados en la lucha pos sus derechos, desafiando los controles y limitaciones a las que se ven expuestos. Para mayor detalle, consultar ISIN, Engin y Nielsen, Greg M (eds.), *Acts of Citizenship*, Editorial Zed Books Ltd., London, 2015; NYERS, Peter, "Migrant Citizenships and autonomous mobilities", *Migration, Mobility and Displacement*, Vol. 1 N°1, 2015, pp. 23-39.

cionalidad, los derechos, los sujetos, las prácticas sociales, elementos todos que deben influir en el contenido de categorías como la ciudadanía, integrando a aquellos que en la estructura de poder se encuentran en una posición de precariedad en lo relativo al ejercicio de sus derechos. Al respecto, como destaca Sassen, "las prácticas ciudadanas actuales tienen que ver con la producción de una cierta presencia de aquellos que no tienen poder, tiene que ver con las políticas de reivindicación de nuevos derechos"[859].

Finalmente, en el aspecto relativo a las fuentes de adquisición de la ciudadanía o de los elementos a considerar para acceder a otras categorías como la relativa a la condición migratoria regular, una alternativa más radical consistiría en que los ordenamientos jurídicos se despojaran de éstas, ya sea eliminando las diferenciaciones que estructuralmente desde el derecho se hace entre regular/irregular o legal/ilegal, como también planteando un modelo de ciudadanía universal al cual todas las personas puedan optar[860], independiente de su origen y en la que ésta simplemente sirva para establecer como indica Sassen, "...la relación legal entre el individuo y el ordenamiento político"[861], sin mayor incidencia sobre una eventual homogeneización y afectación de la autonomía de los proyectos migratorios y sus derechos. De ser así, lo relevante será verificar la forma en cómo la configuración de esos elementos, repercutirían en el contenido y ejercicio del derecho a migrar, al eventualmente ser pensado desde la lógica de un mundo sin fronteras y de políticas migratorias abiertas. Sobre este aspecto, como se verá más adelante, lo importante consiste en considerar que este tipo de cuestiones no solo deben ser entendidas desde la potencialidad de la libre movilidad, sino que conside-

---

859 Ibíd., p. 131.

860 Como indica Estévez, la solución transita entre la posibilidad de pensar en una ciudadanía universal, explicitado a través de una propuesta postciudadana, en torno a una migración sin fronteras "sugiriendo el reconocimiento del derecho de todos los seres humanos a migrar, emigrar y a gozar de todos los derechos humanos independientemente de donde se encuentren y de su ciudadanía nominal", en ESTÉVEZ, Ariadna, "¿Derechos humanos o ciudadanía universal? Aproximación al debate de los derechos en la migración", *Revista Mexicana de Sociología*, N°78, 2016, p. 62, 70 y 71.

861 SASSEN, Saskia, *Contrageografías de la globalización. Género y ciudadanía en los circuitos transfronterizos*, Ob. Cit., p. 110.

rando también otros factores (sociales, económicos y políticos) que, en caso de no estar presentes, supondría una limitación al ejercicio de dicha libertad. En efecto, cuando se plantean este tipo de ideas, no solo debemos enfocarnos en la movilidad, ya que esto significaría mantener el ideal construido por el derecho internacional en donde abundan los tratados internacionales que hacen referencia a la libre movilidad, sin preocupare mayormente de la situación de otros derechos, cuyo ejercicio serán determinantes para las condiciones materiales de los migrantes.

2.1.2. La desvinculación entre estatus jurídico y derechos

Como se indicó al inicio, los ordenamientos tienden a vincular el ejercicio de los derechos de las personas migrantes a la condición administrativa en la que se encuentren, ya sea legal/ilegal o regular/irregular. De la misma forma, la construcción del contenido de la ciudadanía no escapa a esta relación que permanentemente se tiende a hacer entre esta y los derechos de las personas, a tal punto de establecerse como una condición necesaria para acceder a ellos.

En este sentido, lo que se propone es desvincular los estatus y las categorías jurídicas del reconocimiento y ejercicio de los derechos, priorizando la pretensión de universalidad de estos, revalorizando a la persona como sujeto titular, lo que en el presente caso se plantearía de manera independiente de su condición administrativa migratoria o de la posesión de la respectiva ciudadanía o nacionalidad.

La universalidad de los derechos se determina en relación con el estatus de persona y bajo el sentido de la igualdad[862], comprendiendo como precisa Ferrajoli que "...la universalidad e indisponibilidad son formas a través de las cuales se tutelan íntegramente determinadas necesidades e intereses convenidos como fundamentales en

862 FERAJOLI, Luigi, *Derechos y garantías. La ley del más débil*, Ob. Cit., p. 40. En este sentido, el autor comprende que los derechos humanos "...son aquellos que conciernen indistintamente a todos los seres humanos", p. 40.

un ordenamiento determinado, o considerados tales por una teoría política de la democracia"[863].

Así, en relación con la universalidad de los derechos y su relación con la titularidad, desde el punto de vista de sus fundamentos, podemos entender que estos se encuentran ligados a la persona, por el solo hecho de ser tal y vinculado a su dignidad, independiente de otros factores jurídicos y socialmente irrelevantes. Los migrantes antes que extranjeros (o de cualquier otra denominación que se utilice para indicar su diferenciación en razón de su nacionalidad) son personas, cuestión que los hace ser titulares de derechos, independientemente del lugar y tiempo en el que decidan asentarse y de la condición administrativa en la que se encuentren. Dicha realidad no puede ser neutralizada por las exigencias legales internas establecidas por los Estados. Por lo mismo, para el autor citado, "...tomar en serio los derechos fundamentales quiere decir tener el coraje de disociarlos de la ciudadanía, tomar conciencia de que la ciudadanía de nuestros países ricos representa el último privilegio de *states*, el último residuo de las diferencias personales, el último factor de exclusión y de discriminación"[864]. Así, la idea de vincular el reconocimiento y ejercicio de los derechos a la ciudadanía es algo que va en contra y tensiona la pretensión de universalidad de los primeros.

La circunstancia de que los derechos se encuentren ligados a la persona, también se explica en razón del significado que estos asumen, al constituir el medio, cuyo ejercicio resulta fundamental para satisfacer necesidades básicas de subsistencia, además de servir como mecanismos de defensa y de la lucha con la que cuentan los individuos para superar o enfrentar aquellas situaciones que los afecten en su realización personal. Así, como sostiene Camacho, "...la protección de los derechos humanos de los migrantes hace posible una vida digna y con sentido, al tiempo que favorece la cohesión social y el ejercicio de sus derechos y responsabilidades. Esto, además de promover la integración social, contribuye a erradicar la discriminación

---

863 FERRAJOLI, Luigi, "Los derechos fundamentales en la teoría del derecho", en FERRAJOLI, Luigi, *Los fundamentos de los derechos fundamentales*, Editorial Trotta, Madrid, 2001, p. 154.

864 FERAJOLI, Luigi, *Derechos y garantías. La ley del más débil*, Ob. Cit., p. 32.

y la xenofobia"[865]. Paralelamente, pensar los derechos en clave universal, también implica proyectar aquel elemento sobre el desarrollo de las políticas que adopten los Estados en lo relativo a la concreción de éstos, vinculando a todas las personas su acceso y ejercicio.

En relación con el segundo elemento señalado, la determinación de la universalidad de los derechos bajo el sentido de la igualdad estaría determinada por aquello que indica Ferrajoli en torno a la forma en cómo se dispone la titularidad de estos, en sentido de "ser la relación que unifica a una clase de sujetos en la titularidad de aquellos derechos que en cuanto reconocidos y garantizados a todos y en igual medida, son llamados "universales o fundamentales"[866]. Siguiendo al autor citado, se configura una relación causal entre universalidad de los derechos e igualdad, "en donde el primero es el significado de lo segundo y éste crece con el incremento de aquel"[867].

Por su parte, concretizando la importancia de la igualdad para efecto de dar protección a los derechos de las personas migrantes en situación irregular, quiero destacar lo planteado por Noguera, quien distingue dos momentos relacionado con la conformación de la identidad jurídica de las personas. El primero se trataría de lo constitutivo, determinado por el reconocimiento del sujeto, mientras que el segundo haría referencia a lo interpelativo, es decir, el sujeto con derechos. En este sentido, en el caso de las migraciones se torna necesario que el migrante "sujeto", pueda acceder al segundo momento, siendo fundamental para lograr dicho objetivo, el reconocimiento de derechos de igualdad[868].

Siguiendo la metodología de la explicación de Noguera, la igualdad que retribuye a la universalidad de los derechos no solo debe predicarse respecto de la titularidad y reconocimiento de estos en favor de las personas, sino que también en lo relativo a su ejercicio.

---

865 CAMACHO, Julia, "Los derechos de los trabajadores migrantes", *Revista Latinoamericana de Derecho Social*, N°17, 2013, p. 202.

866 FERRAJOLI, Luigi, "Igualdad y diferencia", en FERRAJOLI, Luigi, *Derechos y garantías. La ley del más débil*, Editorial Trotta, Madrid, 1996, p. 82.

867 Ibíd., p. 83.

868 NOGUERA, Albert, "Constitución del trabajo e inmigración irregular: una articulación necesaria para el reconocimiento de los derechos humanos", Ob. Cit., p. 67.

El primer momento vendría determinado por la calidad de persona y su titularidad vinculada a los derechos, mientras que el segundo se trataría del ejercicio de estos, instancia que se encuentra relacionada con el establecimiento de otras condiciones (además de la titularidad) que finalmente podrían imposibilitar su realización. En efecto, podemos ser sujetos de derecho, pero no necesariamente sujetos con derechos[869]. Aquellos elementos analizados, deben conducirnos a pasar desde el sujeto al sujeto con derechos, eliminando aquellas categorías jurídicas que imposibiliten en el caso de las identidades jurídicas de las personas, alcanzar el segundo momento para efecto de no verse limitadas o imposibilitadas de ejercer los derechos establecidos como atributos de la persona, en tanto sujeto.

Por tal motivo, el reconocimiento y ejercicio de derechos vinculados no a la calidad de sujeto, sino que, a la posesión de estatus jurídicos o condicionalidades especiales, constituiría una falta a la igualdad que determina el sentido de universalidad de los derechos, lo que incluso, en lo concreto, podría ser expresión de discriminación, tanto jurídica y de hecho. En el lenguaje de Ferrajoli, las primeras "excluyen a los sujetos de algunos derechos fundamentales, en particular, de derechos políticos, civiles y de libertad", mientras que las segundas "...son las que se producen de manera efectiva, a despecho de la igualdad jurídica de las diferencias"[870]. El acceso a los derechos no debe estar vinculado al establecimiento de estatus jurídicos que generen exclusión para aquellos que no los detentan, sino que deben ser universales, extendiendo su titularidad en igualdad de condiciones a todas las personas, evitando lo que Noguera ha denominado como la ciudadanización de los derechos, en el sentido de "...vincular gran parte de los mismos al criterio de la nacionalidad, vaciando de contenido la noción de atribución universal de la personalidad como titular de atribuciones y otorgando estos solo a aquellos que poseen la ciudadanía del país en cuestión"[871].

---

869 Ibíd., p. 67.

870 FERRAJOLI, Luigi, *Manifiesto por la igualdad*, Ob. Cit., p. 27.

871 NOGUERA, Albert, "Los retos del derecho constitucional ante el fenómeno migratorio: una crítica a la teoría neconstitucionalista", *Revista Arazandi Doctrinal*, N°1, 2012, p. 157. En idéntico sentido, Velasco entiende que, si la garantía de los derechos humanos se encuentra condicionada a estatus tales como la

Sin perjuicio de pensar los derechos en clave universal, lo cierto es que se deben tener en cuenta algunos resguardos, como el relativo a la forma de concebir al sujeto titular de estos, el que tradicionalmente ha sido construido de manera universal y abstracta, invisibilizando las condiciones frente a la que se encuentran en materia de derechos. Como destaca Butler, "...lo que es universal es lo que pertenece a todas las personas, pero no es todo lo que le pertenece a cada persona"[872]. En el marco de la construcción del paradigma jurídico moderno y su influencia sobre la teoría de los derechos, no está en discusión que la universalidad asociada a estos posee una dimensión natural que históricamente ha sido utilizada para ampliar su titularidad, pero en un contexto en donde "la despolitización asociada a este discurso de una universalidad neutral invisibilizó la forma en que los clivajes sociales explican el surgimiento de los derechos"[873].

---

ciudadanía, sería conveniente avanzar hacia una "desnacionalización de la ciudadanía", en VELASCO, Juan Carlos, "La desnacionalización de la ciudadanía. Inmigración y universalidad de los derechos humanos", en CAMPOY, Ignacio (Ed.), *Una discusión sobre la universalidad de los derechos humanos y la inmigración,* Editorial Dykinson, Madrid, 2006, p. 320. Por su parte, refiriéndose a los efectos de la ciudadanía, Pedraza considera que "La ciudadanía ha sido excedida por las condiciones que amenazan la vida de los pretendidos ciudadanos. Los derechos con los que dice proteger y garantizar la vida de los sujetos que constituyen la sociedad son insuficientes, pero incluso los que existen son ineficaces. La exclusión redunda en una restricción efectiva de derechos. La figura y la efectividad del Estado como organismo encargado de mantener un estado de derecho efectivo, y la búsqueda de la ampliación de derechos, y por tanto de la ciudadanía, parece fracasar y estar al servicio de intereses como el capital financiero", en PEDRAZA, Alejandro, "La ciudadanía en términos de una paradoja política", *Endoxa: Series Filosóficas,* N°44, 2019, p. 311.

872 BUTLER, Judith, "Reescinificación de lo universal: hegemonía y limites del formalismo", en BUTLER, Judith, LACLAU, Ernest y ZIZEK, Slavoj, *Contingencia, Hegemonía, Universalidad. Diálogos contemporáneos en la izquierda,* Fondo de Cultura Económica, Buenos Aires, 2003, p. 23.

873 BASSA, Jaime y GONZÁLEZ, Erick, "La diferencia como complemento de la igualdad en la protección de los derechos fundamentales. Elementos teóricos para su consideración", *Revista Derecho del Estado,* N°47, 2020, p. 120. En este sentido, los autores también comprenden que "...la universalidad del sujeto moderno tiene su correlato en la racionalidad que da forma al constitucionalismo, cuyo discurso se construye desde la garantía de derechos donde su titularidad es predicada respecto de un sujeto universal y abstracto...", p. 130. Por su parte, en relación con la fuerza emancipadora asociada a los derechos, De Lucas sostiene que "...el mayor factor de desactivación de la fuerza emancipadora de los

El establecimiento de las condiciones materiales vinculadas al sujeto, han sido disminuidas y subsumidas por la abstracción teórica e individualista y aparentemente objetiva, lo que no supone negar o desconocer aquellas categorías que han sido presentadas como mecanismos de lucha y de defesa de la teoría de los derechos, sino que, en el marco de la protección de los derechos, también se reconozcan elementos propios de sus sujetos titulares y elementos de defensa de los grupos que se encuentran en situación de precariedad como puede ser el reconocimiento de derechos colectivos a esos grupos, en el sentido propuesto por Noguera a propósito de las alternativas para integrar a grupos en situación de vulnerabilidad[874]. Por su parte, en el campo de las migraciones, como destaca Bassa y González "si bien el derecho moderno reconoce la titularidad universal de los derechos constitucionales y humanos, la configuración identitaria de ciertos migrantes hace que su ejercicio sea prácticamente imposible, especialmente dadas sus particulares condiciones materiales de existencia y precariedad"[875].

Por lo mismo, toma sentido lo formulado por Mezzadra, en torno a entender las migraciones desde la consideración de aspectos objetivos y subjetivos que explican el derecho de fuga que plantea[876], entendiendo que, en el desarrollo del fenómeno se encuentran presentes condiciones objetivas. Aquellas circunstancias apremiantes son las que conllevan a que los migrantes decidan fugar. Por tanto, también existe un aspecto subjetivo relacionado con la valoración de esas condiciones que influyen sobre la decisión de abandonarlas.

---

derechos humanos es sin duda el discurso abstracto liberal y pretendidamente neutro desde el punto de vista ideológico", en DE LUCAS, Javier, "La globalización no significa universalidad de los derechos humanos (en el aniversario de la declaración del 48)", Jueces para la democracia, N°32, 1998, p. 4.

874 Sin perjuicio de lo señalado, el elemento será explicado en el punto relativo al contenido de las políticas migratorias, en NOGUERA, Albert, "Los derechos de los grupos en situación de vulnerabilidad en el nuevo constitucionalismo latinoamericano", en ESCOBAR, Guillermo (Ed.), *Ombusman y colectivos en situación de vulnerabilidad*, Tirant lo Blanch, Valencia, 2017, p. 43 y 44.

875 BASSA, Jaime y GONZÁLEZ, Erick, "La diferencia como complemento de la igualdad en la protección de los derechos fundamentales. Elementos teóricos para su consideración", Ob. Cit., 140.

876 MEZZADRA, Sandro, *Derecho de fuga. Migraciones, ciudadanía y globalización*, Traficantes de sueños, Madrid, 2005.

Como explica Aguerre, "La fuga constituye una salida, un abandono de condiciones de vida apremiantes que dificultan la existencia, tales como la pobreza, los desastres ambientales y las persecuciones políticas, religiosas o étnicas, en busca de mejoras en la calidad de vida. Fugarse, entonces, es un derecho"[877].

Finalmente, la integración de los migrantes y la protección de sus derechos, no se agota en la desvinculación de estos a estatus jurídicos determinados, sino que es necesario complementar tales ideas con otros elementos que serán abordados en los puntos que sigan, tal como el relativo a la consideración del migrante como sujeto político, el replanteamiento en torno al contenido del derecho a migrar, además de la presentación de los mínimos que debería contener una política migratoria con enfoque de derechos.

2.2. *El tránsito hacia lo social y político/participativo como parte de la complejización del derecho a migrar*

En el marco del desarrollo de la globalización y de la modernización de las estructuras socioeconómicas, el paradigma jurídico moderno y la teoría de los derechos, ha sido impregnada de un prisma liberal, abstracto y universal, elemento que como sostiene De Lucas ha llevado a que "....los derechos humanos pierdan una dimensión crítica y se tornen un soporte de una estrategia de dominación, una estrategia discursiva, funcional al orden global"[878].

De tal dimensión liberal y abstracta, no escapa la forma en cómo ha sido construido el contenido del derecho a migrar. Así, si nos remontamos a sus orígenes, este fue teorizado el año 1539, de la mano de Francisco Vitoria en la Universidad de Salamanca. Lo anterior se desarrolló en el contexto de la legitimación de la conquista española en América. Al respecto, como plantea Ferrajolli, se intentó reconocer el derecho de los españoles a emigrar, sin embargo "solo

---

877 AGUERRE, Lucía, *El fenómeno migratorio y su relación con la crisis de la noción moderna de ciudadanía. Análisis de tres propuestas*, Ob. Cit., p. 69.

878 DE LUCAS, Javier, "La globalización no significa universalidad de los derechos humanos (en el aniversario de la declaración del 48)", Ob. Cit., p. 4.

los españoles iban a poder ejercerlos, emigrando, usurpando y dictando leyes de intercambio desigual"[879]. Por tanto, en sus orígenes, el derecho a migrar estaba relacionado con la posibilidad que tenían los españoles para salir del territorio en la búsqueda de conquistas y colonizaciones[880], y poder circular de un lugar a otro.

Si bien el derecho a migrar no se encuentra reconocido como tal a nivel internacional, la Declaración Universal de Derechos Humanos, en su artículo 13 consagra "1.-Toda persona tiene derecho a circular libremente y a elegir su residencia en el territorio de un Estado; 2.- Toda persona tiene derecho a salir de cualquier país, incluso del propio, y a regresar a su país"[881]. En idéntico sentido, la Convención Americana de Derechos Humanos, en su artículo 22, establece "1.- Toda persona que se halle legalmente en el territorio de un Estado tiene derecho a circular por el mismo y a residir en él con sujeción a las disposiciones legales. 2.- Toda persona tiene derecho a salir libremente de cualquier país, inclusive del propio[882]". En efecto, en la primera parte de los artículos citados estaría implícitamente contenido el derecho a migrar, pero dentro de un mismo Estado, mientras que en la segunda parte se incorpora lo relativo a la posibilidad de salir de un país, sin reconocer explícitamente el derecho a ingresar en otro[883].

---

879 FERRAJOLI, Luigi, *Derechos y garantías. La ley del más débil*, Ob. Cit., p. 130.

880 FERRAJOLI, Luigi, "Políticas contra los migrantes y crisis de la civilidad jurídica", *Revista Crítica Penal y Poder*, N°18, 2019, p. 185.

881 Declaración Universal de Derechos Humanos, adoptada y promulgada por la Asamblea General en su resolución 217 A (III), de 10 de diciembre de 1948.

882 Convención Americana sobre Derechos Humanos, suscrita en conferencia especializada interamericana sobre derechos humanos (B-32), San José de Costa Rica, 7 al 22 de noviembre de 1969.

883 Respecto al rol que cumplen los principales tratados internacionales referidos al tema migratorio, como indica Jaramillo y Santi, "al analizar estos instrumentos, tampoco encuentras ideas superadoras para los derechos de las personas migrantes, porque se enmarcan en la idea de establecer una migración segura, ordenada y regular, en la que priman criterios de selectividad", en JARAMILLO, Verónica y SANTI, Susana, "La reconfiguración del derecho humano a migrar: tensiones entre los principios de igualdad y no discriminación en Argentina y Ecuador", *IUS, Revista del Instituto de Ciencias Jurídicas de Puebla*, Vol. 15, N°47, 2021, p. 68.

Generalmente el derecho a migrar ha estado relacionado con la libertad que tendrían las personas para salir del Estado al que pertenecen, elementos con los que coincide parte de la doctrina. Así, en torno a la conceptualización del derecho comentado, Araya lo entiende como "aquel derecho fundamental en virtud del cual toda persona tiene derecho a emigrar de un Estado de origen a otro Estado receptor, al cual puede ingresar de forma regular para establecerse en él por el tiempo que requiera"[884]. En el mismo sentido, Chueca y Aguelo sostienen que el derecho a migrar "supone que cualquier persona debe poder circular de forma voluntaria y libre por todo el planeta"[885]. Tal concepción es confirmada por Vitale, quien comprende que "El derecho a migrar surge como la extensión máxima y más coherente del derecho a la libre circulación"[886].

A nivel regional, el modelo de gobernabilidad ha estado centrado en proyectar un tratamiento de las migraciones que sea favorecedor de una aparente libertad de los desplazamientos, pero complejizada por el establecimiento de restricciones internas de los propios Estados.

Además de la concepción gestada en su inicio, el contenido del derecho a migrar también puede verse influenciado por la forma en cómo ha sido entendida la migración, conceptualizadas por la OIM como "...el desplazamiento desde un territorio de un Estado hacia el territorio de otro Estado o dentro del mismo. Se refiere a cualquier movimiento de población, independientemente de su tamaño, composición o causas"[887]. Así, se evidencia que el concepto está limitado a los desplazamientos y no a otros elementos vinculados al desarrollo de estos.

---

884 ARAYA, Víctor, "El derecho a migrar o ius migrandi como derecho fundamental implícito", *Revista Justicia y Derecho*, Vol. 4 N°1, 2021, p. 15.

885 CHUECA, Ángel y AGUELO, Pascual, "Contenido y límites del ius migrandi", *Revista Electrónica Iberoamericana*, Vol. 7, N°2, p. 9.

886 VITALE, Ermanno, "Derecho a migrar: ¿El cumplimiento de la edad de los derechos?", *Revista de la Facultad de Derecho de México*, Vol. 60, N°253, 2010, p. 55.

887 Derechos humanos de personas migrantes. Manual Regional, Organización Internacional para las Migraciones e Instituto de Políticas Públicas en Derechos Humanos, Argentina, 2017, p. 20, disponible en https://publications.iom.int/es/books/derechos-humanos-de-personas-migrantes-manual-regional (consultado el 10.12.2021).

El contenido del derecho a migrar ha sido concebido desde una lógica liberal, al estar relacionado con el ejercicio de la libertad de los desplazamientos, sin integrar elementos que cubran un aspecto material, para efecto de dar paso a la integración de los migrantes en las sociedades de destino.

En tal perspectiva, estimo oportuno proponer complejizar el contenido del derecho analizado, lo que significa transitar hacia la consideración de dos dimensiones: la social y la política/participativa, superando sus limitaciones en torno a solo vincularlo con el ejercicio de la libertad de desplazamiento, cuestión que según se revisó en el capítulo anterior, no es tal, atendido a las restricciones normativas establecidas por los propios Estados a través del establecimiento de políticas migratorias rígidas. Se trata de una propuesta que también se encuentra vinculada con la forma en cómo entender las migraciones, dotándolas de un significado social y político, en donde el primero incorpore un aspecto material relativo a las condiciones básicas de subsistencia, mientras que el segundo considere la eventual potencialidad transformadora de los migrantes. Al respecto, según opina De Lucas "El error más común en el mundo jurídico y político ha consistido, a mi juicio, en la ausencia de reconocimiento de la profunda dimensión política de esta realidad"[888].

Ambas dimensiones señaladas, podrían ser explotadas a través del reconocimiento de derechos sociales y políticos, y su respectiva vinculación con el derecho a migrar. Lo anterior, articulado sobre el rol del derecho, cuya existencia y aplicación (en el caso de las migraciones) no solo se justifique para controlar y apremiar, sino que para contribuir a alcanzar su integración social y política. En efecto, tales elementos nos invitan a comprender que la migración debe ser pensada atendiendo a la función y al rol que deben cumplir los derechos humanos en la sociedad.

---

888 DE LUCAS, Javier, "Negar la política, negar sus sujetos y derechos (Las políticas migratorias y de asilo como emblemas de la necropolítica", *Cuadernos Electrónicos de Filosofía del Derecho*, N°36, 2017, p. 65.

2.2.1. La consideración de la dimensión social

La migración incluye a la movilidad, pero no se confunde con ella, ya que generalmente las personas se desplazan para asentarse y residir en la comunidad a la que recurren para pretender desarrollar sus proyectos migratorios. Esto último se trata de algo más complejo, ya que mientras el desplazamiento está relacionado con el ejercicio de libertades, la residencia y el asentamiento en otro lugar se encuentra determinado por el cumplimiento de una serie de condiciones, entre las que destacan las sociales. Por tanto, las migraciones no solo contienen tres momentos a los que tradicionalmente se hace alusión, es decir, salida, entrada y eventual retorno, sino que también existe otra que corresponde a la permanencia o residencia y a las condiciones asociadas al desarrollo y ejercicio de esta.

Por tal motivo, el derecho a migrar no solo debe integrar los aspectos relativos a la libre movilidad, representados por la posibilidad de salir de un país, sino que debe contener elementos que se determinen en relación con el ingreso a otro y las condiciones asociadas a la permanencia y residencia que permitan lograr mayor estabilidad social de los migrantes en las sociedades de destino. En tal perspectiva, el derecho a migrar también debe considerar el cumplimiento de deberes, lo que como indica Arcos, podría suponer "terminar asumiendo costos y sacrificios sociales y económicos"[889].

Lo anterior invita a que el derecho analizado no solo se configure a partir del ejercicio de libertades para salir de un Estado, sino que se entienda sobre la base de la explotación de una dimensión material, vinculada al reconocimiento, protección y ejercicio de derechos sociales y de tipo prestacional que posibiliten al individuo residir, permanecer y asentarse en otro territorio del que no sea nacional, sin poner en riesgo la satisfacción de necesidades básicas de sobrevivencia.

---

[889] ARCOS, Federico, "¿Existe un derecho humano a inmigrar? Una crítica del argumento de la continuidad lógica", *Doxa. Cuadernos de Filosofía del Derecho*, N°43, 2020, p. 307.

2.2.2. El alcance de la dimensión política/participativa

La regulación de las migraciones implica entre tantas cosas, reconocer a los migrantes como sujetos políticos, titulares de derechos para efecto de tener incidencia en la toma de decisiones del lugar en el que viven. Una democracia supone integrar a los distintos sujetos que conforman un Estado, y entre ellos se encuentran los migrantes.

Sin perjuicio de lo anterior, el contenido del derecho a migrar y otras normas jurídicas referidas a la migración, no perfilan al migrante como sujeto político, capaz de participar en la toma de decisiones relevantes al interior del territorio en el que reside, sino que lo silencia a tal punto de hacerlo susceptible de explotación y precarización. En tal perspectiva, el mismo derecho omite una dimensión política que serviría como un mecanismo de integración conducente a favorecer la igualdad en el reconocimiento y ejercicio de los derechos.

En efecto, el migrante no solo es un sujeto titular de derechos, sino un sujeto político que contiene potencialidad transformadora. Por eso es tan importante incorporar tal dimensión en el derecho a migrar, junto con reconocer otros derechos que sean capaces de explotar aquel elemento. Lo anterior para efecto de que los migrantes participen e intervengan en la vida pública, cuestión que permitirá desarrollar el sentido de permanencia que estos tengan en los lugares en los que residan, además de favorecer su acción política en la defensa de sus derechos y la posibilidad de adquirir otros. Esto último, asimilándolo a aquello propuesto por Arendt en torno al derecho a tener derechos, en el sentido indicado por la autora consistente en que "...llegamos a ser conscientes de la existencia de un derecho a tener derechos (y esto significa vivir dentro de un marco donde uno es juzgado por las acciones y las opiniones propias) y de un derecho a pertenecer a algún tipo de comunidad organizada"[890]. En este sentido, respecto a la idea propuesta por Arendt, como explica Balibar, "habría que entenderlo como un derecho a la política, es decir, en el sentido en que nadie puede nunca emanciparse desde fuera o desde lo alto, sino solamente por su propia acción y la colectivización de

---

[890] ARENDT, Hannah, *Los orígenes del totalitarismo*, Taurus, 1999, España, p. 375.

esto último"[891]. Así, para el ejercicio de tal accionar, será fundamental leer la propuesta en clave política, entendiendo que su concretización se realizará mediante el ejercicio de una dimensión política de los derechos, capaz de servir como mecanismos de conquista de otros derechos.

Lo señalado también se insertaría en la línea de poder rescatar la potencialidad atribuida a la condición grupal de los migrantes a partir de la cual se pueda establecer como un mecanismo de lucha que permita enfrentar aquellas situaciones que determinadas estructuralmente pudieran llegar a afectar el ejercicio de sus derechos, la que en opinión de Varela, tendrían por objeto "Orientar su acción política en el horizonte de un sistema global que reconozca el derecho que tiene cualquier persona para elegir donde permanecer, donde residir y sin que por ello los migrantes tengan que asegurar, a cambio, relaciones laborales cercanas a la servidumbre o la esclavitud"[892]. Así, la movilidad se puede convertir en un mecanismo de cambio, en el sentido de establecer direccionamientos y condiciones en las que intervengan los propios migrantes.

Ante la estructura hegemónica de poder impuesta por el capital, faltan mecanismos rupturistas que provengan desde los mismos sujetos. Al respecto, como plantea Hardt y Negri, "solo un acto radical de resistencia puede volver a captar el sentido productivo de la nueva movilidad y la hibridación de los sujetos y hacer real su liberación"[893]. Se trata de desnaturalizar al capitalismo desde la acción colectiva, habilitando mecanismos de resistencia. Lo anterior, se cumpliría en la medida que existan elementos de base tales como el enfoque político del derecho a migrar y el reconocimiento de derechos de participación. Al respecto como plantea De Lucas, "Si queremos profundizar el significado radicalmente político del fenómeno de las migraciones, tenemos pendiente el reconocimiento como sujeto del espacio

---

891 BALIBAR, Etienne, *Violencias, identidades y civilidad. Por una cultura política global,* Gedisa editores, Barcelona, 2005, p. 178.

892 VARELA, Amarela, "Luchas migrantes: un nuevo campo de estudio para la sociología de los disensos", *Andamios,* Vol. 12, N°28, 2015, p. 171.

893 HARDT, Michael y NEGRI, Antonio, *Imperio,* Ob. Cit., p. 331.

público de los inmigrantes, lo que exige a su vez revisar el derecho de participación política y el acceso a la ciudadanía"[894].

Por su parte, para lograr lo anterior será igualmente relevante contemplar en una futura regulación y tratamiento del fenómeno, la consideración de las subjetividades de los grupos migrantes, ya que eso les permitirá plantear la lucha desde las bases de sus propios proyectos migratorios.

De la misma forma, la participación política no solo se limita a lo electoral, marcado principalmente por el ejercicio del derecho a voto, sino que ésta debe plantearse en relación con todos aquellos mecanismos que hagan posible la integración en el espacio público, hacer efectivo un sistema de garantías sociales que contribuya a resguardar el ejercicio de estos y el desarrollo de la democracia[895], ya que como sostiene Castellanos, "Si no hay participación política no hay democracia, por lo que el Derecho pasa a ser un arma más del poder autoritario de quien lo ostenta, y no, como debe ser, un instrumento para regular y ordenar la pacifica convivencia de los pueblos"[896]. El debilitamiento en la protección y garantía de los derechos en gran parte se encuentra asociado al establecimiento de una democracia formal que restringe los espacios de participación. En efecto, se trata de superar el criterio formalista de la participación política de los sujetos, vinculándola a un enfoque de las migraciones que considere tal naturaleza, además de la posibilidad de acceder a otros tales como el de asociación, reunión, manifestación, acceso a la información pública.

Así, el resguardo al ejercicio de los derechos de las personas migrantes estará determinada por las garantías que se reconozcan a

---

894 DE LUCAS, Javier, "Inmigración, diversidad cultural, reconocimiento político", Ob. Cit., p. 14.

895 Ibíd., p. 19.

896 CASTELLANOS, Jorge, "Participación ciudadana e inmigración: consideraciones políticas y jurídicas", *Cuadernos Electrónicos de Filosofía del Derecho*, N°41, 2019, p. 61. Por su parte, como expresa Fernández, "Reconocer los derechos políticos de los extranjeros implica tanto el derecho de participación política como la intervención en la vida pública", en FERNÁNDEZ, Ana, "Participación pública de los inmigrantes en las administraciones públicas", *Praxis Sociológica*, N°23, 2018, p. 124.

nivel normativo (constitucional y legal), pero también por la potencialidad atribuida a los sujetos titulares de los mismos, para efecto de velar por su libre ejercicio. A su vez, como indica Añón "la efectividad en la garantía de los derechos, no depende solo de un marco de garantías normativas e institucionales sino también de la existencia y preparación de los sujetos y grupos que hagan valer sus intereses y necesidades"[897].

La consideración de la dimensión política del fenómeno analizado y del derecho a migrar, permitiría poner en el centro al sujeto migrante, reconsiderando su rol en las sociedades de destino, reivindicando su posición como titular de derechos y dando lugar a la proyección de los mecanismos necesarios que conduzcan a su efectiva integración.

En este sentido, atendiendo a los elementos desarrollados, el derecho a migrar debería considerar la potencialidad transformadora de la migración, reconociendo a los migrantes como sujetos habilitados para participar en cuestiones política y socialmente trascendentales al interior de los Estados. Lo anterior implicaría dotar de siguiente contenido al derecho analizado, cuya propuesta sería la siguiente:

> *"El derecho a migrar considera el desplazamiento que realizan las personas de un Estado a otro, con la intención de residir y establecerse en un lugar distinto al que se es nacional.*
> *Los Estados y las comunidades reconocerán a los migrantes como sujetos titulares de derechos, dotados de potencialidad política para participar en el espacio público y organizarse en razón de sus intereses y necesidades.*
> *Es deber de los Estados velar por la integración de los migrantes, garantizando las condiciones sociales, políticas, económicas y culturales que les permitan desarrollar sus proyectos migratorios y ejercer sus derechos, sin distinción de la posesión de estatus jurídicos basados en su situación migratoria y/o la adquisición de la ciudadanía o nacionalidad".*

Como se puede observar, a diferencia de las conceptualizaciones presentadas al inicio de esta sección, el contenido propuesto no solo considera la circulación de los migrantes, sino que se valora la intención asociada a los desplazamientos que efectúen. Además, se incor-

---

897 AÑÓN, María José (Ed.), *La universalidad de los derechos sociales: el reto de la inmigración*, Tirant lo Blanch, Valencia, 2003, p. 18.

pora un reconocimiento relativo a la calidad que estos tienen como titulares de derechos y la potencialidad política asociada a lo anterior. De la misma forma, se establecen deberes estatales para velar por la integración de los migrantes, vinculándolos con la realización de una serie de condiciones que permitirían cumplir con tal propósito y con el desarrollo de sus proyectos y el ejercicio de los derechos respecto de los cuales son titulares, sin consideración de sus estatus administrativos. Así, se opta por una dimensión más completa en torno a las dimensiones y alcances que supone el contenido del derecho a migrar y los efectos asociados al desarrollo de las migraciones.

En efecto, el núcleo del derecho a migrar no solo debe estar determinado por la libre movilidad de las personas, sino que además debe integrar aquellos elementos vinculados a la materialidad de condiciones sociales y políticas para efecto de superar la precariedad y la exclusión a la cual históricamente se han visto enfrentados en virtud de la existencia de estructuras desiguales respecto de las cuales, los derechos deben cumplir un rol protector, en el sentido formulado por Prieto Sanchis en donde estos "...se formulan para atender carencias y requerimientos instalados en la esfera desigual de las relaciones sociales".

3. POLÍTICAS MIGRATORIAS Y GARANTISMO: ELEMENTOS PARA VELAR POR EL RESGUARDO Y PROTECCIÓN DE LOS DERECHOS DE LAS PERSONAS MIGRANTES

Una de las incidencias más significativas sobre el ejercicio de los derechos de las personas migrantes, consiste en la forma en cómo los Estados regulan el desarrollo del fenómeno, tanto a nivel normativo y por medio del establecimiento de políticas migratorias. En efecto, en materia de gestión de las migraciones, la tendencia en las últimas décadas ha consistido en establecer políticas migratorias selectivas y restrictivas, lo que no avanza en la misma línea e intensidad de las formas en cómo se está desarrollando la movilidad de las personas. Las políticas no han sido flexibles en torno al establecimiento de medidas que favorezcan la legalidad de la situación administrativa de los migrantes, tampoco ha existido una dimensión que se enmarque en la línea protectora de los derechos humanos de los migrantes. En tal sentido, pensar en elementos que contribuyan a resguardar sus derechos, implicará reflexionar en torno al contenido de esas políticas, conducentes a lograr su respeto y velar por la integración de los migrantes, cuestión que será desarrollada en la presente sección.

Para eso, debemos partir de la base que un modelo de gestión o gobernanza de las migraciones, caracterizado por su regulación y política[898], no solo se debe limitar a establecer aspectos administrativos relacionados con el ingreso, permanencia y salida de migrantes, sino que necesariamente debe incorporar otras dimensiones, tal como lo referido al reconocimiento de sus derechos. Hacer lo contrario, implicaría entender que las migraciones simplemente corresponden a flujos y desplazamientos de personas, sin apreciar su contenido relativo a la realización de proyectos, condiciones de vida, integración, entre otros.

Según Sassen, una de las características que se evidencian respecto de la regulación estatal de las migraciones, dice relación con "a) El manejo de la inmigración como si fuera un proceso autónomo respecto de otras áreas de la acción política, b) el tratamiento de la inmigración como una cuestión de soberanía unilateral en un mundo globalizado y en creciente interdisciplina"[899].

En relación con el primer elemento, considero que ese carácter autónomo viene determinado por las limitantes que se establecen en torno a los alcances del contenido de las políticas, las que han sido reducidas a cuestiones administrativas, sin complejizar aspectos rela-

---

898 Al respecto Thayer conceptualiza a la política migratoria como "...un sistema de condicionalidades para acceder a los derechos y, al mismo tiempo, el conjunto de mecanismos que inducen a la superación de esa condicionalidad", en THAYER, Luis, "La política migratoria en Chile en la disputa por los derechos humanos", *Revista Anales*, N°16, 2019, p. 17. Sin perjuicio de tal definición, a mi juicio lo relevante de una política debiera ser en no condicionar el acceso a derechos, sino que el habilitar mecanismos de integración de los migrantes como sujetos titulares de estos, no sujetos a condicionalidades para alcanzar su ejercicio.

899 SASSEN, Saskia, "La formación de las migraciones internacionales: implicancias políticas", *RIFP*, N°27, 2006, p. 26.

cionados con otras áreas que de llegar a ser consideradas, necesariamente implicarían abarcar otras de naturaleza política, tales como el relativo a los factores de integración e interacción de los actores que conforman el fenómeno analizado. Así, dicho carácter autónomo mutaría si consideramos que el objetivo de una política migratoria consista en lo que propone De Lucas, en torno a lograr "...la integración social y política de todos los sujetos implicados en el proceso de interacción social, los inmigrantes y la población autóctona"[900].

En el mismo sentido, la complejización de los caracteres que rodean a la configuración y análisis de la regulación de las migraciones se determinará en la medida en que entendamos que los aspectos claves sobre los que se sustentan deban consistir en servir como instrumentos de integración de los migrantes. Lo anterior a partir de un enfoque de derechos, en donde la titularidad y el ejercicio de estos no quede condicionada a cuestiones administrativas. Se trata de optar por una lógica que no reduzca el tratamiento de las migraciones a cuestiones de control administrativo, sino que comprenda la situación precaria de los sujetos que la componen, sin instrumentalizar su ingreso y permanencia en el país, velando por el respeto al ejercicio de sus derechos y abarcando diferentes aspectos tales como el mercado laboral, la integración, el bienestar social y familiar, entre otros. Al respecto, Blanco considera que una política de integración se diferencia de una centrada en el control de flujos porque la primera debe ser configurada desde un enfoque multidisciplinar, excediendo con creces el ámbito jurídico-legalista[901].

Aquella circunstancia implicará no centrar la discusión sobre la existencia de un modelo que conduzca a un sistema de puertas abiertas o cerradas de las migraciones, sino que en las condiciones apropiadas y adecuadas para que los migrantes puedan ejercer sus derechos, cuestión que implicará abarcar un tipo de relación distinta entre los actores que se ven vinculados con el fenómeno, redefiniendo además, el rol de los Estados, los que en materia migratoria no

---

900 DE LUCAS, Javier, "Inmigración, diversidad cultural, reconocimiento político", Ob. Cit., p. 14.

901 BLANCO, Cristina, "Inmigración: reflexión en torno a una política de integración", *Revista de Servicios Sociales*, N°39, 2001, p. 56.

solo deben tener injerencia en lo relativo a la ordenación de las migraciones a través de los aparatos jurídicos. Al respecto, como propone Castles, "Si hay un objetivo normativo, éste no debería ser reducir las migraciones, sería encontrar formas en las que pueda tener lugar bajo condiciones de igualdad y respeto de los derechos humanos"[902].

En cuanto al segundo elemento, efectivamente la forma en cómo han sido reguladas las migraciones, no se condice con el contexto de globalización y de mundialización de los procesos económicos que han tenido lugar durante las últimas décadas. Así, por la forma en cómo estos se han desarrollado, se evidencia que los Estados han tomado cierto distanciamiento con cuestiones relativas a los derechos de las personas migrantes y, muy por el contrario, han sido funcionales a procesos de acomodo neoliberal capitalista, mediante el establecimiento de regulaciones jurídicas fundamentales para la liberalización de procesos estructurales a través del desarrollo de la globalización económica. En efecto, como plantea Sassen, "...el papel del Estado ha pasado a ser de producción y legitimar los nuevos regímenes legales, ajustando sus marcos normativos y sus aparatos burocráticos en relación con los ámbitos privados de regulación, así como al derecho internacional emergente"[903].

Producto de lo anterior, es que se debe reconocer que la gestión y gobernanza de la migración no puede prescindir y dejar fuera el enfoque político, toda vez que no podemos negar tal naturaleza asociada a los factores estructurales que inciden sobre el desarrollo del fenómeno analizado. Por lo mismo, vinculado al elemento anterior, las políticas migratorias no solo deben atender al resguardo de los intereses nacionales vinculados con la seguridad y la soberanía. Por el contrario, deben integrar una perspectiva humanista que considere a los migrantes para efecto de concretizar sus proyectos y sus derechos. En este sentido, el enfoque de respeto a los derechos será el que permita entender las migraciones en relación con diversos elementos estructurales y coyunturales, impidiendo focalizarlo solo

---

902 CASTLES, Stephen, "Comprendiendo la migración global", *Relaciones Internacionales*, N°14, 2010, p. 146.

903 SASSEN, Saskia, *Contrageografías de la globalización. Género y ciudadanía en los circuitos transfronterizos*, Ob. Cit., p. 16.

a partir de una mirada secutirista y en la que predomine la regulación de aspectos administrativos, asociados a una lógica de control. El replantearse los estatus en los que se desarrollan las migraciones y entender que estas obedecen a diversos elementos, implica pensar las migraciones en un sentido político, dotando de complejidad el análisis del fenómeno. Al respecto, como precisa Ferrajoli, en torno a la racionalidad de una política, "... debería asumirse de forma realista dada la conciencia de que los flujos migratorios son fenómenos estructurales e irreversibles, fruto de la globalización promovida por el capitalismo actual"[904].

De esta forma, considerando ambos elementos planteados, es que debemos avanzar hacia convertir las políticas migratorias en instrumentos que contribuyan a integrar a los migrantes en las sociedades de destino, permitiendo que estos puedan ejercer sus derechos, realizar sus proyectos y favorecer sus condiciones materiales de vida. Lo anterior, en un contexto en el que la regulación de las migraciones analizadas, den cuenta de la existencia de un modelo de exclusión diferencial, en el sentido que como indica Navarrete, "los inmigrantes son incorporados a ciertas áreas de la sociedad (sobre todo en el mercado laboral), pero se les niega el acceso a otros (sistemas de bienestar, la ciudadanía y la participación política)"[905].

Por su parte, sabemos que el contenido de las políticas migratorias debe ir cambiando a lo largo del tiempo, dependiendo del contexto y de la realidad en la que pretenda ser aplicada, sin embargo, es posible identificar un piso mínimo común que contenga elementos indisponibles[906]. A mi juicio, estos deben ser los siguientes: el reconocimiento de principios que orienten la interpretación y aplicación de las normas materia de migraciones, lo referido a los aspectos administrativos y de institucionalidad migratoria, además de la sección

---

904 FERRAJOLI, Luigi, "Sobre los Derechos Fundamentales", Ob. Cit., p. 191.

905 NAVARRETE, Bernardo, "Percepciones sobre inmigración en Chile: lecciones para una política migratoria", Ob. Cit., p. 183.

906 Para De Lucas las políticas migratorias deberían contener al menos dos elementos. El primero sería el relativo a la regulación de los flujos migratorios, mientras que el segundo correspondería a cuestiones vinculadas con la integración de los migrantes, en DE LUCAS, Javier, *Los derechos de participación como elemento de integración de los inmigrantes*, Rubes editorial, España, 2008, p. 19.

relativa a derechos y garantías, los que a continuación serán desarrollados.

3.1. La consideración de los principios

Como en toda política migratoria, la consideración de los principios resulta pertinente y necesaria atendida a la función que estos pueden cumplir en su implementación. En efecto, en materia de hermenéutica, estos deben servir para orientan la interpretación y aplicación de las normas que rigen a las migraciones, como también para fundamentar los criterios asociados a la toma de decisiones por parte de las autoridades a las que la ley les reconozca competencias. En este sentido, los principios pueden significar límites para el ejercicio de las funciones de la autoridad migratoria, especialmente respecto de aquellas que posean una naturaleza de control y que eventualmente puedan suponer una alteración al ejercicio de los derechos de las personas migrantes. Por su parte, los principios podrán ser aplicados respecto de normas orgánicas o con estructura de reglas, además de ser considerados para dotar de sentido y alcance a las normas de estructura abierta, cuyo contenido quede sujeto a concretizaciones posteriores.

Así, al formar parte de las políticas migratorias, se entiende que estos pueden aprovechar a distintos actores y operadores vinculados al fenómeno. En el caso del primero, los migrantes, mientras que, en el caso del segundo, el Estado, a través de sus organismos públicos, organizaciones y de otros integrantes de la sociedad civil que se vinculen con los migrantes.

Si bien la selección y significado de los principios podrá ir variando en cada momento histórico, algunos que resultan relevantes a considerar atendido al alcance que puedan tener, son:

- Igualdad y no discriminación: Su contenido no solo debe ser limitado a una dimensión formal (ante la ley), sino que material (en la ley), lo que en el caso de los derechos suponga pasar desde el reconocimiento al ejercicio.
- Integración: Se trata de que esta no se encuentre anclada a la obtención de la ciudadanía, nacionalidad o cualquier otro

estatus jurídico, aprovechando a los inmigrantes y emigrantes. En el caso de los primeros, será relevante el establecimiento de condiciones que contribuyan a satisfacer sus necesidades para vivir dignamente y ejercer los derechos respecto de los cuales son titulares. En el caso de los segundos, para efecto de lograr su integración y acompañamiento, especialmente para aquellos que deseen retornar a su país de origen.

- Titularidad universal de los derechos humanos: Esto, al ser concebidos como atributos ligados a la persona, independientemente de su condición migratoria o de otros elementos jurídicos y socialmente irrelevantes, tal como el origen, sexo, religión, nacionalidad, ciudadanía, entre otros.
- Responsabilidad y compromiso estatal en el resguardo de los derechos: Estructuralmente, los Estados deben ser los principales agentes responsables del resguardo en el ejercicio de los derechos de las personas migrantes, comprometiéndose a contribuir a generar las condiciones propicias que permitan velar por su protección y garantía.
- Proporcionalidad: En las políticas migratorias, la aplicación de sanciones o la toma de decisiones que puedan suponer una eventual afectación a los derechos de las personas migrantes necesariamente debe considerar la proporcionalidad entre la medida que se toma, la gravedad del antecedente que la motiva y los efectos que esta puede generar. Así, como plantea Rodríguez, "la necesaria proporción o equivalencia que ha de existir entre la gravedad de hecho que motiva la reacción punitiva y la intensidad de esta última"[907].
- Legalidad: Los órganos encargados de la aplicación de las normas que regulan las migraciones, deben observar y ceñirse estrictamente a la ley, tanto en lo relativo al ejercicio de sus competencias y atribuciones, como en lo que respecta a la motivación de los actos que generen.

---

907 RODRÍGUEZ, Luis, "Bases para distinguir entre infracciones criminales y administrativas", *Revista de Derecho*, Vol. IX, 1987, p. 157 y 158.

- Corresponsabilidad: En el ámbito de las migraciones, se trata de hacer partícipes a los distintos actores que se vean vinculados con su tratamiento y desarrollo, recayendo en el Estado el mayor grado de responsabilidad para efecto de fijar las directrices de los programas que contribuyan a satisfacer las necesidades de la población migrante.
- Pro *homine*: Ante la existencia de diversas interpretaciones, siempre debe favorecer la que más beneficie a la persona humana[908]. En el caso de las migraciones, significará que, ante la duda en la interpretación de alguna norma migratoria, debe prevalecer aquella que beneficie a los migrantes.
- Progresividad y no regresividad: Se debe entender en torno a que los Estados deban adoptar progresivamente y de manera irreversible, todas las medidas necesarias para alcanzar la realización de los derechos de las personas migrantes, sin retroceder en los niveles de efectividad logrados[909].
- Reunificación familiar: Tiene por objeto preservar la unidad familiar y conservar los vínculos que en ella se construyen. Lo anterior, a partir de una consideración más amplia acerca de la forma en cómo entender la familia, y los distintos modelos asociados a ella, como pueden ser aquellos fundados sobre la base de lazos afectivos[910]. En este sentido, como sostiene Ferrada y

---

908 Corte Interamericana de Derechos Humanos, Opinión consultiva N°5, de 13 de noviembre de 1985.

909 Al respecto, en materia de derechos económicos, sociales y culturales, la Convención Americana sobre Derechos Humanos, en su artículo 26 consagra "Los Estados Partes se comprometen a adoptar providencias, tanto a nivel interno como mediante la cooperación internacional, especialmente económica y técnica, para lograr progresivamente la plena efectividad de los derechos que se derivan de las normas económicas, sociales y sobre educación, ciencia y cultura, contenidas en la Carta de la Organización de los Estados Americanos, reformada por el Protocolo de Buenos Aires, en la medida de los recursos disponibles, por vía legislativa u otros medios apropiados", en Convención Americana sobre Derechos Humanos, suscrita en conferencia especializada interamericana sobre derechos humanos (B-32), San José de Costa Rica, 7 al 22 de noviembre de 1969.

910 VIERA, Christian, "Las bases de la institucionalidad del Estado", en BASSA, Jaime, FERRADA, Juan Carlos y VIERA, Christian, *La Constitución chilena. Una revi-*

Uribe acerca del rol de la unidad familiar, "…esta debería operar como criterio de actuación y límite de la Administración del Estado y de los demás poderes públicos"[911].

- Interés superior del niño/niña: Su consideración consistirá en que la aplicación de las normas en materia migratoria, deban establecer como criterio fundamental, los derechos de los niños y niñas. En este sentido, como plantea López-Contreras, "el contenido esencial del interés superior de los niños y niñas se refiere a la protección y la garantía de sus derechos fundamentales"[912]

Como se puede apreciar, los principios mencionados pretenden cumplir un rol protector, en la línea de servir como instrumentos que contribuyan a resguardar el reconocimiento y ejercicio de los derechos de las personas migrantes, abarcando distintos aspectos y actores. Lo anterior, sin perjuicio del contexto en el que estos sean configurados y aplicados en cada momento histórico. No obstante, su incorporación constituye parte importante del contenido de una política migratoria con enfoque de derechos.

---

sión crítica a su práctica política, LOM, Santiago, 2015, p. 37.

911 FERRADA, Juan Carlos y URIBE, Karina, "La "reagrupación familiar" como concepto y límite los poderes del Estado de Chile en materia migratoria", *Revista de Derecho*, Valdivia, Vol. XXXIV, N°2, 2021, p. 242.

912 LÓPEZ-CONTRERAS, Rony, "Interés superior de los niños y niñas: Definición y contenido", *Revista Latinoamericana de Ciencias Sociales, Niñez y Juventud*, 13, N°1, 2015, p. 56. Por su parte, la Corte Interamericana de Derechos Humanos considera que su contenido implica que, "…el desarrollo de éste y el ejercicio pleno de sus derechos deben ser considerados como criterios rectores para la elaboración de normas y la aplicación de éstas en todos los órdenes relativos a la vida del niño", en Corte Interamericana de Derechos Humanos, Opinión Consultiva N°17, de 28 de agosto de 2002, párrafo 137. Para mayor detalle acerca de su necesidad de protección, ver ASTE, Bruno y SZYGENDOWSKA, Marta, "Protección internacional de los derechos de niños y niñas migrantes: una reflexión crítica", en SILVA, Dinaldo, MARTÍNEZ, Elena y MOURA DE ARAUJO, Diego (Coord.), *Droits De L"Homme. Propositions Universelles*, Vol. I, Ideia Ediciones, Brasil, 2019.

3.2. La configuración de aspectos administrativos y de institucionalidad migratoria

La mayor parte del contenido de las políticas migratorias analizadas corresponde a la consideración de los aspectos administrativos, proyectadas en el control del ingreso, permanencia, prohibiciones e infracciones al orden migratorio. Además de lo anterior, también se suele establecer una parte orgánica, expresada en la configuración de una institucionalidad migratoria a cargo de la aplicación e implementación de las normas referidas a las migraciones. Si bien se trata de aspectos relevantes para efecto de lograr mantener un orden de los flujos migratorios, como ya se ha señalado a lo largo de este capítulo, son materias que deben ser compensadas con un enfoque que considere otros aspectos que forman parte del desarrollo del fenómeno analizado, tal como los derechos de los sujetos que lo integran. De la misma forma, se debe convenir que la integración de los elementos administrativos/orgánicos, deben ser establecidos bajo una dimensión distinta a la que se le ha dado, en el sentido de ser analizados desde perspectivas que no necesariamente se relacionen con la seguridad nacional, lo ilegal y la desconfianza.

En este sentido, en relación con la consideración de los aspectos administrativos, se debería tener presente los siguientes elementos:

3.2.1. De las categorizaciones generadoras de irregularidad administrativa

Como ha quedado demostrado, la mayor atención política que existe sobre el fenómeno analizado está planteada respecto de la migración irregular, lo que ha conducido a la expulsión masiva de inmigrantes y, en ocasiones, a la ejecución de procesos extraordinarios de regularización. Sin embargo, estos solo generan un efecto sanador desde el punto de vista jurídico. En tal perspectiva, si dichos procesos no vienen acompañados de otras medidas que signifiquen una ventaja en lo relativo al ejercicio de los derechos de las personas migrantes o para la realización de sus proyectos migratorios, éstos se vuelven incompletos. Por su parte, la mayoría de los procesos de regularización han dependido de la voluntad de los gobiernos de turno, evidenciándose una incertidumbre en cuanto a la posibilidad de cumplir con el estándar que la normativa exige para estar "dentro de la ley". Lo anterior, en un contexto en el que la migración irregular, se representa a partir de estrategias jurídicas que configuran los propios Estados en cada momento histórico, situación que termina fragmentando a los sujetos en el marco del establecimiento de categorías y estatutos diferenciados.

Por tal motivo, a mi juicio dos son las opciones. La primera consistirá en superar y restringir los espacios y categorías que diferencian a los sujetos, mientras que la segunda implicará establecer medidas asistenciales que permitan a los migrantes salir de tal situación administrativa que los condena a vivir en la clandestinidad, sin necesidad de esperar o condicionar regularizaciones que dependan de la voluntad política de los gobiernos de turno.

Tratándose de la primera alternativa, la frontera de lo legal/ilegal es algo que debe ser superado, para efecto de evitar fragmentaciones. Lo anterior implicará entender que lo ilegal corresponde a una situación administrativa que no debe caracterizar a las personas. Paralelamente, se deberán reducir las formas jurídicas que contribuyen a acentuar determinados estatus jurídicos, tal como la reducción de categorías y subcategorías migratorias que complejicen y burocraticen el proceso de obtención y mantención de permisos de residencia, contemplando la existencia de grandes grupos que se definan en relación con la realización de cada proyecto migratorio, sin que las normas condicionen desde el inicio su direccionamiento, ya que mucho de ellos se configuran una vez que los migrantes se encuentran en el país de destino, especialmente de aquellos que se encuentran en situación irregular. Al respecto, como sostiene Mezzadra, "La precariedad de los migrantes irregulares es la representación extrema de un conjunto de características producidas y reproducidas continuamente por un régimen migratorio específico, cuyo funcionamiento condiciona la vida de los migrantes regulares e irregulares"[913]. En

---

913 MEZZADRA, Sandro, "Capitalismo, migraciones y luchas sociales. La mirada de la autonomía", Ob. Cit., p. 166. Se trata de no condicionar el destino de los migrantes, separando la obtención de su residencia a elementos concretos que muchas veces no pueden ser cumplidos, tales como la condición laboral. En

efecto, más que establecer un listado taxativo de documentación a presentar, se debería considerar y valorar las motivaciones informadas por los migrantes en cuanto a las proyecciones de sus planes migratorios en el país de destino.

Respecto de la segunda alternativa, las políticas migratorias deben contemplar como derecho, la posibilidad jurídica para que los migrantes en situación irregular puedan optar (en cualquier momento) a procedimientos de regularización, sin necesidad de esperar iniciativas que dependan de los gobiernos de turno. Lo anterior impediría que los migrantes en situación administrativa irregular, se vean enfrentados a vivir al margen de las sociedades de destino, mientras esperan la implementación de iniciativas políticas de regularización.

En cuanto a las prohibiciones y expulsiones, estas no pueden quedar entregadas en su interpretación y aplicación a la discrecionalidad de la autoridad migratoria, cuestión que pueda suponer incurrir en arbitrariedades. En tal perspectiva, el sentido y alcance del contenido de sus decisiones, necesariamente debe venir precedido de una motivación, especialmente en aquellos casos en que estas supongan un resultado negativo para los migrantes.

En lo relativo al tipo de causales, deben eliminarse las que estén basadas en prejuicios que impliquen una amenaza para el ejercicio de los derechos de las personas migrantes, tales como las vinculadas a la situación de aquellos que cuenten con antecedentes penales o infracciones del orden migratorio, pero que ya hayan cumplido condena o la respectiva sanción. Tampoco deberían considerarse prohibiciones a terceros que con sus acciones permitan contribuir a resguardar los derechos de las personas migrantes, como ha ocurrido con la prohibición de trabajo a aquellos que se encuentran situación irregular, amenazando lo anterior, su derecho al trabajo. Lo mismo para aquellos que decidan ofrecer alojamiento (a título oneroso o gratuito) a los migrantes que se encuentren en dicha condición administrativa.

---

este sentido, como plantea Thayer, se debe separar la residencia del contrato de trabajo, ya que lo anterior acentuaría la relación de poder y de subordinación que se verifica entre el trabajador y el empleador, en THAYER, Luis, "La política migratoria en Chile en la disputa por los derechos humanos", Ob. Cit., p. 25.

En relación con el régimen de sanciones, estas deben plantearse en atención con la naturaleza de la infracción. Al encontrarnos en el terreno de lo administrativo y no de lo penal, estas no tendrían que afectar bienes y derechos como la libertad ambulatoria, debiendo ser disminuidas a faltas administrativas y niveladas en su intensidad. Así, el mantener una situación migratoria irregular, no es un hecho constitutivo de delito, por tanto, no debería procederse a la expulsión y a la prohibición de volver a ingresar al país. Además, para la aplicación de sanciones, será fundamental que éstas se decreten atendiendo a criterios de proporcionalidad y habiéndose respetado las garantías de un debido proceso. En este sentido, el *ius puniendi* del Estado debe sujetarse a los recursos administrativos y judiciales para accionar en contra de las resoluciones que afecten a los migrantes. Lo anterior, como parte del derecho a defensa y del derecho a la tutela judicial.

3.2.2. Elementos de institucionalidad migratoria

Históricamente, en los tres países analizados, el control y manejo sobre las migraciones ha estado radicada una institucionalidad compuesta por órganos vinculados a la seguridad nacional y al resguardo del orden público, sin tomar en consideración el carácter multidimensional del fenómeno. De la misma forma, su diseño generalmente ha estado centrado en el órgano ejecutivo, situación que evidencia el carácter limitado con el que han sido abordada las migraciones.

Por lo mismo, la generación de la institucionalidad migratoria debe atender a la naturaleza del fenómeno, cuestión que implica integrar a distintos órganos que permitan abarcar otras dimensiones que, en el ejercicio de sus funciones, tengan una vinculación directa con temáticas asociadas a la realización de los derechos de las personas migrantes, superando la lógica del control. En tal sentido, en esto el Estado debe intervenir a través de sus diversos ministerios y servicios.

Paralelamente, una institucionalidad integradora también debe incorporar a otros actores tales como asociaciones de migrantes, sindicatos de empresas en los que exista una cantidad importante de trabajadores migrantes, empleadores y órganos territoriales que tengan mayor cercanía con el desarrollo de las migraciones. Lo anterior serviría como un factor de legitimidad, permitiendo explotar una dimensión democrática relevante, capaz de proyectar un campo de acción social y político. En este sentido, como plantea Barbero, "La gobernanza de las migraciones podría ser una oportunidad para la puesta en marcha de políticas sociales, no ligadas a intereses económicos no de control de fronteras, sino de incorporación de colectivos migrantes y de aquellos comprometidos con los derechos y garantías de estos"[914]. En efecto, la integración política también supone reconocer derechos de participación en la toma de decisiones que se consideren relevantes para el tratamiento y la regulación de las migraciones.

Uno de los actores relevantes para cumplir con dicho aspecto serían los gobiernos locales o los municipios. Lo anterior, no solo pensando en la posibilidad de descentralizar y desconcentrar el poder, sino que además, en la necesidad de cubrir un área de acción social a través de la configuración e implementación de programas y políticas públicas que influyan de manera significativa sobre la materialidad de la vida de los migrantes que habitan en los territorios. Así, como indica Thayer, Stang y Dilla, "El papel clave de los municipios deriva del hecho de que mientras la política migratoria tiene una dimensión nacional muy importante, el proceso de asentamiento de los migrantes es inherentemente local"[915]. A través de esta orgánica se puede apoyar la realización de programas que se apliquen en materia de oportunidades, laborales, planes de acogida, entrega de información y asesoría en temas relativos a la regulación de las migraciones.

Una dinámica de ese estilo se desarrolló en Sao Paulo, a través de la Ley Municipal N° 16.478, cuyos objetivos consisten en garantizar el acceso a derechos sociales, promover el respeto y la participación

---

914 BARBERO, Iker, "¿Puede la gobernanza de las migraciones ser social?", *Oñati Socio-legal Series*, Vol. 2, N°4, 2012, p. 191.

915 THAYER, Luis, STANG, Fernanda y DILLA, Charlene, "La política del estado de ánimo. La debilidad de las políticas migratorias locales en Santiago de Chile", *Perfiles Latinoamericanos*, N° 28 (55), 2020, p. 176.

social de los migrantes[916]. De esta forma, se ofrecen servicios de información, formación, talleres, orientación y asistencia jurídica a los migrantes. Además, existe una institucionalidad a cargo en cada una de esas áreas, como es el consejo municipal de inmigrantes, conformado por integrantes de la sociedad civil, personal del gobierno y miembros de los principales órganos internacionales en materia migratoria (ACNUR y OIT). Paralelamente, existe un Plan Municipal de Políticas Públicas para personas Refugiadas y Migrantes (2021-2024) que promueve el acceso a derechos sociales. Además, se facilita y promociona la diversidad cultural y la participación de las personas refugiadas en cuestiones políticas de la ciudad.

Algo similar se verifica en la comuna de Quilicura, Santiago de Chile, municipio que cuenta con una oficina de migrantes y refugiados, cuya finalidad consiste en trabajar en un proyecto de reconocimiento y de respeto de los derechos de los migrantes y refugiados, a través de la generación de redes que incluyen a distintos actores. Así, entre sus principales funciones destaca el otorgamiento de información relativa a sus derechos y a la situación administrativa migratoria, organización de talleres y capacitaciones que permitan su inserción en el mercado laboral, además del desarrollo de actividades culturales y recepción de denuncias por abuso laboral[917].

Como se puede apreciar, lo anterior es manifestación acerca de la forma en cómo las migraciones son tratadas en plataformas que se proyectan en los diversos niveles y áreas que conforman la institucionalidad estatal. Por lo mismo, el modelo debe incluir la acción de los gobiernos locales, actores claves en la ejecución de cuestiones concretas como la relativa a las políticas públicas que puedan beneficiar a los migrantes en el acceso y ejercicio de sus derechos. Al res-

---

916 Política municipal para la población inmigrante en Sao Paulo, disponible en https://www.cepal.org/sites/default/files/presentations/20190528_4_maria_berenice_giannella.pdf (consultado el 10.12.2021).

917 Sobre algunas de las acciones mencionadas, Thayer y Durán, sostienen que "el desarrollo de una política de acogida y de reconocimiento de migrantes debe partir por revertir las dificultades de acceso de los migrantes a la información sobre sus derechos", en THAYER, Eduardo y DURÁN, Carlos, "Gobierno local y migrantes frente a frente: nudos críticos y políticas para el reconocimiento", *Revista del CLAD Reforma y Democracia*, N°63, 2015, p. 154.

pecto, como plantea Thayer y Durán "la articulación entre migrantes y municipio en la definición de las políticas locales constituye una ventaja desde el punto de vista de la eficacia y sustentabilidad de esas políticas"[918].

Sin perjuicio de las acciones que se puedan desarrollar desde una dimensión local, esto es algo que debe mantener una coordinación a nivel central, principalmente para efecto de no condicionar el ejercicio de tales acciones al presupuesto de los municipios, especialmente si atendemos a las diferentes realidades migratorias con las que cada uno cuenta. Al respecto, haciendo un análisis acerca de las acciones tomadas por los municipios de las comunas de Santiago de Chile, Thayer, Stang y Dilla, evidencian que en las de altos ingresos, sólo radica el 15% de los migrantes (Las Condes, Vitacura, Lo Barnechea y Ñuñoa), destacando que en esos municipios entre el año 1990 y 2015, no se había tomado ninguna medida local en materia de migraciones, a diferencia de otros municipios como Quilicura, Recoleta, Independencia y La Pintana, comunas en las que residen la mayor cantidad de migrantes (46%) y cuyos municipios habían tomado diversas acciones sociales en la materia[919].

En este sentido, se trata de articular una doble funcionalidad en materia de tratamiento de las migraciones, combinando el desarrollo de acciones nacionales y locales. Esta última, en atención a las trayectorias y realidades migrantes que en ellas se desarrollen, además de la participación de otros actores no gubernamentales que no solo estén habilitados para participar en la configuración y creación de políticas aplicables a los migrantes, sino que también ejerzan un margen de acción en ña implementación y revisión.

3.3. Derechos y garantías

Como se ha venido señalando en las secciones anteriores, uno de los aspectos más relevantes al momento de hacer referencia a la inte-

918 Ibíd., p. 136.

919 THAYER, Luis, STANG, Fernanda y DILLA, Charlene, "La política del estado de ánimo. La debilidad de las políticas migratorias locales en Santiago de Chile", Ob. Cit., p. 182.

gración e igualdad, dice relación con el reconocimiento y protección de los derechos de las personas migrantes. Se trata de dos aristas fundamentales para alcanzar su realización y ejercicio, debiendo necesariamente, ser abarcados en una política migratoria, independiente de la consagración constitucional que de estos se pueda hacer, las que generalmente quedan abiertas en su contenido para efecto de ser concretizadas por otras normas y órganos.

Paralelamente, las políticas migratorias deben contribuir a lograr el establecimiento de una igualdad de derechos entre los sujetos, lo que en palabras de Noguera significa "gozar de manera igual y sin ningún tipo de limite, por parte de los ciudadanos, de los mismos derechos y garantías"[920]. Lo anterior, en un contexto de crisis de la igualdad, lo que, a juicio del autor, ha derivado de la existencia de sujetos que se ubican fuera del ámbito de los derechos "...se trata de nuevos sujetos que podríamos definir como nuevos moradores, avecindados o residentes, pero no como ciudadanos, pues habitan en nuestra sociedad pero en condición de sin derechos o de derechos más limitados que los ciudadanos corrientes"[921].

En el caso aplicable a las migraciones, el paradigma jurídico debe remover aquellos elementos que deriven en estratificaciones, fragmentaciones y diferenciaciones en el reconocimiento, garantía y ejercicio de los derechos. Por eso mismo, se debe desvincular su titularidad y acceso, de los estatutos jurídicos impuestos en razón de la existencia de la ciudadanía, nacionalidad o de la condición administrativa migratoria, revalorizando el carácter universal de estos que permitan su acceso en condiciones de igualdad[922], ya que como

---

920 NOGUERA, Albert, *La igualdad ante el fin del Estado Social. Propuestas constitucionales para construir una nueva igualdad*, Ob. Cit., p. 20.

921 Ibíd., p. 131.

922 Para Noguera, la universalidad de los derechos estaría radicada por la idea consistente en que "...estos se adscriben a todos los seres humanos sin ningún tipo de excepción posible", en NOGUERA, Albert, *La igualdad ante el fin del Estado Social. Propuestas constitucionales para construir una nueva igualdad*, Ob. Cit., p. 147.

indica Álvarez "se trata de no concebir los derechos fundamentales como privilegios vinculados a estatus"[923].

Por su parte, el reconocimiento de los derechos en favor de los migrantes implica que estos no se limitan a aquellos de naturaleza libertaria, sino que se extiende a otros que resultan fundamentales para la realización de sus proyectos y sus condiciones materiales de vida. Así, las políticas migratorias deberían contribuir a concretizar los elementos de un complejo compuesto por libertades, básicas para el funcionamiento del Estado de Derecho; derechos de participación política, conducentes a permitir el agenciamiento político por parte de los migrantes; derechos sociales, al permitir estos la explotación de una dimensión material; derechos culturales que favorezcan la integración y, otros derechos que permitan hacer justiciables a los ya mencionados.

En cuanto a las libertades, es importante que estas sean realizadas sin que el no cumplimiento de ciertas condiciones administrativas signifique una amenaza para su ejercicio. En lo relativo a la regulación de las migraciones, los migrantes solo deberían ser privados de libertad por razones establecidas en la ley penal y no por circunstancias de naturaleza administrativa. Por tanto, medidas como la expulsión o deportación, sólo deberían contemplarse en relación con la responsabilidad penal, no siendo establecido como sanción por infracción a las normas que regulan las migraciones. Sostener lo contrario, implicaría aceptar o tolerar que las detenciones también se pueden producir por causas de naturaleza administrativa, no consideradas por los ordenamientos jurídicos en ningún otro caso, afectando así, el derecho a la igualdad y no discriminación, toda vez que los migrantes serían los únicos sujetos susceptibles de ser detenidos y privados de libertad por causas de dicha naturaleza.

De la misma forma, es necesario el reconocimiento del derecho humano a migrar, pero en los términos en cómo fue planteado en la sección anterior, esto es, sin limitar su contenido a los aspectos liber-

---

923 ÁLVAREZ, Susana, "¿Derechos fundamentales o derechos de ciudadanía? Algunas notas sobre la noción de ciudadanía", en CAMPOY, Ignacio (Ed.), *Una discusión sobre la universalidad de los derechos humanos y la inmigración*, Editorial Dykinson, Madrid, 2006, p. 87.

tarios relacionados con la posibilidad de circulación o desplazamiento, sino con un carácter complejo que considere al sujeto e incorpore otras dimensiones vinculadas con la realización de los proyectos y derechos de las personas migrantes, tales como la dimensión social y política, principalmente[924].

En materia de derechos de participación política, las políticas migratorias deben contribuir a su realización, ya sea a través del ejercicio del derecho al voto, como también por medio de formas que signifiquen ejercer poder para efecto de que los migrantes se integren y formen parte del cuerpo político del país receptor. En relación con el primero de ellos, no está en discusión que el voto tiene una doble función, ya que sirve para participar y decidir aquellos asuntos públicos en la sociedad de destino, pero, además, se establece como un mecanismo y un instrumento para velar por el respeto y ejercicio de otros derechos[925]. Por tanto, en ambas dimensiones, si constituye un elemento básico que favorece la integración de los migrantes.

En cuanto al segundo elemento, el reconocimiento de derechos de participación que habiliten a ejercer poder es fundamental para lograr su integración, no solo por la oportunidad y la capacidad que estos tengan de intervenir en cuestiones públicas, sino que, además, tal elemento permite neutralizar el factor diferencial en torno a la concepción que tengan los nacionales acerca de su existencia. En este sentido, como plantea De Lucas, "…el derecho a participar en el espacio público del que formen parte los extranjeros no se les puede negar sin afectar su propia condición humana, o su dignidad, y eso tiene que ser una consecuencia fundamental a la hora de establecer ña diferenciación de derechos entre los nacionales y los extranjeros"[926].

---

924 En este sentido, vinculado al derecho a migrar se debe incorporar los elementos de la reunificación familiar, cuyo contenido fue explicado a propósito de los principios de las políticas migratorias.

925 VELASCO, Juan Carlos, *El azar de las fronteras. Políticas migratorias, ciudadanía y justicia*, Ob. Cit., p. 171.

926 DE LUCAS, Javier, "Algunas tesis sobre el desafío que plantean los actuales flujos migratorios a la universalidad de los derechos humanos", en CAMPOY, Ignacio (Ed.), *Una discusión sobre la universalidad de los derechos humanos y la inmigración*, Editorial Dykinson, Madrid, 2006, p. 87.

En materia de derechos sociales, es inevitable entender que estos asumen un rol muy relevante que se encuentra relacionado con el cumplimiento de la materialidad de las condiciones de vida y de los proyectos migratorios. Al respecto, como indican Ceriani, Fava y Morales, "...unos permiten un mejoramiento en el nivel de goce de otros derechos humanos, particularmente los derechos económicos y sociales"[927].

Uno de ellos dice relación con los laborales, temática fundamental, ya que como quedó evidenciado en el segundo capítulo, el tipo de migraciones desarrolladas en los tres países analizados es de tipo laboral. En tal contexto se torna necesario extender la titularidad de los derechos laborales que se reconozcan a nivel constitucional y en leyes a los migrantes, entendiendo que muchas veces su condición vulnerable no solo se encuentra relacionada con su condición migratoria, sino que por las labores que deben realizar en condiciones de explotación, especialmente los que poseen una situación administrativa irregular. Lo anterior significará establecer elementos relativos a la no discriminación, la prohibición de trabajo forzoso, condiciones de empleo, el derecho de denuncia ante los órganos de inspección del trabajo, para efecto de evitar el desarrollo de prácticas abusivas hacia trabajadores que se encuentran en condición de precariedad generada por su situación administrativa migratoria o por su calidad de migrante. Paralelamente, en salud y educación, los migrantes deben ser incorporados para acceder a los respectivos sistemas nacionales asistenciales y educacionales. El primero, para brindar acciones que vayan desde la atención hasta la recuperación en salud, mientras que el segundo para contribuir a servir como un factor de movilidad social.

En lo que respecta a derechos culturales, las políticas migratorias deben propender a establecer modelos de gestión de la diversidad que sean capaces de reconocer sus identidades y la autonomía de las

---

927 CERIANI, Pablo, FAVA, Ricardo y MORALES, Diego, "Políticas migratorias, el derecho a la igualdad y el principio de no discriminación. Una aproximación desde la jurisprudencia del sistema interamericano de derechos humanos", en CERIANI, Pablo y FAVA, Ricardo (Eds.), *Políticas migratorias y derechos humanos*, Ediciones de la UNLA, Serie Derechos Humanos, Argentina, 2009, p. 128.

diferentes culturas migratorias, impidiendo la asimilación y transitando hacia algo más complejo, determinado como indica Velasco, por la idea de "...luchar contra la opresión de la uniformidad cultural y, sobre todo, de diseñar medidas políticas para erradicar o al menos mitigar la discriminación de las minorías"[928].

Sobre el aspecto cultural, resulta interesante la remisión que se pueda hacer acerca del modelo de Estado Constitucional en el que se configure y reconozcan ideologías como el multiculturalismo, cuyo contenido se identificaría con "...el respeto estatal a la pluralidad de culturas y el reemplazo de la legitimidad de las pretensiones de homogenización de la asimilación"[929]. En el contexto de la realidad multicultural del siglo XXI evidenciada en Europa, Noguera destaca la opción seguida por parte de la teoría neoconstitucionalista, en orden a considerar el Estado Constitucional abierto como una alternativa democrática y multicultural[930]. En efecto, este último modelo que se diferenciaría de aquel que obedece a un sistema de reglas, al estar basado en el reconocimiento de principios y criterios que quedarían sujetos a la concretización posterior que efectuarían los jueces, podría dar recepción a la pluralidad de culturas. Así, "...el modelo de Estado Constitucional abierto establece que, en las sociedades multiculturales, con altas tasas de inmigración, la Constitución y el ordenamiento jurídico debe ser lo suficientemente abierto para impedir que la definición e interpretación de su contenido pueda quedar en manos de una sola orientación cultural"[931].

---

928 VELASCO, Juan Carlos, *El azar de las fronteras. Políticas migratorias, ciudadanía y justicia*, Ob. Cit., p. 198. Al respecto, en dicha obra el autor distingue entre el pluralismo y el multiculturalismo, indicando que, "...el pluralismo se manifiesta como una sociedad abierta y enriquecida por pertenencias múltiples, mientras que el multiculturalismo significa el desmembramiento de la comunidad pluralista en subgrupos de comunidades cerradas y homogéneas", p. 193. Por su parte, explica el posmulticulturalismo, conformado por al menos tres niveles, esto es, "...respeto a la diversidad cultural, la igualdad de derechos y la interacción social", p. 200. Lo anterior, a propósito de las políticas de integración implementadas en Canadá y replicadas en España a través del II Plan Estratégico de Ciudadanía e Integración (2011-2014).

929 NOGUERA, Albert, "Los retos del derecho constitucional ante el fenómeno migratorio: una crítica a la teoría neconstitucionalista", Ob. Cit., p. 150.

930 Ibíd., p. 152.

931 Ibíd., p. 154.

Sin perjuicio de lo anterior, para Noguera, el debate debe estar antecedido por la consideración acerca de la situación de desigualdad formal y material que exista entre aquellos que integran los grupos étnico-sociales. Por tanto, si bien el modelo de Estado Constitucional podría generar igualdad de culturas, no resultaría aplicable para alcanzar la igualdad material de los individuos que forman parte de estos, lo que se debería lograr a partir del paradigma de la modernidad republicana[932], proponiendo un modelo mixto que transcurra entre un constitucionalismo de reglas y de interpretación multicultural como alternativa para resolver el conflicto entre igualdad individual/material e igualdad colectiva/cultural[933]. De esta forma, a su juicio primero habría que atender a situaciones que conduzcan hacia la igualdad material que debe existir entre los grupos étnicos-sociales, ya que, en su reflexión, "sólo los iguales pueden interreconocerse en las diferencias"[934]. Por su parte, toda política migratoria debiera considerar la existencia de otros derechos que contribuyan a la realización de aquellos que anteriormente han sido mencionados. Así ocurre con el debido proceso y la tutela judicial. En cuanto al primero, este se debe verificar tanto a nivel judicial y administrativo, cuyo contenido considera una serie de garantías y de otros derechos, entre los que se encuentra el derecho a un tribunal independiente e imparcial, derecho a un juez natural, derecho a defensa, derecho a un debido procedimiento y derecho a sentencia motivada. El segundo estará conformado por el derecho de acceso a la justicia, derecho a que el tribunal resuelva pretensiones conforme a derecho, derecho a la efectividad de las resoluciones judiciales, respeto de la cosa juzgada, disposición de medidas cautelares, ejecución de resoluciones judiciales y derecho al recurso[935].

---

932 Ibíd., p. 155.

933 Ibíd., p. 167.

934 Ibíd., p. 155. En este sentido, Noguera precisa que "En una sociedad desigual el grupo étnico-social dominante impone su concepción de justicia y los otros sólo pueden aspirar a ser tolerados, pero no a influir en ello", p. 156.

935 Sistematización propuesta y analizada en BORDALÍ, Andrés, "Análisis crítico de la jurisprudencia del Tribunal Constitucional sobre el derecho a la tutela judicial", *Revista Chilena de Derecho*, Vol. 38 N°2, 2011, p. 312.

Se trata de establecer un piso mínimo conformado por un complejo interdependiente de derechos, cuyo reconocimiento y posterior ejercicio favorezcan la integración de los migrantes en los países de destino. Así, como sostiene Ceriani, Fava y Morales, "...esta interdependencia de derechos es un componente central para su integración plena y justa de la sociedad de acogida, la cual a su vez repercute positivamente en los índices de cohesión social"[936].

Así, resulta oportuno indicar que, tales elementos deben ser comprendidos, sin perjuicio de las vías extralegales por la cual se consiguen los derechos, proceso que históricamente se genera desde fuera de los espacios de juridicidad. En este sentido, como destaca Barbero, "la lucha por el reconocimiento de derechos se ha vinculado al uso alternativo del derecho, así como a la producción alternativa. Múltiples sujetos y grupos han sido fuente de juridicidad"[937].

Además del reconocimiento de derechos, se torna fundamental contar con un sistema de protección frente a casos en los que su ejercicio se vea amenazado, perturbado o privado. Se trata de acompañarlos con garantías que, estando reconocidas a nivel constitucional, sean consideradas por las políticas migratorias, como parte del espectro de protección de los derechos de las personas migrantes.

En este sentido, Ferrajoli distingue entre garantías primarias, las que estarían referidas a deberes, obligaciones y prohibiciones, además de las secundarias, las que se plantearían respecto de aquellas que pretenden cumplir con el deber de reparación y sanción[938]. Las

---

936 CERIANI, Pablo, FAVA, Ricardo y MORALES, Diego, "Políticas migratorias, el derecho a la igualdad y el principio de no discriminación. Una aproximación desde la jurisprudencia del sistema interamericano de derechos humanos", Ob. Cit., p. 128.

937 BARBERO, Iker, "El movimiento de los sin papeles como sujeto de juridicidad", *Revista Internacional de Sociología (RIS)*, Vol. 71, N°1, 2013, p. 46.

938 En efecto, Ferrajoli considera que: "Los derechos fundamentales, de la misma manera que los demás derechos, consisten en expectativas negativas o positivas a las que corresponden obligaciones (de prestación) o prohibiciones (de lesión). Convengo en llamar garantías primarias a estas obligaciones y a estas prohibiciones y garantías secundarias a las obligaciones de reparar y sancionar judicialmente las lesiones de los derechos, es decir, las violaciones de sus garantías primarias", en FERAJOLI, Luigi, *Derechos y garantías. La ley del más débil*, Ob. Cit. 43.

primeras tendrían un carácter más bien institucional, determinado por el reconocimiento y aplicación de principios y de formas de interacción estatal conducente a contribuir a alcanzar la realización de los derechos en el marco de las migraciones a partir de la consideración de tres correlativos niveles, vinculantes para los poderes públicos y privados, los que estarían determinados por respeto, protección y satisfacción de los derechos. Al respecto, como indica Pisarello, se trata que, "los poderes públicos estén obligados al menos a proteger el umbral mínimo de obligaciones sin el cual el derecho en cuestión resultaría y quedaría totalmente desnaturalizado"[939]. En cuanto a las garantías secundarias o jurisdiccionales, conducentes a restablecer el imperio del derecho afectado, en primer lugar, estas deben legitimar a los migrantes para recurrir en defensa de sus propios derechos. En segundo lugar, se torna necesario reconocer acciones que no hagan distinción y fragmentación de los sujetos titulares de derechos, basados en su situación administrativa migratoria y en donde la legitimidad procesal para recurrir puede ser ejercida tanto de manera individual (el migrante) y colectiva (asociaciones de migrantes u otros interesados en la defensa de los derechos de estos) sin necesidad condicionarla al patrocinio de letrados y a otras reglas que signifiquen alterar el ejercicio de derechos relacionados con el debido proceso y la tutela judicial[940].

Paralelamente, sin perjuicio de la existencia de tales garantías, el contexto determinado por la globalización y la crisis capitalista ha dado lugar a una reestructuración de las formas de organización del

---

939 PISARELLO, Gerardo, "Derechos sociales, democracia e inmigración en el constitucionalismo español: del originalismo a una interpretación sistemática y evolutiva", en AÑÓN, María José (Ed.), *La universalidad de los derechos sociales: el reto de la inmigración*, Tirant lo Blanch, 2003, Valencia, p. 58.

940 Por tal motivo, una de las reglas que podrían contribuir a generar un cambio en lo relativo al desarrollo de procesos de defensa de los derechos, consistiría en la determinación de la carga probatoria. Así, como indica Pisarello, "...ante un reclamo concreto, corresponde a los poderes públicos y no a los ciudadanos, demostrar que se han realizado todos los esfuerzos y recursos posibles para cumplir con las obligaciones en materia de derechos", en PISARELLO, Gerardo, "Derechos sociales, democracia e inmigración en el constitucionalismo español: del originalismo a una interpretación sistemática y evolutiva", Ob. Cit., p. 59.

trabajo, además de nuevos grupos en condición de precariedad[941]. Por tal motivo, el diseño normativo debe reconocer a esos sujetos, entre los que se encuentran los migrantes. Sobre el punto, siguiendo a Noguera, dos serían las vías para integrarlos. La primera estaría relacionada con el reconocimiento de principios de igualdad, mientras que la segunda consistiría en el reconocimiento de derechos colectivos a esos grupos[942].

Se trata de establecer mecanismos que pongan atención en la calidad de los sujetos, antes que, en la configuración de una estructura normativa universal, divorciada de la situación social de estos. En efecto, como destaca Butler, "...lo universal puede ser lo universal solo hasta el punto en que permanece inalterado por lo que es particular, concreto e individual"[943].

De esta forma, en un contexto en el que la posición de los migrantes se encuentra condicionada por la determinación que hacen las políticas migratorias, los instrumentos jurídicos deben ser concebidos como mecanismos de protección de los sujetos migrantes en situación de vulnerabilidad, sin ser percibidos como una de las formas en las que incurran los Estados para oprimir a aquellos que no cumplan con las condiciones de legalidad y juridicidad.

Además de los elementos señalados, los Estados deben contener en sus políticas migratorias, enfoques que se preocupen tanto por la inmigración como por la emigración, por cuanto se trata de dos fe-

---

941 NOGUERA, Albert, "Los derechos de los grupos en situación de vulnerabilidad en el nuevo constitucionalismo latinoamericano", en ESCOBAR, Guillermo (Ed.), *Ombusman y colectivos en situación de vulnerabilidad*, Tirant lo Blanch, Valencia, 2017, p. 37

942 Ibíd., p. 43 y 44. Respecto a las determinantes de la condición de vulnerabilidad en la citada obra, el autor plantea que "...esta no viene determinada por una condición personal sino por una condición coyuntural de organización societal que beneficia a determinados grupos sociales, sexuales, económicos, con características físicas concretas. La diferencia entre lo normal y lo no-normal no es una cuestión de condiciones personales de cada uno, sino de redistribución de poder, opresión y dominación entre grupos", p. 58.

943 BUTLER, Judith, *Reescinificación de lo universal: hegemonía y límites del formalismo*, en BUTLER, Judith, LACLAU, Ernest y ZIZEK, Slavol, *Contingencia, Hegemonía, Universalidad. Diálogos contemporáneos en la izquierda*, Fondo de Cultura Económica, Buenos Aires, 2003, p. 29.

nómenos que se encuentran relacionados entre sí. En este sentido, se debe superar la lógica separatista con la que estos tienden a ser regulados, generalmente encargando a órganos diferentes su tratamiento y gestión. Así, tratándose de la emigración, es importante que el Estado mantenga relaciones constantes con sus nacionales, tornándose fundamental que la institucionalidad que opera en los países de destino, como son los consulados u otros organismos, lideren acciones que no se limiten en sus funciones al aspecto de gestión administrativa, sino que se extienda a facilitar la integración de sus ciudadanos, con asesorías, unidades especializadas, permanencia de los vínculos con el país de origen y acompañamiento en caso de retorno.

Finalmente, como ha sido expuesto en los capítulos anteriores, durante las últimas décadas, los tres países considerados para el desarrollo de esta investigación (Chile, Argentina y Brasil) registran desarrollos similares en torno a los procesos de transformación socioeconómicas, a los patrones migratorios y las formas de regulación del fenómeno. Paralelamente, los mecanismos de integración y de cooperación regional han sido configurados atendiendo a un enfoque principalmente económico, olvidando aspectos relacionados con las migraciones, sus condiciones de regulación y los resguardos hacia los derechos de las personas migrantes[944]. El tipo de ciudadanía que ha sido configurada por las instancias regionales es el de migrantes funcionales al mercado de trabajo. En este sentido, se trata de políticas que como sostiene Rho, "...persiguen canalizar y regular la migración basada en las necesidades de los mercados de trabajo y no las migraciones en sí mismas"[945].

Por lo mismo, debe lograrse una cooperación regional en la materia, cuya finalidad radique en establecer bases comunes en torno a las condiciones que regulan al fenómeno, los contenidos mínimos de las políticas migratorias y los márgenes de disponibilidad que mantengan los Estados en cuestiones que eventualmente supongan una

944 Lo anterior, sin desconocer el aporte realizado a partir de algunas instancias e instrumentos como fue la Conferencia Sudamericana de las Migraciones y su influencia sobre el cambio de normas reguladoras y de políticas migratorias en Argentina y Uruguay.

945 RHO, Gabriela, "Visiones políticas y perspectivas de Mercosur, CAN y Unasur en la construcción de una ciudadanía regional (2002-2010)", Ob. Cit., p. 17.

amenaza al ejercicio de los derechos de las personas migrantes. Lo anterior, atendiendo a los siguientes elementos:

- El desarrollo de estos debe intentar desligarse de la estructura de poder que históricamente ha dirigido a las instancias de cooperación regional.
- Las proyecciones a largo plazo deben ser complementadas con objetivos cortoplacistas, especialmente respecto de la configuración y aplicación de ejes comunes en la materia.
- Es importante contemplar mecanismos de control y de monitoreo de los compromisos asumidos por los Estados.
- Las materias vinculadas a los derechos humanos de las personas migrantes no pueden estar expuestas a eventuales retrocesos determinados por las voluntades de los gobiernos de turno. Por eso resultará relevante la participación interna de otros actores.

En efecto, a mi juicio, la existencia de los lineamientos y directrices explicadas en este capítulo, podrían contribuir a resguardar los derechos de las personas migrantes. Como se puede apreciar, se trata de un complejo que no solo requiere de un enfoque de análisis o la participación de un tipo de actores que tradicionalmente han sido pensados desde la comodidad y en favor del poder hegemónico, sino que necesariamente debe alcanzar otros aspectos y focalizaciones que pongan a los sujetos migrantes y sus derechos en el centro de las preocupaciones relativas a las migraciones.

De esta forma, las migraciones analizadas dan cuenta que estas responden a una estructura que desde final del siglo XX viene determinada por las transformaciones estructurales efectuadas en el marco de la expansión del capitalismo. En tal sentido, el fenómeno no se puede divorciar de aquellos elementos, ya sea para efecto de indagar en sus causas, en su desarrollo y en las propuestas conducentes a resguardar y proteger los derechos de las personas migrantes. Por lo mismo, el estudio de las migraciones asume un significado político, no resultando suficiente pensar en alternativas que sólo provengan desde lo normativo y jurídico/legal, sino que desde la problematización de las bases del modelo socioeconómico.

Tomando en consideración lo anterior, las propuestas para proteger y resguardar los derechos de las personas migrantes se han formulado en dos sentidos. El primero, consistente en el replanteamiento de las bases estructurales representadas por el modelo socioeconómico vigente y el establecimiento de lineamientos alternativos en perspectiva emancipadora. El segundo, radica en configurar elementos propositivos que se formulen desde el enfoque de derechos, para que, a través de estos, se favorezca la integración de los migrantes.

Respecto al primer aspecto señalado, algunos lineamientos y directrices necesarios para promover la remoción de las estructuras que configuran el contexto en el que han tenido lugar las migraciones analizadas, corresponde, en primer lugar, a la mutación de la relación Estado/Capital, lo que necesariamente debe determinarse en virtud del control que se ejerza sobre este último, además de superar la lógica reduccionista y neoliberal consistente en asociar el desarrollo al crecimiento económico, planteando para este efecto, un carácter multidimensional, cuyos resultados no solo se midan en números. Asimismo, condiciones básicas vinculadas al ejercicio de los derechos de las personas que integran el fenómeno analizado y que hoy se encuentran en poder del capital, deben quedar entregadas al Estado.

Por su parte, un segundo lineamiento consiste en la redefinición acerca de la estructura productiva de las economías de los países en los que actualmente se desarrollan las migraciones. Lo anterior para efecto de que las periferias alcancen mayores niveles de autonomía, en relación con los centros capitalistas. En este sentido, se propone que la estructura productiva de los Estados sea diversificada a partir de la revalorización del rol del Estado y la consideración política y social de nuevos actores.

El tercer lineamiento, parte de la premisa consistente en que la historia ha demostrado que en América Latina los Estados poseen una realidad similar en lo relativo a sus estructuras productivas y al carácter dependiente y de desarrollo desigual respecto de los centros capitalistas. Por tal motivo, resulta pertinente y necesario considerar lineamientos y directrices que favorezcan la integración regional, planteando para tal efecto la reformulación del carácter economicista de aquella integración, el dominio sobre los recursos energéticos y la generación de una institucionalidad regional con carácter vinculante.

De esta forma, los elementos señalados se formulan como aspectos básicos que deben ser pensados para alcanzar la emancipación progresiva respecto del modelo socioeconómico que durante décadas ha predominado en la región. Las condicionantes estructurales y coyunturales que determinan la posición de los migrantes en los países de destino, se han convertido en factores propicios para generar su fragmentación y exclusión, condicionando y afectando el ejercicio de sus derechos. En tal perspectiva, la segunda propuesta considera que, la integración de los migrantes debe efectuarse a partir de la consideración de un enfoque de derechos, aplicable a la regulación y análisis del fenómeno. Lo anterior, se debe lograr a partir del planteamiento de al menos tres elementos.

El primero está determinado por el establecimiento de nuevas formas de adquisición de los estatus y categorizaciones contempladas por el ordenamiento jurídico, además de la desvinculación de estos con el reconocimiento y ejercicio de los derechos de las personas migrantes, revalorizando respectivamente, el desarrollo de las prácticas sociales y la titularidad universal asociada a los derechos.

El segundo supone complejizar el contenido del derecho a migrar, el que históricamente ha sido construido a partir de una dimensión liberal, relacionándolo con el desplazamiento de un lugar a otro. En este sentido, el contenido del derecho debe ser configurado en base a factores que integren una dimensión social y política, capaz de favorecer la integración de los migrantes.

En tercer lugar, las contradicciones y tensiones establecidas por las políticas migratorias como parte de la gestión del fenómeno, ha hecho necesario pensar en contenidos mínimos que estas debieran abarcar para efecto de velar por el respeto y protección de los derechos de las personas migrantes. Lo anterior, permitirá que estas no se vuelvan en instrumentos o dispositivos de control encargados de fragmentar a los sujetos a los que se les aplican, sino que, al ser parte del derecho vigente, se conciban como instrumentos de integración de aquellos que estructuralmente se encuentran en condiciones de precariedad para acceder y ejercer sus derechos. Por lo mismo, he propuesto desenfocar su contenido de los aspectos administrativos, favoreciendo otros que favorezcan la posición de las personas migrantes como titulares de derechos.

En efecto, el acceso a derechos debe convertirse en el principal mecanismo llamado a combatir la precariedad a la que estructuralmente se encuentran expuestos los migrantes, posibilitando su integración e inclusión. Al respecto, como plantea Pedraza, "...oponerse al cambio y privilegiar la legalidad del poder constituido en aras de la estabilidad y el consenso provoca que el discurso del derecho se vuelva un instrumento a favor del poder hegemónico"[946].

En tal sentido, la complejidad del fenómeno invita a tener en consideración los lineamientos y directrices propuestas, cuya realización podría significar una forma distinta de pensar las migraciones y los derechos de las personas migrantes.

---

946 PEDRAZA, Alejandro, "La ciudadanía en términos de una paradoja política", Ob. Cit., p. 308.

Conclusiones

Desde final del siglo XX el predominio del poder hegemónico capitalista y el avance del proceso de globalización han dado lugar a una serie de ajustes estructurales que inciden en el desarrollo de las relaciones socioeconómicas y de fenómenos como las migraciones. Lo anterior ha coincidido con una de las fases del capitalismo, marcada por su crisis y la necesidad de encontrar nuevas formas de valorización, entre las que destacan el auge del capital financiero, caracterizado por la financiarización, el endeudamiento y la manipulación del crédito, además de la consecuente relocalización periférica del capital productivo. Tal circunstancia ha dado paso a la conformación de una división internacional del trabajo, ante la cual se explica la demanda de fuerza de trabajo para efecto de ser puesta al servicio del capital. Ante dicha circunstancia, la inserción de los países de la región latinoamericana a la denominada economía mundo capitalista, ha significado acrecentar el desarrollo desigual y la histórica relación de dependencia entre las economías periféricas y centrales. Así, los primeros han venido a cumplir una función, cual es la de servir y apoyar el desarrollo del capital productivo, poniendo a su disposición el control sobre las áreas estratégicas centradas en la explotación de recursos naturales, además de la conformación de ejércitos de reserva que son generados a partir de las migraciones, en tanto fenómeno en el que se refugia la movilidad de la fuerza de trabajo.

El desarrollo de aquellos elementos estructurales permite explicar los nuevos direccionamientos y trayectorias migrantes observadas en América Latina durante las últimas décadas. En efecto, hasta el año 2000, el patrón migratorio consistía en desplazamientos dirigidos desde las periferias hacia los centros capitalistas, sin embargo, a partir de ese momento, se evidencia la intensificación de la migración intrarregional Sur-Sur, marcada por un considerable aumento del flujo de migrantes provenientes desde los propios países sudamericanos, concentrando el mayor *stock* de migrantes en la región.

De esta forma, las migraciones desarrolladas durante los últimos veinte años en América Latina, especialmente de aquellas que han tenido lugar en Sudamérica (intrarregionales), son representativas de la movilidad de la fuerza de trabajo requerida por el capital, como parte de su relocalización en países con economías periféricas.

En dicho contexto, habiendo desarrollado los diferentes ejes temáticos propuestos al inicio del presente libro, corresponde formular y abordar las siguientes conclusiones:

1. **Las transformaciones desarrolladas sobre las estructuras socioeconómicas de los países sudamericanos con mayor *stock* de migrantes (Chile, Argentina y Brasil), correlativamente han dado paso a un aumento progresivo de las migraciones intrarregionales, conformada por sujetos susceptibles de ser integrados como parte de la fuerza de trabajo requerida en los países receptores.**

   a) Los países sudamericanos que registran realidades similares en torno a los procesos de transformación estructurales, además del desarrollo y regulación de las migraciones, es Chile, Argentina y Brasil. En efecto, las dictaduras militares y los posteriores ajustes una vez retornada la democracia, dieron forma a sus estructuras socioeconómicas de naturaleza capitalista y neoliberal. Lo anterior, sin perjuicio de la etapa posneoliberal por la que transitó Argentina y Brasil durante los primeros años del siglo XXI, la que estuvo marcada por la llegada al poder de gobiernos progresistas, los que no obstante haber privilegiado una agenda social, no hicieron mayores cambios en lo relativo a la estructura productiva y al tipo de desarrollo interno. Aquellos elementos han sido fundamentales para mantener la dependencia y el desarrollo desigual con los centros capitalistas, lo que se agudiza a partir de la deuda externa, la obtención de créditos internacionales y la limitación del rol de la periferia como proveedora de materias primas, fuerza de trabajo y sede explotación de recursos naturales.

   b) La realidad migratoria de los tres países analizados tiende a ser similar, en el sentido del alto *stock* de migrantes y el perfil de sujetos que conforman el fenómeno. Se trata de un patrón representado por migrantes provenientes de otros países de la región, especialmente sudamericanos, de edades similares y con características propicias para convertirse en fuerza de trabajo. Lo anterior constituye un cambio en relación con el tipo de migraciones observadas desde mediados del siglo XX hasta inicio del XXI, determinado por una migración extrarregional, marcada por sujetos provenientes de países de fuera de la región, en edades adultas y por motivos diferentes a los que presentan los actuales migrantes.

c) Los sujetos que conforman el fenómeno se han insertado en los respectivos mercados de trabajo (formal e informal), lo que se evidencia a partir de las tasas de ocupación y el tipo de visados otorgados. Por su parte, se trata de personas que, por sus condiciones sociales de ingreso y permanencia, son susceptibles de ser controladas y explotadas por el capital, insertándose en áreas complejas dominados por este, tales como la agricultura, construcción, minería y comercio. Por lo mismo, residen en ciudades económicamente activas, entre las que destacan Santiago de Chile, Buenos Aires y Sao Paulo, las que se encuentran dedicadas al desarrollo de dichos rubros en los que opera el capital, factor que permite comprender el aumento de la densidad poblacional en ellas y los consecuentes cambios asociados a su organización, principalmente en lo relativo a la circunstancia de habitar zonas económicamente excluidas al interior de las ciudades en donde muchas veces la dinámica de crecimiento poblacional migrante se da con la expansión de los campamentos en los sectores altos de las ciudades, pudiendo condicionar el ejercicio de la ciudadanía, el que estaría vinculado a la forma en cómo los migrantes habitan la ciudad. Así, respecto de aquellos que viven en zonas excluidas, como indica Pérez "Las prácticas de autonomía han hecho posible la aparición de una ciudadanía urbana en la que ellos evalúan ética y estéticamente sus condiciones de vida como ocupantes ilegales"[947]. En efecto, la forma en cómo se autoconstruyen estaría influenciada por las prácticas residenciales y las zonas en las que estas se desarrollan.

947 PÉREZ, Miguel y PALMA, Cristóbal, "De extranjeros a ciudadanos urbanos: autonomía y migración en el gran Santiago", *Estudios Atacameños*, Vol. 67, 2021, p. 16.

d) En los tres países analizados, el desarrollo de las migraciones ha sido correlativo a la forma en cómo en estos se han llevado a cabo transformaciones sobre sus estructuras socioeconómicas. Mientras más se globalizan los Estados y mayor es la participación del capital sobre la configuración de los mercados de trabajo, mayor es el *stock* de migrantes, especialmente de los provenientes de países sudamericanos. En tal perspectiva, no es casual que el aumento progresivo de la cantidad de migrantes se haya generado de manera correlativa a la necesidad de fuerza de trabajo requerida por el capital, con ocasión de la regulación de los procesos productivos.

2. **En Chile, Argentina y Brasil, la gestión de las migraciones tensiona con el ejercicio de los derechos de las personas migrantes. Así, la regulación que hacen los Estados acerca del fenómeno analizado facilita la precarización y fragmentación de los sujetos migrantes. Lo anterior, a partir de la configuración de una legalidad que en reiteradas ocasiones condiciona el acceso a sus derechos, situación que ha sido aprovechada por el capital para efecto de atraer, explotar y dominar a la fuerza de trabajo migrante.**

   a) Tanto el direccionamiento de los flujos migratorios como las condiciones materiales de las personas migrantes se han visto condicionadas por el tipo de regulación que hacen los Estados acerca del fenómeno. Por lo mismo, en momentos históricos determinados, las políticas migratorias se han vuelto más permisivas o restrictivas, dependiendo de las necesidades del capital. Por su parte, lo restrictivo no necesariamente se asocia a la imposibilidad de ingresar o de permanecer en un país del que no se es nacional o residente, sino que se vincula con las condiciones normativas que tengan las personas para poseer un estatus o una situación administrativa regular que permita vivir en el ámbito de lo legal.

   b) En tal perspectiva, el derecho ha sido funcional al establecimiento de las relaciones económicas de poder, favoreciendo al modelo socioeconómico para efecto de condicionar el desarrollo de fenómenos como las migraciones. Lo anterior se ha efectuado a través del establecimiento de políticas migratorias que han contribuido a direccionar, perfilar o configurar un tipo determinado de migrantes, los que posteriormente se insertan en los mercados laborales. De esta forma, la precarización de los sujetos migrantes no solo se determina por las condiciones que arrastran desde sus países de origen y a los elementos asociados a su calidad de migrantes, sino que también por la forma en cómo los Estados tienden a gestionar la regulación del fenómeno y las posibilidades que estos contemplen para su integración y la protección de sus derechos.

c) Los problemas asociados a la protección y garantía de los derechos de las personas migrantes no solo se establecen por el tipo de regulación actual que existe acerca de las migraciones, sino que se trata de una realidad que se articula sobre la base de un pasado común en los tres paisas analizados, determinado por regulaciones securitistas que rigieron por más de treinta años y cuyo origen se remontan a las dictaduras militares desarrolladas durante los años 60 y 70 del siglo XX. A partir de lo anterior, el sujeto migrante ha sido históricamente construido en conflicto con la seguridad, el orden público y la soberanía de los Estados receptores, lo que proviene de caracterizaciones, fragmentaciones y diferenciaciones jurídicas que relegan a lo ilegal a aquel que no se encuentre en alguno de ellos, planteándose como sujeto sin derechos.

d) Vinculado a lo anterior, el derecho internacional de los derechos humanos no difiere mucho en lo relativo a la centralidad que le otorgan a lo administrativo y a las categorizaciones jurídicas que sirven para definir a los sujetos. Así, los principales instrumentos de derechos humanos asumen ciertas limitaciones con temas relativos al contenido del derecho a migrar, vinculándolo a la libertad de desplazamiento y sin establecer un piso mínimo que retribuya a la integración de los migrantes. En este sentido, no se rescata un enfoque que favorezca la integración de los migrantes, sino que todo se reduce a una dimensión liberal, relacionada con la circulación de estos, sin mayor consideración de elementos vinculados a derechos de naturaleza social, política y cultural. Por su parte, hay algunos como la Convención Internacional sobre Protección de los Derechos de Todos los Trabajadores Migratorios y de sus Familias que establecen diferenciaciones en el reconocimiento y acceso a derechos, las que quedan condicionadas a la situación migratoria.

e) En el caso regional, las migraciones siempre han sido abordadas en el marco de las instancias de cooperación económica, lo que ha estado determinado por una institucionalidad global que no escapa a las relaciones económicas de poder. Aquellas instancias han limitado el tratamiento de las migraciones a la movilidad, bajo el reconocimiento de una aparente libertad de desplazamiento y la posibilidad de ingresar a otro Estado, sin atender mayormente a la dimensión relacionada con los derechos de los sujetos que conforman el fenómeno.

f) En efecto, las formas jurídicas han servido para condicionar el direccionamiento de los flujos o bien para acentuar el contenido vinculado a los sujetos migrantes, tales como la precarización, fragmentación, jerarquización, elementos que han sido aprovechados por el capital para lograr la aceptación de las condiciones relativas a las nuevas formas de organización del trabajo. El mercado aprovecha la situación legal en la que se encuentran los migrantes, estableciendo condiciones de explotación y de dominación sobre la fuerza de trabajo. A tales factores y categorizaciones jurídicas se asocian al ejercicio de los derechos, cuyo tratamiento se encuentra gestionado por las regulaciones normativas y el modelo de gobernabilidad de las migraciones.

3. **La propuesta de lineamientos y directrices conducentes a resguardar y proteger los derechos de las personas migrantes, no solo debe considerar una dimensión estrictamente jurídica, sino que debe ser proyectada en al menos dos sentidos. El primero, relativo al replanteamiento del modelo socioeconómico vigente de naturaleza capitalista y neoliberal, a partir del cual se explica el direccionamiento y las condiciones de los migrantes. El segundo, determinado por la posibilidad de establecer un sistema de gobernabilidad migratoria que considere la integración de los migrantes a través del enfoque de derechos.**

a) El análisis de las migraciones no se puede divorciar del contexto socioeconómico que las determinan. Lo anterior, tanto para efecto de explicar su desarrollo, como también para proponer lineamientos y directrices que contribuyan a resguardar y proteger los derechos de las personas migrantes. En este sentido, la sola consideración de lo estrictamente jurídico/legal y de lo subjetivo se vuelve insuficiente para intentar dar respuesta a un fenómeno que históricamente ha respondido a factores complejos que escapan de los normativo.

b) En relación con el replanteamiento de las estructuras socioeconómicas, se trata de establecer mecanismos que desafíen a las estructuras actuales determinadas principalmente por el capitalismo, el que no sólo funciona desde una dimensión económica, sino política y social, al influir decisivamente en la planificación y en la organización de la institucionalidad que en este caso se proyecta en el ámbito del desarrollo de las migraciones.

   En este sentido, las propuestas se han formulado a partir de la realidad socioeconómica y de la forma en cómo los tres países analizados han tenido que adaptar sus estructuras a lo considerado por el modelo vigente. Por tal motivo, en una perspectiva emancipadora, he considerado oportuno atender a tres lineamientos.

   El primero es el relativo a la mutación de la relación Estado/Capital, referida tanto a la verificación de un control estatal sobre este último, nuevas claves para atender y evaluar el desarrollo, además de la reserva de cuestiones básicas y esenciales entregadas al Estado, tal como las condiciones que actualmente el capital aplica a sujetos estructuralmente vulnerables (migrantes, trabajadores, mujeres, entre otros).

   El segundo consiste en la redefinición de la estructura productiva de los países analizados, el que se torna necesario en atención a que los elementos claves en los que se sustenta el desarrollo desigual y la dependencia entre aquellos que poseen economías periféricas y centrales, se determinan por la estrategia y estructura productiva de los primeros, cuya autonomía cede ante los centros capitalistas. En tal perspectiva, las redefiniciones necesariamente se deben enfrentar a partir de la reconsideración del rol del Estado y el accionar político y social de nuevos actores.

El tercero se refiere al favorecimiento de la integración regional, cuyo planteamiento se justifica en atención a las realidades comunes que históricamente han existido entre los países de la región, específicamente en cuanto a sus estrategias productivas y el dominio de los recursos. Por tal motivo, resulta esencial configurar elementos que favorezcan el carácter propuesto, siendo fundamental la reformulación de su carácter economicista, el aprovechamiento de sus recursos y la generación de una institucionalidad regional con caracteres distintos a los que hoy existen, especialmente en cuanto a la vinculatoriedad sobre temas que constituyan un piso mínimo común, como es el relativo a aquellas capaces de afectar los derechos de las personas.

De esta forma, las propuestas abordadas en este aspecto consideran las trayectorias y las transformaciones socioeconómicas en el que se han desarrollado las migraciones analizadas, constituyendo lineamientos y directrices necesarias para proceder a una emancipación progresiva del actual modelo socioeconómico y un consecuente mejoramiento del contexto en el que se desenvuelvan fenómenos que ponen en disputa los derechos de los sujetos que los conforman.

c) En cuanto al tema relacionado con la integración de los migrantes a través del enfoque de derechos, se trata de una propuesta que se realiza en atención a la situación de fragmentación y exclusión estructural a la que estos se ven enfrentados, especialmente en lo relativo al ejercicio de sus derechos. En tal circunstancia, para lograr lo anterior, a mi juicio ha sido necesario atender a tres elementos. El primero es el referido a repensar los estatutos y categorizaciones jurídicas, desvinculándolos de los derechos, para que estos se encuentren asociados a la persona y no a las formas definidas por el ordenamiento jurídico, como son las situaciones administrativas o la posesión de determinados estatus jurídicos que no aplican para todos.

El segundo elemento para conseguir la integración de los migrantes a través del enfoque de derechos es el relativo a complejizar el derecho a migrar, ampliando su alcance para efecto de incorporar elementos sociales y políticos que superen la forma en cómo históricamente ha sido construido el contenido de aquel derecho. Por tal circunstancia, en el presente libro he propuesto un nuevo contenido del derecho comentado, el que abarcaría las dimensiones mencionadas, revalorizando el rol y la posición de los migrantes como sujetos titulares de este.

El tercer elemento, radica en la posibilidad de que la gestión de las migraciones se configure a partir de políticas migratorias que por su contenido sean capaces de proyectarse como instrumentos de integración de aquellos que no poseen las condiciones para acceder y ejercer sus derechos. Por tal motivo, la consideración acerca del contenido que estas debieran abarcar, se ha presentado y desarrollado como un piso mínimo para que estos puedan cumplir con tal propósito. Así, como ha quedado demostrado, las políticas migratorias, en tanto parte del derecho vigente de los Estados, no deben limitarse a establecer aspectos administrativos apremiantes que en caso de no llegar a cumplirse por los sujetos a los que se les aplican, los excluyen, marginan y fragmentan, vaciándolos como personas titulares de derechos. En efecto, el enfoque central de una política llamada a regular un fenómeno complejo como son las migraciones necesariamente debe partir desde la consideración de los derechos, integrando otros aspectos sustanciales diversos, como parte de la naturaleza de aquello que están llamadas a ejercer.

d) La complejidad del fenómeno analizado y la relación evidenciada entre su desarrollo y los procesos estructurales socioeconómicos que escapan de los estrictamente jurídico, determinó que, metodológicamente, haya tenido que integrar enfoques teóricos de alcance histórico-estructural, antes que atender a una dimensión puramente individualista y subjetiva. En este sentido, como revisé en la primera parte de la presente investigación, abundan los trabajos que rescatan o abordan dicho enfoque de análisis, centrándose en las motivaciones subjetivas e individuales de los migrantes, lo que, en mi perspectiva, no permite explicar y responder a elementos más complejos tal como la forma bajo la cual se puede pensar en alternativas conducentes a proteger sus derechos. El enfoque individualista sí bien permite hacer un diagnóstico de sus derechos (realización y acceso), no es suficiente para plantear lineamientos y directrices que contribuyan a alcanzar su resguardo y protección, ya que para eso se requiere complejizar el análisis, siendo necesario contar con una visión crítica respecto del desarrollo e incidencia de aquellos elementos estructurales por las que se ven determinadas las propias motivaciones subjetivas.

e) Las resistencias y la lucha de los migrantes se plantean respecto de una estructura de dominación. Por tal motivo, el análisis de las migraciones debe invitar a pensar en elementos que posicionen a los migrantes como sujetos políticos de derecho, en donde la movilidad sea el resultado de decisiones libres y no de una estructura hegemónica de poder impuesta por el capital y los Estados, depositando en ella y en aquellos que la desarrollan, una potencialidad transformadora derivada de procesos de resistencia y de lucha por sus derechos. En efecto, siguiendo a Rancière, "...la política existe cuando el orden natural de la dominación es interrumpido por la institución de una parte de los que no tienen parte"[948].

---

948 RANCIÈRE, Jacques, *El desacuerdo. Política y Filosofía*, Ediciones Nueva Visión, Buenos Aires, 1996, p. 25.

Bibliografía

Obras generales y artículos académicos

ABAD, Luis, "Economía en red y políticas migratorias: ¿Hacia un mercado global de trabajo?", *Migraciones*, N°14, 2003.

ABAD, Luis, "Paradigma teórico y explicación de los flujos migratorios internacionales en tiempos de globalización. Una revisión crítica", *RHA*, Vol. 3 N° 3, 2006.

ACEITUNO, David y QUINTEROS, José Manuel, "Antecedentes y herencias de la dictadura chilena en las ideas y legislación sobre la migración (1953-2018)", *Anuario de Historia Regional y de las Fronteras*, Vol. 24, N°2.

ACOSTA, Alberto, "Extractivismo y neoextractivismo: dos caras de una misma maldición", en LANG, Miriam y MOKRANI, *Más allá del desarrollo*, Ediciones Abya Yala, Fundación Rosa Luxemburgo, México, 2012, p. 112.

ACOSTA, Elaine, "Valorar los cuidados al estudiar las migraciones: la crisis del trabajo de cuidado y la feminización de la inmigración en Chile", en STEFONI, Carolina (ed.), *Mujeres inmigrantes en Chile ¿mano de obra o trabajadoras con derechos?*, Universidad Alberto Hurtado, Santiago, 2011.

ACOSTA, Diego y FELINE, Luisa, "Discursos y políticas de inmigración en Sudamérica ¿Hacia un nuevo paradigma o la confirmación de una retórica sin contenido?, *REMHU, Revista Interdisciplinaria Mobil. Hum*, Año XXIII, N°44, 2015.

ACTIS, Walter, DE PRADA, Miguel Ángel y PEREDA, Carlos, "¿Cómo estudiar las migraciones internacionales?", *Colectivo IOE*, N° 0, 1996.

AGUERRE, Lucía, *El fenómeno migratorio y su relación con la crisis de la noción moderna de ciudadanía. Análisis de tres propuestas*, Libro Digital, Buenos Aires, 2016.

AJMECHET, Sabrina, "El peronismo como momentos de reformas (1946-1955)", *Revista SAAP*, Vol. 6, N° 2, 2012.

ALBURQUENQUE, Francisco, "Crisis climática y desarrollo territorial. En busca de alternativas al capitalismo neoliberal desregulado", *Revista de Desarrollo Local*, N°6, 2020.

ALMEYRA, Guillermo, CONCHEIRO, Luciana, MENDES, Joao y WALTER, Carlos, *Capitalismo: tierra y poder en América Latina (1982-2012)*, Ediciones Continente, México, 2014.

ÁLVAREZ, Soledad, "¿Crisis migratoria contemporánea? Complejizando dos corredores migratorios globales", *Ecuador Debate*, N°97, 2016.

ÁLVAREZ, Soledad, "Ecuador-México-Estados Unidos: la producción de una zona de tránsito entre políticas de control y la autonomía de la migración", en CORDERO, Blanca, MEZZADRA, Sandro y VARELA, Amarela (coords,), *América Latina en movimiento. Migraciones, límites a la movilidad y sus desbordamientos*, Traficante de sueños, Madrid, 2019.

ÁLVAREZ, Susana, "¿Derechos fundamentales o derechos de ciudadanía? Algunas notas sobre la noción de ciudadanía", en CAMPOY, Ignacio (Ed.), *Una discusión sobre la universalidad de los derechos humanos y la inmigración*, Editorial Dykinson, Madrid, 2006.

ÁLVAREZ, Ignacio y LUENGO, Fernando, "Financiarización, acumulación de capital y crecimiento salarial en la UE-15", *Investigación económica*, Vol. LXX, N° 276, 2011.

ALVES, Giovanni, "Trabalho e sindicalismo no Brasil um balanço crítico da "década neoliberal" (1990-2000)", *Revista de sociología e política*, N° 19, 2002.

AMADOR, Juan Carlos y GUERRERO, Alejandro, "El derecho al voto de los inmigrantes: dilema para las democracias contemporáneas", *Política y Sociedad*, Vol. 6, N°30, 2016.

AMIN, Samir, *El desarrollo desigual*, Editorial Fontanella, Barcelona, 1986.

AMIN, Samir y GONZÁLEZ, Pablo, *La nueva organización capitalista mundial vista desde el Sur. I. Mundialización y acumulación*, Anthropos, Barcelona, 1995.

AMIN, Samir, *El capitalismo en la era de la globalización*, Editorial Paidós, Barcelona, 1999.

AMIN, Samir, *El capitalismo contemporáneo*, El Viejo Topo, España, 2012.

AÑÓN, María José (Ed.), *La universalidad de los derechos sociales: el reto de la inmigración*, Tirant lo Blanch, Valencia, 2003,

ARAGONÉS, Ana María, "El fenómeno migratorio en el marco de la globalización", *Comercio exterior*, Vol. 49 N°8, 1999.

ARAGONÉS, Ana María, *Migración internacional de trabajadores. Una perspectiva histórica*, Plaza y Valdes editores, México, 2000.

ARAYA, Víctor, "El derecho a migrar o ius migrandi como derecho fundamental implícito", *Revista Justicia y Derecho*, Vol. 4 N°1, 2021.

ARCOS, Federico, "¿Existe un derecho humano a inmigrar? Una crítica del argumento de la continuidad lógica", *Doxa. Cuadernos de Filosofía del Derecho*, N°43, 2020.

ARÉVALO MOSCOSO, María Alejandra, "Perspectiva actual de la política migratoria en Estados Unidos y Europa: ¿un nuevo rumbo?", *Criterios – Cuadernos de Ciencia jurídica y Política Internacional*, Vol. 5, N°2, 2012.

ARENDT, Hannah, *Los orígenes del totalitarismo*, Taurus, 1999, España, p. 375.

ARGHIRI, Emmanuel, *El intercambio desigual. Ensayo sobre los antagonismos en las relaciones económicas internacionales*, Siglo XXI, Madrid, 1973.

ARGHIRI, Emmanuel, BETTELHEIM, Charles, AMIN, Samir y PALLOIX, Christian, *Imperialismo y comercio internacional (el intercambio desigual)*, Siglo XXI, Madrid, 1973.

ARRIAGADA, Irma y MORENO, Marcela, "La constitución de las cadenas globales de cuidado y las condiciones laborales de las trabajadoras peruanas en Chile, en STEFONI, Carolina (ed.), *Mujeres inmigrantes en Chile ¿mano de obra o trabajadoras con derechos?*, Universidad Alberto Hurtado, Santiago, 2011.

ARUJ, Roberto, Causas, consecuencias, efectos e impactos de las migraciones en Latinoamérica, *Papeles de población*, N° 55, 2008.

ASHWORTH, William, *Breve historia de la economía internacional*, Fondo Cultural Económica, Madrid, 1977.

ASTE, Bruno y SZYGENDOWSKA, Marta, "Protección internacional de los derechos de niños y niñas migrantes: una reflexión crítica", en SILVA, Dinaldo, MARTÍNEZ, Elena y MOURA DE ARAUJO, Diego (Coord.), *Droits De L"Homme. Propositions Universelles*, Vol. I, Ideia Ediciones, Brasil, 2019.

ASTE, Bruno, "Estallido social en Chile: la persistencia de la Constitución neoliberal como problema", *DPCE online*, Vol. 42, N° 1, 2020.

AYLLÓN, Bruno, OJEDA, Tahina y SURASKY, Javier, "La alianza del pacífico: integración vía comercio y cooperación Sur-Sur", en AYLLÓN, Bruno, OJEDA, Tahina y SURASKY, Javier (Coords.), *Cooperación Sur-Sur. Regionalismos e integración en América Latina*, Catarata, Madrid, 2014.

BAHR, Jurge, "Migraciones en el norte grande de Chile", *Revista de Geografía Norte Grande*, N° 7, 1980.

BAENINGER, Rosana, "La migración internacional de los brasileños: características y tendencias", *Población y Desarrollo*, N°27, 2002, p. 35.

BAENINGER, Rosana y PERES, Roberta, "Migraçao de crise: a migraçao haitiana para o Brasil", Revista Brasileira de Estudos de População, Vol. 34, N° 1, 2017.

BALIBAR, Etienne, *Violencias, identidades y civilidad. Por una cultura política global*, Gedisa editores, Barcelona, 2005.

BARBERO, Iker y GONZÁLEZ, Ana Rosa, "Estado, migraciones y derecho(s) en la era de la globalización", *Nómadas*, Vol. 21 N°1, 2009.

BARBERO, Iker, "¿Puede la gobernanza de las migraciones ser social?", *Oñati Socio-legal Series*, Vol. 2, N°4, 2012.

BARBERO, Iker, "El movimiento de los sin papeles como sujeto de juridicidad", *Revista Internacional de Sociología (RIS),* Vol. 71, Nº1, 2013.

BARNEIX, Pablo, "Un repaso de las principales transformaciones en la explotación de hidrocarburos en el periodo 1989-2015", *Realidad económica,* N° 304, 2016.

BASSA, Jaime y TORRES, Fernanda, "Desafíos para el ordenamiento jurídico chileno ante el crecimiento sostenido de los flujos migratorios", *Estudios Constitucionales,* Año 13, Nº2, 2015.

BASSA, Jaime, *Constituyentes sin poder. Una crítica a los limites epistémicos del derecho moderno,* Edeval, Valparaíso, 2018.

BASSA, Jaime y GONZÁLEZ, Erick, "La diferencia como complemento de la igualdad en la protección de los derechos fundamentales. Elementos teóricos para su consideración", *Revista Derecho del Estado,* Nº47, 2020.

BASUALDO, Eduardo y ARCEO, Enrique, "Neoliberalismo y sectores dominantes. Tendencias globales y experiencias nacionales", en BASUALDO, Eduardo, *La reestructuración de Carlos Menem de la economía argentina durante las últimas décadas. De la sustitución de importaciones a la valorización financiera,* CÑACSO, Buenos Aires, 2006.

BAUMAN, Zygmunt, *La globalización. Consecuencias humanas,* Fondo de Cultura Económica, España, 2017.

BAUMANN, Renato y MUSSI, Carlos, *Algunas características de la economía brasileña desde la adopción del plan real,* Naciones Unidas Cepal, Santiago, 1999.

BAYER, Osvaldo, BORON, Atilio y GAMBINA, Julio, *El terrorismo de Estado en la Argentina: Apuntes sobre su historia y sus consecuencias,* Instituto Espacio para la memoria, Buenos Aires, 2011.

BECK, Ulrich, *¿Qué es la globalización? Falacias del globalismo, respuestas a la globalización,* Paidos, Barcelona, 1998.

BELLONI, Paula, "Inserción externa, capitales transnacionales e intercambio ecológicamente desigual en América del Sur posneoliberal", *Revista Sociedad y Economía,* N° 25, 2013.

BELLONI, Paula y WAINER, Andrés, "El rol del capital extranjero y su inversión en la América del Sur posneoliberal", *Revista Problemas del Desarrollo,* Nº177 (45), 2014.

BEL, Carmen y GÓMEZ, Josefa, "Integración versus exclusión: hacia una política de inmigración", *Nimbus,* Nº3, 1999, p. 29.

BERTOLO, Jaqueline, "Migracao con rostro femenino: múltiplas vulnerabilidades, trabalho domestico e desafíos de políticas e direitos", *Katál,* Vol. 21, Nº2, 2018.

BITTENCOURT, Gustavo y DOMINGO, Rosario, "Inversión extranjera directa en América Latina: tendencias y determinantes", *Cuadernos de trabajo*, N° 6, 1996.

BLANCO, Cristina, "Inmigración: reflexión en torno a una política de integración", *Revista de Servicios Sociales*, N°39, 2001.

BORDALÍ, Andrés, "Análisis crítico de la jurisprudencia del Tribunal Constitucional sobre el derecho a la tutela judicial", *Revista Chilena de Derecho*, Vol. 38 N°2, 2011.

BORRAS, Saturnino (et al.), "Land grabbing in Latin América and the Caribbean", *The Journal of Peasant Studies*, Vol. 3-4, N° 39, 2012.

BOSNIAK, Linda, "Universal Citizenship ant the Problema of Alienage", *Northwestern University Law Review*, N°94, 2000, p. 973, singularizado en VOOREND, Koen, "¿Universal o excluyente? Derechos sociales y control migratorio interno en Costa Rica", Clacso, Buenos Aires, 2013.

BOYER, Robert, *Teoría de la regulación*, Alfons el Magnànim, Valencia, 1992.

BOYER, Robert, "Habrá una tercera burbuja que provocará una crisis de consecuencias mayores", *Investigación económica*, Vol. LXIX, 272, 2010.

BRAVO, Viviana, "Neoliberalismo, protesta popular y transición en Chile 1973-1989", *Política y cultura*, N° 37, 2012.

BURACHIK, Martin, "Extranjerización de grandes empresas en Argentina", *Revista Latinoamericana de economía*, Vol. 41, N° 160, 2010.

BUTLER, Judith, "Reescinificación de lo universal: hegemonía y limites del formalismo", en BUTLER, Judith, LACLAU, Ernest y ZIZEK, Slavoj, *Contingencia, Hegemonía, Universalidad. Diálogos contemporáneos en la izquierda*, Fondo de Cultura Económica, Buenos Aires, 2003.

CABRERA, Ada, "Coordenadas teórico-metodológicas para pensar las luchas migrantes contemporáneas en Arizona", en CORDERO, Blanca, MEZZADRA, Sandro y VARELA, Amarela (Coords.,), *América Latina en movimiento. Migraciones, límites a la movilidad y sus desbordamientos*, Traficante de sueños, Madrid, 2019.

CACHÓN, Lorenzo, "La integración de y con los inmigrantes en España: debates teóricos, políticos y diversidad territorial", *Política y Sociedad*, Vol. 45 N°1, 2000.

CACHÓN, Lorenzo, "La formación de la España inmigrante: mercado y ciudadanía", *Revista Española de Investigaciones Sociológicas*, N° 97, 2002.

CACHÓN, Fernando, KENNEDY, Damián y LASTRA, Facundo, "Las condiciones de reproducción de fuerza de trabajo como forma de la especificidad de la acumulación de capital en Argentina: evidencia desde mediados de los 70", *Trabajo y sociedad*, N° 27, 2016.

CAICEDO, Natalia, CASTILLA, Karlos, MOYA, David y ALONSO, Alba, "Evolución, rasgos comunes y tendencias de las políticas y reformas migratorias en América Latina", en CAICEDO, Natalia (Coord.), *Tendencias y retos de las políticas y reformas migratorias en América Latina. Un estudio comparado,* Fondo Editorial, Universidad del Pacífico, Lima, 2020.

CAINCROSS, Alexander, "Home and foreign investment 1870-1913", en MEIER, Gerald y BALDWIN, Robert, *Desarrollo económico,* Aguilar, Madrid, 1968.

CAVALCANTI, Leonardo, OLIVEIRA, Tadeu, MACÊDO, Marília, PEREDA, Lorena, *Resumo executivo. Imigraçao, refúgio no Brasil. A inserçao do imigrante, solicitante de refugio e refugiado no mercado de trabalho formal,* Observatorio das migraçaoes justicia e seruranca pública, Conselho Nacional de Imigraçao e Cordenaçao General de Imigraçao Laboral, Brasilia, DF, 2019.

CANO, Verónica y SOFFIA, Magdalena, "Los estudios sobre migración internacional en Chile: apuntes y comentarios para una agenda de investigación actualizada", *Papeles de Población,* N°61, 2009.

CAMACHO, Julia, "Los derechos de los trabajadores migrantes", *Revista Latinoamericana de Derecho Social,* N°17, 2013.

CANTAMUTTO, Francisco, SSHORR, Martin y WAINER, Andrés, "El sector externo de la economía argentina durante los gobiernos del Kirchnerismo (2003-2015)", *Revista de Ciencias Sociales,* N° 304, 2016.

CANTORAL, Luis, "Análisis de la ley N°6815/80, Estatuto del extranjero de Brasil y los derechos de los inmigrantes a la libertad de expresión, de asociación y de reunión", *Solonik, Revista de Políticas Públicas y Derechos Humanos,* N°1, 2017.

CÁRDENAS, Jaime, "Las características jurídicas del neoliberalismo", *Cuestiones constitucionales,* N° 32, 2015.

CARDOSO, Fernando y FALETTO, Enzo, *Dependencia y desarrollo en América Latina,* Siglo XXI Editores, México, 1969.

CARCANHOLO, Reinaldo y NAKATANI, Paulo, "Capital especulativo parasitario versus capital financiero", *Problemas del desarrollo,* Vol. 33, N° 124, 2001.

CASTELLANI, Ana, "La gestión estatal durante los regímenes políticos, burocrático-autoritarios. El caso de Argentina entre 1967 y 1969", *Sociohistórica,* N° 11-12, 2002.

CASTELLANOS, Jorge, "Participación ciudadana e inmigración: consideraciones políticas y jurídicas", *Cuadernos Electrónicos de Filosofía del Derecho,* N°41, 2019.

CASTLES, Stephen, "Comprendiendo la migración global", *Relaciones Internacionales,* N°14, 2010.

CASTLES, Stephen, "Migración, trabajo y derechos precarios: perspectiva histórica y actual", *Migraciones y Desarrollo,* Vol. II, N°20, 2013.

CAZÓN, Fernando, KENNEDY, Damián y LASTRA, Facundo, "Las condiciones de reproducción de fuerza de trabajo como forma de la especificidad de la acumulación de capital en Argentina: evidencias concretas desde mediados de los 70", *Trabajo y sociedad,* N° 27, 2016.

CEREZAL, Manuel, "Dialéctica de la integración latinoamericana", en LANG, Miriam, LÓPEZ, Claudia y SANTILLANA, Alejandra (Comp.), *Alternativas al capitalismo del siglo XXI,* Ediciones Abya Yala y Fundación Rosa Luxemburgo, Ecuador, 2013.

CERIANI, Pablo, FAVA, Ricardo y MORALES, Diego, "Políticas migratorias, el derecho a la igualdad y el principio de no discriminación. Una aproximación desde la jurisprudencia del sistema interamericano de derechos humanos", en CERIANI, Pablo y FAVA, Ricardo (Eds.), *Políticas migratorias y derechos humanos,* Ediciones de la UNLA, Serie Derechos Humanos, Argentina, 2009.

CERIANI, Pablo, "Luces y sombras en la legislación migratoria latinoamericana", *Nueva Sociedad,* N°233, 2011.

CERIANI, Pablo, y MORALES, Diego, "Avances y asignaturas pendientes en la consolidación de una política migratoria basada en los derechos humanos", *Federación Internacional de Derechos Humanos y Centro de Estudios Legales y Sociales,* N°559, 2011.

CERRUTTI, Marcelo, *Diagnóstico de las poblaciones de inmigrantes en la Argentina, Dirección Nacional de población,* Ministerio del Interior, OIM, Serie de documentos de la dirección nacional de población, 2009.

CHERNAVSKY, Moisés, *La seguridad nacional y el fundamentalismo democrático,* Centro Editor de América Latina, Buenos Aires, 1993.

CHUECA, Ángel y AGUELO, Pascual, "Contenido y límites del ius migrandi", *Revista Electrónica Iberoamericana,* Vol. 7, N°2, 2013.

COCIÑÁ, Martina, "Discurso sobre inmigración internacional en Chile que develan racismo", *Oxímora, Revista Internacional de Ética y Política,* N°16, 2020.

CONGILIO, Regina, "Dos caras de la minería en el sudeste paraense: la extracción minera como base material del neodesarrollismo", en FELIX, Mariano y PINASSI, Orlanda (Comp.), *La farsa neodesarrollista y las alternativas populares en América Latina y el Caribe,* Herramienta editores, Buenos Aires, 2017.

CONTRERAS, Rodrigo, "Neoliberalismo y gobernabilidad en América Latina durante los años 90", *Nueva sociedad*, Nº 186, 2013.

COLOMBO, Sandra, "La estrategia de integración argentina (1898-2004): cambios y continuidades a partir de la crisis del orden neoliberal", *Haol*, N° 8, 2005.

CORDERO, Blanca, "Subjetividades migrantes o la fuga del trabajo vivo. Notas para interpretar la cualidad política de lo "transnacional"", en CORDERO, Blanca, MEZZADRA, Sandro y VARELA, Amarela (coords.), *América Latina en movimiento. Migraciones, límites a la movilidad y sus desbordamientos*, Traficante de sueños, Madrid, 2019.

CORDERO, Blanca, MEZZADRA, Sandro y VARELA, Amarela (coords.), *América Latina en movimiento. Migraciones, límites a la movilidad y sus desbordamientos*, Traficante de sueños, Madrid, 2019.

CRESCENTINO, Diego, "La ley de migraciones en el contexto del multiculturalismo: la presencia de caracteres culturales en las políticas migratorias a partir de 2004", *Revista Brasileira de Historia y Ciencias Sociales*, Vol. 7, Nº14, 2015.

CRESPO, Eduardo y GUIBAUDI, Javier, "Las contradicciones del capitalismo brasileño y el mito de la burguesía nacional", *Entrelíneas de la política económica*, Año 6, N° 36, 2013.

CUEVA, Agustín, "El desarrollo del capitalismo en América Latina y la cuestión del Estado", *Problemas del desarrollo*, Vol. 11, N° 42, 1980.

DARDANELLO, Mariela, "La circulación de personas en los procesos de integración regional y los desafíos para las zonas fronterizas: el caso del Mercosur", en FURLONG, Aurea, NETZAHUALCOYOTZI, Raúl y SANDOVAL, Juan Manuel (Coord.), *Integración en el continente americano. Fronteras, migraciones y desplazamientos forzados*, Vol. III, Benemérita Universidad de Puebla, México, 2015.

DE ANGELIS, Ignacio, CALVENTO, Mariana y ROARK, Mariano, "¿Hacia un nuevo modelo de desarrollo? Desde la teoría de la regulación. Argentina 2003-2010", *Revista Problemas del desarrollo*, Vol. 44, N° 173, 2013.

DE CAMPOS, Fabio, "Empresas multinacionales y marco regulatorio en el Brasil (1951-1967)", *Apuntes*, Vol. XLII, N° 76, 2015.

DE CASTRO, Regis, "Brasil: a economía do capitalismo selvagem", *Lua Nova*, N° 57, 2002.

DE CASTRO, Sergio, *El ladrillo. Bases de la política económica del gobierno militar chileno*, Centro de Estudios Públicos, Santiago, 1992.

DE LEON, Omar, "Evolución económica y estrategias de desarrollo en América Latina", en SOTILLO, José Ángel y AYLLÓN, Bruno (Coords.)., *Las transformaciones de América Latina: cambios políticos, socioeconómicos y protagonismo internacional*, Catarata, Madrid, 2017.

DE LUCAS, Javier, "La globalización no significa universalidad de los derechos humanos (en el aniversario de la declaración del 48)", Jueces para la democracia, N°32, 1998.

DE LUCAS, Javier, "Hacia una ciudadanía inclusiva. Su extensión a los inmigrantes", *Afers International*, N°53, 2001.

DE LUCAS, Javier "Sobre las políticas de inmigración en un mundo globalizado", *AFDUAM*, N°7, 2003.

DE LUCAS, Javier, "La ciudadanía basada en la residencia y el ejercicio de los derechos políticos de los inmigrantes", *Cuadernos Electrónicos de Filosofía del Derecho*, N°13, 2006.

DE LUCAS, Javier, "Algunas tesis sobre el desafío que plantean los actuales flujos migratorios a la universalidad de los derechos humanos", en CAMPOY, Ignacio (Ed.), *Una discusión sobre la universalidad de los derechos humanos y la inmigración*, Editorial Dykinson, Madrid, 2006.

DE LUCAS, Javier, *Los derechos de participación como elemento de integración de los inmigrantes*, España, Rubes editorial, España, 2008.

DE LUCAS, Javier, "Inmigración, diversidad cultural, reconocimiento político", *Papers*, N°94, 2009.

DE LUCAS, Javier, "Negar la política, negar sus sujetos y derechos (Las políticas migratorias y de asilo como emblemas de la necropolítica", *Cuadernos Electrónicos de Filosofía del Derecho*, N°36, 2017.

DE MATTOS, Carlos, "Reestructuración social, grupos económicos y desterritoralización del capital", *Revista EURE*, Vol. XVI, N° 47, 1989.

DEL POZO, José, "Los chilenos en el exterior: ¿De la emigración y el exilio a la diáspora? El caso de Montreál", *Reve Européenne des Migration Internationales*, Vol. 20 N°1, 2004.

DÍAZ, Regina "Ingreso y permanencia de las personas inmigrantes en Chile: compatibilidad de la normativa chilena con los estándares internacionales", *Estudios Constitucionales*, Año 14, N°1, 2016.

DINORAH, Paula, "Deslocalización de la producción y la fuerza de trabajo: Bolivia-Argentina y las tendencias mundiales en la confección de indumentaria", *Si somos americanos, Revista de estudios transfronterizos*, Vol. XV, N° 1, 2015.

DOLLOT, Louis, *Les migrantes humanies*, sexta edición, Press Universitaries de France, París, 1976.

DOMENECH, Eduardo y MAGLIANO, María José, "Migración e inmigrantes en la Argentina reciente: políticas y discursos de exclusión/inclusión", en ZABALA, María del Carmen, *Pobreza, exclusión social y discriminación étnica-racial en América Latina y el Caribe*, Clacso, Bogotá, 2008.

DOMENECH, Eduardo, "La visión estatal sobre las migraciones en la Argentina reciente. De la retórica de la exclusión a la retórica de la inclusión", en Domenech, Eduardo (Comp.), *Migración y política: el Estado interrogado. Procesos actuales en Argentina y Sudamérica*, Córdoba, UNC, 2009.

DOMENECH, Eduardo, "Crónica de una "amenaza" anunciada. Inmigración e "ilegalidad": Visiones de Estado en la Argentina contemporánea", en FELDMAN, Bela, RIVERA, Liliana, STEFONI, Carolina y VILLA, Marta, *La construcción social del sujeto migrante en América Latina: prácticas, representaciones y categorías*, Clacso, Ecuador, 2011.

DOMENECH, Eduardo, ""Las migraciones son como el agua": Hacia la instauración de políticas de "control con rostro humano": La gobernabilidad migratoria en la Argentina", *Polis*, Vol. 12, N°35, 2013.

DOMENECH, Eduardo "Las políticas de migración en Sudamérica: elementos para el análisis crítico del control migratorio y fronterizo", *Terceiro Milenio: Revista Crítica de Sociología e Política*, Vol. 8, N°1, 2017.

DOMENECH, Eduardo y BOITO, María Eugenia, "Luchas migrantes en Sudamérica: reflexiones críticas desde la mirada de la autonomía de las migraciones", en CORDERO, Blanca, MEZZADRA, Sandro y VARELA, Amarela (coords.), *América Latina en movimiento. Migraciones, límites a la movilidad y sus desbordamientos*, Traficante de sueños, Madrid, 2019.

DOS SANTOS, Theotonio, *El nuevo carácter de la dependencia*, Editorial Ceso, Santiago, 1968.

ESPINOZA, Vicente, BAROZET, Emmanuelle y MÉNDEZ, María Luisa, "Estratificación y movilidad social bajo un modelo neoliberal: el caso de Chile", *Revista Lauboratorio*, Año 14, N° 25, 2013.

ESTEBAN, Fernando, "Dinámica migratoria argentina: inmigración y exilio", *América Latina Hoy*, N° 34, 2003.

ESTÉVEZ, Ariadna, "La relación estructural entre la globalización y la migración: implicancias para una ciudadanía universal", *Foro Internacional*, Vol. 49, N°3, 2009.

ESTÉVEZ, Ariadna, "¿Derechos humanos o ciudadanía universal? Aproximación al debate de los derechos en la migración", *Revista Mexicana de Sociología*, N°78, 2016.

FAIST, Thomas, "¿How define a foreigner? The symbolic politics of immigration in German partisan discurse, 1978-1992", en BALDWIN, Martin (eds.), *The Politics of immigration in western Europe*, Routledge, Londres, 1994.

FALS, Orlando, *Ciencia propia y colonialismo intelectual,* Nuestros tiempos, México, 1970.

FÉLIZ, Mariano y LÓPEZ, Emiliano, "Más allá del desarrollo capitalista en Argentina: límites, posibilidades y alternativas", en ACEVES, Liza y SOTOMAYOR, Héctor (eds.), *Volver al desarrollo o salir de él: límites y potencialidades del cambio desde América Latina,* Ediciones E y C, México, 2013.

FERRADA, Juan Carlos, "La Constitución económica de 1980. Algunas reflexiones críticas", *Revista de Derecho,* N° 48, 2000.

FERRADA, Juan Carlos y URIBE, Karina, "La "reagrupación familiar" como concepto y límite los poderes del Estado de Chile en materia migratoria", *Revista de Derecho,* Valdivia, Vol. XXXIV, N°2, 2021.

FERRAJOLI, Luigi, "Igualdad y diferencia", en FERRAJOLI, Luigi, *Derechos y garantías. La ley del más débil,* Editorial Trotta, Madrid, 1996.

FERAJOLI, Luigi, *Derechos y garantías. La ley del más débil,* Editorial Trotta, Madrid, 2001.

FERRAJOLI, Luigi, "Los derechos fundamentales en la teoría del derecho", en FERRAJOLI, Luigi, *Los fundamentos de los derechos fundamentales,* Editorial Trotta, Madrid, 2001.

FERRAJOLI, Luigi, "Sobre los Derechos Fundamentales", *Cuestiones Constitucionales,* N°15, 2006.

FERRAJOLI, Luigi, *Manifiesto por la igualdad,* Editorial Trotta, Madrid, 2019.

FERRAJOLI, Luigi, "Políticas contra los migrantes y crisis de la civilidad jurídica", *Revista Crítica Penal y Poder,* N°18, 2019.

FERNÁNDEZ, Ana, "Participación pública de los inmigrantes en las administraciones públicas", *Praxis Sociológica,* N°23, 2018.

FERNÁNDEZ, Víctor, LAUXMANN, Carolina y TREVIGNANI, Manuel, "Emergencia del sur global. Perspectivas para el desarrollo de la periferia latinoamericana", *Economía e Sociedade,* Vol. 23, N° 3, 2014.

FIGUEIRAS, Luiz, "O neoliberalismo no Brasil: estructura, dinámica e ajuste do modelo económico", en BASUALDO, Eduardo y ARCEO, Enrique, *Neoliberalismo y sectores dominantes. Tendencias globales y experiencias nacionales,* Clacso, Buenos Aires, 2006.

FOUCAULT, Michel, *Historia de la sexualidad I, "La voluntad del poder",* Siglo XXI editores, México, 1977.

FOUCAULT, Michel, *Vigilar y castigar: Nacimiento de la prisión,* Biblioteca Nueva, España, 2012.

FREEMAN, Christopher, *Desempleo e innovación tecnológica. Un estudio de las ondas largas y el desarrollo económico,* Frances Printer, Londres, 1982.

GAMBINA, Julio y CAMPIONE, Daniel, *Los años de Menem. Cirugía mayor,* Ediciones del Instituto movilizador de fondos cooperativos, Buenos Aires, 2002.

GÁRATE, Manuel, *La revolución capitalista de Chile (1973-2003),* Ediciones Universidad Alberto Hurtado, Santiago, 2012.

GARCÍA, Alberto, "Una revisión crítica de las principales teorías que tratan de explicar las migraciones", *Revista Internacional de estudios migratorios,* Vol. 7, N° 4, 2017.

GARCÍA, Laura y CAICEDO, Natalia, "El estatuto jurídico del trabajador migrante internacional en el sistema interamericano de derechos humanos", *Boletín Mexicano de Derecho Comparado,* Nueva Serie, Año XLX, N°152, 2018.

GARCÍA, Lila, *Migración, derechos humanos y política migratoria,* serie Migración y derechos humanos, OIM, Buenos Aires, 2016.

GARCÍA, Lila y NEJAMKIS, Lucila, "Regulación migratoria en la Argentina actual: del "modelo regional al recorte de derechos", *Autoctonía,* Vol. II, N°2, 2018.

GARCIA, Rodolfo y GAINZA, Patricia, "Economía, migración y políticas migratorias en Sudamérica: Avances y desafíos", *Migración y desarrollo,* N° 23, 2014.

GANDARILLAS, Marco, "Empleo y derechos laborales en las actividades extractivas", *PetroPress,* N°30, 2013.

GAMBI, Esther, *La emigración castellano-leonesa a Brasil 1946-1962,* Ediciones Universidad de Salamanca, Salamanca, 2012.

GARCÍA, Lila, "Migraciones, Estado y una política del derecho humano a migrar: ¿Hacia una nueva era en América Latina?", *Colomb. Int,* N°88, 2016.

GARRETÓN, Manuel Antonio, *Enzo Faletto 1935-2003. Dimensiones sociales, políticas y culturales del desarrollo,* Siglo del Hombre y CLACSO Ediciones, Bogotá, 2009.

GARRETÓN, Manuel, *Neoliberalismo corregido y progresismo limitado. Los gobiernos de la concertación en Chile 1990-2010,* Editorial Arcis-Clacso-Prospal, Santiago, 2012.

GAUDICHAUD, Franck, *Las fisuras del neoliberalismo moderno chileno: trabajo, "democracia protegida" y conflicto de clases,* Informe CLACSO, Buenos Aires, 2015.

GHOSH, Bimal, "Derechos humanos y migración: El eslabón perdido", *Migración y desarrollo,* N° 10, 2008.

GONZÁLEZ, Anahí y TAVERNELLI, Romina, "Leyes migratorias y representaciones sociales: el caso argentino", *Autoctonía,* Vol. II, N°1, 2018.

GUERRERO, José Luis, "Derecho y economía, una relación necesaria. Algunas aproximaciones en la Constitución económica chilena", *Revista de la Facultad de Derecho,* N°59, 2009.

GUDYNAS, Eduardo, "Transiciones hacia un nuevo regionalismo autónomo", en LANG, Miriam, LÓPEZ, Claudia y SANTILLANA, Alejandra (Comp.), *Alternativas al capitalismo del siglo XXI,* Ediciones Abya Yala, Fundación Rosa Luxemburgo, Ecuador, 2013.

GURRIERI, Jorge, CAMINO, Ángel y TRINIDAD, Natalia, *La experiencia de los países sudamericanos en materia de regularización migratoria,* OIM, Argentina, 2013.

HARDT, Michael y NEGRI, Antonio, *Imperio,* Editorial Paidós, Barcelona, 2002.

HARRIS, John y TODARO, Michael, Migration, unemployment and development: a two-sector analysis, *American Economic Review,* Vol. 60, 1970.

HARVEY, David, *The New Imperialism,* Oxford University Press, Oxford, 2003.

HARVEY, David, "El derecho a la ciudad", *New Left Review,* 53, 2006.

HARVEY, David, *El nuevo imperialismo,* Akal, Madrid, 2007.

HARVEY, David, *Breve historia del neoliberalismo,* Akal, España, 2015.

HALPERN, Gerardo, "Neoliberalismo y migración: paraguayos en Argentina en los noventa", *Política y Cultura,* N°23, 2005.

HENRÍQUEZ, Miriam, "¿Hacia una ampliación del hábeas corpus por la Corte Suprema?", *Revista de Derecho,* UCN, Año 20, N°2, 2013.

HERRERA, José Antonio, QUEIROZ, José y PRAGANA, Rodolfo, "Integration and structure of the amazonian territory as a result of capitalism expansión in Brazil", *Boletín de geografía Maringá,* Vol. 31, N° 2.

ISIN, Engin y Nielsen, Greg M (eds.), *Acts of Citizenship,* Editorial Zed Books Ltd., London, 2015.

JARAMILLO, Verónica, GIL, Sandra y ROSAS, Carolina, "Control migratorio y producción de irregularidad. Normas, prácticas y discursos sobre la migración en Argentina (2016-2019)", *Fórum,* N°18, 2020.

JARAMILLO, Verónica y SANTI, Susana, "La reconfiguración del derecho humano a migrar: tensiones entre los principios de igualdad y no discriminación en Argentina y Ecuador", *IUS, Revista del Instituto de Ciencias Jurídicas de Puebla,* Vol. 15, N°47, 2021.

KLEIN, Naomi, *La doctrina del shock. El auge del capitalismo del desastre,* Paidós, España, 2018.

KORNBLIHTT, Juan, SEIFFER, Tamara y MUSSI, Emiliano, "Las alternativas al neoliberalismo como forma de reproducir la particularidad del capital en América del Sur", *Pensamiento al margen*, N° 4, 2016.

LANDER, Eduardo, "Neoextractivismo. Debates y conflictos en los países con gobiernos progresistas en Sudamérica", *Debates*, Vol. 20, N°37. 2016.

LARA, María Daniela, "Evolución de la legislación migratoria en Chile. Claves para su lectura (1824-2013)", *Revista de Historia del Derecho*, N°47, 2014.

LAZZARATO, Maurizio, *La filosofía de la diferencia y el pensamiento menor*, Universidad Central, Fundación Comunidad, Bogotá, 2007.

LEAL, Francisco, "La doctrina de la seguridad nacional: materialización de la guerra fría en América del Sur", *Estudios Sociales*, N°15, 2003.

LEE, Everett, "A theory of migration", *Demography*, Vol. 3, N° 1, 1966.

LEIVA, Sandra, "La subcontratación en la minería en Chile: elementos teóricos para el análisis", *Polis, Revista de la Universidad Bolivariana*, Vol. 8, N°24, 2009.

LEWIS, Arthur, *Crecimiento y fluctuaciones: 1870-1913*, Fondo de Cultura Económica, México, 1983.

LEWIS, Arthur, *Teoría del desarrollo económico*, Fondo de la Cultura Económica, México, 1955;

LEWIS, Arthur, "Economic development with unlimited supplies of labour", *Manchester School of economic and social studies*, N° 22, 1954.

LEWIS, Sebastián, "La regla solve et repete en Chile", *Estudios Constitucionales*, Vol. 12, N°2, 2014.

LOPES, Neide, "Migraçoes internacionais de e para o Brasil contemporáneo, volunes, fluxos, significados e políticas", *Sao Paulo em perspectiva*, Vol. 19, N° 3, 2005.

LÓPEZ, Ana María, *Inmigrantes y Estados: la respuesta política ante la cuestión migratoria*, Anthropos, Barceloa, 2005.

LÓPEZ-CONTRERAS, Rony, "Interés superior de los niños y niñas: Definición y contenido", *Revista Latinoamericana de Ciencias Sociales, Niñez y Juventud*, 13, N°1, 2015.

MANZANELLI, Pablo y BASUALDO, Eduardo, "Régimen de acumulación durante el ciclo de gobiernos Kirchneristas. Un balance preliminar a través de las nuevas evidencias empíricas de las cuentas nacionales", *Realidad económica*, N° 304, 2016.

MÁRMORA, Lelio, "El desafío de las políticas migratorias; su gobernabilidad", en CELTON, Dora (Coord.), *Migración, integración regional y transformación productiva*, Córdoba, CEA-UNC, 1996.

MÁRMORA, Lelio, *Las políticas de migraciones internacionales*, Paidós, Buenos Aires, 2002.

MÁRMORA, Lelio, "Modelos de gobernabilidad migratoria. La perspectiva política en América del Sur", *REMHU, Revista Interdisciplinar de Movilidad Humana*, Vol. 18, N°35, 2010.

MÁRQUEZ, Humberto, "La gran crisis del capitalismo neoliberal", *Andamios*, Vol. 7, N° 13, 2010.

MÁRQUEZ, Humberto, "Crisis del sistema capitalista mundial: paradojas y respuestas", *Polis, Revista Latinoamericana*, N°27, 2010.

MÁRQUEZ, Humberto y DELGADO, Raúl, "Signos vitales del capitalismo neoliberal: imperialismo, crisis y transformación social", *Estudios Críticos del Desarrollo*, Vol. 1, N° 1, 2011.

MÁRQUEZ, Humberto y DELGADO, Raúl, "Una perspectiva del sur sobre el capital global, migración forzada y desarrollo alternativo", *Migración y Desarrollo*, Vol. 9, N° 16, 2011.

MARSHALL, Thomas, "Ciudadanía y clase social", en MARSHALL, Thomas y BOTTOMORE, Tom (Eds.), *Ciudadanía y clase social*, Alianza, Madrid, 1992.

MARTÍNEZ, Jorge, "Ciudades de Chile, migración interna y redistribución de la población: algunas evidencias del periodo 1987-1992", *Revista de geografía Norte Grande*, N° 29, 2002.

MARTÍNEZ, Jorge, "Reflexiones sobre la gobernabilidad de la migración internacional en América Latina", *Migraciones internacionales*, Vol. 1, N°1, 2001.

MARTÍNEZ, Jorge, *América Latina y el Caribe: migración internacional, derechos humanos y desarrollo*, Cepal, Santiago, 2008.

MARTÍNEZ, Jorge y ORREGO, Cristián, "Nuevas tendencias y dinámicas migratorias en América Latina y el Caribe", *Población y Desarrollo*, N° 114, CEPAL, 2016.

MARTÍNEZ, Rubén, "Vivir bien e innovación en el nuevo constitucionalismo: la Constitución ecuatoriana de 2008", *Actas Congreso Internacional América Latina: la autonomía de una región*, XV Encuentro de Latinoamericanistas Españoles, Madrid, 2012.

MARTÍNEZ, Rubén y TREMOLADA, Eric, "Integración latinoamericana: democracia y cláusulas de apertura en el nuevo constitucionalismo", en TREMOLADA, Eric (Ed.), *Los procesos de integración como factor de paz*, Universidad del Externado de Colombia, Colombia, 2014.

MARINI, Ruy, "Dialéctica de la dependencia", *Sociedad y desarrollo*, N°1, 1972

MARINI, Ruy, "La acumulación capitalista mundial y el subimperialismo", *Cuadernos Políticos*, Nº 12, 1977.

MARINI, Ruy, "El ciclo del capital en la economía dependiente", en OSWALD, Úrsula (coord.,) *Mercado y dependencia*, Nueva Imagen, México, 1979.

MARINI, Ruy, *Dialéctica de la dependencia*, Editorial Era, México, 1991.

MARINI, Ruy, *América Latina, dependencia y globalización*, Clacso y siglo del hombre editores, Bogotá, 2008.

MARSHALL, Tomas y BOTTOMORE, Tom, *Ciudadanía y clase social*, Alianza, Madrid, 1998.

MARX, Karl, *El Capital*, Libro III, Fondo de Cultura Económica, México, 1959.

MASSEY, Douglas (et al.), "Teorías de migración internacional: una revisión y aproximación", *ReDCE*, Nº 10, 2008.

MATOS, Ralfo, "La participación de los trabajadores migrantes en áreas de desconcentración demográfica del Brasil contemporáneo", *Notas de Población*, Año XXX, Nº 76, 2003.

MAYOBRES, Eduardo, "El sueño de una compañía energética sudamericana: antecedentes y perspectivas políticas de Petroamérica", *Nueva Sociedad*, Nº204, 2006.

MEDIALDEA, Bibiana, "Limites estructurales al desarrollo económico: Brasil (1950-2005)", en *Revista Problemas del desarrollo*, Nº 171, 2012.

MEJÍA, William, "Elementos básicos de la construcción de un discurso oficial consensuado sobre migraciones internacionales en América del Sur", *Huella de la migración*, Vol. 1, Nº1, 2016.

MEZZADRA, Sandro, *Derecho de fuga. Migraciones, ciudadanía y globalización*, Traficantes de sueños, Madrid, 2005.

MEZZADRA, Sandro, "Capitalismo, migraciones y luchas sociales. La mirada de la autonomía", *Nueva Sociedad*, Nº237, 2012.

MEZZADRA, Sandro y NEILSON, Brett, *La frontera como método*, Traficantes de sueños, Madrid, 2017.

MILTON, Tomas, "El camino hacia la formulación de una nueva política migratoria en Brasil. De la visión militar restrictiva a la apertura", *Desafíos*, Nº32-1, 2020.

MINTEGUIAGA, Analía y UBASART, Gemma, "Caminando hacia el buen vivir. El reto de definir el régimen de bienestar", *Revista Theomai, Estudios críticos sobre Sociedad y Desarrollo*, Nº32, 2015.

MORENO, Rebeca, "Sexismo y racismo en la gestión neoliberal de las migraciones: subtextos del control social", *Oxímora, Revista Internacional de Ética y Política,* N°1, 2012.

MUNCK, Ronaldo, "La teoría crítica del desarrollo: resultados y prospectiva", *Migración y Desarrollo,* N°14, 2010.

MUÑOZ JUMILLA, Alma Rosa, "Efectos de la globalización en las migraciones internacionales", *Papeles de población,* N° 33, 2002.

NAVARRETE, Bernardo, "Percepciones sobre inmigración en Chile: Lecciones para una política migratoria", *Migraciones Internacionales,* Vol. 9, N°1, 2017.

NEJAMKIS, Lucila, "Políticas migratorias y dictadura militar en Argentina (1976-1983): la construcción de un modelo migratorio", *Perfiles latinoamericanos,* N°24 (47), 2016.

NOGUERA, Albert, *Los derechos sociales en las nuevas Constituciones Latinoamericanas,* Tirant Lo Blanch, Valencia, 2010.

NOGUERA, Albert, "La teoría del Estado y del poder en Antonio Gramsci: claves para descifrar la dicotomía dominación-liberación", *Nómadas. Revista Crítica de Ciencias Sociales y Jurídicas,* Vol. 29, N° 1, 2011.

NOGUERA, Albert, "Constitución del trabajo e inmigración irregular: una articulación necesaria para el reconocimiento de los derechos humanos", *Revista de Derecho Migratorio y Extranjería,* N°26, 2011.

NOGUERA, Albert, *Utopía y poder constituyente. Los ciudadanos ante los tres monismos del Estado neoliberal,* Sequitur, Madrid, 2012.

NOGUERA, Albert, "Los retos del derecho constitucional ante el fenómeno migratorio: una crítica a la teoría neconstitucionalista", *Revista Arazandi Doctrinal,* N°1, 2012.

NOGUERA, Albert, *La igualdad ante el fin del Estado Social. Propuestas constitucionales para construir una nueva igualdad,* Madrid, Sequitur, 2014.

NOGUERA, Albert, "El bienestar económico y social en la sociedad del siglo XXI: hacia una redefinición de las prácticas de garantía de los derechos sociales", *Lex Social,* Vol. 7, N°1, 2017.

NOGUERA, Albert, *El sujeto constituyente. Entre lo viejo y lo nuevo,* Editorial Trotta, Madrid, 2017.

NOGUERA, Albert, "Los derechos de los grupos en situación de vulnerabilidad en el nuevo constitucionalismo latinoamericano", en ESCOBAR, Guillermo (Ed.), *Ombusman y colectivos en situación de vulnerabilidad,* Tirant lo Blanch, Valencia, 2017.

NOGUERA, Albert, *La ideología de la soberanía. Hacia una reconstrucción emancipadora del constitucionalismo,* Editorial Trotta, Madrid, 2019.

NOGUERA, Albert, *El asalto a las fronteras del derecho. Revolución y Poder constituyente en la era de la ciudad global*, Editorial Trotta, Madrid, 2023.

NOVICK, Susana, "La reciente política migratoria argentina en el contexto del Mercosur", en NOVICK, Susana, HENER, Alejandro y DALLE, Pablo, *El proceso de integración Mercosur: las políticas migratorias de seguridad las trayectorias los inmigrantes*, Instituto de Investigaciones Gino Germani, Universidad de Buenos Aires, Argentina, 2005.

NOVICK, Susana, "Políticas migratorias en la Argentina: experiencias del pasado, reformas actuales y expectativas futuras", en ZURBRIGGEN, Cristina y MONDOL, Lenin (Coords.,) *Estado actual y perspectivas de las políticas migratorias en el MERCOSUR*, Logos, Flacso – UNESCO, Montevideo, 2010.

NICOLAO, Julieta, "La integración regional en la política migratoria argentina", *Ánfora*, Vol. 18, Nº31, 2011, p. 114. En el mismo sentido, GRANJA, Lorena, "Mercosur migrante: enfoques y evolución del tratamiento de la movilidad humana en el Mercosur", *Terceiro Milénio: Revista Crítica de Sociología e Política*, Vol. 8, Nº1, 2017.

NYERS, Peter, "Migrant Citizenships and autonomous mobilities", *Migration, Mobility and Displacement*, Vol. 1 Nº1, 2015, pp. 23-39.

OJEDA, Tahira, "Regionalismos e integración en América latina y el Caribe", en SOTILLO, José Ángel y AYLLÓN, Bruno (Coords.), Las transformaciones de América Latina. Cambios políticos, socioeconómicos y protagonismos internacionales, Catarata, Madrid, 2017.

OIM, *World Migration Report 2003: Managing Migration: Challenges and Responses for People on the Move*, International Organization for Migration, Ginebra, 2003.

OLIVEIRA, Thiago, "El regreso de la crimigración y el desvanecimiento del carácter humanista de la Ley de Migración Brasilera", *Latin American Law Review*, Nº5, 2020.

OSORIO, Javier, "Biopoder y biocapital. El trabajador como moderno homo sacer", *Argumentos*, Vol. 19, Nº52, 2006.

PAVEZ, Iskra y COLONÉS, Sofia, "Derechos humanos y política migratoria. Discriminación arbitraria en el control de fronteras en Chile", *Polis*, Nº51, 2018.

PADILLA, Beatriz y CUBEROS, Francisco, "Deconstruyendo al inmigrante latinoamericano. Las políticas migratorias ibéricas como tecnologías neocoloniales", *Horizontes Antropológicos*, Año 22, Nº46, 2016.

PEDRAZA, Alejandro, "La ciudadanía en términos de una paradoja política", *Endoxa: Series Filosóficas*, Nº44, 2019.

PELLEGRINO, Adela, *Migrantes latinoamericanos y caribeños. Síntesis histórica y tendencias recientes,* Cepal-Celade, Santiago, 2000.

PEREIRA, Andrés, "La relación entre seguridad e inmigración durante las primeras décadas del siglo XX en Argentina", *Polis,* N°44, 2016.

PÉREZ, Esteban y VERNEGRO, Matías, "Raúl Prebisch y la dinámica económica: crecimiento cíclico e interacciones entre el centro y la periferia", *Revista CEPAL,* N° 118, 2018.

PÉREZ, Miguel y PALMA, Cristóbal, "De extranjeros a ciudadanos urbanos: autonomía y migración en el gran Santiago", *Estudios Atacameños,* Vol. 67, 2021.

PEROCCO, Fabia, "Precarización del trabajo y nuevas desigualdades: el papel de la inmigración", *REMHU, Revista Interdisciplinar de Movilidad Humana,* Vol. 25, N°49, 2017.

PETRAS, James y VELTMEYER, Henry, "América Latina: capitalismo a fines de milenio", *Estudios Críticos del Desarrollo,* Vol. V, N° 8, 2015.

PIORE, Michael, *Birds of passage: migrant labor industrial societies,* Cambridge University Press, Cambridge, 1979.

PISARELLO, Gerardo, "Derechos sociales, democracia e inmigración en el constitucionalismo español: del originalismo a una interpretación sistemática y evolutiva", en AÑÓN, María José (Ed.), *La universalidad de los derechos sociales: el reto de la inmigración,* Tirant lo Blanch, Valencia, 2003.

PIQUERAS, Andrés, "¿Globalización como nuevo imperialismo? Los intersticios de intervención de los sujetos antagónicos", *Revista Theomai,* N°17, 2008.

PIQUERAS, Andrés, "Significado de las migraciones internacionales de fuerza de trabajo en el capitalismo histórico. Una perspectiva marxista", en PIQUERAS, Andrés y DIERCKXSENS, Wim (eds.), *El colapso de la globalización,* Editorial El Viejo Topo, Barcelona, 2011.

PIQUERAS, Andrés, *La opción reformista. Entre el despotismo y la revolución. Una explicación del capitalismo histórico a través de la lucha de clases,* Anthropos, Barcelona, 2014.

PIQUERAS, Andrés, "Contradicciones y desafíos en el capitalismo del siglo XXI. La segunda crisis de larga duración", *Política y Sociedad,* Vol. 51, N° 3, 2014.

PIQUERAS, Andrés, *Las sociedades de las personas sin valor. Cuarta revolución industrial, des-substanciación del capital, desvalorización generalizada,* El viejo topo, España, 2018.

PIZARRO, Roberto, "América Latina, la nueva etapa del capitalismo y la crisis económica mundial", *Comercio Exterior,* Vol. 31, N° 4, 1981.

PIZARRO, Cynthia, "Clasificar a los otros migrantes: las políticas migratorias argentinas como productoras de etnicidad y de desigualdad", *Métis: Historia y Cultura,* Vol. II, N°22.

POCHMANN, Marcio, "Protección social en la periferia del capitalismo. Consideraciones sobre Brasil", *Sao Paulo en perspectiva,* Vol. 2, N° 18.

PÓVOA, Helion y ANITA, Marcia, "Brasil: Estado actual de las políticas migratorias", en ZURBRIGGEN, Cristina y Mondol, Lenin, *Estado actual y perspectivas de las políticas migratorias en el Mercosur,* Colección Aportes (Flacso), Uruguay, 2010.

PREBISCH, Raúl, *Capitalismo periférico: crisis y transformaciones,* Fondo de Cultura Económica, México, 1981.

QUIJANO, Anibal, "Marginalidad y urbanización dependiente en América Latina", *Polis, Revista latinoamericana,* N° 46, 2017.

QUIJANO, Anibal, "El fantasma del desarrollo en América Latina", *Revista Venezolana de Economía y Ciencias Sociales,* N° 6, 2000.

RANCIÈRE, Jacques, *El desacuerdo. Política y Filosofía,* Ediciones Nueva Visión, Buenos Aires, 1996.

RAMÍREZ, René, "Izquierda y bien capitalismo. Un aporte crítico desde América Latina", *Nueva Sociedad,* N°237, 2012.

ROCHA, Daniel, "Estado, empresariado e variedades de capitalismo no Brasil: política de internalização de empresas privadas no governo o Lula", *Revista de sociología e Política,* Vol. 22, N° 51, 2014.

RODRÍGUEZ, Jorge y GONZÁLEZ, Daniela, "Redistribución de la población y migración interna en Chile: continuidad y cambio según los últimos cuatro censos nacionales de población y vivienda", *Revista de Geografía Norte Grande,* N° 35, 2005.

RODRÍGUEZ, Luis, "Bases para distinguir entre infracciones criminales y administrativas", *Revista de Derecho,* Vol. IX, 1987.

ROMERO, Alberto y VERA-COLINA, Mary, "La globalización posible: límites y alternativas", *Cuadernos de Economía,* N°3 (58), 2012.

ROZAS, Patricio, "La inversión europea en la industria energética de América Latina", *Serie Seminarios y Conferencias,* CEPAL, N°10, 2001.

RANGEL, José, "Información de los censos demográficos del Brasil sobre migraciones internas: críticas y sugerencias para el análisis", *Notas de población,* Año XXXVI, N° 88, 2009.

RAVENSTEIN, Ernst, "The Laws of Migration", *Journal of the Statistical Society of London,* Vol. 48, N° 2, 1885.

RECIO, Albert, BANYULS, Josep, CANO, Ernest y MIGUÉLEZ, Fausto, "Migraciones y mercado laboral", *Revista de Economía Mundial,* Nº14, 2006.

RHO, María Gabriela, "Visiones políticas y perspectivas de Mercosur, CAN y Unasur en la construcción de una ciudadanía regional (2002-2016)", *Estudios Fronterizos,* Vol. 19, 2018.

SAAVEDRA, Alejandro, *Capitalismo y lucha de clases en el campo (Chile 1970-72),* Ediciones Alberto Corazón, Madrid, 1975.

SABAROTS, Horacio, "La construcción de estereotipos en base a inmigrantes "legales" e "ilegales" en Argentina", *Intersecciones en Antropología,* Nº3, 2002.

SACHER, William, "Megaminería y depresión en el Sur: un análisis comparativo", *Iconos,* N° 51, 2015.

SADER, Emir, "La construcción de la hegemonía posneoliberal", en SADER, Emir (ed.), *Lula y Dilma. Diez años de gobiernos posneoliberales en Brasil,* Traficantes de sueños, Brasil, 2014.

SADER, Emir, *Lula y la izquierda del siglo XXI. Neoliberalismo y posneoliberalismo en Brasil y América Latina,* Colihue, Buenos Aires, 2019.

SÁNCHEZ, Raúl, *Cruzar fronteras en tiempos de globalización Estudios migratorios en antropología,* Alianza, Madrid, 2018.

SANTI, Silvana, "¿Qué es la migración ordenada? Hacia el multiculturalismo asimétrico como motor de las políticas de control migratorio", *Colomb. Int,* 104, 2020.

SAN MARTINO, Jorge, "Crisis, acumulación y forma de Estado en la Argentina postneoliberal", *Cuestiones de sociología: Revista de Estudios Sociales,* N° 5-6, 2009.

SASSEN, Saskia, *Contrageografías de la globalización. Género y ciudadanía en los circuitos transfronterizos,* Traficantes de sueños, Madrid, 2003.

SASSEN, Saskia, "La formación de las migraciones internacionales: implicancias políticas", *RIFP,* Nº27, 2006.

SASSEN, Saskia, *Expulsiones. Brutalidad y complejidad en la economía global,* Katz editores, Madrid, 2015.

SAXE-FERNÁNDEZ, John, "Ciclos industrializadores y desindustrializadores: una lectura desde Hamilton", *Nueva Sociedad,* N° 158, 1998.

SAXE-FERNÁNDEZ, John y PETRAS, James, *Globalización, imperialismo y clase social,* Editorial Lumen, Buenos Aires, 2001.

SCHVARZER, Jorge, *La implantación de un modelo económico. La experiencia argentina entre 1975 y el 2000,* A-Z editores, Buenos Aires, 1998.

SILVA, Héctor y CÓRDOVA, Armando, "América Latina: el largo ciclo de la transnacionalización", en AMIN, Samir y GONZÁLEZ, Pablo, *Mundialización y acumulación*, Anthropos, Barcelona, 1995.

SOLANES, Ángeles, "El acceso a los derechos sociales por parte de los inmigrantes, un ejemplo: la vivienda", en AÑÓN, María José (Ed.), *La universalidad de los derechos sociales: el reto de la inmigración*, Tirant lo Blanch, Valencia, 2003.

SOLANES, Ángeles, "La participación política de las personas inmigrantes: cuestiones para el debate", *Derechos y Libertades*, Nº18, 2006.

SOLORZA, Marcis y CETRÉ, Moisés, "La teoría de la dependencia", *Revista Republicana*, Nº 10, 2015.

SOTELO, Adrián, "El capitalismo contemporáneo en el horizonte de la teoría de la dependencia", *Argumentos*, Año 26, Nº72, 2013.

STANG, María Fernanda, "Estado y migración internacional en el Chile de la postdictadura: una relación con cara de Jano", *Revista Sociedades de Paisajes Áridos y Semiáridos*, Año IV, Vol. VI.

STARK, Oded, *The migration of labour*, Basil Blackwell, Oxford, 1991.

STEFONI, Carolina, *Representaciones culturales y estereotipos de la migración peruana en Chile*, Consejo Latinoamericano de Ciencias Sociales, Buenos Aires, 2001.

STEFONI, Carolina (ed.), *Mujeres inmigrantes en Chile ¿mano de obra o trabajadoras con derechos?*, Universidad Alberto Hurtado, Santiago, 2011.

STEFONI, Carolina, *Panorama de la migración internacional en América del Sur*, CEPAL, Santiago de Chile, 2017.

STEFONI, Carolina, LUBE, Menara y GONZÁLVEZ, Herminia, "La construcción política de la frontera. Entre los discursos nacionalistas y la "producción" de trabajadores precarios", *Polis, Revista Latinoamericana*, Nº51, 2018.

SVAMPA, Maristella y VIALE, Enrique, "Continuidad y radicalización del neoextractivismo en Argentina", *Perfiles Económicos*, Nº3, 2017.

TAPIA, Jorge, *El terrorismo de Estado: la doctrina de la seguridad nacional en el Cono Sur*, Nueva Imagen, México, 1980.

TEXIDÓ, Ezequiel y GURRIERI, Jorge, *Panorama migratorio de América del Sur 2012*, OIM, Buenos Aires, 2012.

THAYER, Eduardo y DURÁN, Carlos, "Gobierno local y migrantes frente a frente: nudos críticos y políticas para el reconocimiento", *Revista del CLAD Reforma y Democracia*, Nº63, 2015.

THAYER, Luis, “Migraciones, Estado y seguridad: tensiones no resueltas y paradojas persistentes”, *Polis,* N°44, 2016.

THAYER, Luis, STANG, Fernanda y ABARCA, Cristóbal, “Estatus legal precario y condicionalidad en el acceso a derechos. Una aproximación a la regulación migratoria de Argentina y Canadá”, *Si somos americanos, Revista de Estudios Transfronterizos,* Vol. 16, N°2, 2016.

THAYER, Luis, “La política migratoria en Chile en la disputa por los derechos humanos”, *Revista Anales,* N°16, 2019.

THAYER, Luis, STANG, Fernanda y DILLA, Charlene, “La política del estado de ánimo. La debilidad de las políticas migratorias locales en Santiago de Chile”, *Perfiles Latinoamericanos,* N° 28 (55), 2020.

TIJOUX, María Elena, “Peruanas migrantes en Santiago. Un arte cotidiano de la lucha por la vida”, *Revista Polis,* N° 18, 2007. LUBE, Menara y GUERRERO, Bernardo, “El desborde de las alteridades: las migraciones internacionales en el panorama del capitalismo actual”, *Revista Ciencias Sociales,* N° 28, 2012.

TODARO, Michael, El desarrollo del tercer mundo, Alianza, Madrid, 1988.

TODARO, Michael, “A model of labor migration and Urban Unemployment”, *American Economic Review,* Vo. 59, N° 1.

TRASPADINI, Roberta, “Breve genealogía del capitalismo dependiente latinoamericano: la superexplotación como combustible del neodesarrollismo”, en FÉLIZ, Mariano y PINASSI, María Orlanda (Comp.), *La farsa neodesarrollista y las alternativas populares en América Latina y el Caribe,* Herramienta editores, Buenos Aires, 2017.

TRONTI, Mario, *La autonomía de lo político,* Prometeo, Buenos Aires, 2018.

UBASART, Gemma y MINTEGUIAGA, Analía, “Esping-Anderson en América Latina. El estudio de los regímenes de bienestar”, *Política y Gobierno,* Vol. XXIV, N°1, 2017.

UNDURRAGA, Tomás, *Divergencias. Trayectoria del neoliberalismo en Argentina y Chile,* Ediciones Universidad Diego Portales, Santiago, 2014.

VALIM, Rafael, “Estado de excepción. La forma jurídica del neoliberalismo”, *Derechos en acción,* N°7, 438, 2018.

VARESI, Gastón, “La Argentina posconvertibilidad: modo de acumulación”, *Problemas del desarrollo. Revista Latinoamericana de economía,* Vol. 41, N° 161, 2010.

VARESI, Gastón, “Argentina 2002-2011: neodesarrollismo y radicalización progresista”, *Realidad económica,* N° 264, 2011.

VARESI, Gastón, "Tiempos de restauración: Balance y caracterización del gobierno de Macri en sus primeros meses", *Realidad económica,* N° 302, 2016.

VARELA, Amarela, "Luchas migrantes: un nuevo campo de estudio para la sociología de los disensos", *Andamios,* Vol. 12, N°28, 2015.

VARGAS, Ana María y BORELLI, Silvia, "Migración y fronteras en el gobierno brasilero", *Ponto e Virgula,* N°25, 2019.

VELASCO, Juan Carlos, "La desnacionalización de la ciudadanía. Inmigración y universalidad de los derechos humanos", en CAMPOY, Ignacio (Ed.), *Una discusión sobre la universalidad de los derechos humanos y la inmigración,* Editorial Dykinson, Madrid, 2006.

VELASCO, Juan Carlos, "Desafíos políticos de los países de inmigración", *Confluencia XXI, Revista de Pensamiento Político,* N°3, 2008.

VELASCO, Juan Carlos, *El azar de las fronteras. Políticas migratorias, ciudadanía y justicia,* Fondo de Cultura Económica, México, 2016.

VICIANO, Roberto, "Problemas de legitimidad supraconstitucional de las integraciones supranacionales", *Cuadernos de la Cátedra Fadrique Furió Ceriol,* N°67-68, 2009.

VICIANO, Roberto y MARTÍNEZ, Rubén, "Aspectos generales del nuevo constitucionalismo latinoamericano", en ÁVILA, Luis, "Política, Justicia y Constitución", *Serie Crítica y Derecho,* N°2, 2012.

VICIANO, Roberto y MARTÍNEZ, Rubén, "Crisis del Estado social en Europa y dificultades para la generación del constitucionalismo social en América Latina", *Revista General de Derecho Público Comparado,* N°21, 2017.

VIERA, Christian, "Análisis crítico de la génesis de la Constitución vigente", *Revista de derechos fundamentales,* N° 5, 2011.

VIERA, Christian, *Libre iniciativa económica y Estado social. Análisis al estatuto de la libertad de empresa en la Constitución chilena,* Legal Publishing, Chile, 2013.

VIERA, Christian, "Las bases de la institucionalidad del Estado", en BASSA, Jaime, FERRADA, Juan Carlos y VIERA, Christian, *La Constitución chilena. Una revisión crítica a su práctica política,* LOM, Santiago, 2015.

VIERA, Christian y BASSA, Jaime, "Una aproximación a la idea de "Constitución económica" y sus alcances en la Constitución chilena", *Boletín Mexicano de Derecho Comparado,* N°145, 2016.

VILLARREAL, María del Carmen, "Pensamiento y metodologías cualitativas sobre migraciones en América Latina", *Argumentos,* Vol. 15, N° 1, 2008.

VITALE, Ermanno, "Derecho a migrar: ¿El cumplimiento de la edad de los derechos?", *Revista de la Facultad de Derecho de México,* Vol. 60, N°253, 2010.

WABGOU, Maguemati "¿Es posible pensar las migraciones internacionales desde el enfoque universal de ciudadanía? El Estado y la ciudadanía ante el desafío de la inmigración", *Ciencia Política,* N°14, 2012.

WABGOU, Maguemati, "Pensar las relaciones internacionales desde la perspectiva del sistema mundo", *Pensamiento Jurídico,* N° 34, 2012.

WAINER, Andrés y SCHORR, Martín, "Concentración y extranjerización del capital en la Argentina reciente. ¿Mayor autonomía nacional o incremento de la dependencia?", *Latin American Reserch Review,* Vol. 49 N°3, 2014.

WALLERSTEIN, Immanuel, "La estructura interestatal del sistema mundo moderno", *Secuencia. Revista de historia y Ciencias Sociales,* N° 32, 1995.

WALLERSTEIN, Immanuel, *Análisis de sistemas-mundo. Una introducción,* segunda edición, Editorial Siglo XXI, México, 2005.

WALLERSTEIN, Immanuel, *El moderno sistema mundial. La agricultura capitalista y los orígenes de la economía-mundo capitalista en el siglo XVI,* 11 edición, Editorial Siglo XXI, México, 2005.

YAITUL, Jorge, "Los años del capitalismo renovado: la influencia de Milton Friedman en Chile. La instauración del modelo económico. Primera parte, 1974-1984", *Espacio regional,* Vol. 2, N° 8, 2011.

YEPEZ DEL CASTILLO, Isabel, "Escenarios de la migración latinoamericana: la vida familiar transnacional entre Europa y América Latina", *Papeles del CEIC,* N° 2, 2014.

Recursos y documentos en línea

BRAVO, Juan, *Análisis del empleo inmigrante en Chile,* Centro latinoamericano de políticas económicas y sociales, 2015, disponible en https://clapesuc.cl/assets/uploads/2016/11/30-11-16-informe-laboral-inmigrantes-trim-ago-oct-2016.pdf (consultado el 01.06.2020).

BRAVO, Juan y URZÚA, Sergio, *Inmigrantes: empleo, capital humano y crecimiento,* Centro latinoamericano de políticas económicas y sociales, 2018, disponible en https://clapesuc.cl/assets/uploads/2018/07/09-07-18-doc-trab-48-inmigrantes-jul-2018-vf.pdf (consultado el 01.06.2020).

Censo nacional de población, hogares y vivienda argentino del año 1960, disponible en http://www.estadistica.ec.gba.gov.ar/dpe/Estadistica/censos/030%20-%201960-Censo%20Nacional%20de%20Poblacion.%20Total%20Pais/PDF/1960.pdf (consultado el 02.06.2020).

Censo nacional de población, familia y vivienda argentino de 1970, disponible en http://www.estadistica.ec.gba.gov.ar/dpe/Estadistica/censos/038%20-%201970-Censo%20Nacional%20de%20Poblacion,%20 Familias%20y%20Viviendas.%20Compendio%20de%20Resultados%20 Provisionales/PDF/1970.pdf (consultado el 02.06.2020).

Censo nacional de población, familia y vivienda argentino de 1980, disponible en https://www.indec.gob.ar/indec/web/Nivel3-Tema-2-41 (consultado el 02.06.2020).

Censo nacional de población, hogares y vivienda argentino del año 2001, disponible en https://www.indec.gob.ar/indec/web/Nivel4-CensoNacional2001-0-999-Censo-2001 (consultado el 02.06.2020).

Censo nacional de población, hogares y vivienda argentino del año 2010, disponible en https://www.indec.gob.ar/indec/web/Nivel4-CensoNacional-999-999-Censo-2010 (consultado el 02.06.2020).

Censo demográfico nacional brasileño del año 1960, disponible en https://biblioteca.ibge.gov.br/visualizacao/periodicos/68/cd_1960_v1_br.pdf (consultado el 02.06.2020).

Censo demográfico nacional brasileño del año 1970, disponible en https://biblioteca.ibge.gov.br/visualizacao/periodicos/69/cd_1970_v1_br.pdf (consultado el 02.06.2020).

Censo demográfico nacional brasileño del año 1980, disponible en https://biblioteca.ibge.gov.br/visualizacao/periodicos/72/cd_1980_v1_t4_n1_br.pdf (consultado el 02.06.2020).

Censo demográfico nacional brasileño de 1991, disponible en https://www.ibge.gov.br/en/statistics/social/population/18521-2000-population-census.html?edicao=18531&t=resultados (consultado el 02.06.2020).

Censo demográfico nacional brasileño del año 2010, disponible en https://www.ibge.gov.br/estatisticas/sociais/populacao/9662-censo-demografico-2010.html?edicao=9750&t=resultados (consultado el 02.06.2020).

Censo nacional de población y vivienda chileno del año 1960, disponible en https://www.ine.cl/docs/default-source/censo-de-poblacion-y-vivienda/publicaciones-y-anuarios/anteriores/censo-de-poblaci%C3%B3n-y-vivienda-1960.pdf?sfvrsn=38205f0d_2 (consultado el 01.06.2020).

Censo nacional de población y vivienda chileno del año 1970, disponible en https://www.ine.cl/docs/default-source/censo-de-poblacion-y-vivienda/publicaciones-y-anuarios/anteriores/censo-de-poblaci%C3%B3n-y-vivienda-1970.pdf?sfvrsn=9d5571f8_2 (consultado el 01.06.2020).

Censo nacional de población y vivienda chileno del año 1982, disponible en https://www.ine.cl/docs/default-source/censo-de-poblacion-y-vivienda/publicaciones-y-anuarios/anteriores/censo_1982_volumen_i.pdf?sfvrsn=9becbd80_4 (consultado el 01.06.2020)

Censo nacional de población y vivienda chileno del año 1992, disponible en https://www.ine.cl/docs/default-source/censo-de-poblacion-y-vivienda/publicaciones-y-anuarios/anteriores/censo1992.pdf?sfvrsn=1f42f2c4_4 (consultado el 01.06.2020).

Censo nacional de población y vivienda chileno del año 2002, disponible en https://www.ine.cl/docs/default-source/censo-de-poblacion-y-vivienda/publicaciones-y-anuarios/2002/censo_2002_volumen_i.pdf?sfvrsn=e4988530_6 (consultado el 01.06.2020).

Censo nacional de población y vivienda chileno del año 2017, disponible en https://www.ine.cl/docs/default-source/censo-de-poblacion-y-vivienda/publicaciones-y-anuarios/2017/publicaci%C3%B3n-de-resultados/sintesis-de-resultados-censo2017.pdf?sfvrsn=1b2dfb06_6 (consultado el 01.06.2020).

Cuarto informe de progreso de la relatoría sobre trabajadores migratorios y miembros de sus familias en el Hemisferio, Comisión Interamericana de Derechos Humanos, 7 de marzo de 2003, párrafo 100, disponible en: https://www.acnur.org/fileadmin/Documentos/BDL/2003/2235.pdf (consultado el 01.03.2020)

Decreto N° 0371, Gaceta Oficial de Bolivia, 2009, disponible en https://medios.economiayfinanzas.gob.bo/VPT/documentos/aduar/ds_371.pdf (consultado el 05/09/2019).

DELEUZE, Gilles, "Postdata sobre las sociedades de control", disponible en http://theomai.unq.edu.ar/conflictos_sociales/Deleuze_Postdata_sociedad_control.pdf (consultado el 01.03.2021).

DE LUCAS, Javier, "Políticas migratorias, democracia y derechos en tiempos de crisis", disponible en https://www.uv.es/seminaridret/sesiones2015/estrangers/documento02.pdf (consultado el 01.03.2021).

Departamento de Asuntos Económicos y Sociales de Naciones Unidas, disponibles en https://www.un.org/en/development/desa/population/migration/data/estimates2/estimates19.asp (consultado el 01.06.2020).

Departamento de Extranjería y Migración del Ministerio del Interior y Seguridad Pública, *Anuario Estadístico, Migración en Chile 2005-2014*, Sección estudios del departamento de Extranjería y Migración del Ministerio del Interior y Seguridad Pública, Chile, 2016, disponible en https://www.extranjeria.gob.cl/media/2019/04/Anuario.pdf (consultado el 01.06.2020).

Derechos humanos de personas migrantes. Manual Regional, Organización Internacional para las Migraciones e Instituto de Políticas Públicas en Derechos Humanos, Argentina, 2017, p. 20, disponible en https://publications.iom.int/es/books/derechos-humanos-de-personas-migrantes-manual-regional (consultado el 10.12.2021).

DOMENECH, Eduardo, "La gobernabilidad migratoria en la Argentina: hacia la instauración de políticas de control con "rostro humano", IV Congreso de la Red Internacional de Migración y Desarrollo, Quito, 2011, disponible en https://www.flacsoandes.edu.ec/agora/la-gobernabilidad-migratoria-en-la-argentina-hacia-la-instauracion-de-politicas-de-control-con (consultado el 01.03.2021).

FÉLIZ, Mariano, "Neoextractivismo, neodesarrollismo y procesos de acumulación del capital: ¿superando el ciclo stop-and-go? Argentina 2003-2012, *VII Jornadas de sociología de la UNLP*, Argentina, 2012, disponible en htpp://www.memoria.fahce.vnlp.edu.ar/trab_eventos/ev.1887/ev.1887.pdf (consultado el 01.06.2020).

GUNDER FRANK, André, "Capitalismo y subdesarrollo en América Latina", *Centro de estudios Miguel Enríquez*, disponible en http://www.archivochile.cl/Ideas_Autores/gunderfa/gunderfa0006.pdf (consultado el 02.06.2020).

Informe de resultados de la estimación de personas extranjeras residentes en Chile al 31 de diciembre de 2021, Instituto Nacional de Estadísticas (INE), disponible en https://www.ine.gob.cl/docs/default-source/demografia-y-migracion/publicaciones-y-anuarios/migraci%C3%B3n-internacional/estimaci%C3%B3n-poblaci%C3%B3n-extranjera-en-chile-2018/estimaci%C3%B3n-poblaci%C3%B3n-extranjera-en-chile-2021-resultados.pdf?sfvrsn=d4fd5706_6 (consultado el 15.04.2023).

Informe del Sistema Continuo de Reportes sobre Migración Internacional en las Américas (SICREMI), 2015, disponible en http://www.migracionoea.org/index.php/es/sicremi-es.html (consultado el 02/08/2019).

Informe CEPAL y OIT, La inmigración laboral en América latina y el Caribe, Nº 16, 2017, disponible en https://repositorio.cepal.org/bitstream/handle/11362/4370/1/S1700342_es.pdf (consultado el 02/08/2019).

Informe Center for Immigration Studies, disponible en https://cis.org/sites/default/files/2018-09/camarota-imm-pop-sept-18_1.pdf (consultado el 05/09/2019).

Informe OIM, *Las migraciones en América latina y el Caribe, Organización Internacional para las Migraciones*, disponible en www.cepal.org/mujer/reuniones/oim_migraciones.pdf (consultado el 15/08/2019).

Informe OIM, *World Migration. Cost and benefits of international migration*, 2005, disponible en: https://publications.iom.int/es/books/world-migration-report-2005-costs-and-benefits-international-migration (consultado el 20/08/2019).

Informe sobre migración en Estados Unidos: detenciones y debido proceso, CIDH, disponible en http://cidh.org/countryrep/USImmigration.esp/Cap.V.htm (consultado el 15/08/2019).

Instituto brasileiro de geografía e estadística, *Tendencias demográficas. Uma análise do populaçao com base nos resultados des censos demográficos 1940 e 2000*, Rio de Janeiro, 2007, p. 76, disponible en https://biblioteca.ibge.gov.br/index.php/biblioteca-catalogo?view=detalhes&id=282733 (consultado el 02.06.2020).

Inmigration Restriction Act, N°17 de 1901, disponible en https://www.legislation.gov.au

M. Friedman, Carta a Pinochet, 21 de abril de 1975, disponible en https://www.docsity.com/en/carta-de-milton-friedman-a-pinochet-21-de-abril-de-1975/5016820/ (consultado el 01.06.2020).

Ministerio de Desarrollo Social, Chile, disponible en http://observatorio.ministeriodesarrollosocial.gob.cl/casen-multidimensional/casen/docs/Resultados_Inmigrantes_casen_2017.pdf (consultado el 01.06.2020).

PEREDA, Carlos y DE PRADA, Miguel Ángel, *Migraciones internacionales: entre el capitalismo global y la jerarquización de los Estados*, disponible en https://www.fes-ecuador.org/fileadmin/user_upload/pdf/177%20MIGINT2003_0396.pdf (consultado el 16/08/2019).

PITTAU, Franco, RICCI, Antonio y URSO, Giulian, *Programmi e strategie per la promozione del ritorno assitito e il reinserimento nei paesiterzi: il caso italiano*, European Migration Network, Roma, 2009, disponible en https://ec.europa.eu/home-affairs/sites/default/files/what-we-do/networks/european_migration_network/reports/docs/emn-studies/assisted-return/14b._italy__national_report_assisted_return__re-integration_study_version_30_december_2009_it.pdf (consultado el 01.03.2021)

Política municipal para la población inmigrante en Sao Paulo, disponible en https://www.cepal.org/sites/default/files/presentations/20190528_4_maria_berenice_giannella.pdf (consultado el 10.12.2021).

United Nations, *World Populatión Monitoring*, 1997, N.Y, 1998. Disponible en https://digitallibrary.un.org/record/263094 (consultado el 05/09/2019).

Normas

- Constitución de la Confederación Argentina, 1 de mayo de 1853.
- Ley N°817 de 6 de octubre de 1876, de inmigración y colonización, Argentina.

- Ley Nº 4.390 de 29 de agosto de 1964, que modifica Ley Nº4.131 de 3 de septiembre de 1962 y establece otras disposiciones, Brasil.
- Decreto Ley Nº 1 de 18 de septiembre de 1973, Acta de constitución de la Junta de Gobierno, Diario Oficial, Chile.
- Decreto Supremo Nº1064 de 12 de noviembre de 1973, que designa comisión para que estudie, elabore y proponga un anteproyecto de una nueva Constitución Política del Estado, Diario Oficial, Chile.
- Decreto Ley Nº1.094 de 19 de julio de 1975, que establece normas sobre extranjeros en Chile.
- Ley Nº 6.815 de 19 de agosto de 1980, que define la situación jurídica de los extranjeros en Brasil, crea el Consejo Nacional de Inmigración, Brasil.
- Ley Nº22.439 de 23 de mayo de 1981, Ley general de migraciones y de fomento de la inmigración, Argentina.
- Decreto Nº86.715 de 10 de diciembre de 1981, que reglamentó la Ley Nº6.815 de 19 de agosto de 1980, Brasil.
- Constitución Política de Brasil, 1988.
- Ley N° 8031 de 12 de abril de 1990, que crea el programa nacional de desastización, Brasil.
- Ley N° 9394 de 20 de diciembre de 1996, que establece las directrices y bases de la educación nacional, Brasil.
- Ley Nº9.474 de 22 de julio de 1997, que define mecanismos para la implementación del Estatuto sobre Refugiados de 1951 y determina otras medidas, Brasil.
- Decreto con Fuerza de Ley Nº1 de 31 de julio de 2002, que fija texto refundido, coordinado y sistematizado del Código del Trabajo, Chile.
- Ley Nº25.871 de 20 de enero de 2004, de migraciones, Argentina.
- Ley Nº 20.050 de 20 de agosto de 2005, sobre reforma constitucional que introduce diversas modificaciones a la Constitución Política de la República, Diario Oficial, Chile.
- Decreto Nº100 de 17 de septiembre de 2005, que fija el texto refundido, coordinado y sistematizado de la Constitución Política de la República de Chile.
- Ley Nº26.165 de 1 de diciembre de 2006, ley general de reconocimiento y protección al refugiado, Argentina.
- Ley Nº 18.250 de 17 de enero de 2008, sobre migraciones, Uruguay.
- Constitución de la República del Ecuador, Decreto legislativo publicado en el Registro Oficial Nº449 de 20 de octubre de 2008.

- Constitución Política del Estado Plurinacional de Bolivia, 7 de febrero de 2009.
- Decreto Supremo N°21 de 19 de marzo de 2009, que autoriza la creación del programa especial de reconversión laboral (PERLAB), Perú.
- Ley N°20.430 de 15 de abril de 2010, que establece disposiciones aplicables a los refugiados, Chile.
- Ley N°20.507 de 8 de abril de 2011, que tipifica los delitos de tráfico de personas, estableciendo normas para su prevención y su efectiva persecución penal, Chile.
- Ley N°20.063 de 27 de junio de 2012 que modifica la Ley N°18.16, que establece medidas alternativas a las penas privativas de libertad, Chile.
- Mensaje N°089-361, de S.E el Presidente de la República con el que inicia un proyecto de ley de Migración y Extranjería, 20 de mayo de 2013.
- Decreto N° 9.199 de 20 de noviembre de 2017, que reglamenta la Ley N°13.445 de 24 de mayo de 2017, Brasil.
- Decreto Nacional de Urgencia N°70 de 27 de enero de 2017, Argentina.
- Ley N° 13.445 de 24 de mayo de 2017, "que establece la ley de migración", Brasil.
- Ley N°21.235 de 20 de abril de 2021, Ley de Migración y Extranjería, Chile.
- Decreto N°296 de 12 de febrero de 2022, que aprueba Reglamento de la Ley N°21.325 de Migración y Extranjería, Chile.

Instrumentos internacionales

- Convención Internacional sobre Eliminación de todas las Formas de Discriminación Racial, adoptado y abierto a firma, ratificación y adhesión por la Asamblea General en su resolución 2106 A (XX), de 21 de diciembre de 1965.
- Convención Americana sobre Derechos Humanos, suscrita en conferencia especializada interamericana sobre derechos humanos (B-32), San José de Costa Rica, 7 al 22 de noviembre de 1969.
- Convención Internacional sobre la Protección de los Derechos de Todos los Trabajadores Migratorios y de sus Familias, adoptada y promulgada por la Asamblea General en su resolución 45/158 de 18 de diciembre de 1990.
- Convenio N°97 de 27 de enero de 1952, sobre los trabajadores migrantes, OIT.

- Convenio Nº143 de 24 de junio de 1975, sobre los trabajadores migrantes, OIT.
- Convenio Nº169 de 27 de junio de 1989, sobre pueblos indígenas y tribales, OIT.
- Declaración Universal de Derechos Humanos, adoptada y promulgada por la Asamblea General en su resolución 217 A (III), de 10 de diciembre de 1948.
- Declaración de las Naciones Unidas sobre los Derechos de los Pueblos Indígenas, aprobada por la Asamblea General de 13 de septiembre de 2007.
- Pacto Internacional de Derechos Civiles y Políticos, adoptado y abierto a firma, ratificación y adhesión por la Asamblea General en su resolución 2200 A (XXI), de 16 de diciembre de 1966.
- Pacto Internacional de Derechos Económicos, Sociales y Culturales, adoptado y abierto a firma, ratificación y adhesión por la Asamblea General en su resolución 2200 A (XXI), de 16 de diciembre de 1966.

Sitios *webs* consultados

www.aduana.gob.es

www.bancomundial.org

www.bbc.com

www.boe.es

www.datosmacro.expansion.com

www.flsenate.com

www.gov.es

www.ine.es

www.legiscan.com

www.un.org

https://www.migrationdataportal.org/

CV Bruno Aste Leiva

Profesor del Departamento de Derecho de la Facultad de Ciencias Jurídicas de la Universidad de Antofagasta con dedicación académica centrada en el derecho constitucional. En dicha institución dirige el grupo de investigación "Círculo de Discusión Pública y Jurídica". Además, se desempeña como Coordinador Académico del "Centro de Estudios para la Descentralización y el Proceso Constituyente" e integra el Comité Editorial de la Revista Electrónica de Investigación en Docencia Universitaria (REIDU). Por su parte, ha sido evaluador de proyectos FONDECYT de Iniciación en Investigación de ANID (2020-2021), árbitro de revistas indexadas de derecho y profesor invitado de programas de postgrado de universidades en Chile y España.

Entre sus principales líneas de investigación están los derechos fundamentales, justicia constitucional, migraciones y capitalismo, las que han sido desarrolladas en publicaciones de prestigiosas revistas indexadas y capítulos de libros, junto con la participación en proyectos de investigación, docencia y vinculación.

En cuanto a su formación, el autor es doctor por el programa de Doctorado en Derecho, Ciencia Política y Criminología de la Universidad de Valencia (España), Magíster en Derecho con mención en Derecho Constitucional de la Pontificia Universidad Católica de Valparaíso (Chile) y tiene el título profesional de abogado, otorgado por la Excelentísima Corte Suprema de Justicia de Chile.